本书获国家民委人文社科重点研究基地——"西北民族地区政府治理与社会管理研究中心"资助
本书获北方民族大学学术出版专项基金资助

北方民族大学学术文库

中国地方政府公务员公共服务动机研究

The public service motivation research of Chinese local government Civil servants

吴旭红／著

图书在版编目（CIP）数据

中国地方政府公务员公共服务动机研究/吴旭红著.—北京：经济管理出版社，2015.12
ISBN 978-7-5096-3374-8

Ⅰ.①中… Ⅱ.①吴… Ⅲ.①地方政府—公务员—社会服务—动机—研究—中国 Ⅳ.①D625

中国版本图书馆 CIP 数据核字（2014）第 211125 号

组稿编辑：王光艳
责任编辑：许　兵
责任印制：黄章平
责任校对：陈　颖

出版发行：经济管理出版社
　　　　　（北京市海淀区北蜂窝 8 号中雅大厦 A 座 11 层　100038）
网　　址：www.E-mp.com.cn
电　　话：（010）51915602
印　　刷：北京玺诚印务有限公司
经　　销：新华书店
开　　本：720mm×1000mm/16
印　　张：19.75
字　　数：398 千字
版　　次：2017 年 7 月第 1 版　2017 年 7 月第 1 次印刷
书　　号：ISBN 978-7-5096-3374-8
定　　价：68.00 元

·版权所有　翻印必究·
凡购本社图书，如有印装错误，由本社读者服务部负责调换。
联系地址：北京阜外月坛北小街 2 号
电话：（010）68022974　邮编：100836

序

欣闻吴旭红博士的博士论文《中国地方政府公务员公共服务动机研究》在经济管理出版社正式出版，作为他的导师倍感欣慰。据我所知，这是中国目前首部对公共服务动机进行本土化并展开经验研究的专著，同时，这也是目前中国首部以地方政府公务员为研究对象的公共服务动机量化研究的专著。

近年来，与国家公职人员考试竞争持续升温相伴随的是政府的低效率与政府公职人员的贪腐问题，日益成为了社会关注的焦点。如何理性定位公务员角色，造就一支工作效率高、服务意识强以及群众满意的公务员队伍，成为中国公务员管理制度改革的重要课题。研究表明，进一步强化公务员的公共服务动机有助于实现该目的。公共服务动机是公共部门员工对公共利益的追求和服务于社会及公民的价值取向与内在驱动力。与私人部门员工相比，公共服务动机体现在公共部门员工更少受到金钱、物质等外在报酬的诱导和激励。他们往往把维护和增进公共利益、帮助他人、服务社会作为自己首要的工作态度，更强调对社会公平公正、成就感、社会认可等终极价值的追求。因此，充分认识强化公共服务动机的意义，探索强化公共服务动机的策略，对当下中国公共部门人力资源改革具有重要的现实意义。

旭红博士摆在我们面前的这部成果，对我国国家治理研究中干部管理制度和公务员制度改革的推进具有重要的借鉴和指导意义。而对干部进行科学有效的管理是国家治理的枢纽问题，对干部和公务员公共服务动机的测量、设计和调整相关制度则是制度改革和完善的重要途径。综合来看，我认为吴博士的这部著作有以下几个特点：

第一，选题比较新颖。公共服务动机研究是西方公共管理研究的热点问题之一，而我国在这方面的研究相对比较滞后。十八大及十八届三中全会要求我们建设一支信念坚定、为民服务、勤政务实、敢于担当、清正廉洁的公务员队伍，而强化公共服务动机的目的就是要造就一支服务意识强、倦怠感低的公务员队伍。旭红博士的这部著作通过扎实的经验研究，认为通过培育公务员的公民责任感和主人翁意识，唤醒其爱国、同情、乐善好施、自我牺牲等精神，着力提高其工作满意度和内在满足感，可以巧妙化解公务员薪酬改革中的难题，最终提升公共部门人力资源管理水平。

第二，质性研究与量化研究相结合。公共服务动机研究属于组织行为方面的研究，需要研究者熟练掌握研究的工具和方法。旭红博士呈现给我们的这部著作，运用了西方主流的研究方法，而且运用了当前比较流行的"混合研究方法"。比如在前期测量工具的开发阶段，充分利用了质性的研究方法，通过访谈、问卷调研、资料的整理与编码等技术；在测量工具的有效性和可靠性研究上又采用了严格的量化手段，使得研究科学而又合理。吴旭红博士对研究方法的熟练运用完全可以为其他学者所学习和效仿。

此外，这本著作并没有简单复制西方的研究框架来研究中国的现实问题。旭红博士对近30多年来西方公共服务动机的文献和研究作了详实的分析和评论，结合中国的历史文化传统、体制语境和制度逻辑，尝试构建了一套能解释中国公务员公共服务动机的"社会历史—动机—结果"三维解释框架，并形成了若干理论假设，尽管研究还有许多不足之处，但这对于一个年轻学者来讲实属难能可贵，这表明旭红博士具有深厚的理论功底和合理的知识结构及拥有较强的科研潜力。

与旭红建立师徒关系已有7年有余，他从一个涉世未深的毛头小子成为一名优秀的教师和科研工作者，这与他默默耕耘、勤于观察及刻苦努力是分不开的。除了正在参与我目前主持的国家社科基金重大项目《大数据环境下社会舆情分析与决策支持研究》外，旭红在中山大学政治与公共事务管理学院学习期间，先后参与了我的教育部重大攻关项目《信息技术与大都市政府管理体制创新研究》，国家社科基金项目《电子政务与信息资源共享机制研究》等一批含金量较高的科研项目。旭红博士也参与撰写了地方政府与绩效管理创新研究丛书《电子政务应用中的信息资源共享机制研究》及国家规划教材《电子政务》等的编写和校稿工作，为他以后的教学和科研生涯积累了丰富的经验。此外，我认为公共管理学理论的生命力就在于关怀现实，为社会提供普遍的、实用的原理。旭红从硕士开始到博士毕业参与了大量地方政府改革与建设课题，实地深入政府内部和一线进行观察和研究，积累了大量一手材料，同时与地方政府建立了广泛而深入的联系，这也为他日后撰写博士论文提供了调查的便利。

旭红于 2013 年初完成了他的博士论文撰写并提交专家盲审，该论文经校内外五位教授书面评审，获得了一致的学术肯定，后又获得博士学位答辩委员会的全票通过，获得一致好评。"宝剑锋从磨砺出，梅花香自苦寒来"，学术的探究与创新需要日积月累的辛苦与付出，我很欣喜地看到旭红一直在不断的进步。今年 5 月又欣闻旭红博士喜获国家社科基金青年项目立项，这对于刚刚走出学术殿堂独立进行科学研究的青年学者是莫大的鼓励。在此，盼望旭红博士能百尺竿头更进一步，在生活和工作中能取得更大的进步，也期待着他能够有更多的文章、著作出版面世，以飨读者。

暨南大学公共管理/应急管理

学院院长、教授、博士生导师

蔡立辉

2015 年 11 月 22 日于广州

前　言

公共服务动机（Public Service Motivation）研究是组织与公共人力资源管理研究领域的热点问题之一。西方公共管理学者在西方文化、制度背景下有关公共服务动机的研究成果揭示了公共服务动机在起源、利他性内涵等方面不同于传统官僚行为理论，有利于弥补传统官僚行为理论的不足，为公共组织调动员工积极性、提升组织效能开辟了一个新的研究视角，对我国建设服务型政府具有重要的启示作用。目前，我国正处于社会转型时期，服务型政府建设的理念逐渐深入民心，由于中国与西方社会在历史、文化、制度等方面存在巨大的差异，已经在西方国家比较成熟的公职人员的激励方式经过本土化后能否适用于中国国情，使之造福于政府，造福于人民，是摆在我们面前的一个大问题，也说明了对处于转型期的中国社会的公共服务动机研究迫在眉睫。

本书运用定量研究方法，对近30年来西方公共服务动机的研究成果、特征及其理论框架进行了系统梳理，试图在中国大背景下展开跨文化经验研究，借助对中国文化中有关公共服务动机成分的梳理与分析，尝试构建本土化的公共服务动机解释框架。本书遵循"文化本位—体制语境—制度建构"的理论逻辑，构建了地方政府公务员公共服务动机的"社会历史—动机—结果"三维解释框架，并形成了若干理论假设。从公共服务动机内容结构的构建、测量工具的开发到问卷预试，再到对广东省Z市政府的公务员开展大样本的正式问卷调查，本书运用探索性因素分析、验证性因素分析、结构方程模型建模和层次回归分析等多种统计分析技术，对形成的理论假设进行了数据验证。

经过定性与定量的研究与分析，本书在我国地方政府公务员公共服务动机内容结构的构建与测量、潜在影响因素以及公共服务动机对公共部门职员心理、行为和态度的作用机制等方面，得出了如下研究结论：

第一，本书采用"自下而上"的以"问题为中心"的归纳研究范式，在文献研究、深度访谈及开放式问卷调查的基础上，按"探索在先，验证在后"的研究思路和合乎学术规范与标准化的问卷开发流程，运用探索性因素分析和验证分析技术，发现我国地方政府公务员公共服务动机的内容结构包含七个因素，即造福社会、公共责任、政治参与、道德伦理、中庸思想、对特殊利益的愿望及同情心，研制出了包含27个项目七个维度的公共服务动机问卷。通过对问卷的折半信度、建构信度、内容效度、个别信度、内部一致性系数、表面效度、聚合效度、构念效度、区分效度以及效标关联效度进行的综合检验，说明问卷具有良好的信效度水平。此研究结论较西方更能反映中国的文化传统和体制背景。

第二，通过独立样本T检验和单因素方差分析，发现除了政治面貌外，公务员的性别、年龄、教育背景、婚姻状况、是否拥有小孩、职务级别和工龄等人口学、组织学特征在公共服务动机各个维度的评价上存在显著性差异。

第三，通过基本统计分析、相关分析、结构方程模型建模分析，发现政府公务员对组织的感知、领导行为、角色状态和工作特征四个潜在因素对公共服务动机有着不同的影响。其中，组织公平及其两个维度都对公共服务动机具有显著的正向影响；员工对领导行为的感知及其两个维度对公共服务动机有着不同影响，其中民主型领导对公共服务动机具有显著的正向影响，集权型领导则对公共服务动机具有显著的负向影响；角色状态及其两个维度的路径系数显示，其对公共服务动机具有显著的负向影响；工作特征及其五个维度除重要性维度外，其余四个维度均对公共服务动机有显著影响，其中，除了完整性维度对公共服务动机有显著的负性影响外，其余的三个维度（自主性、多样性和反馈）均对公共服务动机有着显著的正向影响。

第四，通过基本的统计分析、相关分析、结构方程模型建模分析，发现政府公务员的公共服务动机对政府公务员的工作满意度、工作绩效及组织承诺具有显著的正向影响作用；对政府公务员的离职意向具有显著的负向预测作用；对组织公民行为的影响不显著。从标准化路径系数的绝对值来看，公共服务动机对政府公务员的工作绩效影响最大，其次是组织承诺，再次是离职倾向，影响最小的是工作满意度。

第五，通过基本的统计分析、相关分析、层次回归分析，发现个人特质及其维度对政府公务员的公共服务动机与工作满意感、工作绩效之间的关系具有显著的调节作用；个人特质在政府公务员的公共服务动机与组织承诺、离职意向之间的关系中没有起到显著的调节效应。

第六，系统地概括了本书主要的研究结论，深入探讨了研究的理论贡献和现实意义，并针对政府人力资源管理提出了相应的改进策略。最后，指出了本书的局限性和未来的研究方向。

虽然本书在撰写过程中尽可能吸取学术界各位专家学者的研究成果，但由于笔者研究阅历与学术水平所限，书中难免存在疏漏甚至错误之处，许多内容还有待完善和深入研究，诚恳希望读者批评指正。

作者
2015 年 10 月

目　录

第一章　导　论 …………………………………………………………… 1

　第一节　研究背景与问题的提出 ………………………………………… 1
　　一、研究背景 …………………………………………………………… 1
　　二、研究问题 …………………………………………………………… 5
　第二节　研究目的及研究意义 …………………………………………… 6
　　一、研究目的 …………………………………………………………… 6
　　二、理论意义 …………………………………………………………… 7
　　三、实践意义 …………………………………………………………… 9
　第三节　核心概念界定 …………………………………………………… 11
　　一、地方政府 …………………………………………………………… 11
　　二、公务员 ……………………………………………………………… 12
　　三、公共服务动机 ……………………………………………………… 13
　第四节　结构安排 ………………………………………………………… 17
　　一、研究思路 …………………………………………………………… 17
　　二、研究框架 …………………………………………………………… 18

第二章　理论基础与文献综述 …………………………………………… 20

　第一节　动机理论概述 …………………………………………………… 20
　　一、心理学的视角 ……………………………………………………… 20
　　二、行政伦理学的观点 ………………………………………………… 33
　　三、行政官僚行为动机理论 …………………………………………… 37

第二节　公共服务动机相关文献综述 43
　　一、国内外公共服务动机研究文献统计 43
　　二、公共服务动机相关文献综述 47
　　三、文献总体述评及发展方向 74

第三章　本书理论框架与研究设计 79

第一节　本书的总体构思与理论框架 79
第二节　研究内容与研究假设 81
　　一、公共服务动机的内容结构探讨 81
　　二、人口统计学、组织学特征变量在 PSM 上的差异比较研究 84
　　三、公共服务动机的影响因素研究 84
　　四、公共服务动机对公务员的态度、行为与
　　　　心理反应的影响研究 88
　　五、公共服务动机与后果变量间的调节作用的探讨 93
第三节　研究设计 99
　　一、研究方法的选择 100
　　二、研究工具的选取 103
　　三、数据收集与数据分析 108
　　四、研究过程 109

第四章　公务员公共服务动机的内容结构分析 112

第一节　公共服务动机初始问卷编制 113
　　一、内容条目的收集 113
　　二、内容项目的确认归类 117
　　三、初始问卷的编制 122
第二节　公共服务动机的探索性因子分析 123
　　一、数据处理 124
　　二、研究结果与分析 126
第三节　公共服务动机的验证性因子分析 144
　　一、数据处理 144
　　二、模型的检验过程 149
第四节　公共服务动机量表的信度与效度分析 154

一、信度分析 …………………………………………………… 154
　　二、效度分析 …………………………………………………… 157
第五节　分析与讨论 ………………………………………………… 162
　　一、公共服务动机的结构维度及测量 ………………………… 162
　　二、本研究与国外相关研究成果的比较分析 ………………… 170
第六节　研究小结 …………………………………………………… 172

第五章　公务员特征变量的差异比较分析 …………………………… 174
第一节　研究结果 …………………………………………………… 174
　　一、在性别上的差异 …………………………………………… 175
　　二、在年龄上的差异 …………………………………………… 179
　　三、在教育背景上的差异 ……………………………………… 182
　　四、在婚姻状况上的差异 ……………………………………… 183
　　五、在子女情况上的差异 ……………………………………… 183
　　六、在政治面貌上的差异 ……………………………………… 184
　　七、在职务级别上的差异 ……………………………………… 184
　　八、在工龄上的差异 …………………………………………… 184
　　九、在年收入上的差异 ………………………………………… 185
第二节　分析与讨论 ………………………………………………… 187
第三节　研究小结 …………………………………………………… 192

第六章　影响公务员公共服务动机的因素分析 ……………………… 193
第一节　研究结果 …………………………………………………… 194
　　一、问卷的质量分析 …………………………………………… 194
　　二、问卷的共同方法偏差检验 ………………………………… 199
　　三、各前因变量的描述统计与相关分析 ……………………… 201
　　四、公共服务动机影响因素模型的 SEM 检验 ……………… 201
第二节　分析与讨论 ………………………………………………… 204
　　一、角色状态对公共服务动机的影响 ………………………… 205
　　二、员工对组织的感知对公共服务动机的影响 ……………… 206
　　三、领导行为对公共服务动机的影响 ………………………… 207
　　四、工作特征对公共服务动机的影响 ………………………… 208

第三节　研究小结 …………………………………………………… 209

第七章　公共服务动机与公务员行为后果的关联性分析 ……………… 210

第一节　研究结果 …………………………………………………… 210
　　一、问卷的质量分析 …………………………………………… 210
　　二、问卷的共同方法偏差检验 ………………………………… 218
　　三、后果变量和PSM之间的描述统计与相关分析 …………… 219
　　四、公共服务动机对后果变量影响的SEM检验 ……………… 220

第二节　分析与讨论 ………………………………………………… 224
　　一、公共服务动机对工作满意度的影响 ……………………… 225
　　二、公共服务动机对组织忠诚度的影响 ……………………… 226
　　三、公共服务动机对离职倾向的影响 ………………………… 226
　　四、公共服务动机对工作绩效的影响 ………………………… 227
　　五、公共服务动机对组织公民行为的影响 …………………… 228

第三节　研究小结 …………………………………………………… 228

第八章　公共服务动机对行为后果变量间影响的调节效应分析 ……… 230

第一节　研究结果 …………………………………………………… 230
　　一、问卷的质量分析 …………………………………………… 230
　　二、各相关变量的描述统计与相关分析 ……………………… 232
　　三、人格特质在公共服务动机与效果变量间的调节效应 …… 233

第二节　分析与讨论 ………………………………………………… 239
　　一、研究发现 …………………………………………………… 239
　　二、个人特质对公共服务动机与效果变量
　　　　之间关系的调节作用的分析 ……………………………… 240

第三节　研究小结 …………………………………………………… 242

第九章　研究结论与展望 …………………………………………………… 243

第一节　本书的主要结论 …………………………………………… 244
　　一、地方政府公务员公共服务动机内容结构
　　　　及其测量工具的本土化 …………………………………… 244

二、地方政府公务员公共服务动机的影响因素探讨 …………… 245
　　三、公共服务动机对地方政府公务员行为后果的作用探讨 …… 247
　第二节　对政府人力资源管理的相关建议 …………………………… 248
　　一、公共服务动机水平的识别与诊断 …………………………… 248
　　二、工作本身层面的建议 ………………………………………… 248
　　三、职业发展层面的建议 ………………………………………… 249
　　四、组织行为层面的建议 ………………………………………… 250
　　五、领导行为层面的建议 ………………………………………… 251
　第三节　本书的创新之处 ……………………………………………… 251
　第四节　主要局限及未来的研究议题 ………………………………… 253
　　一、样本量的丰富和样本的代表性 ……………………………… 253
　　二、开展纵向追踪式的研究设计 ………………………………… 253
　　三、自陈式量表的社会称许性问题 ……………………………… 254
　　四、研究内容的拓展和深化 ……………………………………… 254
　　五、研究方法的拓展和运用 ……………………………………… 255

附录 ……………………………………………………………………… 256

　附录一　访谈提纲 ……………………………………………………… 256
　附录二　访谈部门和人员 ……………………………………………… 258
　附录三　开放式调查问卷 ……………………………………………… 259
　附录四　预试调查问卷 ………………………………………………… 261
　附录五　正式调查问卷 ………………………………………………… 264

参考文献 ………………………………………………………………… 276

后记 ……………………………………………………………………… 294

第 一 章

导 论

第一节 研究背景与问题的提出

一、研究背景

1. 理论背景

"政府再造"运动风靡全球以来,其所运用的核心理论——公共选择理论携"经济人"假设在公共组织中得到了普遍的应用,但也受到了诸多的质疑和批评。这一"运动"的理论基础之一是理性选择理论,这一理论将个体看作"理性人",以此假定为依据,每个个体都试图最大化其自身利益,不管身处何种位置和环境。根据这一理论,政府组织可以通过关注个人自身的利益最大限度地提高绩效。而能够激发个人利益的最主要的竞争手段便是基于绩效的薪酬激励模式。[1] 但是,新公共管理本身是一种不甚完备的行政改革理论,其所倡导的一系列"口号"式的改革原则,遭到了以登哈特(Denhardt)为代表的一批学者的强烈抨击,其中饱受诟病的缺陷之一便是,其所倡导的"理性经济人"假设能否用于以公共利益为导向的公共部门,因其缺乏实证材料的支持,适用性还有待商榷[2]。沙米尔(Shamir)在分析以个人的利益最大化为前提的公共选择理论的缺

---

[1] Perry James L., and Hondeghem, Annie. eds. Public Service Motivation: A Symposium, International Public Management Journal, 2008 (b): 55.

[2] 珍妮特·V. 登哈特,罗伯特·B. 登哈特. 新公共服务:服务,而不是掌舵 [M]. 方兴,丁煌译. 北京:中国人民大学出版社,2010: 15.

陷时认为，在公共部门内部不乏有为工作献身的而其收入却低得可怜的公务员，这些只求奉献、不图回报的行径，是理性选择理论无法解释的。同时他还认为，理性选择理论是对人们内在理性选择的概念化，把人固化在了理性的、经济的范畴之内，并没有把人们的价值观、道德观念和责任感考虑在内①。

一些学者认为，人们不仅仅是寻求自身利益的自私人类，他们还是想要帮助别人并根据他人对自己的期望去行动的社会人。正如马奇（March）和奥尔森（Olson）所说，我们看到了制度方法的复苏：除了"推理逻辑"，适合性逻辑也会决定行为②。弗里德里克森（Frederickson）和哈特（Hart）认为，不管公共利益是如何定义的，人们都期望公共部门的公务员能够尽力去追求最广泛的公共利益，而不仅仅停留于个人利益最大化的层面上，他们认为，人们进入公共部门为社会提供公共服务实际上涉及的是人们的道德层面，或者说是"仁慈的爱国者"，同时，在这种道德约束的指引下，公共部门的公务员应尽力保证公民和社区各方面的基本需求③。

随着理性选择理论受到的挑战越来越多，学者们就公共部门公务员的工作动机究竟是利己的还是利他的这一核心问题，从理论和实践两个方面进行了研究。在众多的关于西方公共部门公务员的工作动机理论研究中，公共服务动机理论已成为公共部门人力资源管理和组织行为管理研究的热点问题，这也标志着对公共组织的研究已不仅局限于外部制度和外部环境建设，更多地倾向于从组织内部进行动因等方面的分析。因而，系统深入地研究外部制度和环境外的因素对政府内部管理产生的影响及其作用机制，既是进一步推动公共组织内部管理改革的内在要求，又是继续深化和建设服务型政府面临的一个重大课题④。罗伯特·贝恩（Robert D. Behn）在《公共管理的重大问题》一文中，通过对现代公共管理现状的系统分析后指出，现代公共管理面临三大问题需要解决：①微观管理问题；②公共服务动机问题；③公共绩效的计量问题⑤。怀斯（Wise）对现代西方国家的官僚行为流派进行了系统的梳理，他通过对现有文献的深入研究，总结出现代西方主要存在四种官僚行为理论流派：①以韦伯为代表的官僚理论（Traditional

---

① Shamir B. Meaning, Self and Motivation in Organizations. Organization Studies, 1991, 12 (3): 405 – 424.

② March James G., and Olsen Johan P. The New Institutionalism: Organizational Factors in Political Life. America Political Science Review, 1984 (78): 734 – 749.

③ Frederickson H. G, and Hart D. K. The Public Service and the Patriotism of Benevolence. Public Administration Review, 1985, 45 (5): 547 – 553.

④ 沈洁莹. 公共服务动机：公共部门改革的新思路 [J]. 中国社会科学学报, 2011 (9).

⑤ Robert D. Behn The Big Questions of Public Management. Public Administration Review, 1995, 55 (4): 313 – 324.

Weberian Bureaucracy or Responsible Bureaucracy）；②代表官僚理论（Representative Bureaucracy）；③公共选择理论（Public Choice）；④公共服务动机理论（Public Service Motivation）①。可见，公共服务动机理论已经成为公共管理的核心问题之一，它研究的主要目的是如何让作为个体的公务员积极并且自主地实现公共利益，提高公共服务的质量和绩效。

综上所述，在过去的20～30年，管理改革再一次向公共行政发出了挑战，并且在更多的以绩效为基础的公共部门机构的需求背景下，形成了大量的学术讨论以及关于公共组织的改革运动。因此，有人把当今的时代称为"绩效管理统治的时代"②。然而，管理主义改革措施改变了公务员的工作制度框架，也提出了一些关于公务员动机和认同与绩效文化关系的重要问题。公务员的价值观是否发生了根本性变化？公共服务动机是否被成熟的绩效和动机体制所排斥③？抑或公共组织人员更高的动机和认同水平是否像莫伊尼汉和潘迪（Moynihan & Pandey）所主张的，"公共服务动机在动机本身、生产力、改进管理措施、责任制度以及对政府的信任度问题上都十分重要……"④ 从而提升了对公共任务执行的效率和效力意识？这些都是我们在这个时代急需解决的问题。

2. 现实背景

目前，我国正处于在社会转型中的大背景中。所谓社会转型是指社会经济结构、文化形态、价值观念等发生深刻变化。关于社会转型的概念迄今没有一个统一的说法，但无论如何，有一些核心要素是社会转型的关键。英国社会学家吉登斯提出，文化因素、经济因素、政治因素，特别是政治因素，即政治组织、政治人物的核心作用是社会转型的关键⑤。改革开放以来，中国社会的经济结构已经发生了翻天覆地的变化，正在完成转型。但是，文化观念和价值观念的转变，特别是价值观念的断裂让人感到无所适从。同时，全球化竞争的日益激烈，使人们的生存环境充满了动荡和不安，这种突然的改变动摇了原来崇尚工作安全感的工作契约，带来了巨大的生存和发展的压力，也在一定程度上改变人们的态度和行为。因此，组织要想更好地适应这些变化，提升组织效能，就必须妥善处理员工

---

① Wise L. R. Bureaucratic Posture: On the Need for a Composite Theory of Bureaucratic Behavior. Public Administration Review, 2004, 64 (6): 669–679.

② Moynihan D. P., and Pandey S. K. Testing a Model of Public Sector Performance: How does Management Matter? Journal of Public Administration Research and Theory, 2005, 15 (3): 421.

③ Perry James L., and Wise Lois R. The Motivational Bases of Public Service. Public Administration Review, 1990, 50 (3): 367–373.

④ Moynihan D. P., and S. K. Pandey The Role of Organizations in Fostering Public Service Motivation. Public Administration Review, 2007, 67 (1): 41.

⑤ [英] 吉登斯. 现代性的后果 [M]. 田禾译. 南京: 凤凰出版传媒集团, 2011: 10.

的各种需求。

公共部门的主体作为履行公共管理职能和提供公共服务的机构，主要以为公众提供公共产品和公共物品为己任，不以盈利性为目标，其费用主要来自公共财政。然而在现实实践中，我国的公共部门表现差强人意，如漠视公共需要，浪费公共资源，服务意识淡薄，等等。其原因在于公共权力所具有的两重性。学界通常把公共部门履行公共管理职能、提供公共服务的实践和公众对其期望之间的差距称为"公共悖论"①。此种现象的出现，不仅仅是制度和机制层面的问题，更是由于我国政府部门及其公务员缺乏积极的公共服务动机。

第一，公共部门的自然垄断性导致其与私营部门相比缺乏竞争力。公共部门，主要是在该领域的自然条件下，自然垄断领域的非营利性和控制性，这三个方面的基本服务范围包括中国的公共部门的所有服务领域。在这些领域内，公共部门基本上没有外部的竞争压力，这限制了他们在公共领域提供服务的质量和效率动力，从而造成服务的动力不足，效能低下。

第二，传统的"官本位"思想导致了公共部门及其人员缺乏服务意识。公众对政府的负面反馈，一般集中在公务员的傲慢态度上，许多学者将这个问题归因于公务员的个人素质，认为这是一个人作为"经济人"的利己主义的趋势所导致的结果。事实上，不同于西方"自利性"前提，中国传统的"官本位"思想是导致我国公共部门服务意识不强、漠视公共需要的主要原因。

那么如何从根本上突破"公共悖论"，走出"公共悖论"的藩篱，保障公共利益、公共服务的实现呢？学界给出的答案之一是通过某种形式的道德规劝②。简言之即是自律，是指主体内在的道德约束。无论是对一般社会成员还是政府官员，如果他们具有强烈的自我奉献精神和公益精神，能够把公共利益视为自我的最大利益，自觉地做出符合整体利益的自我判断，就可以最大限度地实现公共利益与特殊利益的一致。

改革开放30多年来，我国在政治、经济、文化及政府管理理念等方面都获得了前所未有的发展，政府管理的重心也日益向公共服务倾斜，公共服务型政府建设深入人心。建设服务型政府就是要为社会提供基本的公共产品和有效的公共服务，公共部门的公务员作为国家公共产品和服务的直接提供者和实施者，其积极性和主动性的有效发挥将直接影响到公共部门行政职能的实现；对公共部门公务员的行为动机认识不足或偏差也可能导致公务员积极性受挫，进而影响到公共部门各项方针和措施的有效执行，进而影响公共部门的绩效，如果个别公务员的行为出现异化，也直接影响政府部门在公众心中的形象。

---

① ［英］霍布斯·利维坦［M］. 黎思复，黎廷弼译. 北京：商务印书馆，1985：90.
② 茅于轼. 中国人的道德前景［M］. 广州：暨南大学出版社，1997：62.

因此，对公共部门公务员，尤其是地方政府公务员的公共服务动机的研究是一个全局性、根本性的大问题。综观近年来的学术研究，我国在公共部门人员动机问题上的研究起步晚、研究范围狭窄、内容简单，对公共部门公务员的公共服务动机的研究更是凤毛麟角。

二、研究问题

以詹姆斯·L. 佩里为代表的一大批国际学者通过实证研究发现，公务员并非像公共选择理论所假设的"经济人"那样，只是为了个人私利而从事公共管理和公共服务的[①]；公务员的公共服务动机与公共服务的质量和绩效之间存在正相关关系[②]；正确的公共服务动机和良好的公共服务理念是善治的观念基础。因此，如果政府在招录和培训公务员时，能够重视和强化其公共服务动机，可以从动机上遏制公权滥用和权力腐败，从根本上提高政府服务的质量和效率。

人们进入政府部门是出于各种不同的原因。可能是出于个人好奇的原因，去为普通公民服务；也可能是出于其他原因，如金钱的回报、权力的需要，地位、名声和荣誉等，尽管研究发现，出于金钱的回报的人与私营部门相比并不算太多[③]。有些人进入政府部门是因为他们知道一旦进入政府部门获取权力后，就可以处罚、限制、辞退别人，就像他们曾经所遭受的那样，尽管自己表现得很差。所以，公共服务出现的问题是，他们出任公职是出于错误的原因，享受公职所提供的社会保障，没有为公共利益服务，进而，公共服务动机存在的主要问题是政府机构进行组织设计和选拔机制时，没有以公共利益为目的实现其原则。

近年来，公共服务动机理论作为西方描述官僚行为的四大理论流派之一，成为西方公共管理领域研究的热点问题之一。现有的研究表明，公共服务动机与公务员的工作满意度、组织承诺、组织公民行为、个人绩效和组织绩效等都呈显著相关关系，为调动公共组织员工的积极性，提升组织效能开辟了一个新的研究视角，对处于全面转型期的中国服务型政府建设具有重要的启示作用。那么，把公共服务动机的基础概念放在与西方历史、文化截然不同的中国中是否同样适用？如何在中国的各级公共服务组织和机构中进行公共服务动机的研究并使其本土化？在中国的文化、制度语境下，公共服务动机的结构与作用机制会发生怎样的变化，与西方有何不同？如何才能更好地激励中国的公共管理者执行政府使命，

---

① Perry J. L., and Porter L. W. Factors Affecting the Context for Motivation in Public Organizations. Academy of Management Review, 1982, 7 (1): 95.

② Rainey Hal G., and Steinbauer Paula Galloping Elephants: Developing Elements of a Theory of Effective Government Organizations. Journal of Public Administration Research and Theory, 1999, 9 (1): 1–32.

③ Brewer G. A., Selden S. C., et al., Individual Conceptions of Public Service Motivation. Public Administration Review, 2000, 60 (3): 254–264.

为公共利益服务将是本研究的核心议题。为了能够全面地回答这些问题，同时提高研究的可行性，本书将致力于研究如下问题：

（1）本土化。如何构建与中国文化相适应的公共服务动机结构与维度，并开发我国本土化的 PSM（Platform‐Specific models）量表？

（2）差异化。公务员的人口统计学、组织学特征变量在中国文化背景下的公共服务动机结构上的表现如何？

（3）相关因素探讨。在中国语境下，哪些潜在因素会影响公务员的公共服务动机，公共服务动机是如何对公务员的态度、心理与行为产生影响的？两者之间的"黑箱"及边界条件是怎样的？

第二节　研究目的及研究意义

一、研究目的

结合公共服务动机理论，从公共部门人员的内在心理因素着手提高公共组织及公务员的公共服务意识和服务质量，提升组织效能，是探索公共部门内部管理改革的有益尝试。

公共服务动机理论阐述了公共部门的公共性的本质原因，即机构和公共福利的组织目标，其决定了具有不同"需要"的公务员、公共部门员工，有着更高的成就需要，更愿意帮助别人或热心公益事业，有着强烈的"利他动机性"和"利他性"人格，这与私营部门能够获得相对高的价值补偿不同。而这种人格倾向与个人息息相关，因而可以通过专业的心理评估方法进行测量。如今，在我国公务员招聘中，专业考试也被引入第二轮面试过程的评价机制，但对心理因素方面主要局限于身体状况、精神状况和撒谎程度等最基本的性格测试。公共部门公务员的心理测试，应该引入公共服务动机评价方法，并作为录用的一个重要参考标准。

公务员队伍建设不仅要从源头上采取有效措施予以控制，更要注重对公务员服务意识的培养。如何鼓励公务员主动发现工作的意义，产生强烈的工作满意度和工作动机，是公共部门人力资源管理中首先需要考虑的问题。我们可以尝试改变以前的单向"命令—服从"的工作模式，通过如工作轮换、工作分享制度、扩大系统、灵活的工作时间制度等措施，以满足个人需要的工作模式，使公务员参与决策过程，减少单调的工作模式，使公务员充分利用宽松的制度环境发挥各种不同的技能和才能,而管理者的主要任务就是制定目标和关注结果。

没有竞争,压力自然也就无从谈起,由于公共部门的自然垄断性,在特定区域来实现外部竞争是相对困难的。我们可以通过引入内部竞争和综合的奖惩机制来实现这一目标。如何将公共部门的目标和个人绩效、评估、奖惩、晋升和淘汰机制相结合,直接影响到公务员的工作积极性和服务的动力。

二、理论意义

经过近30年的发展,学术界关于公共服务动机的研究无论从概念本身、结构的探讨、作用机制的研究还是研究结果的运用,已经积累了丰富的研究成果。西方最新的发展趋势也证明了将公共服务动机因素运用到公共部门人力资源的甄选与培训中,确实能够提高公务员工作满意度以及工作绩效①,尽管与组织绩效关系尚不明确②。尽管如此,公共服务动机的研究尚处于发轫期,作为一个新的研究领域,对公共服务动机的大量实证调查研究也集中在近十年中,而且其中大部分是中央政府层面的,关于地方政府或基层政府③公务员的研究数量还不太多,总体来说尚处于摸索阶段,还存在着许多亟待完善的地方。并且,绝大多数研究都仅限于西方文化,东方文化环境中的PSM研究,尤其是对中国内地的研究非常少。对中国内地关于公共服务动机的研究是近年才开始的,这与中国日益壮大的公务员、社会工作者队伍极不相称。且无论从概念的探讨、维度的构建与测量,还是西方已经成熟的公共服务动机研究方法在中国文化背景下的适合性问题都亟须进行科学研究和实践检验。特别是在经验研究方面,我们几乎不知道如何测量公共服务动机,尽管有一些测量工具,而且也做了一些研究,但也只是处于引进西方概念和重复验证的阶段,没有考虑到中国特有的文化和制度因素。正如美国公共行政学家法默尔指出的,美国的公共行政学也只是一种"特殊主义"的知识体系④。在这种情况下,将研究重点和视野放在美国和其他西方国家的公共行政学理论上是非常不恰当的。这不仅阻碍了对于本土问题的学术关怀,妨碍了本土理论的构建,也无法对中国公共行政实践提供切实可行的指导⑤。

---

① Alonso Pablo, and Lewis, Gregory B. Public Service Motivation and Job Performance: Evidence from the Federal Sector. American Review of Public Administration, 2001, 31 (4): 363 – 380.

② Brewer Gene A. Employee and Organizational Performance, in James L. Perry and Annie Hondoghem eds. Motivation in Public Management: The Call of Public Service. Oxford: Oxford University Press, 2008: 136 – 156.

③ 关于地方政府和基层政府,不同的国家有不同的称谓,而且涵盖的范围也不尽相同,有的国家称为基层政府,有的国家称为地方政府。本书接下来所指称的地方政府是按照《中华人民共和国地方政府组织法》里规定的地方政府概念进行界定的。

④ Farmer D. J. The Language of Public Administration. Tuscaloosa: University of Alabama Press, 1995 (4).

⑤ 马骏,张成福,何艳玲. 反思中国公共行政学:危机与重建 [M]. 北京:中央编译出版社,2009:4.

具体来讲,对公共服务动机展开研究的理论意义主要有以下几点:

(1) 为公共服务动机的跨文化研究提供新的视角。对于政府公务员如何提高自身的服务质量和绩效,我国学术界已有了较多的论述,但大都是从道德自律和规劝的角度,采取物质和经济激励的方式来刺激公务员的工作热情,以提高服务质量,但效果并不明显。本书将在"制度—动机—结果"视野下,从我国文化和制度背景出发,通过我国政府公务员公共服务动机的内容结构的构建—公共服务动机影响因素的挖掘—公共服务动机对公务员行为后果的影响及其调节机制等层面展开经验研究,以期为公共及服务动机的跨文化研究提供来自中国的、规范的现代科学的分析或结论。

(2) 进一步检验公共服务动机理论的概化效度。自佩里(Perry)提出公共服务动机理论以来,大部分的研究都是基于西方制度及文化背景的研究,且公共服务动机本身是属于人类心理层面内隐性动机的外显研究,往往受到自身生产的社会环境、组织环境、教育等因素的影响。因此,将这一理论用于完全不同于西方系络的东方文化中进行研究,其概化效度能否达到当初预想的那样,和西方有何不同,都只能通过现代科学研究得出结论。

(3) 深化对公共部门公务员的服务意识和质量与工作反应的关系的理解。建设服务型政府的目的就是要为社会提供基本的公共物品和有效的公共服务,而公务员作为国家公共产品和服务的直接提供者和实施者,其积极性和主动性的有效发挥将直接影响到公共部门行政职能的实现;对公共部门公务员行为动机的认识不足或认识偏差也可能导致调动公务员积极性的失败,进而影响到公共部门各项既定方针和措施的有效执行,直接影响公共部门的绩效,如果个别公务员的行为出现偏差也直接影响政府部门在公众心目中的形象。

(4) 为组织绩效管理和评估的部分环节提供理论支持和经验证据。有人把当今的时代称为"绩效管理统治的时代"。然而,管理学的改革措施改变了公务员的工作制度框架,也提出了一些关于公务员服务动机和认同与绩效关系的重要问题。公务员的价值观是否发生了根本性变化?公共服务动机是否被成熟的绩效和动机体制所排斥?或者是否像莫伊尼汉(Moynihan)和潘迪(Pandey)所主张的,"公共服务动机在动机本身、生产力、改进管理措施、责任制度以及对政府的信任度问题上都十分重要……"①从而提升了对公共任务执行的效率和效力意识?这些都是我们当前研究急需解决的问题。

(5) 公共服务动机的研究是一项涉及公共管理学、组织行为学、人力资源管理理论与实践、管理心理学等多学科视角的研究。本书涉及诸多领域,研究结

---

① Moynihan D. P., and Pandey S. K. Testing a Model of Public Sector Performance: How does Management Matter? Journal of Public Administration Research and Theory, 2005, 15 (3): 421.

论可以为中国相关的多学科理论提供理论指导。由于公共服务动机研究在我国才刚刚展开，无论是经验研究还是从理论探讨，都尚未形成统一有效的解释框架。因此，研究有站在理论前沿，掌握话语权的学术价值，同时又具有理论指导实践的应用价值。

（6）本书采用的是定性＋定量的"混合研究方法"，具有方法论上的价值。目前，中国的社会科学研究，多是采用西方外在框架，由于"公共服务动机"现象受文化和制度的影响较大，因此必须将其本土化，体现本土关怀，研究应采用"自下而上"的研究策略。同时，对于 PSM 的研究，适合采用以"问题为中心"的研究方式，这可能有方法论的贡献。从学术评价的角度看，方法论的贡献是最大的贡献，中国社会科学的成熟应是以方法论贡献为标志之一。

因此，不论在理论层面上还是在经验层面上，研究公共服务动机都有着重要的价值，有助于重新塑造政府形象、提升大众对政府的信任、鼓励人们从事公共服务以及进行有效的公共部门人力资源管理，提升组织的绩效和效力。

三、实践意义

理性选择理论认为，个人的一切行为都是为了自己的利益，这个行动是人类行为的基本前提。人们可以使用任何一种可能的方法来实现他们的愿望，不管它是否会损害他人的意愿。公共服务动机研究的起点是打破传统行政理论的自利性假设，承认公共价值对官僚行为动机的影响，揭示个人行为动机无私的方面，全面、客观地看待当代的公共服务。因此，从实践上看：

一方面，表现在公共部门是用来衡量政府绩效活动的效果，是包括多个目标的多元性概念。高能力，创造高绩效，这是一些人力资源部门在招聘时遵循的规则。但实际情况并非如此，高能力低效能非常常见。其中，态度已经成为影响绩效的关键因素。"冰山理论"[①] 一般将员工的素质分为显性和隐形两部分，显性部分只有一小部分，主要包括知识、技能等。而绝大多数是隐性的，不容易察觉的能力，如职业道德意识、价值观、态度等。对于员工来说，真正对绩效起决定性作用的，恰恰是这些隐藏的部分。因此，研究将工作满意度、

---

① 1895 年，心理学家弗洛伊德与布罗伊尔合作发表《歇斯底里研究》，弗洛伊德著名的"冰山理论"因此传播于世。在弗洛伊德的人格理论中，他认为人的心理分为超我、自我、本我三部分，超我往往是由道德判断、价值观等组成，本我是人的各种欲望，自我介于超我和本我之间，协调本我和超我，既不能违反社会道德约束又不能太压抑。与超我、自我、本我相对应的是他对人的心理结构的划分，基于这种划分，他提出了人格的三我，他认为人的人格就像海面上的冰山一样，露出来的仅仅只是一部分，即有意识的层面，剩下的绝大部分是处于无意识状态的。

组织绩效、个人绩效等因素作为结果变量来验证公共服务动机是否能真正为组织目标服务，从而使该理论建立在更加坚实和具有"合法性"的基础上。

另一方面，个体能否达到组织对绩效的要求以及组织采取什么样的方法对个体进行激励，都要视个体的动机而定。在管理的过程中，激励是一个永恒的主题，但其心理基础和依据却是另外一个重要主题——工作动机①，而这个领域在国内没有得到相应的关注，对其研究至今仍处于早期阶段。但人们也渐渐开始意识到工作动机对管理实践的重要性，近年来，一些在公共部门人力资源管理领域的研究，也开始关注工作动机对驱动员工工作表现的意义②。比如能力素质模型（Competence Model）中就明确指出，潜在的动机是素质的构成要素之一。也有学者认为，可以将公共服务动机量表用于社会工作者招募、选拔时的辅助工具，也可以用于在公共部门或社会管理工作中训练和培训工作人员，更重要的是可以为公共部门激励公务员提供一种管理视角③。

中国拥有五千年灿烂文化和历史，有其独特的社会文化和特有的社会现象，与如火如荼的公务员热相对应的是社会转型造成的社会矛盾多发，尤其是公众对公务员公共服务动机的质疑日渐凸显，政府，尤其是地方政府面临着越来越明显的信任危机。基于此，不少学者和研究者也开始探讨政府公共部门公务员面对与大众相关的公共事务时的动机因素。那么，研究如何调动公共部门人员倡导公共服务精神，选拔、任用高公共服务动机的人员到公共部门工作，加强公共部门公务员的社会责任教育以及提高公共部门公务员的组织承诺和工作满意度，从而真正提高公共部门公务员的绩效，就成为公共服务动机理论在实践中得到积极运用的最终目标。

因此，在中国历史文化语境下，若是能够掌握人们选择进入和为公共部门服务的理由和动机，并采取相应措施使他们得到激励满足，使他们愿意在工作上认真投入，充分展现公众责任，不仅是公共部门本身的职责所在，更是人民群众所期盼的。如此一来，研究公共部门员工的行为动机就具有非常重要的现实意义。

---

① 本书中，笔者根据语境的需要，会替代使用"工作动机""行为动机""公共服务动机"等词语，虽然这几个词语在某种程度上讲具有不同的含义。

② 吴绍宏. 澳门特区政府公务员工作动机模型研究 [M]. 北京：人民出版社，2010.

③ Liu. Bangcheng, Tang, Ningyu, and Zhu Xiaomei. Public Service Motivation and Job Satisfaction in China: an Investigation of Generalizability and Instrumentality. International Journal of Manpower, 2008, 29 (8): 684–699.

第三节 核心概念界定

一、地方政府

当今世界绝大部分国家都设有不同层级和不同类型的地方政府。可以说，没有地方政府的存在，中央政府难以有效治理整个国家。因此，地方政府已经成为一个国家结构形式中重要的组成部分。从20世纪60年代开始，西方对于地方政府的研究逐渐形成了一个趋势。地方政府的相关研究成果也大大促进了国家地方政府体制改革功能和效率提升。虽然中国是世界上地方政府最多的国家，然而，在地方政府的研究方面却远远落后于西方国家，目前只处于研究的起步阶段，关于地方政府公共部门公务员的公共服务效能及效率、服务的效度、服务的动机等方面的研究尚处于探索阶段。

《国际社会科学百科全书》将地方政府解释为："地方政府一般可以认为是公众享有的政府，它有权决定和管理一个较小地区内的公众政治，它是中央政府在地方的一个分支机构。"① 《剑桥百科全书》认为："地方政府在宪法上属于全国性政府、区域性政府或联邦制政府下的一整套政治机构，它有权在国家有限的领土范围内履行某种职能。"② 《布莱克维尔政治学百科全书》认为，地方政府是权力或管辖范围被限定在一个国家的部分地区内的一种政治机构，具有长期的历史发展，在一国政治结构中处于隶属地位，具有地方参与权、税收权和诸多职责等特点③。《辞海》对地方政府的解释是："地方政府是中央政府的对称，是设置于地方各级行政区域内，负责行政管理工作的国家机关"④。概括起来，对地方政府的解释根据范围不同主要有两种，广义上认为，地方政府即地方国家机关，不仅包括地方行政机关，还包括地方政府立法机关和司法机关；而狭义层面则认为，地方政府就是一般意义上的地方国家行政机关，不包括地方立法机关和司法机关。中国学术界普遍认同的观点是：地方政府是国家设置在中央政府之下的，行使部分国家权力，管理国家和地方事务的地域性政府⑤。

---

① 湖北省社会科学院政治学研究所编.政治学参考资料［M］.武汉：湖北人民出版社，1983：23.
② Cambridge Encyclopedia. London：Cambridge University Press，2000：658.
③ ［美］戴维·米勒.布莱克维尔政治学百科全书［M］.邓正来译.北京：中国政法大学出版社，2002：452.
④ 夏征龙.辞海（上）［M］.上海：上海辞书出版社，1999：1503.
⑤ 黄顺康.论地方政府研究的若干基本问题［J］.理论月刊，2005（5）.

本书主要从狭义的角度来界定地方政府,并把研究的重点放在地市级政府。原因如下:第一,从现实来看,地市级政府是相对完整的行政单位,其管辖的人口和地域规模,都决定了地方政府职能的完整和行为模式的齐全,而且承上启下,是地方政府链条中的关键点。第二,地市级政府处于政府和社会的交接点,与城市社会组织联系更直接、更密切、更广泛。从某种程度上来讲,地市级政府不仅全面地反映出整个政府体系的运作和变迁,而且,政府和社会的互动、行政体制的变革,在这个层级的地方政府身上得到集中展示。第三,根据马克思主义的国家观,一个国家应当具有两大基本职能:政治统治职能和社会管理职能,在这两大职能中,分工比较明确,其中,中央政府承担了较多的政治职能,而地方政府则承担了较多的社会管理职能。而地方政府的社会管理职能又呈现了结构和功能复杂性的特点,地方政府是真正体现公共部门公务员服务效率的地方,是服务型政府建设的重点和难点。因此,本书把重点放在地市级政府更具有本源性和普遍性的意义。

二、公务员

公务员是指依法履行公共职务的国家立法机关、司法机关、行政机关、中国共产党和各个民主党派的党务机关、各人民团体以及国有企业中具有行政编制的工作人员,或者是指具有国家公职身份或其他从事公职事务的人员。公务员的核心是所谓的"公职"概念,"履行公职"这个概念非常广泛,核心词是"公职",就把很多单位、机关的人员都包含进来了,比如国家机关,或者说政府序列以外的人员,如果他也是在履行公职,同时又具有编制,财政上负担他的工资福利,他就是公职人员。

我国公务员制度源起于英国的文官制度,在英文中,该项制度的主体被称为 Civil Servant,其中并无"官"的含义,主要是指"文职人员"、"文职服务人员",但早期的译著中将其译为"文官"。在美国,有时也会使用 Civil Servant 一词,但在绝大多数情况下会使用 Governmental Employee 来称呼政府公职人员,意为"政府雇员"。中国是个官本位的国家,在清末民初西法东渐的过程中,"公务员"概念并未出现在规章制度中。在我国的法律制度中首次使用"公务员"一词并予以解释的是 1928 年的《中华民国刑法》。① 1929 年,立法院法制委员会在讨论考试院拟具的《官吏任用暂行条例草案》时,将标题修正为《公务员任用条例草案》,由此开始了公务员立法工作,"公务员"一词开始较为普遍地替代了之前的官吏、文官的称谓。新中国成立后,在废除民国时期"六法全书"

---

① 杨成炬. 汉语公务员概念的流变 [J]. 华东政法学院学报, 2006 (5): 144.

的同时，也废止了公务员制度。1984年，中央组织部会同当时的劳动人事部起草《国家工作人员法》，后改为《国家机关工作人员条例》，鉴于"国家机关工作人员"概念范围太广，又改为《国家行政机关工作人员条例》。1986年，由中央组织部牵头、原劳动人事部参加，组成干部人事制度专题工作组，在前面条例草案的基础上，进一步提出建立国家公务员制度的建议。1987年，将该条例更名为《国家公务员暂行条例》，这样"公务员"一词首次出现在我国当代的政治法律生活中，同时也开始了我国公务员制度初步建立与逐步完善的历程。

目前，对于"公务员"一词的使用，大多数未从学理上加以厘清与界定，国内学者对于公务员的定义也基于依据和标准的不同而众说纷纭。有说公务员是"行使行政职权，履行国家公务，从事社会公共事务管理的人员"①；有说公务员"一般是指通过非选举程序而被任命担任政府工作的国家工作人员"②；有说公务员是"由国家依据法定方式和程序任用，代表国家依法行使行政职权，执行国家公务的公职人员"③；我国《公务员法》规定："本法所称公务员，是指依法履行公职、纳入国家行政编制、由国家财政负担工资福利的工作人员。"④

随着我国经济发展的突飞猛进，我国人力资源结构矛盾日渐突出，高新技术人才短缺，尤其是政府部门、金融、信息通信及贸易等领域人才匮乏，并且，由于我国特殊的行政体制和政府部门的进入制度使政府部门在高端的人才争夺战中处于劣势。再加上我国正处于打造"阳光政府""服务型"政府的攻坚阶段，政府职能也正从"划桨"向"掌舵"转变，在这样的时代背景下，探索和借鉴西方国家先进的政府雇员激励机制对完善现有的公务员制度，充分挖掘和利用社会现有的优势资源，提高政府机关的工作效率是非常必要的。

三、公共服务动机

"公共服务动机"一词源于20世纪70年代有关公共服务道德规范的讨论⑤，这些讨论主要是针对公共部门和私营部门雇员在报酬激励方面的差异性问题。该讨论得出的结论认为，公共部门是一个特殊行业，进入这一行业的人有不同于其他行业从业人员的许多特征，公共部门的雇员对于利他性或意识形态的目标更加

---

① 徐颂陶. 国家公务员制度全书 [M]. 长春：吉林文史出版社，1994. 1089.
② 黄达强. 各国公务员制度比较研究 [M]. 北京：中国人民大学出版社，1990：18.
③ 邝少明. 论公务员的含义与范围 [J]. 中山大学学报（社会科学版），2001（2）：10.
④ 《中华人民共和国公务员法》第二条，中华人民共和国主席令，第35号，2005年4月27日签发.
⑤ Buchanan, Burrell, Red Tape and the Service Ethic, Administration and Society, 1975, 6 (3): 423 – 424; Rainey, Hal G. Reward Preference Among Public and Private Managers: In Search of the Service Ethic. AmericaReview of Public Administration, 1982, 16 (2): 288 – 302; [美] 海尔·G. 瑞尼. 理解和管理公共组织 [M]. 王孙禹，达飞译. 北京：清华大学出版社，2002.

感兴趣。公务员应该具有服务公众利益的愿望这一观念已经存在多年①,但是,真正开始研究官僚化官员行为动机的是唐斯(Downs),在一本被大多数政府机构研究者和实践者引用的名著《官僚制内幕》中,唐斯首次完整地向人们展示了官僚化官员行为动机及其演变逻辑②。通过对官员的职责、目标之间的差异性研究,唐斯指出,不同类型的官员,其目标行为受到一系列潜在动机的激励,这些潜在动机包括:权力(包括官僚组织内部或外部的权力)、金钱收入、声望、便利(这表示对要求增加个人努力的变化的抵制以及接受减少个人努力变化的意愿)、安全(一种个人利益丧失的概率)、个人忠诚(包括个人对组织和对国家的忠诚)、精通工作的自豪感、为公共利益服务的渴望以及对特定行动计划的承诺。唐斯认为,这些目标中的权力、声望、金钱收入、便利和安全可以认为是纯粹的个人利益表现,属于"纯粹"的个人动机范畴;而忠诚的目标,则有"利己"的成分,也有"利他"的目的,要依具体情况而定;精通工作的自豪感则属于"混合性"的动机;为公共利益服务的渴望则纯粹是利他性的目标;目标中的对政府特定计划的承诺则属于"模糊性"的动机,因为它可能仅仅基于某种个人的认同,或者仅仅对该计划的客观重要性表示认同,或者是由这两种情况的共同作用引起的③。进而,唐斯将两个动机目标模型所代表的九种不同的动机整合归类为五种不同类型的官员,并赋予他们各自的价值。五种类型的官员及他们所显示的价值如表1-1所示。

表1-1 官员类型及其价值

官员类型	行为特征	动机归属
权力的攀登者(Power Climber)	首先考虑权力、收入和声望	完全自私的官员
保守者(Conservativists)	几乎只考虑便利和安全	
狂热者(Zealous)	效忠于相对狭窄的政策或观念	
倡导者(Advocates)	效忠于更宽泛的职责或组织	混合动机的官员
政治家(Statesmen)	效忠于整体的社会,渴望得到权力,理论形态上的官僚者	

但是,"公共服务动机"这个概念首次使用于1882年,在一项针对公共部门

---

① Horton S. History and Persistence of an Idea and an Ideal's, in J. L. Perry and A. Hondeghem (eds) Motivation in Public Management: The Call of Public Service. Oxford: Oxford University Press, 2008: 17 – 32.

② [美]海尔·G. 瑞尼. 理解和管理公共组织[M]. 王孙禹,达飞译. 北京:清华大学出版社,2002.

③ [美]安东尼·唐斯. 官僚制内幕[M]. 郭小聪译. 北京:中国人民大学出版社,2006: 89 – 90.

和私营部门管理人员在"参与有意义的公共服务的意愿"问卷调查中,瑞尼(Rainey)发现,公共部门管理者在这个调查中的打分明显高于私营部门的管理人员,瑞尼由此揣测,PSM 可能在不同的部门中存在差异。当然,这种猜测是有问题的,因为关于到底什么是有意义的公共服务,每个人的理解各异,因此,瑞尼也认为他提出的 PSM 概念具有一定的模糊性,且在不同的阶段、不同的部门、不同的体制都会有不同的理解。其实,正如大多数学者所指出的那样,公共服务动机并非是公共部门、私营部门之间动机的绝对差异,很多非营利性组织和私营组织的成员也具有从事公共服务的倾向。[1] 为此,1999 年,瑞尼又将 PSM 的解释修改为"服务于他人、国家和人类的一般利他性动机"[2]。几乎在这同一时期,施瓦兹(Schwartz)也提出了相类似的概念——道义动机(Deontic Motivation)。施瓦兹利用心理分析系统形成了对道义动机的理解,他认为,人们具有的道义认识和道义情感是推动人们完成具有道义的行为的内在动因[3]。斯塔滋(Staats)则认为,"公共服务远不只是一个职业范畴,公共服务是一种行为观念、一种行为态度和一种责任感,甚至是一种公共的道德意识"[4]。

近年来,对公共服务动机的研究受到了越来越多的关注,相关的研究也取得了较大的进展。尽管公共服务动机取得了一定的核心共识,但是,由于公共服务动机本身是一个内在的、隐性的心理过程,是一个包含多层面、多维度、难于捉摸的、复杂的抽象概念[5],学者们对 PSM 概念的界定存在不同的看法,且公共服务动机因外部环境的变化也会有不同的表现。针对学者们对公共服务动机概念的理解,布鲁尔(Brewer)和塞尔登(Selden)建议,为了弄清楚公共服务动机的真正内涵,需在两大前提假设下对公共服务动机理论进行重构。首先,普遍存在的公共服务动机是驱使人们从事对公众、社区和社会服务有意义的公共服务的基本动力;其次,公共服务动机在公共部门提供公众服务的过程中普遍存在。[6] 第一个前提假设主要是建立在超越狭隘的自我利益的利他动机之上,强调个人从事有意义的政府服务、社区服务和社会服务,所以它是一种凌驾于公共组织背景上

---

[1] Mann G. A. A Motive to Serve: Public Service Motivation in Human Resource Management and the Role of PSM in the Nonprofit Sector. Public Personnel Management, 2006, 35 (1): 40.

[2] Rainey H. G. Reward Preferences Among Public and Private Managers: In Search of the Service Ethic. American Review of Public Administration, 1982, 16 (4): 288 – 302.

[3] Schwartz H. S. A theory of Deontic Work Motivation. Journal of Applied Behavioral Science, 1993, 19 (2): 204 – 214.

[4] Staats E. B. Public Service and the Public Interest. Public Administration Review, 1988, 48 (2): 601 – 605.

[5] 曾军荣. 公共服务动机:概念、特征与测量 [J]. 中国行政管理, 2008 (2).

[6] Brewer G. A., and Selden S. C. Whistle Blowers in the Federal Civil Service: New Evidence of the Public Service Ethic. Journal of Public Administration Research and Theory, 1998, 8 (3): 416.

的亲社会行为。第二个假设认为,公共服务动机在公共部门的普遍存在为人们从事有意义的公共服务提供了机会,而且也会吸引具有强烈公共服务动机意识的公众加入到公共部门。同时,由于越来越多的人被吸引到公共部门从事有意义的公共服务,使得公共服务动机观念会因不断得到灌输并强化而产生潜移默化的影响并逐渐深入人心,这对公共管理领域具有直接的意义。①

然而,公共服务动机的概念仍然是人们努力探索的却始终没有找到答案的一个领域。直到佩里(Perry)、怀斯(Wise)将公共服务动机定义为"个人对公共机构重要或特有目标做出敏感反应的心理倾向"后,这一观念才得到了正式阐释②。此后,又有一些学者陆续提出了他们各自的定义。佛雷德里克森(Frederickson)和哈特(Harter),根据公共服务动机内在的、隐含的特征将 PSM 理解为一种"仁慈的爱国主义"③。而斯蒂尔曼二世(Stillman)将公共服务动机定义为,为一个社区、一个州、一个国家,甚至全人类利益服务的一般利他性动机④。

之后,佩里(Perry)和杭德冈姆(Hondeghem)又对 PSM 的定义进行了进一步的阐释,他们认为"公共服务动机是一个人的价值取向,为他人服务的目的是为他人与社会做好事"⑤。同时,多数美国之外的学者在研究公共服务动机行为时根本不使用这一术语⑥。为了解决这些概念不一致的问题,凡德拉比(Vandenabeele)等人又提出了一个涵盖意义更广泛的定义,他将公共服务动机描述为"一种超越私利和部门利益的,关乎一个更大政治组织的利益,并能激励个体在适当的时候做出相应行为的信念、价值和态度"⑦。这一概念从制度和行为的相互作用层面,将公共服务动机的各种定义与其他相关概念整合为了一个统一的理

---

① Romzek B. S. Employee Investment and Commitment: The Ties That Bind, Public Administration Review, 1990, 50 (3): 413 – 439.

② Perry James L., and Wise Lois R. The Motivational Bases of Public Service. Public Administration Review, 1990, 50 (3): 367 – 373.

③ [美] 珍妮特·V. 登哈特,罗伯特·B. 登哈特. 新公共服务:服务,而不是掌舵 [M]. 北京:中国人民大学出版社,2004:160.

④ 理查德·J. 斯蒂尔曼二世. 公共行政学:概念与案例 (第七版) [M]. 北京:中国人民大学出版社,2004:467.

⑤ Perry James L. Hondeghem, and Annie eds. Motivation in Public Management: The Call of Public Service. Oxford: Oxford University Press, 2008 (a).

⑥ Chanlat J. Le managerialsime et l'ethique du bien Commun: La Geston de la Montivation au Travail Dans Lesservices Publics', in Duvillier, Thibaut, Genard, Jean – Louis and Pireaux, Alexandre (eds), La Motivation au Travail dans les Services Publices, (Paris: L'harmattan), 2003: 51 – 64.

⑦ Vandenabeele W. Toward a Theory of Public Service Motivation: An Institutional Approach's. Public Management Review, 2006, 9 (4): 545 – 556.

论架构[①]。在大量的实证研究中，学者们都倾向于将公共服务动机理解为一种不求回报的无私奉献的精神，一种为帮助他人和社会的自我奉献、承担责任和诚实守信的互助精神。因此，我们对公共服务动机的界定是：公共服务动机是指一种促使个体（在本书中主要指公务员）为公众服务、维护公众利益的一种心理意识或理念，其核心体现在个人的行为是时刻为他人的利益着想的，个人的所作所为是有利于整个社会的良善发展的，他们体现出的是一种自我奉献、责任和诚实的优良品格和精神。

总之，从最初的公共部门与私营部门员工的需要差异的表象出发，探索到公共服务动机的存在，到试图通过对公共服务动机概念与其他概念进行区分，进而挖掘出公共服务动机的本质，西方学者对公共服务的认识与理解随着研究的不断深入，其内涵和外延也是不断变化的。这就需要在具有不同的文化、信仰和历史的地域和领域进行拓展研究，找到公共服务动机的普世价值和内涵，进一步提炼公共服务动机的本质，这是包括公共管理学者在内的所有研究者义不容辞的使命之一。

第四节 结构安排

一、研究思路

本书共分九章，各章主要内容如下：

第一章为导论。围绕研究的问题、相关核心概念和研究目的和意义分别进行阐述，并介绍本书的结构安排。

第二章为文献综述。围绕公共服务动机这一主题，分别从心理学、行政伦理学和官僚主义行为动机学三个不同的学科背景出发，为接下来的研究找到坚实的理论指导。对国内外文献进行梳理，从公共服务动机的内涵和外延、结构的构建及其测量、影响因素、行为结果和组织系统等方面进行文献的综述，并在此基础上进行简要的述评。

第三章为理论框架与研究设计。从公共服务动机理论视角切入，根据现有的文献综述，结合中国特殊的文化背景，提出中国地方政府公务员公共服务动机的解释框架与测量研究，构建出"社会历史—动机—后果"三维度的公共服务动

---

① Vandenabeele W. Government Calling: Public Service Motivation As an Element in Selecting Government as an Employer of Choice'. Public Administration 2008b, 86 (4): 1089 – 1105.

机解释框架,并提出相应的理论假设。具体说明了本书的研究方法是以定量研究为主、定性研究为辅的混合研究方法。在此基础上,分别介绍了研究的分析单位、研究的样本选取、研究工具的选择、变量的操作化及其测量、调查样本及数据收集情况等。

第四章为公务员公共服务动机的内容结构研究。结合量化数据与质性资料,运用相关的统计分析指标对公共服务动机的结构进行检验,从条目提取、结构的验证、信度和效度的检验等方面,开发公共服务动机的本土化测量量表,为开展相关的学术研究提供可靠的测量工具。本部分内容主要包括:公共服务动机预试问卷编制、公共服务动机内容结构的探索、公共服务动机内容结构模型的验证、公共服务动机问卷的信度和效度分析。

第五章为公务员特征变量的差异比较研究:识别不同的人口统计学、组织学变量对公共服务动机水平评价的差异性,将有助于人们加深对公共服务动机的理解。本部门的研究内容主要是对不同的人口统计学变量的政府公务员在公共服务动机各个维度上的评分及总分的差异进行比较。涉及的相关变量主要有性别、年龄、学历、岗位级别、部门性质等。

第六章为影响公务员公共服务动机的因素分析。通过探索性因子分析对公共服务动机的可能影响因素进行提取和验证。通过验证性因子分析对公共服务动机的影响因素框架结构模型进行验证,展开信度和效度检验,通过实证研究验证相关假设。

第七章为公共服务动机与公务员行为后果的关联性分析。结合量化数据和质性资料,通过相关的统计指标检验公共服务动机与行为结果之间的关系,检验相关的理论假设。

第八章为公共服务动机与后果变量之间的调节效应研究。结合量化数据和具体资料,通过相关的统计指标检验公共服务动机与行为结果之间的关系,检验相关的理论假设,采用多元逐步回归等统计方法考察两者之间关系的调节作用。

第九章为研究结论与展望。这一章是本书的收尾部分,主要介绍本书的研究结论,并指出主要创新之处,探讨本书对公共管理实践的启示以及有待进一步研究的问题。

二、研究框架

综上所述,本书的逻辑结构框架及技术路线如图1-1所示。

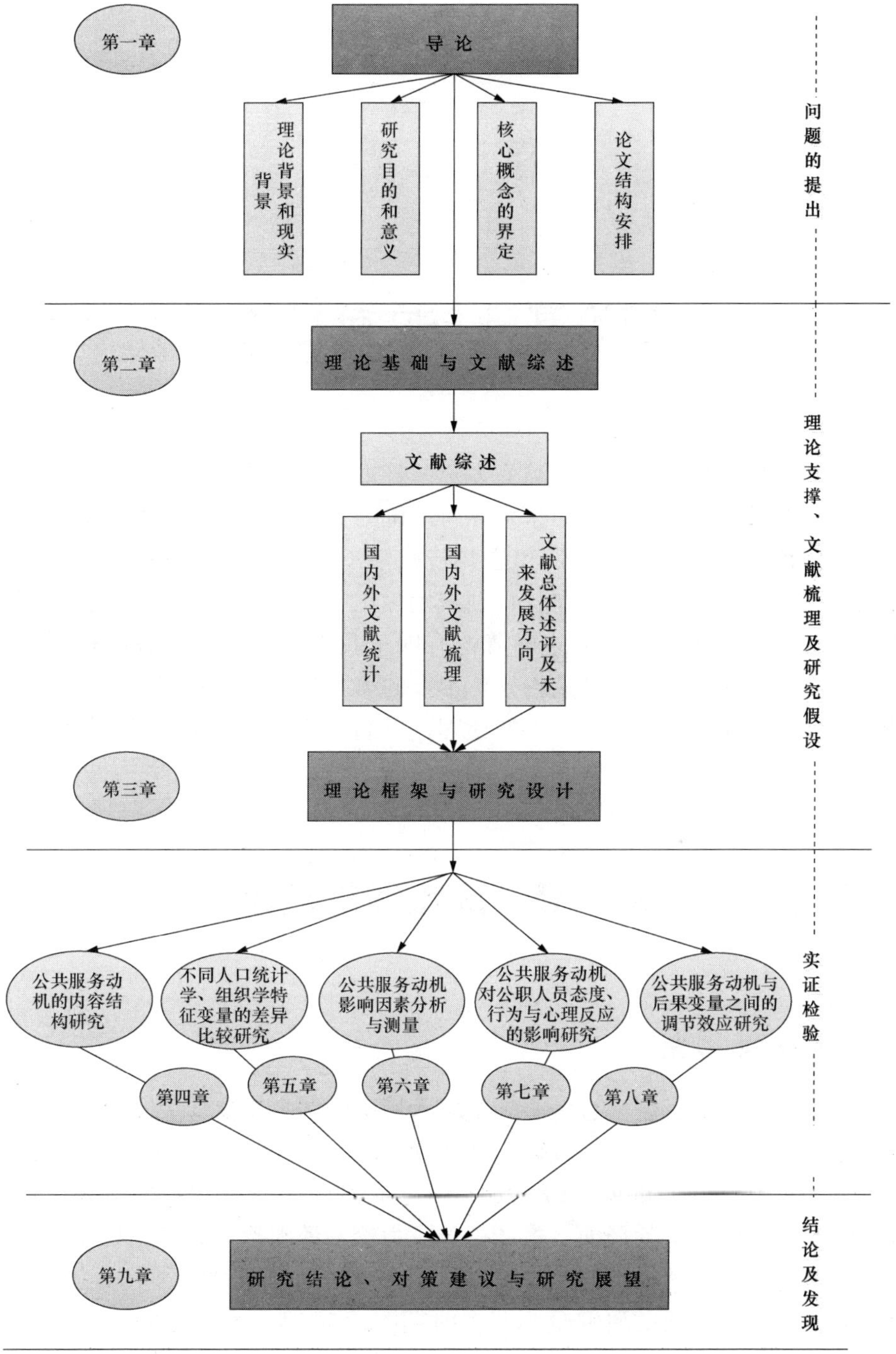

第一章 导　论

图 1-1　本书的逻辑结构框架及技术路线

第二章

理论基础与文献综述

行为动机研究一直是心理学与人力资源管理学等科学研究领域的一个重要主题，随着动机研究的不断深入，学术界对动机的关注度与兴趣正在不断提高。本章第一部分将从心理学、伦理学和公共行政学三个理论视角对动机理论进行概述，阐述人类的行为动机如何在各自领域发挥作用以及产生了哪些理论流派与研究成果。对这两个领域的脉络的理清将有助于我们解释公共服务动机理论的兴起，并为接下来的研究提供理论指导。本章的第二部分对中外现有的关于公共服务动机的理论文献进行系统、完整的梳理，以期了解公共服务动机领域的研究现状及前言理论。

第一节 动机理论概述

一、心理学的视角

工作动机和工作态度一直是心理学个人层次的两个重要研究议题。其中，动机问题是心理学中后起的研究领域，随着动机问题研究的不断深入，这一领域越来越受到心理学家们的重视。20世纪以来，心理学中有关动机的研究出现了理论观点纷呈、学说林立的局面，本能论、驱力论、诱因论、需要论以及社会认知论、自我决定论等理论此起彼伏。根据动机研究的历史时期不同，张爱卿将20世纪以来关于行为动机的研究分为三个时期：20世纪上半叶的动机观、20世纪六七十年代的动机观和 20 世纪 80 年代以来的动机观①。刘永芳等人则认为，心理学中的行为动机研究是以 20 世纪 60 年代为界限的，60 年代前主要是以行为主义和精神分析理论为主导，强调本能、冲动、驱力和体内平衡等生物性因素在决定人类行为动机方面的作用明显；而 60 年代后，随着社会认知理论的介入，动机理论的研究课题发生了很大的变化，出现了成就、归因等理论，强调认知因素的重要作用，并使传统的基于行为主义观点的自我效能理论和习得无助理论发生了重大的变化②。刘娟娟认为，西方学者对人类行为动机的研究虽然存在四种不同的方式，但实际上他们研究的问题是相同的，主要是人的本质问题，也就是人类生活好坏的问题，人类对幸福和痛苦的体验问题以及人类受理性和非理性支配的问题。她把这四种观点归纳为：乐观主义动机观、悲观主义动机观、中性主义动机观和多样性动机观③。综上所述，本书遵循大多数学者对动机理论发展阶段的划分，但是，鉴于本书研究的性质和特点，本书将动机的心理学主要理论观点按照张爱卿的提法划分为三个类别，即内在诱因观点、外在诱因观点和中介自我调节观点④。

1. 内在诱因观点

内在诱因顾名思义就是从行为发生发展的内在原因出发去探求和解释行为的动机。这种观点主要包括早期的本能论、驱力论和后来进一步发展的需要论。

本能论主要受到西方达尔文主义的影响，他们对人类行为产生动因的解释是通过对有机体（主要是动物和生物等）自然动机的探索，通过对它们先天所具有的行为方式的观察和总结得来的。在这方面比较有建树的学者如 James 和 McDougall，他们提出了以本能为基础的行为学说，认为策动和维持行为的动力是本能，一切行为（包括人和动物）都在于奋力达到一定的目的，而这种目的是出于其自身的本能，是人类一切动机的源泉。以下是麦独孤对本能论最直接的表述：

"本能是人的一切活动的主要动力和源泉，每一种浮想联翩，尽管它看起来平淡无味，但由于存在某种本能的毅力或冲动力的支持，也可以达成相应的结果，而且身体的各种行为活动也都是借助这种力量，从始至终，循环往复。假如我们没有这些本能倾向及其强有力的冲动力，与其有关的机体就不可能进行任何活动，而且濒临瘫痪，就像失去了发条的坏表。或一部已经熄火了的蒸汽机。这

---

① 张爱卿. 20 世纪动机心理研究概观 [J]. 国外社会科学，1999 (2)：9-14.

② 刘永芳，杜秀芳，庄锦英. 动机研究的历史演变 [J]. 山东师范大学学报（社会科学版），2000 (1)：54-58.

③ 刘娟娟. 动机理论研究综述 [J]. 内蒙古师范大学学报（教育科学版），2004 (17)：7.

④ 张爱卿. 20 世纪西方动机心理研究的回顾与展望 [J]. 教育理论与实践，1999 (6)：41-45.

些冲动和毅力是保持和形成个体以及社会生命的精神力量的源泉，在它们那里，就存在着生命、心灵和意志的奥秘。"①

自此以后，本能论的研究如雨后春笋般涌现，关于本能论的种类也不断增加，使得本能论的解释范围和概念无限扩大，并逐渐失去了其对行为动因解释的价值。在我们看来，现实生活中人类纯粹的自然本能或动机是无法独立存在的，无不受社会因素、历史条件以及文化传统等因素的影响，因此，本能的动机对行为动因的解释虽然在理论上对有机体的动机具有一定的意义，但它因缺乏最重要的社会意义而饱受诟病。20世纪三四十年代，动机问题也引起了心理学家的广泛兴趣，这一时期驱力论、需要论等逐渐取代了本能论，成为这一时期主要的动机理论。

驱力论又称驱力还原论或者需要满足论，是指当个体的生理需要得不到满足时所引发的一种紧张状态，而这种紧张状态会产生一种内驱力刺激，这种内驱力的刺激会引起有机体的反应，而反应的最终是需要得到满足，紧张消除，身体恢复平衡状态②。这种理论最初是由伍德沃斯（Wood Worth）提出，后来行为主义心理学家Hall进一步发展了这一理论并使其成熟化。霍尔提出了驱力削弱理论，他认为有机体常常需要触发一种强烈的唤醒状态，而这种本能的状态为有机体的各种行为提供能量；当这种驱力的刺激反应使得有机体目标得以满足时，机体便停止各种随机活动。这样，消除紧张作为一种刺激，增强了目标刺激和有效反应之间的联系。霍尔认为"有的驱力来自于内部刺激，称为原始驱力，不需要习得。有的驱力则来自于外部刺激，称为诱因性动机（Incentive Motivation），是通过学习而获得。"霍尔进一步指出，人类的行为动机主要由生活习惯支配，而不是由有机体本能驱力支配③。他强调了学习和实践经验在驱力中的作用，认为后天的学习对机体适应环境有重要意义。据此，霍尔形成了他关于个体有效行为潜能或动机的生成公式图解④，见图2-1。

其中，驱力（D）、外部奖赏（K）、习惯强度（H）和抑制（I）共同决定了个体的有效行为潜能（ESR）。霍尔认为这种关系主要体现了三个目的，首先，有机体的活动目的在于消除内驱力或紧张因素；其次，内驱力或紧张消除的同时，活动能力得到强化，这是提高进一步学习能力的基本条件；最后，这种基本条件又形成了二次诱因或二次驱力。

---

① ［美］威廉·麦独孤. 社会心理学导论 [M]. 俞国良，雷雳，张登印译，北京：北京大学出版社，2010：40.
② ［美］霍尔. 社会心理学导论 [M]. 人类行为要义，张登印译. 台湾商务印书馆，1987：125.
③ ［美］霍尔. 社会心理学导论 [M]. 人类行为要义，张登印译. 台湾商务印书馆，1987：126.
④ 张积家. 普通心理学 [M]. 广州：广东高等教育出版社，第455页，2004年.

驱力理论的提出，使得动机问题的研究达到了历史上的第一个黄金期，动机研究也成为了这一时期心理学的主要研究领域。霍尔的观点虽然存在某些争议，但得到了多数行为主义者的认同。围绕霍尔的驱力理论，心理学家们纷纷在自己的研究领域对动机问题提出了见解，其中，人本主义心理学家马斯洛的需要层次理论和自我实现论揭示了人类行为的根源。

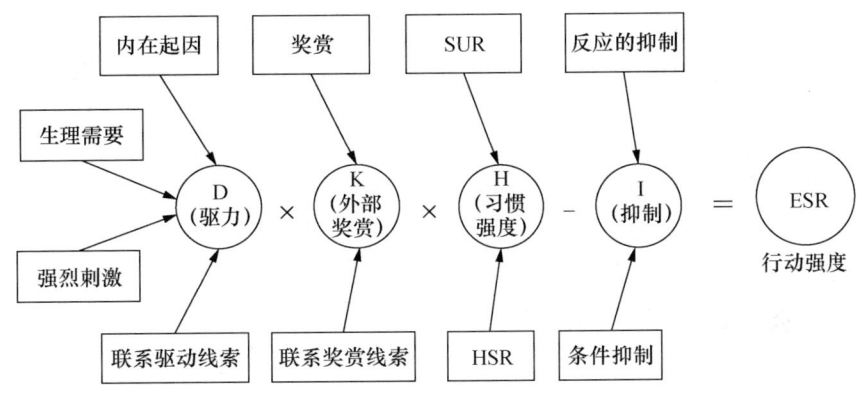

图 2-1　霍尔有效行为潜能生成公式

马斯洛等人的需要理论指出了人和动物之间的区别，人类不同于动物的复杂多样性的需求成为了解释人类不同需要的出发点。据此，他们把人类的各种需求进行区分，提出了需要层次理论，首次从人类行为的根源上来探讨人类的各种行为动机①。当然，人类的需要具有个体的差异性和社会历史性，马斯洛提出的人类需要五层次理论也只是人类需要中的几种，他认为人的本性是中性的、向善的，通过需要层次的递进，人的完美人格是可以实现的。马斯洛在 1968 年再版的《存在心理学探索》一书的序言中写道：

"我认为，人本主义的、第三种力量的心理学是过渡性的，是向更高的第四种心理学发展的准备阶段。第四种心理学是超越个人的、超越人类的，它超越了人性、自我同一性和自我实现等概念，是以宇宙为中心，而不是以人的需要和兴趣为中心的。"

"我们需要某种'大于我们的东西'作为我们敬畏和献身的对象……"②

马斯洛并没有向人们具体说明这种"大于我们的东西"究竟是什么，因此，

---

①　[美] 亚伯拉罕·马斯洛. 动机与人格 [M]. 马良诚译. 西安：陕西师范大学出版社，2010.
②　[美] 亚伯拉罕·马斯洛. 存在心理学探索 [M]. 李文恬译. 昆明：云南人民出版社，1988：35.

这种脱离社会实践、想象出来的乐观主义美学也遭到了学者们的猛烈抨击。但是，马斯洛关于人类需要层次的思想具有极大的开放性，使得人本主义心理学成为了一种具有终极关怀的心理学，在今天仍然具有强大的生命力。

2. 外在诱因观点

兴起于20世纪50年代的诱因论从有机体的内部需要转向了外部诱因对行为动因进行解释，重点关注外界的诱因特别是目标设置、奖惩等外在刺激和诱因对行为的强化和激发作用。这方面比较典型的理论有巴普洛夫的经典条件作用理论、斯金纳的操作条件理论和洛克的目标设置理论。其中，巴普洛夫的条件反射理论认为，在一定的条件下，人类行为的动机是可以通过条件的反射而逐步获得的，其主要通过动物实验的方式，通过条件刺激和无条件刺激的叠加，来观察和总结产生有机体的一系列反应，进而推向人类。斯金纳在其操作条件理论的基础上，对刺激和强化问题进行了深入探索。他长期致力于研究操作性条件反射行为，通过对鸽子和老鼠的反复实验，提出了"及时强化"的概念以及强化的时间规律等观点，形成了自己的一套理论。在此基础上，斯金纳还将其发现的操作性条件反射理论应用于对人类的研究，他认为，对动物的研究与对人的研究无异。如斯金纳在《超越自由与尊严》一书中所描述的：

"人是没有尊严和自由的，人们做出某种行为或不做出某种行为，只取决于一个影响因素，那就是行为的后果。人并不能自由选择自己的行为，而是根据奖惩来决定自己以何种方式行动，因此，人既没有选择自己行为的自由，也没有任何的尊严，人和动物没有什么两样"。①

斯金纳根据行为科学原理，对传统人文研究和心理研究运动进行了猛烈的抨击，并指出，人根本不可能有绝对的自由与尊严，人只可能是环境的产物，因此，人类面临的首要任务是设计一个最适合自己生存的文化与社会。斯金纳有关动机强化程序等领域的研究也为诱因论奠定了理论基础，成为诱因理论研究的核心课题。其提出的通过一定的奖惩来形塑和矫正一个人的行为动机，促使其改变不良行为的观点，在转型期的中国社会中，仍然具有非常重要的意义。

作为诱因论的另外一个理论分支，洛克的目标设置理论主要关注的是特定的目标对行为动机的强化作用。洛克认为目标本身就具有激励作用，挑战性的目标是激励的来源，设置清晰明确的目标能把人的需要转变为动机，给人们的行为指明方向，并可以按照既定目标及时将自己的行为结果与之对照，随时进行调整和修正，从而更容易实现目标和取得更佳的绩效。在他们看来，明确的目标不仅可以使人们更清楚要如何做，要付出多大的努力才能达到目标，而且目标设定得清

---

① ［美］伯尔赫斯·弗雷德里克·斯金纳. 超越自由与尊严［M］. 陈维纲，王映桥等译. 贵阳：贵州人民出版社，2006：35.

晰明确，也便于评价个体的能力和绩效。相反，模糊不清的目标不利于引导个体行为努力的方向，也不便对其行为进行评价①。事实上，因为人们本身就具有了解自己行为的认知倾向，明确的目标对人们具有正向的激励作用。显然，对个体行为目的和结果的充分了解，不仅能够减少行为的盲目性，还可以提高对行为的自我控制水平。此外，从绩效管理的角度，目标的明确与否对绩效的变化也有较大的影响。也就是说，明确清晰的目标能更好地激发个人去为之奋斗，找出不足，提高绩效，努力达成预定目标；反之，模糊目标的不确定性和复杂性，容易导致多种不良的结果，对目标的达成造成不利影响，最终影响绩效。洛克等人综合行为科学及心理学等领域的观点，提出了综合的目标设定模型，也被称为高绩效循环模型（High Performance Cycle）②，如图2-2所示。

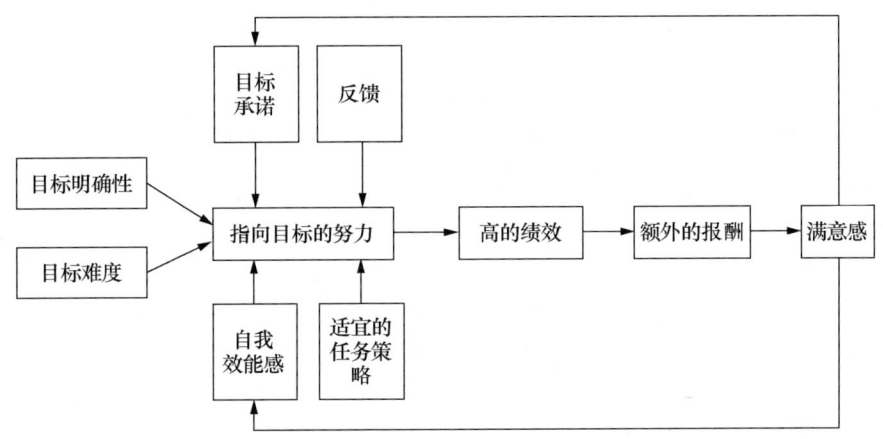

图2-2 动机的高绩效循环模型

模型从明确的、有难度的目标开始，如果目标明确，具有良好的工作承诺和自我效能感，具备一定的反馈机制和适宜的任务策略，就会产生较高的绩效。如果较高的绩效能够满足为目标努力而得到的应有的预期回报，就会产生高的工作满意感。高的工作满意感又可以激发高的目标承诺，而高目标的承诺又可以促使人们愿意留在该工作岗位上并产生高的自我效能感。这样，高工作承诺和工作满意度就会促使人们接受新一轮的挑战，新一轮的高绩效循环又开始了。

---

① Locke E. A., Chah D. O., and Harrison D. S. Lustgarten Separating the Effects of Goal Specificity from Goal Level. Organizational Behavior and Human Decision Processes, 1989 (43): 270-287.

② Locke E. A., Latham G. P. Work Motivation and Satisfaction: Light at the end of the Tunnel. Psychology Science, 1990 (1): 240-246.

3. 中介自我调节观点

所谓中介自我调节观点，顾名思义就是将行为者自身作为中介因素，在内在起因和外在诱因对行为者行为动因的强化和刺激中扮演能动的调控和控制作用。行为者通过人所特有的意识、思维和认知在转化过程中起到了纽带作用。比较著名的观点有海德和维纳等人的自我归因论、麦克利兰和阿特金森的成就动机论、班杜拉的自我效能论以及得西等人的自我认定论等。认知论和以前的机械观存在本质的不同，认知论假定人是"理性人"，人的行为动因并非是受到内在起因和外在诱因所刺激的，而是通过人的自我调节控制达到的，更加注重人的认知因素的重要作用。

归因理论是探讨人们行为产生的动因与分析产生这种行为的因果关系的各种理论和方法的总称。该理论试图通过对过程和原因的分析，阐明行为动因产生的原理。心理学界最早对归因进行研究的是美国心理学家弗里茨·海德，他将对周围世界进行理解和控制作为人类存在的两类基本的需要，认为通过归因分析可以得知人们行为的原因，并可以预言人们如何行动①。海德还倡导，个体行为的产生既有外部诱因又受到内部诱因的影响，应该是两方面共同作用的结果，但是在某一时间点，总有一个原因起主要作用。他还强调，我们对动因的分析不是试图去发展内因或外因，重点是要搞清楚这种行为的产生是哪种原因引起的，是内因（如人格、情绪和认知等）还是外因（如工作设施、任务的难度、奖惩条件等），基于此，我们才能很好地去控制个人的认知和能动性，以便更好地调节个体的行为②。诚然，归因理论主要是用来解释人类行为起因的，研究的焦点在于认识人类行为产生的原因、过程、特点和规律。维纳则从另外的角度进一步发展了归因理论，他通过对以往动机理论，特别是归因理论的总结，认为归因理论有助于对成功与失败的行为进行解释，而这种分析和解释会影响到人们的情感和期望，从而会对后继的行为产生新的促进作用。因此，维纳将归因理论和动机成就理论进行了有机结合，形成了自己的动机归因理论③。其核心是强调这样一个事实，即与动物相比，人类具有与生俱来的心理能力，且是其他动物无法超越的，这些可以帮助人类进行复杂的思考，能够意识到自己的处境，并做出自己的决定，而不受外部诱因的诱惑和干扰。维纳甚至将人比喻为神，他在其巅峰著作《人类动机：比喻、理论和研究》一书中提到：

---

① ［美］罗姆·哈里. 他们改变了心理学：50位杰出的心理学家［M］. 刘儒德等译. 上海：华东师范大学出版社，2007：127-130.

② ［美］罗姆·哈里. 他们改变了心理学：50位杰出的心理学家［M］. 刘儒德等译. 上海：华东师范大学出版社，2007.

③ ［美］伯纳德·维纳. 人类动机：比喻、理论和研究［M］. 孙玉明译，杭州：浙江教育出版社，1995.

"我认为人不同于笛卡尔对动物的界定,也不仅仅是达尔文主义所宣扬的机器,人几乎可以说是一个上帝。因为人类具有无与伦比的心智和认知,人类的这种动机简直就是一个完美的'拉动'有机体前进的、内隐的将人类与万能和理想化了的神。"①

除了强调人的期望和情感在人的行为动因分析中的作用外,维纳还特别强调个人所处的历史传统和文化背景以及不同生活观念、人际关系以及个人技巧等因素对动机归因过程的影响。动机归因理论的主要价值在于,它既增强了个体行为认知的决定因素,又增强了个体情感活动的决定因素,并且在理论构建上有着清晰的经验性联系。因而动机归因理论进一步丰富了关于刺激和反应之间的中介调节过程方面的合理性。此外,他从大量的实验中总结出行为成败的原因,主要包括能力、努力程度、任务难度和机遇四个方面,为改善行为动机的绩效提供了理论依据,也具有很强的现实可行性。

成就动机理论是美国著名心理学家麦克利兰(McClelland)和阿特金森等人与20世纪50年代通过对人的需求和动机进行研究提出的理论模式。麦克利兰通过大量实验研究,把人的高层次需求归纳为三个方面:对成就的需求(Need for Achievement)、对权力的需求(Need for Power)和对亲和的需求(Need for Affiliation)。成就方面的需求主要是追求成功并渴望做到最好;权利方面的需求主要是指影响并控制他人且不受他人控制的需求;亲和需求方面是指渴望建立友好亲密的人际关系方面的需求。麦克利兰认为,由于人们的需求不尽相同,应该采取不同的激励方式,因此,了解个体的需要与动机对于建立合理的激励机制是非常必要的。此外,麦克利兰还认为,人类的动机是可以通过训练来激发的,因此可以通过特定的训练来提高员工的三种动机,提高个人绩效和组织绩效②。但是,麦克利兰认为,在不同国家、不同的体制和不同文化背景下,成就动机的特征和表现是不尽相同的,对此,麦克利兰并未做充分的表述,他只是提出了一个广泛适用的组织成就动机的管理流程③,如图2-3所示。为了完成组织的目标,需要对员工的倾向性动机进行系统的测量,根据测量结果决定是否对员工进行专门培训和刺激,或者采用专门的科学管理工具对员工进行管理,如果绩效还是不甚理想,可考虑终止目标或采取其他办法。

阿特金森(Atkinson)的成就动机理论模型提出了包含需要、期望、诱因值的综合动机理论,首次把人的情感面与认知面进行了统一,并用数学模式简明形

---

① [美]伯纳德·维纳. 人类动机:比喻、理论和研究[M]. 孙玉明译. 杭州:浙江教育出版社,1995:15.
② McClelland D. C. Human Motivation. Glenview, IL: Scott, Fjoresman. 1985:315-345.
③ McClelland D. C. Human Motivation. Glenview, IL: Scott, Fjoresman. 1985:330.

象地表述出来，揭示出影响成就动机的某些变量和规律，并用大量实验检验并证实了其理论假设的合理性和可行性①。

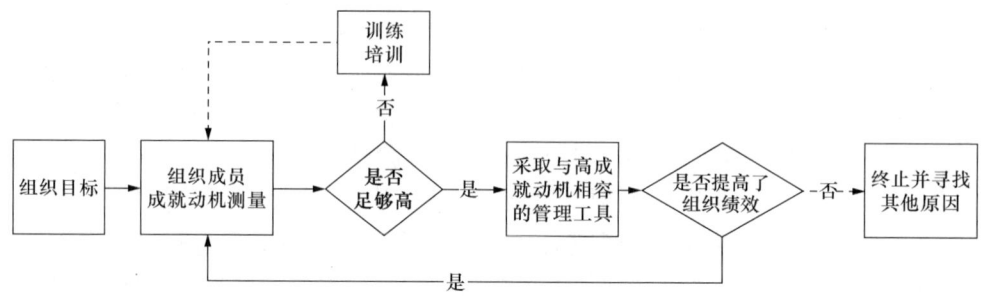

图 2-3　麦克利兰成就动机管理流程

以孩子的教育为例，阿特金森认为，最初的高成就动机来源于孩子生活的家庭或他们所在的文化群体，特别是幼儿时期的教育和训练的影响。以此为例，他认为个人的成就动机一般可以分成两部分，一是追求成功的意向，二是避免失败的意向。也就是说，成就动机里包含了对成功的期望和对失败的担心两种情绪的冲突与平衡。用数学含义来表达追求成功的动机就是对成就的需要（Ms）、在该项任务上成功的可能性（Ps）以及成功的诱因价值（Is）三者之间的乘积的函数②，用数学公式表示为：

$$Ts = Ms \times Ps \times Is$$

其中，Ms 代表争取成功的相对稳定的倾向（Apperception）；成功的可能性 Ps 是指对行为目标的期望，或是对行为主体理解的成功的可能性；Is 为成功的积极诱因值，这一项与 Ps 有相反的关系，也就是 Is = 1 - Ps，即当 Ps 值减小时，成功的诱因值增加。这里所指的诱因值是一种对取得的成绩充满自豪的感情。阿特金森认为，一个困难任务取得成功后所体验到的自豪感比一个容易任务成功后体验到的自豪感更强。他认为，在与成就有关的情景中既能引起对成功的期望，也能引起对失败的担心。决定对失败担心的因素类似于对成功希望的因素，即避免失败的倾向也是三个因素乘积的函数：一是避免失败的动机（Maf），也就是因失败而体验到的负能量；二是失败的可能性（Pf）；三是行为失败的消极诱因值

---

①　Atkinson J. W. Motives in Fantasy, Action and Society. Princeton, New Jersey: Van No Strand, 1958 (1): 1-5.
②　陈学军，林志红，陈选建，赵晶锦．心理学经典实验书系：管理心理学［M］．杭州：浙江教育出版社，2009：123-127.

(If)①。其数学表达式为：

Taf = Maf × Pf × If

同追求成功的动机一样，If = 1 − Pf，也就是说，当目标失败的可能性降低时，失败所带来的诱因值（If）就会增加。失败的诱因值可理解为一种失败带来的消极情感，如自尊心受挫、羞愧、消沉等。所以，阿特金森所谓的成就动机就可以用以下的数学公式表示②：

Ta = (Ms × Ps × Is) − (Maf × Pf × If)

也就是说，当一个人面对更容易的任务时，其失败后的情感比完成更艰难的任务失败时的情感更为消沉。反之，当一个人在某一特定情境下，追求成功的需要大于失败的需要时，那么他就敢于冲破任何阻力去尝试并追求成功。

社会学习理论的创始人班杜拉（Albert Bandura）受到维纳的动机归因论的极大影响，总结前人有关动机原因及过程的探索中的长处，摒弃其不足，独辟蹊径从社会学的观点出发，提出了用以解释在特殊文化、历史等情景下动机产生的原因的一种动机归因理论——自我效能理论。自我效能感主要关注的是个人对自己完成某方面工作能力的一种主观评估，重点强调"自我效能"这一中介调节作用，进而影响一个人的行为动机。按照班杜拉的说法，"自我效能"一般是指"一个人能够有效控制自己的生活、行为习惯等方面的一种知觉或信念"③。班杜拉主张行为和认知过程的结合，主张必须以环境、行为、人三者之间的交互作用来解释人的行为动机，而不是单纯地强调内在起因或外在诱因。实际上，在成就情境中，自我效能感是一个人对于自己能否胜任某项工作或活动的一种主观的直觉感受或者是一种隐蔽的判断，这既是一种关于自我能力的主观评估，又是一种情感上的体验，而且这种情感体验往往是不自觉的、内隐的，是不以外显形式表现出来的。也就是说，自我效能感决定了一个人在特定情境中的行为动机。这种效能感对行为动机的自我调节一般包括两个部分，即结果期待（Outcome Expectation）和效能期待（Efficacy Expectation），也即一个人如果具有高的自我效能感，那么他在特定的活动或工作中的积极性和主动性就高，他就会乐于付出努力和采取策略解决困难，达成目标，提高绩效；相应地，他当初的高效能感就容易得到证实，维持了下一轮的动机④。按照班杜拉的说法，自我效能感能具有多项功能，首先，自我效能感会影响人们的选择；其次，根据自身的选择决定将要付

---

①② 陈学军，林志红，陈选建，赵晶锦. 心理学经典实验书系：管理心理学［M］. 杭州：浙江教育出版社，2009：123 − 127.

③ Albert Bandura. Self − efficacy: Toward a Unifying Theory of Behavioral Change. Psychological Review, 1977（84）: 191 − 215.

④ ［美］班杜拉. 自我效能：控制的实施（上下册）［M］. 缪小春等译. 上海：华东师范大学出版社，2003.

出多大的努力和选择什么策略克服困难,并选择坚持时间的长短;最后,根据目标的达成程度会影响到人们后续的思维模式和情感反应模式①。他认为,自我效能感作用的发挥是通过一系列有机的过程影响人们的行为动机,进而提高工作绩效,他将这种从选择、思维、动机到心身反应过程通过自我效能感—绩效模型体现出来,如图2-4所示。

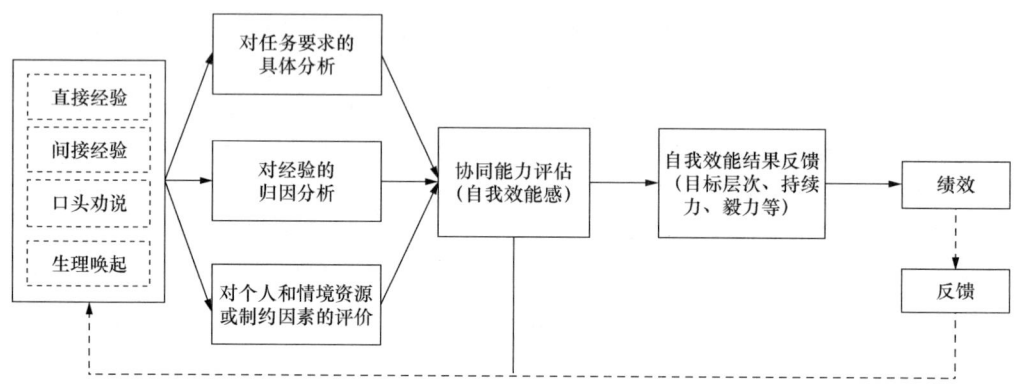

图2-4 自我效能感与绩效关系模型

图2-4直接体现了班杜拉所倡导的环境、人、行为之间的有机互动,自我效能感的产生源于个人自身对环境的直接或间接的经验,以及通过正面的言语激励和引导并通过生理机制的传导,而对一项活动的自我效能感又是建立在对该活动的任务要求分析、对经验的归因分析和对个人自身和情境资源或制约工作开展的因素的综合评价的基础之上的,最后通过对工作目标的达成与否决定自身的情感反应和情绪体验,对是否达到了最初的自我效能感予以反馈。

得西(Deci)和罗恩(Ryan)以人的需求为基础,提出了自我认定理论的当代动机理论②。与自我效能理论一样,该理论也强调自我调节在动机产生过程中的作用,得西认为,基于特殊情境的自我决定不仅是人们的一种能力,更是一种个体的需要,人们具有与生俱来的一种基本的内在自我决定的倾向,这种倾向会引导人们从事他们感兴趣的活动,从而实现与社会环境的灵活适应③。自我决

---

① [美]班杜拉. 思想和行动的社会基础:社会认知论(上下册)[M]. 林颖等译. 上海:华东师范大学出版社, 2007.
② Deci E. L., et al. Characteristics of the Rewarded and Intrinsic Motivation of the Rewarded. Journal of Personality and Social Psychology, 1981 (40): 1-10.
③ Ryan R. Deci E. L. Self-determination Theory and the Facilitation of Intrinsic Motivation. Social Development and Well-being, American Psychologist, 2000 (55): 141-166.

定理论把人类的行为动机分为内部动机（Intrinsic Motivation）、外部动机（Extrinsic Motivation）和无动机（Amotivation）三种类型，其中，内部动机是人类所固有的一种追求新奇和挑战、发展和锻炼自身能力以及勇于探索和学习的先天行为倾向①。内部动机一般与行为主体自身的兴趣、满足感等有关，已有的研究结果表明，内部动机与员工的注意力、工作投入度、工作绩效等存在正相关；外部动机是指人们不是出于对公众本身的兴趣和欲望，而是为了获得某种工作以外的结果所导致的工作愿望，如为了获得高额的报酬、他人的认可等。根据个体对行为的自主性程度由低到高，外部动机又可分为外在调节、内摄调节和认同调节三种类型；所谓的无动机是指自我决定感的匮乏，也就是个体根本认识不到他们的行为与行为结果之间存在什么样的联系，对所从事的工作不感兴趣，也没有任何付出努力的意愿，而且也缺乏外在诱因以确保工作的正常进行②。自我决定理论的核心思想是从辩证的角度解释了动机的产生机理，即外部环境如何通过内部动机的作用以及外部动机逐步内化的过程，揭示了外在动机影响个体行为动机的有效路径，自我决定的连续过程、动机的类型以及调节的类型如图 2-5 所示。

行为 Behavior	非自我决定 Nonself-determined					自我决定 self-determined
动机类型 Type of Motivation	无动机 Amotivation		外部动机 Extrinsic Motivation			内部动机 Intrinsic Motivation
调节类型 Type of Regulation	无调节 Non-Regulation	外部调节 External Regulation	内摄调节 Introjected Regulation	认同调节 Identified Regulation	整合调节 Integrated Regulation	内部调节 Intrinsic Regulation
归因所在 Locus of Causality	非个人的 Impersonal	外部 External	部分外部 Somewhat External	部分内部 Somewhat Internal	内部 Internal	内部 Internal

图 2-5　自我决定的连续过程、动机的类型以及调节的类型③

---

① Ryan R. Deci E. L. The General Causality Orientations Scale: Self Determination in Personality. Journal of Research in Personality, 1985 (b), 19: 109-134.

② 张剑，张建兵，李跃. 促进工作动机的有效路径：自我决定理论的观点 [J]. 心理科学进展，2010（18）：752-759.

③ Ryan R., Deci E. L. The "What" and "Why" of Goal Pursuits: Humn Needs and the Self-Detemination of Behavior. New York: Psychological Inquiry, 2004（11）：237.

自我决定理论发展至今，以有机辩证为其思想基础，逐渐发展出了认知评价理论（Cognitive Evaluation Theory）、有机整合理论（Organismic Integration Theory）、因果定向理论（Causality Orientation Theory）和基本的心理需要理论（Basic Psychological Need Theory）。其中，尤其以基本的心理需求理论代表了自我决定理论的最新发展方向，心理需要理论强调对个体自我整合活动有重要作用的环境因素特征，提出了胜任、自主与关系三大与生俱来的、普适性的心理需要是促进个体人格和动机结构成长与完善的基本条件。

综合而言，自我决定理论作为现代动机理论为工作动机由外在诱因向内在的发展指明了方向和路径，成为了一种新兴而积极的动机理论。自我决定理论认为，环境因素与个体动机的因果定向有着共同的作用，通过满足个体三大心理需求，促进内部动机的生成，并促使外部动机向内部动机转化，最终促进个体正向的工作行为结果和个体的心理健康成长，该路径的影响过程如图2-6所示。

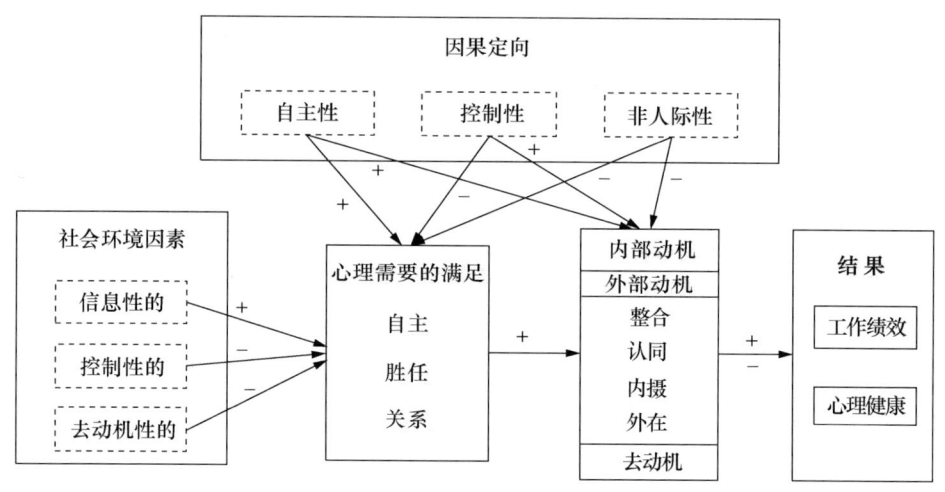

图2-6 社会环境因素对个体行为影响的因果路径关系模型①

心理因素究竟具有怎样的作用，哪一种心理因素更为重要？弗罗姆（Fromm）关于社会性格的观点对于理解心理因素的作用不无启迪。弗罗姆认为，不了解一定的社会文化背景和环境就不能理解相应的心理现象；同样，忽略心理因素在社会演变过程中作为一种积极力量所起的作用，也不能理解社会现象。他将"社会性格"看成是一种重要的心理力量。在弗罗姆看来，社会性格是在社

---

① 张剑，张建兵，李跃. 促进工作动机的有效路径：自我决定理论的观点 [J]. 心理科学进展，2010（18）：755.

会环境中形成的，经济制度决定了人的生活模式，生活模式塑造了人的性格结构①。因此，不同的社会或不同的阶级具有不同的社会性格。具有相似社会性格的人容易形成相似的观念，人所接受的价值观念又会反过来强化已有的性格结构，作为代言人的理论家将这些观念理论化，这就是意识形态。即是说，社会环境以性格为媒介影响意识形态的形成，已经形成的意识形态又容易被具有一定性格的人所接受。按照弗罗姆的观点，性格结构不但决定了人的思想和感觉，而且决定了人的行为。一旦某些需求在性格结构中发展起来，与这些需求相一致的行为既能使人获得心理满足，又能使人获得实际利益。如果社会能同时满足这两点，则心理力量"就会黏合社会结构"，成为积极的力量；反之，则会成为社会的破坏力量。如果大多数人的性格，即社会性格，转化为个人在社会中必须履行的客观职责，这种占主导地位的社会性格就会成为塑造社会进程的生产力②。

二、行政伦理学的观点

长期以来，无论是西方主流的公共行政学，还是中国的行政管理学，在工具理性的指导下，都存在着将公共行政管理简化为一套行政程序、管理技术、生产工艺的倾向，公共行政管理的功能也仅仅局限于法律执行和政策实施上，缺乏对公共行政管理的基本价值、目的和目的合理性的探讨与反思。实际上，伦理道德和公共行政管理并不是格格不入的。公共行政管理不仅是一个执行法律和实施政策的过程，而且是一个实现伦理价值的过程，它不只是纯技术性的活动，任何管理都蕴含着某种伦理观、价值观的内容。由于它们之间有着密不可分的内在联系的缘故，夏书章先生在《管理·伦理·法理》一书中把管理、伦理、法理作为一个整体来加以考察③。美国公共行政管理学的创始人伍德罗·威尔逊在1887年就宣称"行政管理领域是一个事务领域"，但它"远不是纯技术细节的单纯领域所能涵盖得了的，因为它是通过自己更崇高的原则同长期以来的政治贤哲的格言，即政治不断前进这一永恒真理直接联系在一起的"。④ 从实践来看，管理不仅表现为一种制度的、技术的结构，而且表现为一种伦理的结构。无论是何种形式的管理，在其背后都留有人与人之间关系的烙印，因而也必定有着伦理的内涵，这就要求我们在研究公共行政管理行为时，不能不关心在其外在现象背后所隐含着的人的内在价值观及人性道德的选择向度，从而也就有了公共行政伦理问题。而且，现代民主政府的主要职能是为公民提供优质、便利、高效的公共服

---

①② ［美］弗罗姆.逃避自由［M］.刘林海译.北京：国际文化出版公司，2000：190－192.
③ 夏书章.管理·伦理·法理［M］.北京：法律出版社，1984.
④ ［美］理查德·D.宾厄姆.美国地方政府的管理［M］.北京：北京大学出版社，1997：15.

务，以服务公民作为政府的目的，这本身就是基本的伦理准则。政府以人为本的基本内涵，就是公共服务应当遵循公平和正义原则，从这个意义上讲，公共行政伦理是公共服务型政府建设的应有之义，诚实、正直、责任心和公正是公务员，特别是地方政府公务员应该具有的基本品质。

行政伦理学发端于西方这是毋庸置疑的。但是，对于行政伦理学的诞生及兴起的时间尚未在学术界达成共识，一些学者认为西方行政伦理学研究的起点是英国著名学者伊顿（Dorman B. Eaton）于1880年编著的《英国公务员考试》，文中首次把公务员改革作为道德建设的重要方面这被认为是行政伦理的发端①；有的学者认为行政伦理学开始于1940年公共行政学界掀起的弗里德利奇（Friedrich）与芬纳（Finer）之争，他们就公务员的"主观责任感"（Subjective Responsibility）和"客观责任感"（Objective Responsibility）、"内部制约"（Inner Check）以及"外部制约"（External Check）之间的关系、内容、标准等展开了争论②。也有学者将美国的独立和建国视为行政伦理学的开端③。在20世纪70年代，公共部门疯狂追求行政效率的提高，遭到了前所未有的批评后，进一步考虑社会公平、公正、正义以及回应性等问题，行政伦理学才真正得以确立并发展④。

无论如何划分，行政伦理作为公共行政领域普遍认同的信念，已经成为考量行政人员行为的重要依据。诚然，对公权力的制约，不仅要通过法律和契约等制度结构以及公民社会、民间力量等外在的他律，尤其在困境重重、官民日益对立的转型期的今日之中国，内在的道德自律对于地方公共行政人员的作用应该引起关注。公共行政的制度性结构和外在他律与公共行政人员的道德自律有机结合，相辅相成，才有可能构建现代公共服务体系，建设"美好"社会的愿望才有可能实现。在行政伦理的价值取向或行政伦理的内涵问题探讨上，无论是西方学者还是中国智者都不否认，公共行政伦理是在一定的行政伦理观与行政价值观的指引下形成的，行政伦理是在以公共利益为基础，以公共责任为核心，以社会公正为根本价值取向的前提之下，进一步体现公共行政主体的主动性以及保证行政行为合法性的内在约束力⑤。

由于行政伦理是非常复杂的现象，在公共行政科学史上，许多学者对行政伦理均发表了相当有见地的看法。但对于行政伦理内涵和面临的困境的分析，因为学科背景及研究视角不同，学者们众说纷纭，意见不一。纵观国内外学者们的研

---

① ［美］马国泉. 行政伦理：美国的理论与实践［M］. 上海：复旦大学出版社，2006：9.
② Terry L. Cooper. The Emergence Administrative Ethic as a Field of Study in the United States, In Handbook of Administrative Ethics, Second and Expanded Edition. New York: Marcel Dekker, Inc., 2001: 28.
③ 王伟等. 行政伦理概述［M］. 北京：人民出版社，2001：15.
④ 张康之. 行政伦理学［M］. 北京：中国人民大学出版社，2003：19.
⑤ ［美］马国泉. 行政伦理：美国的理论与实践［M］. 上海：复旦大学出版社，2006：51-61.

究成果，对于行政伦理内涵与对行政伦理面对困境的看法的界定汇总如表 2-1 所示。

表 2-1　国外学者对公共行政伦理内涵以及行政伦理面临困境的看法之汇总

作者	行政伦理内涵的观点	对行政伦理问题的看法	共通点
G. Winter	行政伦理学具有积极进取精神，它是研究人类心灵不同对象的一门科学	伦理学致力于澄清引导这个世界的合乎逻辑的和恰当的价值观，它对社会交往中凸显和暴露出来的各种可能的伦理问题进行评估	对行政伦理的定义都涉及：公共行政领域的基本伦理维度、公共行政行为的基本道德规范以及通过公共行政行为与公共事务所集中体现出来的社会公共伦理精神。都认为行政人员在遇到以下冲突时需要考虑到伦理问题：①责任冲突时的伦理问题；②利益冲突时的伦理问题；③角色冲突时的伦理问题；④正当行为分际不易确定时的伦理问题
F. Negro 和 L. Negro	行政伦理是用来表现价值抉择以及使行为标准落实的政策和政策执行的手段	公共行政主体必须在相互冲突的利益关系与伦理价值之间进行选择，选择其中一种公共行政伦理价值，并通过这种方式解决面临的困境	
D. Rosenbloom	行政伦理可视为公务人员个人的自我的（Self-Accountability）或对其行为进行的内省（Inner Check）	①界定公共利益以便做出决策时的道德内省行为；②服务于公众时的道德内省行为；③为公务上的决定作辩护时的道德内省行为；④私利与政治结合时的道德内省行为；⑤做行政裁量时的道德内省行为	
D. Waldo	将行政伦理视为行政人员的伦理义务，并提出 12 项公务人员的伦理义务，包括对宪法、法律、国家、民主、行政组织规范、专业技术、亲友、自我、群体、公益及宗教等，以作为我们了解行政伦理的"地图"指引	①程序义务与公共（Procedural Obligations and Public 产品）的伦理问题（如欺骗、泄密、抗命、职务上的违法）；②民主与义务的伦理问题（如行政裁量）；③公共责任、个人道德与私利的伦理问题（如贪污）；④选择价值、为公众谋利及正义的困境	

续表

作者	行政伦理内涵的观点	对行政伦理问题的看法	共通点
H. Frederickson	将社会公道视为行政伦理的核心,并以之要求政府服务的公平、决策和方案执行的责任以及如何满足公民的需求,而非迎合组织目标的要求等	公共行政主体应该在一个技术复杂的背景下公平地对公民进行回应,要求具有原则性的思想和负责任的行动,指出当代公共行政在动荡的变革环境下,必须在政治、价值与伦理方面进行恰当的定位,从而构建公共行政官员所应遵循的价值规范与伦理准则,保证现代民主政府和政府治理的有效性	对行政伦理的定义都涉及:公共行政领域的基本伦理维度、公共行政行为的基本道德规范以及通过公共行政行为与公共事务所集中体现出来的社会公共伦理精神。都认为行政人员在遇到以下冲突时需要考虑到伦理问题:①责任冲突时的伦理问题;②利益冲突时的伦理问题;③角色冲突时的伦理问题;④正当行为分际不易确定时的伦理问题
J. Rohr	将行政伦理视为公务人员实现公共利益的承诺,并将宪法精神纳入行政伦理的考虑范畴,且以最高法院的判例作为参考标准	罗尔认为,在处理公共行政所面临的两难困境时,应首先遵循法律准则,但是,应该将伦理的重要性写进法律	
T. Cooper	从责任的角度来阐述行政伦理,其最主要的观念是责任行政(Responsible Administration),并从两个方面对之进行分析:一是内在控制,既强调公务人员内心自我道德意识的觉醒以及行政伦理意识的发展;二是外在控制,即主张加强绩效评估程序的社会化过程。而负责任的行政必须有其支持的环境条件,如公共参与、法律与政策、内在质量与组织等要素,才能得以运行	权威的冲突(Conflicts of Authority)、角色的冲突(Role of Authority)、利益与利益之间的冲突(Conflicts of Interest)	

资料来源:笔者整理。

从表 2-1 中可以看出,公共行政伦理是公共行政领域的具体体现,其核心要义就是行政主体在进行行政行为时不能仅将公共利益放在首位,应该更加注重伦理价值观的选择。具体来讲,就是政府及其公务员对其公共行政行为做出的道德决断或者在多种可能的公共行政行为中选择某种符合政府伦理规范和道德要求的行为。

伴随着时代变迁与社会大转型价值系统也日益呈现多元化,行政伦理理论的日趋成熟完善,如何解救行政伦理困境问题开始得到众多学者的广泛重视。行政伦理困境是公共行政科学发展、公共服务型政府建构,特别是公务员队伍建设必须要面对的大问题,走不出行政发展的伦理困境,服务型政府建设很难步入正轨。有学者指出,公共行政机关和公务员正处于改革的"行政沼泽"(Adminis-

第二章 理论基础与文献综述

trative Swamp）之中①。就外部而言，充满了不同利益与力量的竞争、不稳定的经济境况、波动的政治关系、媒体的大肆渲染以及民众的多元需求；就内部而言，充满了政府和公务员对权力和利益的关注、组织之间的冲突与矛盾以及基层行政人员在官僚、形式主义下的无力感。因此，公务员自身所处的地位与个人权力、所担负的责任、所面向的服务群体以及所扮演的多重角色的叠加使得公务员特别是基层公务员在伦理层面上处于进退两难的境地。我们需要在这样的"二元悖论"中寻求一个平衡点，如波普斯所认为的那样：

"做出道德的行政行为通常包括在相互冲突的不同价值观中找到一个平衡点。这种'道德多元化'的观点是非常务实的，并且非常适合现代民主社会的多样性。从结果角度来看，一个现实的公共行政人员不能忽视任何基本的道德原则，而这些原则有可能会影响到机构使命的效果。在一个民主社会中，宽容是公共行政人员伦理责任的核心。功利主义逻辑偏好在对许多判断进行权衡的基础上来做出决策，这一点与道德多元论和宽容并不完全契合"。②

三、行政官僚行为动机理论

20世纪公共行政理论关于官僚主义行为的理论，尽管思想观点芜杂，以威尔逊、韦伯等人为代表的传统公共行政学，走的是公共行政科学化、技术化的工具主义路线，将人比喻为机器，忽视人的主观能动，官员的行为动机以服从和忠诚为主要特征。与此同时，一种极力维护政府政治合法性的观点也甚嚣尘上，这条道路实际上是传统路线的继续，只不过后者更多是从政治学的角度去阐释，因此也有人称这条路线为代表官僚制理论③。然而正如学者们所指出的那样，科学化、技术化的路线把政府及其公共行政行为引入形式化、工具化的歧路上去了；而谋求政治性的道路，更多地把公共行政及其行为带向了权谋化的方向④。20世纪60年代，随着公共选择学派登上公共行政史的舞台，它所仰仗的"经济人"假设及其相关理论提出开启了公共行政的第三条道路。这一思想主张政府及其行政人员的行为在政府管理领域要按照市场经济的模式加以改造，引入市场竞争、合同制等机制，并要求在公共行政的制度层面对其加以确认。然而，以"经济人"假设为核心的公共选择理论存在着过分追求经济理性、利他主义的功利性、忽视价值和道德责任，如布里夫（Brief）和摩托维德罗（Motowidlo）等人在总

---

① 张康之. 行政伦理学 [M]. 北京：中国人民大学出版社，2003：25.
② Pops G. M. A Teleological Approach to Administrative Ethics, in T. L. Cooper (ed.) Handbook of Administration Ethics, New York: Marcel Dekker Inc, 1994: 165.
③ [美] 詹姆斯·Q. 威尔逊. 美国官僚政治：政府机构的行为及其动因 [M]. 上海：上海译文出版社，1990.
④ 张康之. 寻找公共行政的伦理视角 [M]. 北京：中国人民大学出版社，2002：196.

结上述理论缺陷时提到的那样，这些理论更多是从自我角度考虑问题，这种利己主义倾向削弱了动机理论解释超越自我利益行为的能力，也在一定程度上削弱了动机理论解释其他利己主义文化和亚文化历史传统背景下出现利他主义行为的能力①。关于官僚行为主义动机理论的类型划分，目前学术界尚未统一，学者怀斯在官僚行为的研究中首次将公共官僚的基本行为动机划分为四种主要的理论流派，即韦伯式的官僚行为理论（Traditional Weberian Bureaucracy or Responsible Bureaucracy）、代表制官僚行为理论（Representative Bureaucracy）、公共选择理论（Public Choice）和公共服务动机理论（Public Service Motivation），并对各个理论流派的基本理论假设和相应的观点进行了归纳②。然而，根据学术界对公共行政发展史的不同阶段划分③，论文从"人性假设"这一基本观点出发，结合相关著作将公共行政学中的官僚行为动机理论划分为四个阶段，即传统时期官僚行为动机理论（19世纪末至20世纪30年代末）、行为科学时期官僚行为动机理论（20世纪40年代至60年代末）、新公共管理时期的官僚行为动机理论（20世纪70年代至80年代末）以及当代的公共服务动机理论，有关的理论假设和相应的观点具体见表2-2。

表2-2　官僚行为动机理论的理论流派及其核心观点

时期	理论派别	基本假设或理论	核心观点	代表人物
19世纪末至20世纪30年代末	传统行政官僚行为动机理论	①"经济人"假设 ②"机器人"假设 ③"行政恶"假设	①对经济利益的追求是人之本性，行政官僚天生具有追求经济利益的欲望和动机，主张制定薪金制度刺激官僚的行为动机，提高官僚的积极性； ②认为官僚如同工厂中的机器或零部件，需要制定严格的规章制度进行管理，其行为动机以服从和忠诚为主要特征； ③认为多数行政官僚是天生懒惰、缺乏进取心和责任感的，大多数行政官僚的个人追求和需求与行政官僚组织的追求相矛盾，主张通过强有力的规章制度控制和协调官僚行为，并积极引导其实现组织目标	威尔逊（Thomas Woodrow Wilson） 古德诺（Frank J. Goodnow） 韦伯（Max Weber） 泰勒（Frederick Tailor）

---

① Brief A. P., and Motowidlo S. J. Prosaically Organizational Behavior. Academy of Management Review, 1986（11）：710-725.

② Wise L. R. Bureaucratic Posture：On the Need for a Composite Theory of Bureaucratic Behavior. Public Administration Review, 2004, 6（64）：669-680.

③ 对于公共行政学的发展阶段，国内外学者的认识不尽相同，因而他们的划分方法也有所区别，比较具有代表性的划分方法：丹尼尔·雷恩基于管理思想的演变的三分法、张润书根据行政学演变的三分法、夏书章根据西方行政学的发展历史的三分法和丁煌参照众多美国学者分段思想的五分法。

续表

时期	理论派别	基本假设或理论	核心观点	代表人物
20世纪40年代至60年代末	行为主义行政官僚行为动机理论	①"社会人"假设 ②"自我实现人"假设 ③"复杂人"假设	①对古典官僚行为动机理论中的"经济人"和"机器人"假设进行抨击，认为行政官僚是复杂社会系统的"社会人"，他们的首要需求不是金钱，而是社会心理、社会关系和人际交往； ②将行政官僚的行为动机归结为"对自我实现需要的冲动"，把实现自我价值和组织价值作为自己的行为动机； ③行政官僚应该是具有复杂多变的行为动机，更加注重行政官僚的个性需求和行为动机的差异性以及行政外部环境对行政官僚行为动机的影响	西蒙（Simon） 沃尔多（D. Wilder） 梅奥 马斯洛（A. Maslow） 阿尔德佛（Alderfer） 麦格雷戈（Mc Gregor） 沙因（Schein）
20世纪70年代至80年代末	新公共管理行政官僚行为动机理论	①"经济人"假设 ②新古典经济学理论 ③"有限理性经济人"假设 ④委托代理人理论 ⑤交易费用理论 ⑥新制度主义经济学理论	①认为个体行政官僚乃至整个官僚组织机构都不像人们所认为的那样充满公益心，相反他们都和普通个人和组织一样，也会受到利己主义本性的影响，其行政行为动机是按对个人和自身组织是否有利行事的； ②行政官僚大都拥有纯个人动机和其他动机，据此划分为不同类型的官员：权力攀爬者、保守者、狂热者、倡导者和政治家； ③行政官僚和官僚机构以机构规模最大化为目标，而机构规模最大化的关键是预算最大化，所以行政官僚和官僚机构又势必追求预算最大化； ④根据委托代理理论，认为无论是委托人还是代理人，都是有限理性的"经济人"，这种理性的有限性和对各自经济利益的追求，很容易使行政官僚产生机会主义行为动机，如欺诈、隐瞒等； ⑤根据交易费用理论，认为公民、政治家、立法机关与行政官僚之间构成交易的双方和行政官僚与行政官僚之间在特定情况下也构成交易的双方。但不管是哪种交易，双方都要在行政市场里发生行政交易，而且这种交易必然产生一定的行政交易成本，因为信息的不完全性，导致机会主义行为的出现	安东尼·唐斯（Anthony Downs） 道格拉斯·诺斯（Douglas North） 道格拉斯·科斯（Douglas Coase）

续表

时期	理论派别	基本假设或理论	核心观点	代表人物
当代	当代公共服务动机理论	①"公共人"假设 ②社会心理学 ③政治科学 ④公共行政学	①认为行政官僚承担的是一种公共职务，行使的是一种公共权力，而且其工资报酬也来自于公共资源的支出，因此，他们理应扮演一种为公共利益服务的公共人角色； ②作为"公共人"的行政官僚具有公共利益代言人和代理人的基本特性，具有高尚、公正、无私的为人民服务的精神，其信仰就是争取和维护好公共利益，并使其最大化； ③行政官僚的公共信念、价值和态度超越了其个人自利和狭隘的组织利益，关注更大政治实体的利益； ④行政官僚有一种潜在的为公民服务的意识，受这种意识的支配，他们渴望关心社会，渴望为公共利益服务，更容易受利他性等高尚动机的引导； ⑤行政官僚们更多地追求"对社会有用""帮助他人""成就感"等内在需求，而不是"稳定的工作""高工资""晋升"和"绩效奖励"等外在的功利主义诱因的影响	海尔·瑞尼 （Rainey H. G） 安东尼·唐斯 （A. Downs） 詹姆斯·佩里 （James L. Perry） 斯坦博尔 （Steinbauer P.） 理查德·怀斯 （Wise L. R.）

资料来源：笔者整理。

1. 传统行政管理行为动机理论

19 世纪末 20 世纪初，探讨行政从政治中逐渐分离的"二分法"开始在西方学术界活跃起来。但是，在实践中并没有实现政治与行政的彻底分离，政治官僚仍然是集行政与政治功能于一身的"政客"，这时候的学者们对行政官僚行为动机的研究仍然集中在这种混合型的政治官僚行为之上。20 世纪 20~30 年代，以韦伯的相关理论为代表的科层制借助古典经济学分析方法和古典政治中关于"人性恶"的分析方法，来研究古典科层制中的行政官僚的行为动机。这一时期主要的研究学者有威尔逊、古德诺、韦伯和泰勒等，形成了一些主要的行为动机理论假设：行政官僚的"经济人"假设行为动机理论、行政官僚的"机器人"假设行为动机理论和"行为恶"假设动机理论。传统官僚行为动机理论探讨了行为之间的各种冲突，认为官僚行为一方面反映了对规则的服从（Obedience to Rules）和对组织的忠诚（Organizational Loyalty）；另一方面反映了官僚的自主性（Autonomy）和自由裁量权（Discretion）。公共利益的推动要靠政治与行政的分开，而对中立公正性的强调又抑制了官僚对特殊利益的追求。该理论流派主要受到"适当性逻辑的驱动"，即行政官僚们试图为某一特定情境确定适当的角色和与该角色有关的责任和义务①。

2. 行为主义行政官僚行为动机理论

20世纪30年代末40年代初，随着科学技术的不断进步、工业的巨大发展以及世界性经济危机和第二次世界大战的爆发，传统政府管理的种种弊端日益暴露，古传统的行政官僚行为动机理论已明显不适应当时的社会和政治环境，逐渐显现出滞后性。因为这一理论把行政官僚假设为一味追求经济和物质利益的"经济人"；看成是盲目服从、缺乏进取心的"机器人"和缺乏变革精神，只为个人追求和需求的"恶官僚"。而在现实当中，行政官僚除了物质、经济需求和对官僚体制的某种程度的尊崇、服从外，还有其他各种需求，比如心理归属的需求、情感归属的需求、社会关系的需求和自我实现的需求等。所以，当时的一些公共行政学者在对传统行政官僚行为动机理论进行批判的基础上，开始借助心理学、社会学、社会心理学、行为学和系统权变学等学科的研究方法和工具来分析和研究行政官僚的行为动机。这一时期的主要代表人物主要有行为主义管理之父西蒙，需要层次理论倡导者马斯洛，公共行政管理学大师沃尔多等人。这些代表人物的行政官僚行为动机理论主要有行政官僚"社会人"行为动机理论、行政官僚"自我实现人"行为动机理论和行政官僚"复杂人"行为动机理论等。

3. 新公共管理行政官僚行为动机理论

20世纪60年代末70年代初，传统的、行为主义时期的行政官僚行为动机理论和实践中的行政官僚行为动机越来越不一致，以致他们无法解释行政中一些新的行政官僚行为动机现象。所以传统的行政官僚行为动机理论研究途径开始显得疲软和停滞不前，而相比之下，一些借助于经济学分析方法的新理论以其明确和细致的分析指向提出了一些新的行政官僚行为动机观，这些观点统称为新公共管理行政官僚行为动机理论。该理论认为，行政官僚经常扮演着政客的角色，政客是为最大化其政治地位和个人身份而行为的人，他会利用自己在官僚体系中的地位来推动某一特别的政治理念或者利用手中的权力攫取个人利益，使自己在官僚体制中的地位和身份最大化，他们的主要行为动机是通过权力和威望积累个人利益②；尼斯坎南把行政官僚行为同预算最大化联系起来③；怀斯（Wise）认为，

---

① ［英］戴维·毕瑟姆. 官僚制［M］. 韩志明，张毅译，长春：吉林人民出版社，2005：3.

② ［美］海尔·G. 瑞尼. 理解和管理公共组织［M］. 王孙禹，达飞等译，北京：清华大学出版社，2006：235－246.

③ ［美］海尔·G. 瑞尼. 理解和管理公共组织［M］. 王孙禹，达飞等译，北京：清华大学出版社，2006：237.

"每一个行政官员显然是受着他的自我利益的驱使,哪怕他们的行为是出于纯粹的官方身份"①。当然,这一时期的行政官僚行为动机理论也有不一样的声音,认为公共雇员的动机是复杂的,自利之外还有其他的动机对他们的行为起作用,如怀斯(Wise)和肖尔斯(Szues)发现,在能够体现行政官僚自利行为对公共支出的优先顺序和官僚规模的决定权上,中央政府更少地表现出扩大官僚机构和预算的偏好②。安东尼·唐斯(Downs)认为,行政官员的一般动机不只包括对权利、金钱、声望等纯个人动机的追求,还包括对自身安全、对精通工作的自豪感和为公共服务的渴望等混合型动机追求③。这一时期做出重要贡献的学者主要有:管理学大师西蒙、人本主义管理学家马斯洛和公共行政学大师沃尔多等人,形成的行政官僚行为动机理论主要包括公共选择行政官僚行为动机理论和新制度经济行政官僚行为动机理论等。

4. 当代公共服务动机理论

近几十年来,随着新公共管理运动的兴起,新公共管理运动时期的行为动机理论在行政领域得到了广泛运用,但与此同时,行政学者对其的批评和质疑也越来越多,正是在这种批评与质疑声中,一些行政官僚行为动机理论的研究者从公共行政学、社会心理学和政治科学等学科的角度提出了公共服务动机理论(Public Service Motivation Theory)。这一理论以"公共人"为基本假设,认为行政官僚应该是以公共利益为己任的、利他主义的、大公无私的官员。基于此,公共服务动机理论的倡导者们认为,作为公共人的行政官僚理应具有公共利益代言人和代理人的基本特性,即具有高尚、公正、无私奉献的为人民服务的精神。其价值信仰就是争取和维护好公共利益,并使其最大化;公共行政官僚的公共信念、价值观和态度已然超越了行政官僚个人私利和狭隘的组织利益,其关注的对象是更大的政治实体的利益,并通过与公众的互动来激励行政官僚采取有目的公共行为;同时,他们主张公共部门应给行政官僚创造更多机会从事有意义的、符合官僚们需要的公共服务。有学者研究指出,具有较强公共服务动机的行政官僚更倾向于进入以公共服务为导向的公共部门工作,以满足自身从事公共服务的需求④。行政官僚有一种潜在的为公众服务的意识,这种意识使公共管理者渴望关心社会,渴望为公共利益服务,更容易受利他等高尚动机的引导而非安定的工

---

① Wise L. R. Bureaucratic Posture: On the Need for a Composite Theory of Bureaucratic Behavior. Public Administration Review, 2004 (64): 674.

② Wise L. R., and Suez S. The Public/Private Cleavage in a Welfare State: Attitudes toward Public Management Reform. Governance, 1996 (9): 43–70.

③ [美]安东尼·唐斯. 官僚制内幕[M]. 郭小聪等, 译. 北京:中国人民大学出版社, 2006: 4–5.

④ Rainey H. G., and Steinbauer P. Galloping Elephants: Developing Elements of a Theory of Effective Government Organization. Journal of Public Administration Research and Theory, 1999 (9): 1–32.

作、高的薪资、晋升的机会和绩效奖励等功利主义的驱动。

第二节 公共服务动机相关文献综述

一、国内外公共服务动机研究文献统计

1. 国外文献统计

国外关于公共服务动机的研究可谓汗牛充栋,在下面所列的几种核心数据库中,以 Public Service Motivation 为关键词进行全面搜索就会出现上百万条记录,可见国外对于公共服务动机这一员工行为领域的研究已经非常成熟了。本书是关于公共部门公务员的行为研究,为此,笔者将研究文献的搜寻范围限定在 Public Sector,并以 Public Service Motivation 为关键词或篇名,以 1990~2011 年为时间年限(在 1990 年以前没有专门研究公共服务动机的本书出现),分别在 Google Scholar、CALIS 外文期刊网、Blackwell 学术资源数据库和 ProQuest 学位论文全文数据库中进行搜索,采用精确匹配的方式搜得的文献数据分别为:19 篇、98 篇、21 篇和 119 篇,共计 257 篇。其中,通过初步统计分析,剔除专著 1 本,重复性的篇名 61 篇,最终得到文献数共 195 篇。图 2-7 显示了近 30 年来对公共部门公务员的服务动机的研究在不同年份出版的文献数。从检索到的文献中发现,国外学者最早在 1996 年开始对公共部门公务员的服务动机进行研究,此后虽每年都有研究,但起伏不大,甚至在 2004 年一度中断。直到 2005 年以后,学术界才开始重新关注这一研究领域,学术成果也比之前有了大幅度的提升。

其中,文献研究的焦点主要集中在公共部门和私营部门公务员服务动机的差异性、公共服务动机的概念解析、公共服务动机的内容结构与维度以及公共服务动机的测量工具及研究方法等研究领域,每一个领域所占的比例如图 2-8 所示。此外,通过文献分析发现,自 1996 年以来公共服务动机概念的研究基本都是探索性研究,主要进行理论的探索、文献的梳理以及理论模型的建构等,直到近十年才开始进行大规模的实证研究[①]。

---

① Perry James L., and Hondeghem, Annie, ends, Public Service Motivation: A Symposium. International Public Management Journal, 2008 (b): 215-216.

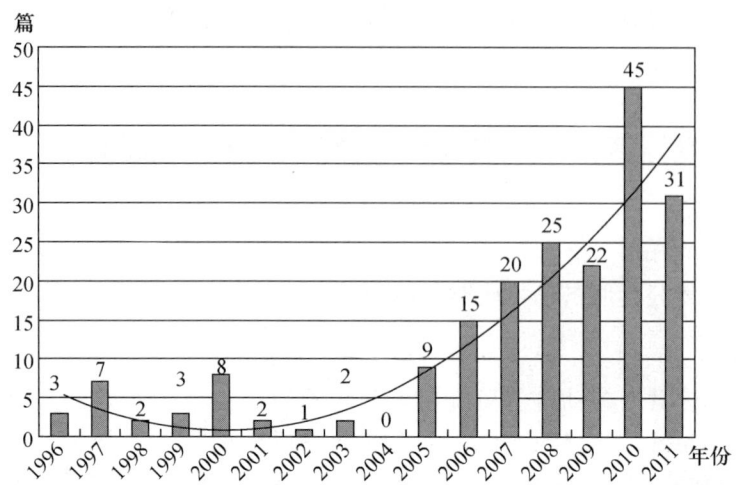

图 2-7 1996~2011 年公共部门公共服务动机研究的国外文献数量统计

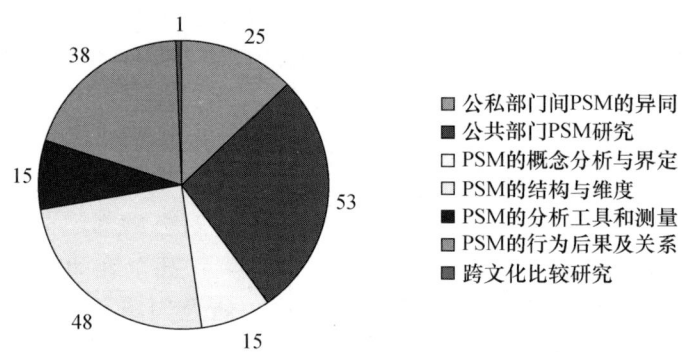

图 2-8 国外学者对公共部门公共服务动机研究的主题内容比例示意（单位：篇）

虽然关于公共部门"公共服务动机"的研究已经持续了近 30 年，但通过文献分析发现，学者们关注点几乎都集中在发达国家，而且许多研究都确认了 PSM 结构的存在[①]。其中，就目前检索到的文献来看，美国和西欧的研究数量近 70 篇，占总文献的 35.89%；而亚太地区的研究文献仅为 12 篇，占总文献的 6.15%，其中东亚地区有 4 篇，是学者 Kim 对韩国公共部门公共服务动机的系列

---

① Kim Sangmook. Individual-level Factors and Organizational Performance in Government Organizations. Journal of Public Administration Research and Theory, 2005, 15 (2): 246.

研究。

此外，通过文献统计还发现，学者们发表的论文大都集中在国际知名杂志和期刊上（具体分布如图 2-9 所示），说明关于这个领域的研究质量是有保障的。

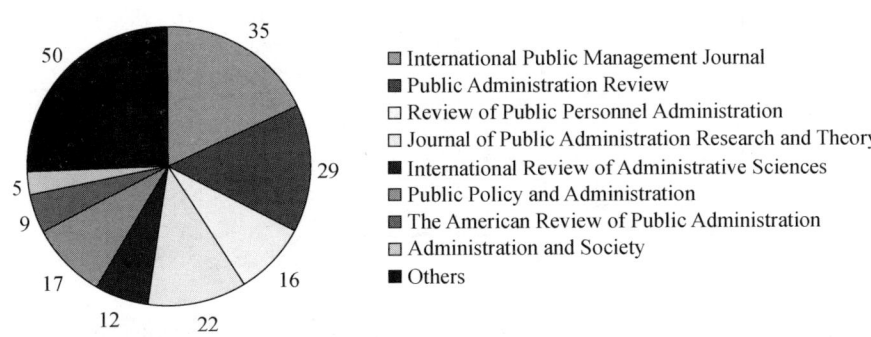

图 2-9 国外学者对公共部门公共服务动机研究发表的
期刊或杂志分布示意图（单位：篇）

2. 中国的文献统计

中国对公共服务动机理论的相关研究无论是从公共部门、国有企业、非营利性部门还是私营企业来说都比较少。笔者以"公共服务动机"为关键词进行精确匹配，检索年限不限，分别在 Google Scholar 和 CNKI（中国知网）进行检索。从检索情况来看，涉及公共服务动机的图书共 42 篇，具体的文献检索情况如图 2-10 所示。

其中，除去与本书主题不相关的论文 4 篇，共有 38 篇论文对公共服务动机这一领域进行了基本的探讨。但是，根据公共服务动机的内涵及其特征，公共服务动机不仅存在于公共部门，通过已有的国外文献来看，私人部门、第三部门也同样存在公共服务动机。本书的研究目标聚集于政府部门，因此，笔者将以上检索结果进一步限定在"公共部门"和"政府部门"，共得到 19 篇论文（其中仅有两篇硕士学位论文，其余均为期刊论文）。此外，通过文献统计还发现，学者们发表的文献大都集中在国内影响力比较大的杂志和期刊上，具体分布如图 2-11 所示，说明关于这个领域的研究质量是有保障的。

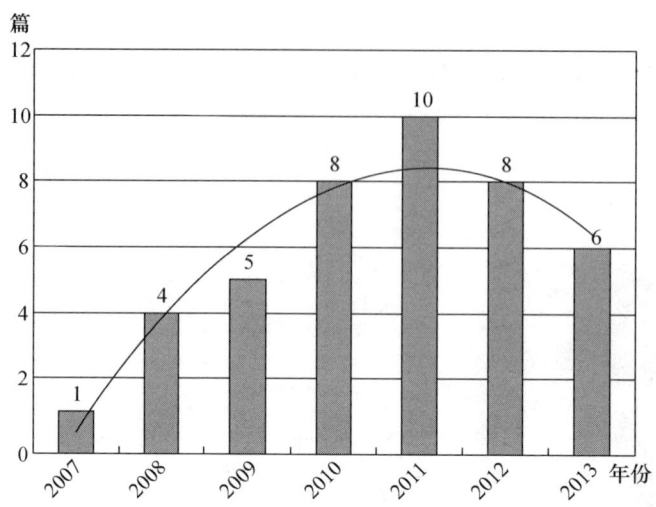

图2-10　中国学者对公共部门公共服务动机研究的文献数量统计

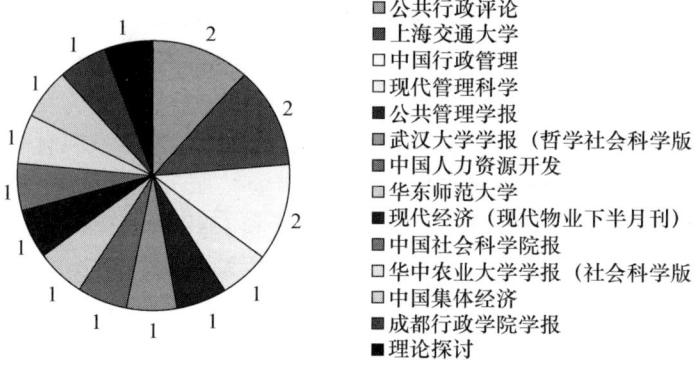

图2-11　中国学者对公共部门公共服务动机研究的文献来源分布（单位：篇）

从以上文献检索的情况来看，国内学者对公共服务动机的研究起步非常晚，研究者的数量也不多，而且范围非常狭窄。李小华被认为是国内首位介绍和引进公共服务动机的学者[①]。2007年，李小华首次完整地将PSM理论的西方文献翻译成了中文，之后又将PSM量表介绍到了中国[②]。但是，这些初步的研究仅仅是介

---

① Liu Bangcheng. Evidence of Public Service Motivation of Social Workers in China. International Review of Administrative Sciences, 2009, 75 (2): 350-358.

② Li Xiaohua. Western Research on Public Service Motivation Theoretical Investigation, 2007 (23): 146-149.

绍性的，并没有考虑到中国的特殊环境。从 2008 年开始，中国有了相关主题的实证研究，但数量不多，而且大都集中在社会服务领域，如刘邦成等对社会服务工作者开展的研究①。从图 2-10 中可知，从 2010 年以来，对公共服务动机这一领域的研究才受到了学界重视，研究结果也呈现出良好的上升势头，3 年来总共发表了 26 篇文献，占到中国这一领域发表总文献数的 80% 以上。可以预见，未来这一领域将是我国公共管理、组织行为学以及人力资源管理等学科重点研究的对象。

从以上的文献统计中我们不难发现，国外学者和国内学者的研究还存在很大的差距。首先，我国对公共部门的公共服务动机这一研究对象的研究起步相当晚，国外从 1996 年就开始了系统性的研究，而我国则从 2007 年才开始抛砖引玉式的研究，整整晚了十年。当然，这与我国经济、社会发展有一定的关系。其次，在研究内容上，国内学者目前的研究大多还是处在引进、介绍和重复验证阶段，而国外学者早已开始了跨学科、跨文化、跨制度环境的研究。最后，国外学者研究方法更加成熟和规范，主要从实证主义层面进行研究，近年来的一些研究开始涉及了实验研究的方法。国内的研究大多是对源自西方的 PSM 理论进行介绍，简单地验证西方已经成熟的量表和方法，主要从定性研究的角度对现状和问题进行简单描述，较少考虑到佩里所说的中西文化存在的极大异质性，不能简单地移植和套用。有关公共部门的 PSM 研究除了李小华所做的一些初步探索以外，目前还没有出现更深层次的研究。

总体来说，我国相关学者的研究还游离于公共服务动机研究领域之外，更多的是从伦理学角度切入相关主题，并且大多数研究限于理论层面，与国外的研究还存在一定的差距。历史、文化和制度环境对于了解公共服务动机至关重要②。因此，考虑到中国在文化、历史传统和政治制度等方面与西方国家存在着本质性的区别，了解中国社会的公共服务动机就更加紧迫。

二、公共服务动机相关文献综述

公共服务动机理论是西方描述官僚行为的四大理论流派之一，这一新兴的理论流派以与其他三大流派完全不同的主张吸引了诸多学者的爱好③。西方对公共服务动机的研究几十年来一直持续不断，取得了较为丰富的研究成果。但是，对

---

① Liu, Bangcheng. Eridence of Public Service Motivation of Social Workers in China. International Review of Administrative Sciences, 2007-75 (2): 350-358.

② Vandenabeele W. Scheepers S., and Hondeghem A. Public Service Motivation in an International Comparative Perspective: The UK and Germany. Public Policy and Administration, 2006, 21 (1): 13-31.

③ Wise L. R. Bureaucratic Posture: On the Need for a Composite Theory of Bureaucratic Behavior. Public Administration Review, 2004, 64 (6): 669-680.

公共服务动机概念进行精确的界定和操作化是困难的。究其原因,首先在于公共服务动机是一个内在的、隐性的心理过程,是一个多维度、难于捉摸的抽象概念①。这与公共利益概念有着相似之处。其次,公共服务动机受到外部环境的影响较大,在不同的环境背景下会有不同的表现,正如瑞尼所言,公共服务动机会随着时间而变化,随着政府部门形象的改变而改变,并在不同政府部门的表现各异,这很难用分析的方法加以解决②。目前,有关公共服务动机的研究主要围绕几个主题展开:公共服务动机的基本特征、结构的构建及其测量、影响因素、行为结果和组织系统等③。

1. 公共服务动机的基本特征

根据凡德拉比(Vandenabeele)等人的研究,公共部门中的文化与制度与公共服务动机有着密切的关系。这也正符合佩里的观点。佩里(Perry)认为,在研究公共服务动机的时候,价值观和偏好应该被视为隐性的,是在社会学习的过程中逐渐形成的。佩里在使用其公共服务动机和操作化概念的经验研究时指出,个人的公共服务动机是受到家庭社会化、宗教社会化及专业社会化的影响等形成的④。从现有的文献可知,文化和制度在个人的公共服务动机形成过程中起到了非常重要的影响,也即个人的公共服务动机是在社会化的过程中形成的,这是公共服务动机的第一个特点。

公共服务动机不仅存在于公共部门,而是面向服务的,是一个部门取向的行为动机(Sector - oriented)。这是公共服务动机的第二个基本特征。公共服务动机,是一个人从事公共服务的动机,是与公共服务密切相关的行为动机,和公共部门并没有必然的联系。然而,由于公共服务和公共部门具有相当高的重叠性和同源性,提供公共服务是公共部门的核心功能,所以人们在思维上容易将混乱的个人行为动机当成是公共部门公共服务动机。加布里斯(Gabris)和西莫(Simo)使用的"公共部门动机"(Public Sector Motivation)概念⑤,就已经犯了这个错误。但是从研究内容上来看,他们是以公共部门员工为研究对象,是基于个体单元的分析来研究组织普遍性的方法。因此,把公共服务动机等同于公共部门

---

① [美]海尔·G. 瑞尼. 理解和管理公共组织[M]. 王孙禹,达飞译. 北京:清华大学出版社,2002.

② Rainey H. G. Perceptions of Incentives in Business and Government: Implications for Civil Service Reform. Public Administration Review. 1979, 39 (5): 441.

③ 吴旭红. 公共服务动机及其前因变量研究[J]. 人民论坛,2012 (8).

④ Perry J. L., Antecedent of Public Service Motivation Journal of Public Administration Research and Theory, 1997, 7 (2): 181 - 197.

⑤ Gabris G. T. and G. Simo. Public Sector Motivation as an Independent Variable Affecting Career Decisions. Public Personnel Management, 1995, 24 (1): 33 - 51.

动机容易引起人们的误解,认为人们在公共部门公共服务动机和其他部门的动机是没有显著区别的,或者认为只有在公共部门的人才有此动机,而在其他部门没有公共服务动机。实际上,如果把公共服务当作为社会或他人提供有价值的商品或服务来理解,那么公共服务的内涵就具有从社区到全球的多个层次的内涵,仅在公共部门、非营利部门,甚至在私人部门也存在着许多公共服务[1]。作为个人,只有参与到公共部门才能为公众服务,即使私营部门的雇员,在闲暇时间也可以参加志愿服务,为社会或他人提供有价值的公共服务。从这个层面上来讲,公共服务动机具有超越公共部门的普遍性。

理解了超越公共部门的普遍性这一公共服务动机的特征,就能很好地避免概念上的混淆。如果要更进一步认识公共服务动机的内涵,还需要找出与之相关的两个重要维度:一是公共服务动机是驱使个体从事有意义的公共服务的动机;二是公共服务动机在公共部门更受欢迎和更具有广泛性[2]。第一个维度强调公共服务动机主要是超越个人私利的"利他性"动机,并且与公共服务相联系,而不仅局限于公共部门。第二个维度则强调相对于私营部门而言,公共服务动机在公共部门(包括非营利部门)更常见。所以,因为人们通常认为公共部门能够为人们创造更多的机会去从事有意义的公共服务,而那些具有较强的公共服务动机的个体倾向于在公共部门工作,以满足个人利他性需要,参与公共服务,即自选择效应。另外,个人又受到公共组织的文化、价值等方面的影响,公共服务动机得到了一定程度的强化,即社会化效应。由于这两个效应的存在,公共服务动机在公共部门比在私营部门更普遍。

公共服务动机是一种内在的、隐性的动机,这是其第三个基本特性。内在动机是指个体的心理满足感来自于其工作本身,比如完成一项工作,获得成就感和自我价值感。内在动机与外在动机是相对应的,后者是在外部条件的刺激下产生的,是为了获某种奖励的动机,如报酬、晋升、地位和声望等。人们普遍认为,具有强大的公共服务动机的个人,更倾向于追求内在报酬,而不是功利性的、外在的动机[3]。克鲁森(Crewson)通过研究公共部门公务员的公共服务动机表明,公共服务动机和内在心理感受正相关,而与外在报酬,诸如奖励、地位、声望等

---

[1] Perry J. L. Bring Society In: Toward a Theory of Public Service Motivation. Journal of Public Administration Research and Theory, 2000, 10 (2): 471-488.

[2] Brewer G. A., and Selden S. C. Whistle Blowers in the Federal Civil Service: New Evidence of the Public Service Ethic. Journal of Public Administration Research and Theory, 1998, 8 (3): 418.

[3] Perry J. L., and Wise L. R. The Motivation Bases of Public Service. Public Administration Review, 1990, 50 (3): 367-373.

负相关,他同时强调外部奖励会破坏内在动机①。而休斯顿(Houston)的理解和克鲁森(Crewson)相似,即以内部奖励和外部补偿来定义和分析公共服务动机,将公共服务动机理解为"更多的追求内部而不是外部补偿"②。

2. 公共服务动机的维度与测量

佩里研究的公共服务动机主要是基于公共组织或公共部门的,并在1996年对 PSM 给出了定义,这一定义涉及多方面的动机,主要是指"个人对公共机构重要或特有目标做出敏感反应的心理倾向"。③ 在支持公共服务动机的所有理论假设中,其中心理论是人的行为不仅能够被理性所激励,而且还能够被情感和规范性动机所促进,并且人们通过与一些重要部门机构的互动逐渐发展出多方面的动机④,随后,佩里初步研究并定义了他所涉及的这些动机并发展出一个包含四个维度的 PSM 框架,包括:政策制定的吸引力(Attraction to Policymaking)、公共利益的承诺(Commitment to Public Interest)、同情心(Compassion)和自我牺牲(Self-sacrifice)。凡德拉比等人通过对已有文献的评估,发现了一些证据,表明 PSM 是一个与政府人力资源管理不同方面都有关联的概念,这些方面包括:工资系统的偏好(Preferences Wage-systems)、人员的招募(Recruitment)、绩效(Performance)和告密(Whistle Blowing)等。同时,他们还在结论中明确指出了佩里的 PSM 模型是最适合美国的⑤。然而,通过对大量现有文献的评估,钱兰特(Chanlat)研究发现,多数美国之外的学者在研究公共服务动机行为时根本不使用这一术语,PSM 在欧洲有着不同的概念和表征。比如,在英国,PSM 就被描述为"Public Service Ethos"(我们把它翻译为公共服务道德或精神);再比如,在法国人们将 PSM 称为"l'ethique du bien commun"⑥。因此,凡德拉比等人认为,这种普遍而广泛地与 PSM 有关现象的发生,建构在不同的国家说明这种现

---

① Crewson P. E. Public Service Motivation: Building Empirical Evidence of Incidence and Effect. Journal of Public Administration Research and Theory, 1997, 7 (4): 499-518.

② Houston D. J. Public Service Motivation: a Multivariate Test. Journal of Public Administration Research and Theory, 2000, 10 (4): 713-728.

③ Perry James L., and Wise Lois R. The Motivational Bases of Public Service. Public Administration Review, 1990, 50 (3): 367-373.

④ Perry James L., and Vandenabeele W. Behavioral Dynamics: Institutions, Identities and Self-Regulation. Public Administration Review, 2008, 10 (3): 56-79.

⑤ Vandenabeele W. Development of a Public Service Motivation Measurement Scale: Corroborating and Extending Perry's Measurement Instrument. International Public Management Journal, 2004, 11 (1): 13-27.

⑥ Chanlat J. Le managerialsime et l'ethique du bien commun: la geston de la montivation au travail dans les services publics', in Duvillier, Thibaut, Genard, Jean-Louis and Pireaux, Alexandre (eds), La Motivation au Travail dans les Services Publices, (Paris: L'harmattan), 2003: 51-64.

象的存在是根植于西方文化的①。

卡米雷利（Camilleri）认为，佩里（Perry）对 PSM 理论上的解释是通过沙米尔（Shamir）所强调的社会化四种不同类型展开的②。沙米尔定义了动机理论替代者的四个前提要素：①激励人类理性的、规范的和情感的过程；②人们被他们自我建构的概念所激励；③价值对于任何动机理论都是内隐性的；④在社会化过程中是被学习的偏好③。卡米雷利进一步认为佩里（Perry）的 PSM 理论形成过程是应用美国心理学家班杜拉（Bandura）三因素之间的因果关系进行的，即环境的影响、认知和其他个人因素及行为④。他把这些关键变量分成了四个领域：

（1）社会历史语境。环境变量形塑了个人的偏好和动机，比如教育、职业化的训练、信仰、和父母之间的关系以及其他一些生活事件。

（2）动机语境。包括那些对组织行为产生影响的情境性因素，比如工作特征、组织激励和工作环境变量。

（3）个人特征。包含各种不同的概念，包括能力和竞争力、基于个人价值和特性（一种意味着创造各种动机去回应人们的行为）自我导向的概念、自我调节（指纠正自我的能力）。这种自我导向的能力或许来源于社会和文化的暗示，包括以他人为模板的价值标准。

（4）个人行为。这个领域既受到意义逻辑的影响，也受到合适性逻辑的影响，而且还依赖于自我规制本性。意义逻辑与理性选择是一致的，允许个体权衡成本和效益，追求效用最大化。然而，合适性逻辑带来的意向并不是意义逻辑主义者的选择。据此，吸引个人决定不同行动的根据是他的内部标准是否一致。因此，公共部门雇员的主要动机是吸引他们对公共服务的利益，而不是其他。

然而，佩里并没有提供经验证据来支持他的理论，而是引用了一些研究结论去证实他把关键变量划分为四个领域的理由。⑤ 布鲁尔（Brewer）和塞尔登（Selden）试图使 PSM 适应组织理论的发展要求⑥；而怀特则尝试在目标理论的

---

① Vandenabeele W. Development of a Public Service Motivation Measurement Scale: Corroborating and Extending Perry's Measurement Instrument. International Public Management Journal, 2004, 11 (1): 28.

② Emanuel Camilleri. Towards Developing an Organizational Commitment – Public Service Model for the Maltese Public Service Employees. Public Policy and Administration, 2006 (21): 66.

③ Shamir B. Meaning, self and Motivation in Organizations'. Organization Studies, 1991, 12 (3): 405 – 424.

④ Emanuel Camilleri. Towards Developing an Organizational Commitment – Public Service Model for the Maltese Public Service Employees. Public Policy and Administration, 2006 (21): 66 – 67.

⑤ Emanuel Camilleri Towards Developing an Organizational Commitment – Public Service Model for the Maltese Public Service Employees. Public Policy and Administration, 2006 (21): 70.

⑥ Brewer G., and Seldon S. Why Elephants Gallop? Assessing and Predicting Organizational Performance in Federal Agencies'. Journal of Public Administration Research and Theory, 2000, 10 (4): 685 – 711.

心理学框架内去重新解释现有的文献①;凡德拉比等人则认为以上尝试使PSM适应组织理论是没有说服力的,因为PSM似乎并没有树立一个总体的、统一的理论框架②。

3. 公共服务动机的影响因素

如果公共服务动机确实是存在的,那么它是受什么驱动的?或者说,它受到哪些因素的影响?深入理解PSM的前因和影响因素将有助于我们更好地理解个人PSM。正如布鲁尔等人认为,未来的研究应该关注PSM的影响因素——一定程度上包括个人的因素(自我选择进入公共部门从事服务的因素)和环境因素(那些能够影响他们PSM水平的因素)③。在组织行为学和人力资源管理中,学者们对员工行为动机影响因素的研究一般是参考波特(Poter)和米尔斯(Miles)对行为动机影响因素的分类展开的,他们将行为动机的影响因素分为四类:个体特征(Personal Features)、工作特征(Job Characteristics)、工作环境特征(Work Environment Characteristics)和外部环境特征(External Environment Characteristics)④。事实上,关于PSM的前因和影响因素已经得到了学术界的重视,一些学者通过实证调查也确认了许多影响PSM的因素。通过对文献的梳理可以发现,以下四个因素是经常被学者们提到和讨论的,分别是家庭背景、性别、教育、组织环境⑤。

(1) 家庭背景(Family Background)。有关家庭背景影响个人PSM水平的研究并不多,且从搜集到的文献来看,研究结果比较混乱。佩里的PSM理论形成过程是应用班杜拉三因素之间因果关系进行的,他把这些影响个人PSM水平的关键变量分成了四个领域——社会历史语境、动机语境、个人特征和个人行为。在社会历史语境中,家庭背景被认为是影响孩子们PSM发展的影响因素之一⑥。但是,佩里并没有说明这种影响因素的具体指向或者说是如何影响个人动机水平的,也没有提供经验证据来支持他的理论,而是引用了一些研究结论去证实他把

---

① Wright B. Paper Prepared for Presentation at the 7th National Public Management Research Conference. Washington, DC:Georgetown Public Policy Institute, Georgetown University.

② Vandenabeele W. Development of a Public Service Motivation Measurement Scale:Corroborating and Extending Perry's Measurement Instrument. International Public Management Journal,2004,11(1):30.

③ Brewer G. A., Selden, S. C. et al. Individual Conceptions of Public Service Motivation. Public Administration Review,2000,60(3):254 – 264.

④ Perry J. L., and Porter L. W. Factors Affecting the Context for Motivation in Public Organizations. Academy of Management Review,1982,7(1):89.

⑤ 吴旭红. 公共服务动机及其前因变量研究[J]. 人民论坛,2012(8).

⑥ Perry J. L. Bring Society In:Toward a Theory of Public Service Motivation. Journal of Public Administration Research and Theory,2000,10(2):471 – 488.

关键变量划分为四个领域的理由①。

佩里考察了父母的社会化对个人PSM水平的影响。他以个体在社会化过程中家庭的作用、职业的认同、宗教影响、政治信仰等作为变量进行分析，得出结论：个体的公共服务动机是在家庭社会化过程中形成的，这种形成过程在孩提时代受父母的影响，也与宗教信仰和个人职业经历有很大关系。研究结果还显示，个人公共服务动机的形成不仅与个人对上帝的态度、父母的榜样作用有关，个人的受教育经历和受教育程度也对PSM有显著影响，而个人与父母的关系对个人PSM没有显著的影响②。为了进一步调查公民道德承诺的驱动因素，佩里以"每日一点灯光奖"和"总统社区志愿者奖"获得者（The Winners of the Daily Point of Light Award and the Presidents Community's Volunteer Award）为研究对象进行了个人PSM水平的影响因素调查，结果显示，家庭的社会化过程直接或间接地通过志愿服务这一中介因素影响着PSM③。尽管影响的路径并不清晰，但笔者认为，家庭的社会化对个人PSM有着积极的影响。

其他学者也有不同的发现。基于对1424名春季政府管理学的学生进行调查，弗雷德里克森（Frederickson）发现，在政治上活跃的学生，其家长都倾向于持有负向公共服务和积极实现创业就业的意见④。刘易斯（Lewis）和弗兰克（Frank）基于1989年和1998年的一项综合社会调查（GSS）发现，在政府工作的单亲家长更倾向于在政府工作，但并不是渴望它。他们推测，在对孩子的影响方面，家长的作用在于给孩子们留下更多将来能够到公共部门就业的积极印象，而不是给孩子寻找更多的关于就业的机会⑤。

然而，加布里斯（Gabris）和西莫（Simo）通过对105名员工的抽样调查（这些员工分别来自六个不同的部门，其中两个私人部门、两个公共部门和两个非营利组织）后认为，家庭背景对个人PSM水平的影响不能过分强调，也不能一点都不考虑。他们发现，不到一半的受访者成员有家庭在公共部门工作，超过75%的受访者认为家庭关系不影响他们的职业选择。不过，那些有家庭成员在公共部门工作的受访者中，有51%也是在公共机构工作。那些认为家庭关系在他

---

① Emanuel Camilleri. Towards Developing an Organizational Commitment – Public Service Motivation Model for the Maltese Public Service Employees. Public Policy and Administration，2006，21（1）：66－67.

② Perry J. L. Antecedent of Public Service Motivation. Journal of Public Administration Research and Theory，1997，7（2）：181－197.

③ Perry J. L.，et al. What Drives Morally Committed Citizens? A Study of the Antecedents of Public Service Motivation. Public Administration Review，2008，68（3）：445－458.

④ Frederickson H. G. Understanding Attitudes toward Public Employment. Public Administration Review，1967，27（5）：411－420.

⑤ Lewis G. B.，and S. A. Frank. Who Want to Work for the Government. Public Administration Review，2002，62（4）：395－404.

们的职业选择中会产生影响的受访者中，有77%的人认为这种影响是积极的①。

（2）性别（Gender）。在对个人PSM影响因素的研究中，性别被认为是非常重要的因素之一。虽然公共管理一直被认为是由男性占主导地位的，但是，性别对个人的PSM影响的争论仍然存在②。如果女性和男性在PSM水平之间存在显著性差异，可以得出一定的结论。例如，管理者可以针对男性和女性雇员采取不同的激励技术。

为了探索公共部门和私营部门员工之间工作动机的差异性，伯恩斯（Buelens）和范德布洛克（Vandenbroeck）将性别作为一个重要的独立变量纳入他们的研究中。结果表明，男性在处理与同事的良好合作关系方面比女性更显著，且更具主动性③。同样的研究，纳夫（Naff）和克拉姆（Crum）在测试人口统计学变量对个人PSM水平的影响分值时发现，女性拥有的PSM的水平略高于男性④。在一项性别对个人道德发展影响的研究中，怀特发现，女性在有关道德测试题上的得分显著高于男性，这意味着，女性比男性更具道德感⑤。休斯顿（Houston）在采用综合社会调查数据比较公共部门和私营部门员工的工作激励时发现，男性不太可能比女性从事更有价值或更有意义的工作（比如公共部门公务员），然而，作者并未就如何得出这样的研究结果做出任何解释⑥。

相比之下，另一批学者则认为，男性在伦理问题上比女性具备更高的PSM水平和绩效。弗雷德里克森（Frederickson）发现，学生的性别和他们对从事为市民服务工作的想法之间是有关系的。他认为，在对从事公共事业的看法上，男学生比女学生的想法更积极一些⑦。佩里在他的关于个人PSM水平影响因素的研究中发现，女性在公共利益或市民责任和自我牺牲两个维度上的支持率不如男

---

① Gabris G. T. , and G. Simo Public Sector Motivation as an Independent Variable Affecting Career Decisions Public Personnel Management, 1995, 24 (1): 33 – 51.

② DeHart – Devis L. , Marlowe J. et al. Gender Dimensions of Public Service Motivation. Public Administration Review, 2006, 60 (6): 549 – 559.

③ Buelens M. , and H. Van den Broeck. An Analysis of Differences in Work Motivation between Public and Private Sector Organizations. Public Administration Review, 2007, 67 (1): 65 – 74.

④ Naff K. C. , and J. Crum. Working for America: Does Public Service Motivation Make a Difference? Review of Public Personnel Administration, 1999, 19 (5): 5 – 16.

⑤ White Richard D. J. Are Women More Ethical? Recent Findings on the Effects of Gender upon Moral Development. Journal of Public Administration Research and Theory, 1999, 9 (3): 459 – 472.

⑥ Houston D. J. Public Service Motivation: A Multivariate Test. Journal of Public Administration Research and Theory, 2000, 10 (4): 713 – 728.

⑦ Frederickson H. G. Understanding Attitudes toward Public Employment, Public Administration Review, 1967, 27 (5): 411 – 420.

性①。刘易斯和弗兰克的研究表明,女性比男性更倾向于政府部门的工作,然而,这种性别在工作选择上的倾向性差异在控制后其他个体特征时就消失了。此外,他们还认为,在对政府工作的操控上,女性比男性稍差一些②。

尽管如此,仍有少数学者在他们的研究结果中找不到显著的或一致的关于性别与 PSM 之间关系的结论。Cacioppe 和 Mork 在研究政府部门和私营部门员工之间的差异时得出结论认为,性别特征不影响 QWE(工作经验的质量)指标③。登哈特(Dalhart)和戴维斯等人(Davis)利用国家管理研究项目的二次数据,创造性地探讨了 PSM 的性别维度,并且得出结论,女性拥有较高的同情心和更容易被政策的决策过程所吸引,但是,她们在公共服务维度的承诺水平上与男性相比并不显著④。

(3)教育(Education)。教育对工作动机有积极影响的说法,得到了学术界很多学者的认同⑤。在探寻 PSM 影响因素的文献中,佩里建议,可以将教育列为 PSM 的影响因素之一,因为它可能会增强和促进 PSM 的发展。之后,在一篇探讨 PSM 过程理论的文献中,这一建议得到了证实,佩里认为,作为社会历史背景的一个组成部分,教育对 PSM 产生了很大影响⑥。休斯顿认为,如果一个人有着比较高的教育素养(Attainment),那么,他就更可能将有意义的工作放在重要的位置,而不是更多地考虑逐渐降低的高薪水和工作安全感⑦。莫伊尼汉(Moynihan)和潘迪(Pandey)得出了相似的结论,他们认为,教育水平与 PSM 之间有存在强相关关系,因为教育在塑造个人信仰或价值观方面扮演着非常重要的角色⑧。刘易斯和弗兰克也指出,受过良好教育的美国人更倾向于政府的工

---

① Perry J. L. Antecedent of Public Service Motivation. Journal of Public Administration Research and Theory, 1997, 7 (2): 181 - 197.

② Lewis G. B., and S. A. Frank. Who Want to Work for the Government. Public Administration Review, 2002, 62 (4): 395 - 404.

③ Cacioppe R., and P. Mork. A Comparison of the Quality of Work Experience in Government and Private Organizations. Human Relations, 1984, 37 (11): 923 - 940.

④ DeHart – Devis L., Marlowe J., et al. Gender Dimensions of Public Service Motivation, Public Administration Review, 2006, 60 (6): 549 - 559.

⑤ Crenwson, P. E. Public Service Motivation: Building Empirical Erdence of incidence and Effect. Journal ot Public Administration Reseach and theory, 1997 (4): 499 - 518

⑥ Perry J. L. Bring Society in: Toward a Theory of Public Service Motivation. Journal of Public Administration Research and Theory, 2000, 10 (2): 471 - 488.

⑦ Houston D. J. Public Service Motivation: A Multivariate Test. Journal of Public Administration Research and Theory, 2000, 10 (4): 713 - 728.

⑧ Moynihan D. P., and S. K. Pandey. The Role of Organizations in Fostering Public Service Motivation. Public Administration Review, 2007, 67 (1): 40 - 53.

作,尽管他们可能并不渴望①。更具体来讲,Ko 把新加坡国立大学的学生作为调查对象,得出的研究结论为,政治科学教育可以提高个人的 PSM 水平和公共部门的职业偏好较高②。

另外,克莱克维奇(Chetkovich)采用了一个为期两年的对主要来自 KSG(Kennedy School of Government,后来改名为 HKS)和 GSPP(Graduate School of Professional Psychology)的公共政策专业的学生进行了系列调查和访谈,目的是调查他们对自己未来职业生涯选择的看法。结果显示,教育水平高的学生对去政府工作兴趣没有那么高,这说明了公共政策课程的设置并没有强化或支持学生们选择去政府工作的兴趣,反而使得公共政策专业本来就有高水平 PSM 的学生感到沮丧。比如说,他们通过课程的学习知道这样一个事实:改变一项政策比设计一项新的政策更加困难③。

(4)组织环境(Organization Environment)。关于组织环境对行为动机的影响作用,虽然学界进行了大量讨论,但目前还没有形成统一的结论。虽然人们普遍认为,政府组织结构的特点不会影响到个体的动机形成过程,但是,与私营部门不同的是,政府部门有其独特的组织架构和目标特性,这些会影响到政府部门的工作设计和任务特征。如佩里等人研究发现,个体绩效的可测度、目标任务的清晰度等都是影响个人 PSM 的重要工作特征变量④。莫伊尼汉(Moynihan)和潘迪(Pandey)认为,在就业前,个人的 PSM 可能是通过所处的社会历史背景的影响下形成的,但进入组织后,主要是通过组织环境的影响形成的⑤。罗姆塞克(Romzek)研究发现,组织环境对员工的 PSM 的显著影响,主要表现在三个方面:组织文化(Organization Culture)、同事间的关系(Co - worker Relationship)以及奖励制度(Rewards System)⑥。

其他一些学者认为,外部环境特征对个体 PSM 是有显著影响的。怀特延续

---

① Lewis G. B., and S. A. Frank, Who Want to Work for the Government, Public Administration Review, 2002, 62 (4): 395 - 404.

② Ko Kilkon, Public Service Motivation and the Role of Public Administration Education: a Study on the Public Service Motivation of Next Generation Civil Servants in Singapore, In International Conference of Asian Democratization and Politico - economic Sustainable Development in the 21st Century, Tainan, Taiwan.

③ Chetkovich C. What's in a Sector? the Shifting Career Plans of Public Policy Students. Public Administration Review, 2003, 63 (6): 660 - 674.

④ Perry J. L., and Porter L. W. Factors Affecting the Context for Motivation in Public Organizations. Academy of Management Review, 1982, 7 (1): 89 - 93.

⑤ Moynihan D. P. and S. K. Pandey. The Role of Organizations in Fostering Public Service Motivation. Public Administration Review, 2007, 67 (1): 40 - 53.

⑥ Romzek B. S. Employee Investment and Commitment: The Ties That Bind. Public Administration Review, 1990, 50 (3): 374 - 82, 同时可参见(Perry and Porter, 1982; Perry, 2000, 2008)。

了佩里关于外部环境特征的分类，并且将社会规范、人口特征、政治因素及经济和科技因素进行了细化，以期为激励公共部门雇员的服务动机提供依据①。通过对公共部门的进一步研究，怀特发现，公共部门的组织使命对员工个人 PSM 水平的影响非常重要。他进一步解释，如果员工认为组织使命和自我价值观相一致，那么他们就会更加倾向于将组织目标当成是自己的目标，并且会把追求组织目标看成是与追求自己的目标一样有意义②。然而，在一项调查组织的繁文缛节（Red Tap）是否对个人动机产生影响的研究中，鲍德温（Baldwin）发现，尽管公共部门存在这样的事实——被认为是繁文缛节的象征并受其拖累，但并没有发现繁文缛节与个人动机之间有相关的证据③。

实际上，从以上的分析中可以看出，公共部门的雇员和机构之间存在着一个双方互动的过程。一方面，雇员们最初的 PSM 是选择适合他们期望的组织；另一方面，在就业之后，雇员的 PSM 又受到了他们选择的组织的影响和重塑。

4. 公共服务动机的作用和影响

迄今为止，有关公共服务动机对个体或组织的作用的研究非常丰富，尽管公共服务动机和各种各样的管理结果之间的关系还难以确定，但是通过对现有文献的分析仍然可以发现二者之间的联系。大量研究证明，PSM 是一个整体的过程理论，而不是一个孤立的概念，能够影响到与个人工作相关的很多态度和行为变量，如工作绩效和组织绩效、工作满足感、组织承诺、领导行为、离职意向等。除此以外，研究还发现了 PSM 能够影响到组织外态度与行为（主要有利他性、组织公民行为、公共参与、政治参与等），PSM 也可以被视为建立公众对政府的信任和建立社会资本的重要推动者④。在一项基础性的研究中，佩里和怀斯提出了一些动机和行为结果之间的假设：首先，他们认为个体的公共服务动机越大，就越有可能成为公共组织中的一员；其次，公共组织中的公共服务动机与绩效（包括个人绩效和组织绩效）呈正相关性；最后，以高水平的公共服务动机吸引成员的公共组织，很可能会越来越少地依赖于功利性激励来有效管理个人绩效⑤。可以将这三个假设归纳为：动机—职业假设（M - O）、动机—绩效假设

---

① Wright B. E. The Role of Work Context in Work Motivation: A Public Sector Application of Goal and Social Cognitive Theories. Journal of Public Administration Research and Theory, 2004, 14 (1): 59 - 78.

② Wright B. E. Public Service and Motivation: Does Mission Matter?. Public Administration Review, 2007, 67 (1): 54 - 64.

③ Baldwin J. N. Perceptions of Public versus Private Sector Personnel and Informal Red Tape: Their Impact on Motivation. The American Review of Public Administration, 1990, 20 (1): 7 - 28.

④ Brewer G. A., Selden, S. C., et al. Individual Conceptions of Public Service Motivation. Public Administration Review, 2000, 60 (3): 254 - 264.

⑤ Perry J. L., and Wise L. R., The Motivation Bases of Public Service. Public Administration Review, 1990, 50 (3): 367 - 373.

(M-P)和动机—激励假设(M-I)。后来的学者在这三个假设的基础上又做了进一步研究,他们将工作满意度、组织承诺、组织公民行为等变量也一并纳入,对不同领域进行了验证。

因此,关于这方面的文献,笔者将其概括为六个假设进行综述,这六个假设分别为:动机—职业假设(M-O)、动机—绩效假设(M-P)、动机—激励假设(M-I)、动机—承诺假设(M-C)、动机—满意度假设(M-S)和动机—组织公民行为假设(M-OCB)。

(1)动机—职业假设(Motivation-Occupation)。佩里和怀斯所提出的三个命题之一是,一个人越是具有更高层次的 PSM,就越有可能选择进入公共机构工作①。他们的第一个假设已经得到了学术界的频繁验证,而且很多的证据表明,越拥有高水平的公共服务动机,就越有可能选择政府作为雇主②。

由于资源的有限性和制度的刚性约束,公共部门或许无法像私营部门那样给员工提供具有竞争力的物质回报,在这种情况下,招募那些本身对服务的期望比较高,对物质回报期望比较低的员工,对公共部门来说是非常重要和必须的。通常的假定是,一个人的 PSM 水平越高,他(她)就会越强调内心的需求而不是外部需求,这也正是公共部门员工本身的利益诉求。因此,公共部门应当竭力去招募那些具有高 PSM 水平的员工。施耐德(Schneider)认为,人们会被与自身人格特质相似的组织魅力所吸引,然而通过自我和组织的双向选择进入组织,再经过组织的社会化过程,形成产生留任或离职的倾向。留在组织中的员工,随着时间的延长,组织与环境的同质性在增加,其个人目标和组织目标的价值观及目标越接近,最终形成人和环境的互构,即 $E = F(P, B)$,这一模式被施耐德称为 A-S-A(Attraction-Selection-Attrition)理论模型③。

尽管这一假设被认为是公共部门招募合适人员非常重要的一个方面,但是从现有的文献来看,很少有学者研究如何将动机的因素运用到公共部门招募前的对员工的考核当中去④。而大多数研究是从离职率和离职倾向方面进行研究。克鲁森(Crewson)从离职率的角度进行了研究,他发现个人的 PSM 水平与对组织的

---

① Perry J. L., and Wise L. R. The Motivation Bases of Public Service. Public Administration Review, 1990, 50(3): 368.

② Leisink P., and Steijn B., Recruitment, Attraction and Selection, In James L. Perry and Annie Hondeghem, Motivation in Public Management: The Call of Public Service. Oxford: Oxford University Press, 2008: 118-135.

③ Schneider B. The People Make the Place. Personnel Psychology, 1987, 40(3): 437-453.

④ Brewer G. A., Selden, S. C., et al. Individual Conceptions of Public Service Motivation. Public Administration Review, 2000, 60(3): 254-264.

认可度具有强相关关系，而与离职倾向呈负相关[1]。刘易斯和弗兰克（Lewis & Frank）研究发现，个人具有助人为乐特质、具有对社会有用的想法与倾向在政府工作之间存在正相关关系[2]。此外，泰勒（Tailor）以澳大利亚大学生为调查对象，发现他们在校期间的期望选择与就业时的实际选择相一致。大学生们想去公共部门工作是出于他们对未来从事公共服务工作的内在期望，如同他们想去私营部门工作是为了追求高的薪资、声望和地位一样。泰勒进一步指出，尽管他的研究结果与前人对相似问题的研究结果一致，但这并不意味着内部动机与外部动机是学生们职业选择的唯一重要因素[3]。一个人做出一项选择往往是由多种因素共同作用的结果（包括内在的和外在的），而且选择的结果也因人而异，不同的群体、不同的环境、不同的文化、不同制度等，会有很大的差别。

当然，也有批评者对高PSM水平是否能够去公共部门工作的职业选择提出了质疑。他们认为高PSM对个人未来选择到公共部门工作并没有什么实质性的影响，那些最初对他们未来想去的公共部门的选择的幅度太大以至于选择的结果很难看出有什么统计学上的显著性[4]。

（2）动机—绩效假设（Motivation–Performance）。近几十年来，绩效一直处于公共管理的核心地位[5]。相关文献中都有两个重要问题：①绩效概念的定义呈现方式多种多样；②绩效的驱动力问题[6]。在《飞驰的大象：有效政府组织的理论发展因素》一书中，瑞尼和斯坦博尔甚至第一次草拟了一张对绩效可能产生影响的因素法理地图。其中一个因素是直接关注雇员的动机这一特殊问题，这一特殊问题主要是探讨公共服务动机与绩效之间的关系[7]。怀特认为，动机是影响工作绩效的众多原因之一，而且动机实际上是绩效与其他重要变量之间的指示器，

---

[1] Crewson P. E. Public–Service Motivation: Building Empirical Evidence of Incidence and Effect. Journal of Public Administration Research and Theory, 1997 (4): 499–518.

[2] Lewis G. B., and Frank S. A. Who Wants to Work for Government? Public Administration Review, 2002, (62): 395–404.

[3] Taylor J. The Next Generation of Workers in Australia: Their Views on Organizations, Work and Rewards. The International Journal of Human Resource Management, 2005, 16 (10): 1919–1933.

[4] Gabris G. T., and G. Simo. Public Sector Motivation as an Independent Variable Affecting Career Decisions. Public Personnel Management, 1995, 24 (1): 33–51.

[5] Bouckaert Greet, and Halligan, John, Managing Performance: International Comparisons, London: Rutledge.

[6] Robert D., and Behn The Big Questions of Public Management. Public Administration Review, 1995, 55 (4): 313–319.

[7] Rainey Hal G., and Steinbauer Paula. Galloping Elephants: Developing Elements of a Theory of Effective Government Organizations. Journal of Public Administration Research and Theory, 1999, 9 (1): 1–32.

比如个人能力①。也就是说，如果两个人之间谁拥有更高水平的 PSM，谁的绩效就会高一些。因为动机对绩效的重要性存在，近年来，关于公共部门和私营部门如何改善个人绩效的研究较多，尤其是绩效与 PSM 之间的关系研究结果非常丰富。

首先是关于动机与个人绩效间的关系。个人的 PSM 水平与工作绩效之间的积极关系一直是学术界关注的焦点。正如前面提到的，作为佩里和怀斯的三个假设命题之一：越具有高水平的公共部门员工，他们的绩效就越好。该假设已经在不同程度上得到了验证。克鲁森利用组织承诺作为测量绩效的变量，发现公共部门的员工更看重的是服务而不是金钱的回报，出于这方面的原因，他们也更愿意为组织的使命工作，这在一定程度上促进了个人的高绩效②。纳夫和克拉姆通过对美国功绩制度保护委员会（MSPB'S 1996）在册的 10000 名雇员进行的功绩制调查（Merit Principles Survey）发现，被调查者的反映确认了他们在测试之前提出的假设，即个人的 PSM 确实能够预测工作绩效③。

一些关于举报行为与工作绩效之间关系的系列研究，也间接证实了 PSM 能够影响个人的工作绩效。米塞利（Miceli）和尼尔（Near）的调查表明，举报者比其他组织成员的工作效率更高。他们发现，大多数举报者并非是对组织不满意的员工；相反，他们是组织中评价最好、忠诚度最高的员工④。鲍曼（Bowman）和摩托维德罗（Motowidlo）的研究显示，大多数举报者都是具有强烈责任感和良知的普通人，他们也证明了大多数举报者的工作效率比较高。此外，他们的研究还显示，大多数举报者对组织的认同感更高，而且对工作尽职尽责，具有强烈的爱国心，遵章守规等⑤。布鲁尔（Brewer）和塞尔登（Selden）也对举报者的举报行为是否影响他们的工作绩效，甚至是组织绩效进行了经验研究。研究发现，举报者的工作绩效和组织绩效都显著高于非举报者，其中，个人绩效方面的差异性尤其明显。为了更进一步确认其研究结果，他们通过对美国功绩制度保护委员会（MSPB）提供的档案数据进行研究，结果显示，举报者的工作效率比较高，而且有更高水平的工作成就感，他们也对公共利益最为关心，对组织的忠诚

---

① Wright B. E. Public Sector Work Motivation: A Review of the Current Literature and a Revised Conceptual Model. Journal of Public Administration Research and Theory, 2001, 11 (4): 559 – 586.

② Crewson P. E. Public – Service Motivation: Building Empirical Evidence of Incidence and Effect. Journal of Public Administration Research and Theory, 1997 (4): 499 – 518.

③ Naff K. C., and J. Crum. Working for America: Does Public Service Motivation Make a Difference? Review of Public Personnel Administration, 1999, 19 (5): 5 – 16.

④ Miceli M. P., Near, J. P. and Schwenk, C. R. Who Blows the Whistle and Why. Industrial and Labor Relations Review, 1991, 45 (1): 113 – 130.

⑤ Borman W. C., and Motowidlo S. J. Task Performance and Contextual Performance: The Meaning for Personnel Selection Research. Human Performance, 1997, 10 (2): 99 – 109.

度也最高①。尽管他们认为 PSM 不能解释所有的举报者行为,因为这些行为是由各种各样的动机造成的,但此研究再一次证实了举报者的行为与公共服务动机理论命题的一致性。

凡德拉比分析了公共服务动机与绩效之间的关系以及工作满意度和组织认同对这两者之间的调节作用。他们是基于对比利时在佛拉芒语区政府工作的 3300 名公务员所做的调查进行分析。绩效的测量是建立在自我报告的基础之上的,PSM 的测量则是采用了佩里 1996 年制订的完整的公共服务动机量表。研究结果证实了他们提出的研究假设,即公共服务动机与绩效之间存在着积极的影响,同时,他们还发现工作满意度和组织认同的中介影响作用。但是,这些影响在公共服务动机的各个维度上的表现各不相同②。

当然,也有学者认为 PSM 与工作绩效之间的关系并不那么明确。阿隆索(Alonso)和刘易斯(Lewis)使用了两套数据来调查 PSM 和工作绩效之间的关系,这两套数据分别为 1991 年和 1992 年的联邦政府雇员调查数据(SOFE91)和 1996 年的价值观原则调查数据(MPS96)。基于两套数据的调查分析得到了一个混合的结果:MPS96 的数据显示 PSM 与工作绩效之间呈正相关关系,而 SOFE91 的数据则显示两者之间并没有相关关系。尽管两位作者承认他们关于绩效与 PSM 之间关系存在测量上的瑕疵,而且跨数据集的研究也会导致不同的结果,但是,他们仍然认为 PSM 与工作绩效之间的关系缺乏强有力的证据③。雷森克(Leisink)和斯泰因(Steijn)采用佩里 1996 年的公共服务动机量表对荷兰 4130 名公务员进行了调查。他们检验了公共服务动机和三个与个人绩效相关的变量(情感认同、做出努力的意愿和可感知的工作绩效)的关系。结果显示,公共服务动机直接作用于绩效,另外的变量也在起作用,即他们按照人—环境匹配理论建构的一个变量也会影响工作绩效。这个变量是用来测量一个人在其工作中具有的认同适用公共利益的机会。因为,测量之前设定了一个假设:即公共服务动机匹配能够影响公共服务动机与结果变量的关系,结果这一假设未得到验证。由此,他们认为,公共服务动机和公共服务动机匹配对认同、做出努力的意

---

① Brewer G. A. , and Selden, S. C. Whistle Blowers in the Federal Civil Service: New Evidence of the Public Service Ethic. Journal of Public Administration Research and Theory, 1998, 8(3): 420.

② Vandenabeele W. The Mediating Effect of Job Satisfaction and Organizational Commitment on Self – Reported Performance: More Robust Evidence of the PSM – Performance Relationship. International Review of Administrative Sciences, 2009(75): 11 – 25.

③ Alonse P. , and G. B. Lewis. Public Service Motivation and Job Performance: Evidence from the Federal Sector. The American Review of Public Administration, 2001, 31(4): 363 – 380.

愿和工作绩效都具有积极的影响①。

其次是关于动机与组织绩效。对组织绩效的研究历来是公共部门的一个热点问题,如何测量公共部门的组织绩效,学界意见不一,有的学者利用效率和效力指标来判定组织绩效②,有的研究利用自我设定目标的重要性来解释绩效水平不同的原因③,还有的认为以组织认同的形式认同组织并与组织联系在一起的意愿可以作为组织绩效行为的预测因子④,也有研究者运用更加客观的绩效指标,如安德森(Andersen)和帕里森(Pallesen)的研究就用到了定量产出数据来测量组织绩效⑤。

评估组织绩效确实是公共管理中的一大挑战,因为在多元文化社会中,不同的个体有着不同的主观绩效标准,因此,公共服务的组织绩效必然具有多样性。此外,由于量化指标存在困难,常常不能准确地评估或者根本无法评估,因为公共部门的产出和成果是不容易评估的数据。在众多的影响组织绩效的指标中,公共服务动机被认为是有效的绩效评估指标。如瑞尼和斯坦博尔发现,动机决定组织的效能⑥。布鲁尔和塞尔登在测量公共部门组织绩效的影响因素时,也发现公共服务动机是组织绩效的一个重要预测变量⑦。利兹(Ritz)对瑞士联邦政府的13500名雇员进行了组织绩效测评,即内部效率感知的调查。利兹通过测量公共服务动机(他把公共服务动机限定在两个维度:对公共利益的认同和对公共决策的吸引力)、组织认同和工作满意度对组织绩效的影响,结果发现,只有第一个维度,即对公共利益的认同对可感知的组织绩效有显著关系。然而目标导向已经被证明对于内部效率有着重大影响。据此利兹得出结论:为了提高组织绩效,认同于公共利益的政府雇员与健全的公共管理都是必要的。Kim 通过对韩国公共部门1793名公务员的调查,验证了公共部门的公共服务动机对组织绩效的影响。尽管研究结果显示,PSM 在对组织绩效的影响上没有工作满意度、情感认同以及

---

① Leisink P., and Steijn B. Public Service Motivation and Job Performance of Public Sector Employees in the Netherlands. International Review of Administrative Sciences, 2009 (75): 35 - 49.

② 参见(Brewer and Selden, 2000; Kim, 2005; Park and Rainey, 2008)。

③ Locke E. A. and Latham, G. P. A Theory of Goal - setting and Task Performance. Englewood Cliffs, NJ: Prentice Hall, 1990.

④ Crewson P. E. Public Service Motivation: Building Empirical Evidence of Incidence and Effect. Journal of Public Administration Research and Theory, 1997, 7 (4): 499 - 518.

⑤ Anderson B. L., and Pallesen, T. Not Just for the Money? How Financial Incentives Affect the Number of Publications at Danish Research Institutions. International Public Management Journal, 2008; 11 (1): 28 - 47.

⑥ Rainey Hal G. and Steinbauer, Paula. Galloping Elephants: Developing Elements of a Theory of Effective Government Organizations. Journal of Public Administration Research and Theory. 1999, 9 (1): 1 - 32.

⑦ Brewer G. A., Selden, S. C. et al. Individual Conceptions of Public Service Motivation. Public Administration Review, 2000, 60 (3): 254 - 264.

组织公民行为等的正面影响高,但是 PSM 对公共部门组织绩效的影响作用不容小觑①。此外,也有学者探讨了关于组织认同和工作满意度与组织绩效的关系。如有学者提出,工作满意度能够强化组织绩效的观点,他们认为疏远公务员的组织拥有较低的影响力和效率,满意度低的雇员通常比受挫的雇员更不努力工作,即使勉强完成了工作,结果也难以令人满意②。

尽管动机与组织绩效的潜在积极影响一再被证明,但是目前,关于公共服务动机与组织绩效之间关系的研究成果还比较少。巴纳德(Barnard)认为,存在两种影响组织绩效的因素:组成成员资格和绩效行为。尽管员工的绩效可以直接影响组织绩效,但是,维持组织成员资格也会直接影响绩效,因为它会使员工离职或缺席的成本最小化③。公共服务动机理论认为,较高的 PSM 水平可以通过个人的态度和行为影响组织绩效。具有高水平 PSM 的员工希望自己对工作更加满意,并且将工作做得更好,这样他们认为才对得起在政府部门工作④。换句话说,员工都期望更加努力地工作,并且富有成效和得到别人的认同,因为他们把工作本身而不是物质奖励看作是最重要的工作价值观⑤。

总之,公共服务动机与绩效之间关系的研究,就像布鲁尔(Brewer)总结的那样:

> 有关"公共服务动机与绩效之间的关系"的实证研究很少,直接涉及公共部门中公共服务动机与绩效关系的研究数量更是有限,而且得到的结论也是混乱的。在个体层面上,有的研究确定了它们之间的关系,有的则不确定。然而由于抽样样本的不同和不确定性以及对公共服务动机与绩效的测评方式不同,想要得出任何肯定的结论是非常困难的。在组织层面,现有的研究为进一步的研究提供了证据,它们认为公共服务动机可能与组织绩效有积极关系,但这些研究也充满了测量问题和其他弱点,这就对研究的效度和一般性提出了质疑。再次,证据非常有限,也就是说经验研究的结果太少,使

---

① Kim S. Individual – Level Factors and Organizational Performance in Government Organizations. Journal of Public Administration Research and Theory, 2005, 15 (2): 245 – 261.

② Gross E., and Etzioni A. Organizations in Society. Englewood Cliffs, NJ: Prentice Hall, 1985.

③ Barnard C. I. The Functions of the Executive. Cambridge, MA: Harvard University Press, 1989, 156 – 162.

④ Naff K. C., and Crum, J. Working for America: Does Public Service Motivation Make a Difference? Review of Public Personnel Administration, 1999, 19 (4): 5 – 16.

⑤ Balfour D. L., and Wechsler B. Organizational Commitment: A Reconceptualization and Empirical Test of Public – Private Differences. Review of Public Personnel Administration, 1990 (10): 23 – 40.

得从现有的研究中得出一致的结论还很困难①。

所以,基于以上分析,佩里(Perry)和杭德冈姆(Hondeghem)把公共服务动机和绩效之间的关系界定作为进一步研究的重要领域。但是,这一领域的重要挑战之一是绩效的测量问题。我们通常是通过代理人或自我报告式的问卷来测量绩效的,而另外一个问题是公共服务动机的测量。在目前的大多数研究中,公共服务动机都是通过佩里所开发的完整的公共服务动机量表的"简化版"来测量的。由于缺乏稳健的测量工具,结果常常是不确定的或者自相矛盾的②。

(3)动机—激励假设(Motivation - Incentives)。员工的工作动机通常被分为内在和外在两种基本类型,不同的动机类型对员工工作动机产生的影响截然不同。然而,研究发现内在动机是从工作本身获取的,而外在动机则来源于诸如外部奖励(如金钱、地位、身份保障等)这样的外部控制变量③。从自我决定理论的观点来看,内部动机在工作具有完全自主性支配的情况下会有所增加,并产生更多正面的态度和行为结果④。与这一结论不同,费雷(Frey)关于动机的研究表明,外部激励会排斥内部激励,并且这种排斥行为会削弱个体工作的积极性,因为外部激励产生的动机与员工的道德价值观和道德选择相矛盾。反之亦然,当员工的选择和价值观获得支持时,外部奖励会促进内部激励⑤。也就是说,公共服务动机能够作用于那些能在行动上导致内部激励增加的外部激励(如工作性质、自主权、任务一致性和理解任务的重要性等)⑥。

佩里和怀斯提出的第三个假设:以高水平的公共服务动机吸引成员的公共组织,很可能会越来越少地依赖功利性激励来有效管理个人绩效⑦。实际上,他们是把外部激励当成是动机与绩效关系的调节变量来进行研究的。也就是说,是激励方式调节了 PSM 与绩效之间的关系。通过对公共部门和私营部门的比较,早

---

① Brewer G. A. Employee and Organizational Performance, in J. L. Perry and A. Hondeghem. Motivation in Public Management: The Call of Public Service. Oxford University Press, 2008: 152.

② Perry J. L., and Hondeghem Annie. eds. Public Service Motivation: A Symposium. International Public Management Journal, 2008b: 11 (1): 154 - 167.

③ Herzberg F. Work and the Nature of Man. Cleveland, OH: World Publishing, 1966.

④ Ryan, R. M., and Connell, J. P. Perceived Locus of Causality and Internalization: Examining Reasons for Acting in Two Domains. Journal of Personality and Social Phycology, 1989, 57 (5): 749 - 761.

⑤ Frey B. S., and Jegen R. Motivation Crowding Theory. Journal of Economic Surveys, 2001, 15 (5): 589 - 611.

⑥ Moynihan D. P. The Normative Model in Decline? Public Service Motivation in the Age of Governance, in J. L. Perry and Hondeghem (eds). Motivation in Public Management: The Call of Public Service. Oxford. University Press, 2008: 248 - 267.

⑦ Perry James L., and Wise Lois R. The Motivational Bases of Public Service. Public Administration Review, 1990, 50 (3): 367 - 373.

期的公共服务动机研究都证实了公共部门的 PSM 与金钱的奖励之间呈负相关关系，也即人们选择进入政府工作更重视的是内部激励而不是金钱导向的外部奖励。早在 1964 年，一批学者的研究就发现，与私人部门的员工相比，公共部门的员工更不易受金钱奖励的诱导①。瑞尼（Rainey）通过对公共部门和私营部门中 275 名中层管理者的调查，发现公共部门管理者较私人部门的管理者，更不会把金钱放在第一位②。Georgellis、Iossa 和 Tabvuma 开展的一项针对英国家庭的调查结果也支持了上述假设，结果显示，高的金钱奖励、高工作满意度、好的工作保障和灵活的工作时间对人们是否进入公共部门工作的意向没有显著影响，对公共部门的工作性质的满意度则能够显著影响人们进入公共部门的意愿。也就是说，是公共服务动机的水平决定了人们倾向于进入公共部门工作③。克鲁森在分析美国联邦政府雇员态度调查报告时发现，工资水平较低的员工（General Staff 1-8 级）更注重物质和安全上的报酬，而工资水平较高的员工（General Staff 16 级以上）更注重成就感和挑战。他同时还发现，高级别员工很注重政府工作的重要程度和对政府事务的影响，这说明公共部门的行政官员"自我实现的动力"集中在公职上④。休斯顿（Houston）通过公共部门和私人部门员工的调查发现，公共部门的员工更重视工作带给他们的成就感、工作满足感等内部奖赏，而私人部门更看重高的工作收入、高的工作保障以及高的福利和较短的工作时间等外在激励。佩里和怀斯的假设进一步得到了验证，即不同的激励会带来不同的动机，也就是公共部门和私人部门是受到了不同动机的驱使⑤。

越来越多的研究表明，有挑战性的工作和提供为公众服务的机会是吸引人们进入公共部门的主要因素，但是，对公共机构的看法也会随着环境、政治气候及文化价值观等的变化而变化的。如阿隆索（Alonso）和刘易斯（Lewis）通过大量的样本调查发现，公共服务动机水平高并不意味着物质奖励与绩效关系就弱，

---

① Kilpatrick F. P., Cummings M. C., and Jennings M. K. The Image of the Federal Service. Washingdon, D. C., Brookings, 1964.

② Rainey H. G. Reward Preferences Among Public and Private Managers: In Search of the Service Ethic. American Review of Public Administration, 1982, 16 (4): 288-302.

③ Georgellis Y., Iossa E. and Tabvuma V. Crowding out Public Service Motivation, Department of Economics and Finance, Brunel University, Retrieved November 22, 2010, Http://ideas.repec.org/p/edb/cedidp/08-07.html.

④ Crewson P. E. A Comparative Analysis of Public and Private Sector Entrant Quality. American Journal of Political Science, 1995, 39: 628-639.

⑤ Houston D. J. Public Service Motivation: A Multivariate Test. Journal of Public Administration Research and Theory, 2000, 10 (4): 713-728.

也就是说物质奖励并不会显著影响公共服务动机对绩效的预测。① 克里帕崔克（Kilpatrick）、卡明斯（Cummings）和詹宁斯（Jennings）进行的调查也显示，大量的各层公共雇员，包括联邦雇员，将工作保障和补助（包括退休补助和其他保障性补助）作为他们加入公共部门工作的动机②。美国功绩制保护委员会对大约17000多名联邦雇员的调查显示，81%的员工认为可以休年假和请病假是他们进入政府工作的主要原因，70%的人认为进入政府工作的好处在于工作有保障③。

（4）动机—承诺假设（Motivation - Commitment）。组织承诺被认为是个体对组织的认同，是个体为了组织的使命投入组织的程度，为了组织的目标而自愿放弃自我的部分利益的一种态度、使命和价值观，也被称为对组织的认可度④。也就是说，如果一个人被认为是对组织具有高的献身性和对工作的投入性，需具备三个条件：第一，对组织目标、使命和价值观具有强烈的信念；第二，为了组织的利益愿意尽自己最大的努力；第三，希望组织维持自己在组织的成员资格的强烈愿望⑤。

关于对组织的献身性和对工作的投入性，学术界早已有研究。布坎南（Buchanan）1957年的研究发现，同私人组织的行政主管相比，公共组织的行政主管对所在组织的献身程度比较低，工作投入性也比较低。他由此得出结论，公共组织的管理人员对组织的献身程度低是因为他们并没有强烈感受到自身对组织的影响力，而组织也不希望他们对组织有过大的影响力。成员的工作动机各不相同，更不用说能形成一定的对组织的忠诚。布坎南也暗示说，较低的献身程度和工作投入表明公共组织在员工道德教育方面是失败的，这些都说明公共部门的管理人员并没有很强的为公众服务的工作动机。布坎南进一步认为，公共组织的管理人员对组织的献身程度低是因为他们的工作职位是有保障的，是不易丧失的，他们所处的群体缺乏内在凝聚力，在组织中的工作经历令他们大感失望，这与他们当初加入公共组织时的期望大相径庭。那些充满理想主义，一心想为公众服务的年轻人刚加入组织工作中，面对大型机构中的实际情况，感到自己在组织中无

---

① Alonso Pablo, and Lewis Gregory B. Public Service Motivation and Job Performance: Evidence from the Federal Sector. American Review of Public Administration, 2001, 31（4）: 363 - 380.

② Kilpatrick F. P., Cummings M. C., and Jennings M. K. The Image of the Federal Service. Washingdon, D. C., Brookings, 1964.

③ ［美］海尔·G. 瑞尼. 理解和管理公共组织 ［M］. 王孙禹，达飞译. 北京: 清华大学出版社, 2002: 237.

④ Mowday R. T., Steers R. M., and Porter L. W. The Measurement of Organizational Commitment. Journal of Vocational Behavior, 1979, 14（2）: 224 - 247.

⑤ Lion K. T., Nyman R. C. Dimensions of Organizational Commitment in the Public Sector: an Empirical Assessment. Public Administration Quarterly, 1994, 18（1）: 99 - 118.

足轻重，失望情绪极可能产生①。最近，弗林（Flynn）和坦能鲍姆（Tannenbaum）通过对联邦政府的问卷调查得出了与布坎南相似的结论，他们认为，政府中的管理者比在私人组织中的经理对组织的献身精神更少。在调查中，政府组织的管理人员对调查问卷中有关工作目标的清晰度、工作的自主权和工作的挑战性问题的回答得分都要比私人组织的成员低。他们在工作目标清晰度和工作自主权等问题的回答上得分低，说明他们在这两方面的感受影响了他们对组织的献身程度②。

绍尔（Scholl）认为，增强组织承诺可以提高个人绩效进而可以提高组织绩效③。组织承诺对公共组织来说非常重要，因为公共部门具有本身的特征，如资源的有限性和资金的紧缺性等，正是这些特性，使得他们不可能像私营部门那样给员工提供具有竞争力的物质激励。那些PSM水平较高的人们，通常希望进入政府部门工作以实现他们对公共服务的热情，为了这个目标，他们甚至可以放弃对其他诸如金钱等外部激励的追求。而且，与那些保持低水平PSM的员工相比，具有高的公共服务动机水平的员工已经被证明对他们的组织具有更高的忠诚度④。然而，莱昂斯（Lyons）的经验研究却得到了不同的结论，他的发现支持这样的结论，公共部门的员工拥有比私人部门更低的组织承诺水平⑤。

尽管如此，为了政府部门提高个人及组织绩效，我们仍然对识别公务员潜在的组织承诺和高水平的公共服务动机充满信心。

（5）动机—工作满意度假设（Motivation - Job Satisfaction）。自霍桑实验以来，关于工作满意度的概念和测量的相关研究非常丰富。在已有的近3500多项有关工作满意度的研究中，对工作满意度的定义五花八门，没有一个统一的看法。早在1935年，霍波克（Hoppock）就以霍桑实验的结果为基础，得出了工作满意度的定义。他指出工作满意度是工作者在心理及生理上对工作环境与工作本身的满意的感觉，也就是对其工作环境的主观性反应。霍波克随后对美国宾夕法尼亚州的309位工作者进行了调查，调查结果验证了他的定义，同时还发现，职

---

① Buchanan Bruce. Government Managers, Business Executives, and Organizational Commitment. Public Administration Review, 1975, 34 (4): 339 – 347.

② Flynn D. M., and Tannenbaum S. I. Correlates of Organizational Commitment: Differences in the Public and Private Sector. Journal of Business and Psychology, 1993 (8): 103 – 116.

③ Scholl R. W. Differentiating Organizational Commitment from Expectancy as a Motivating Force. The Academy of Management Review, 1981, 6 (4): 589 – 599.

④ Crewson P. E. Public – Service Motivation: Building Empirical Evidence of Incidence and Effect. Journal of Public Administration Research and Theory, 1997 (4): 499 – 518.

⑤ Lyons S. T., Duxbury, L. E., et al. A Comparison of the Values and Commitment of Private Sector. Public Sector and Para Public Sector Employees. Public Administration Review, 2006, 66 (4): 605 – 618.

业的职级程度与工作满意度呈正比①。此后,各个学科、各个领域的学者和实践者都对工作满意度赋予了不同的含义。但是,大多数学者都认为工作满意度实际上是一个综合的概念,包含各种层面,而且关于工作满意度的方法和测量工具也是仁者见仁。

尽管存在着多种概念,测量方法也多种多样,但有关工作满意度与公共服务动机的关系的研究,还是出现许多类似的结论。大多数学者都认同,高的 PSM 水平会导致高的工作满足感,而高的工作满足感通常被认为能够提高组织的生产率,增强组织承诺,增加客户的满足感,降低离职率,使组织取得长远的成功②。因此,为了更好地提高公共部门的绩效和效率,有关公共服务的动机和个人工作满足感之间的关系也越来越得到学术界的重视。瑞尼利用工作描述指标(Job Descriptive Index,JDI)量表,从工作本身、晋升机会、上司、同事以及工资五个方面来测量工作满意度。研究结果发现,公共管理者越是认为从事有意义的工作是一种回报,则他们的工作满意度就越高,且二者的关系非常显著③。崔(Choi)同样也采用了工作描述指标(JDI)量表来测量工作满意度,但是却得出了不一样的结果,他发现公共服务动机及三个工作特征变量:技能的多样性、任务的重要性和工作自主程度对工作满意度有显著影响,在对工作满意度的分变量上发现,公共服务动机对工资满意度、上司满意度和同事满意度也具有较为显著的影响,但是对晋升满意度的影响并不显著④。金(Kim)通过对韩国政府 1739 名政府公务员的调查,得出了肯定的结论,在控制了性别、年龄、教育程度、级别等人口统计学变量后,公共服务动机与工作满意度呈正相关关系⑤。

此外,也有大量学者对比了公共部门与私人部门员工的工作满意度,但结果是混乱的。研究表明,同私人组织的雇员相比,公共组织的雇员通常具有更高的工作满意度,并且与私人组织的年轻雇员相比,公共组织的年轻雇员具有更高层次的总体工作满意度⑥。史密斯(Smith)和诺克(Nock),开展了一项大型的社会调查,结果发现公共组织中蓝领员工的工作满意度在许多方面比私人组织的蓝

---

① Hoppock R. Job Satisfaction. New York: Harpper and Row Inc., 1935.

② Romzek B. S. Employee Investment and Commitment: the Ties that Bind. Public Administration Review, 1990, 50 (3): 374 – 82.

③ Rainey H. G. Reward Preferences among Public and Private Managers: in Search of the Service Ethic. American Review of Public Administration, 1982, 16 (4): 288 – 302.

④ Choi Y. J. A Study of Public Service Motivation: the Korean Experience. PH. D, University of Idaho, 2001: 65 – 90.

⑤ Kim S. Individual Level Factors and Organizational Performance in Government Organizations. Journal of Public Administration Research and Theory, 2004, 15 (2): 245 – 261.

⑥ Steel B. S., and Warner R. L. Job Satisfaction among Early Labor Force Participants: Unexpected Outcomes in Public and Private Sector Comparisons. Review of Public Personnel Administration, 1990 (10): 4 – 22.

领员工的工作满意度高，而公共组织中的白领员工对他们工作中的工作伙伴、工作监督和内在激励这些方面的工作满意度要比私人组织管理人员的工作满意度低①。海沃德（Heyward）比较了公共和私人组织管理人员的工作满意度，发现双方在总体上满意度都比较高。然而在工作整体情况、能够参与关键决策的机会、对公共利益的机会以及自我牺牲等反应PSM动机的特征上，公共组织管理人员要比私人组织高，当在组织资源分配的合理性、工作中的机械重复劳动和工作任务数量方面，公共组织雇员的工作满意度就没那么高了②。为了调查公共部门和私人部门的管理人员和非管理人员的动机，尤尔凯维奇（Jurkiewicz）和他的同事们对比了个人从各自工作部门的"希望"和"获取"的想法，结果显示，公共部门比私人部门的雇员满意度更高，尽管他们存在层次结构性的差异③。瑞尼对公共部门和私人部门的管理者的PSM（主要对他们希望从事有意义的公共服务的看法）进行了调查。结果发现，公共部门的管理者比私人部门的管理者有着更高的PSM水平，并且他们的PSM得分与工作满意度存在着很强的正相关关系④。

艾默特（Emmert）和塔赫尔（Taher）为了揭示在公共部门工作对那些与工作相关的态度的影响，分析了公共部门的专业人员和蓝领工人的动机、工作满意度和对工作的投入。结果显示，公共部门的专业人员比在公共部门工作的蓝领工人具有低的工作满足感和工作投入性。他们把这些结果反映的问题归于公共部门无法满足专业人员的内在需求、专业人员的社会满足感的匮乏和有关工作绩效信息的缺乏。因此，他们的发现也隐含着较低的工作满意度是与较低的公共服务动机水平相关的⑤。

（6）动机—组织公民行为假设（Motivation – Organization Citizenship Behavior）。卡兹（Katz）和卡恩（Kahn）早在1964年就指出，有效的组织应该具备三个基本功能：一是组织必须吸引和留住员工；二是确保员工以一种可靠的方式

---

① Smith M. P., and Nock S. L. Social Class and Quality of Life in Public and Private Organizations. Journal of Social Issus, 1980 (36): 59 – 75.

② Hayward N. Employee Attitudes and Productivity Differences Between the Public and Private Sectors, Washington, D. C.: Productivity Information Center. National Technical Information Center, U. S. Department of Commerce, 1978.

③ Jurkiewicz C. L., Massey, J. and Tom, K. et al. Motivation in Public and Private Organizations: A Comparative Study. Public Productivity & Management Review, 1998, 21 (3): 230 – 250.

④ Rainey H. G. Reward Preferences among Public and Private Managers: In Search of the Service Ethic. The American Review of Public Administration, 1982, 16 (4): 288 – 302.

⑤ Emmert M. A., and Taher W. A. Public Sector Professionals: The Effects of Public Sector Jobs on Motivation, Job Satisfaction and Work Involvement. The American Review of Public Administration, 1992, 22 (1): 37 – 49.

实现组织的任务；三是员工必须有一种创造性的和自发的行为，而且这种行为表现应该超越自身角色规范，自发并积极地承担一些角色外的行为。这些自发的行为包括合作行为、自觉维护组织体系的行为功能和加强外部形象的行为等①。波特曼（Berteman）将这种自发的行为称为"组织公民行为"，它被定义为一个自身角色以外的行为，主要是指帮助同事和组织的责任感②。奥根（Organ）在1988年正式将组织公民行为（Organization Citizenship Behavior，OCB）定义为：一种在组织正式的薪酬激励制度尚未明确或直接确认的，但是作为一个整体而言，是有利于组织整体运作绩效的行为组合③。因此，组织公民行为是一个多维的、复杂的结构系统，在先前的研究中，人们时常采用奥根提出的组织公民行为五个维度，即助人行为、公民道德、文明礼仪、运动员精神和责任感，并且认为，如果小组成员都具有良好的公民精神，将促进组织效率的提升④。

有关工作动机与组织公民行为间的关系的研究，在实证研究中得到了公共管理学界和组织行为研究的重视。摩尔曼（Moorman）和哈兰德（Harland）就发现员工若以赚钱为主要动机，那么他就很难出现高的组织公民行为⑤。瑞尼和斯坦博尔研究发现，因为组织公民行为较易受内部动机行为的影响，所以高成就动机的员工比较容易出现组织公民行为。所以，不同的工作动机对于组织公民行为有着不同的影响。但是，对于公务人员而言，外部动机的诱因和其他行业相较之下似乎略显不足⑥。所以，在内部动机的分类上，因为公务人员工作上具有特殊的公众性、政策性与外部性，在研究动机与组织公民行为的时候最好聚集于公共服务动机领域⑦。

公共服务动机的内涵是指人们有一种要去执行公共服务以及想要奉献社会的发自内心的动力，是一种超越自我利益和组织利益，扩大到关心较大的政治实体的利益并且驱动人们做出适当的行为的信念、价值观和态度。但是，由于PSM

---

① Katz D. and Kahn, R. L. The Social Psychology of Organizations. New York：Wiley, 1996：35.

② Berteman, W. C. Citizenship and Impression Management：Good Soldier or Good Actors？. Academy of Management Review, 1988（24）：82 - 98.

③ Organ D. W. The Motivational Basis of Organizational Citizenship Behavior, In B. M. Straw & L. L. Cummings. Research in Organizational Behavior, Greenwich, CT：JAI Press, 1988（12）：43.

④ Organ D. W. The Motivational Basis of Organizational Citizenship Behavior, In B. M. Straw & L. L. Cummings. Research in Organizational Behavior, Greenwich, CT：JAI Press, 1988（12）：72.

⑤ Moorman R. H., and Harland L. K. Temporary Employees as Good Citizens：Factors Influencing Their OCB Performance. Journal of Business and Psychology, 2002, 17（2）：171 - 187.

⑥ Rainey H. G., and Steinbauer, P. Galloping Elephants：Developing Elements of a Theory of Effective Government Organizations：Journal of Public Administration Research and Theory, 1999, 9（1）：1 - 32.

⑦ Perry, J. L. and Wise L. R. The Motivation Bases of Public Service. Public Administration Review, 1990, 50（3）：367 - 373.

理论发展至今尚未成熟，不同的国家、不同的文化、不同的制度反映在公共服务动机的认知上也有所不同①。所以，关于 PSM 与组织公民行为间的关系的研究，实证资料相对不多，国内也尚未进行过此领域的实证研究。

5. 中国有关公共服务动机的研究情况

国内学者对公共服务动机的研究起步非常晚，研究者的数量也不多，而且范围也非常狭窄。李小华被认为是国内首个介绍和引进公共服务动机的学者。李小华 2007 年首次完整地将 PSM 理论的西方文献翻译成了中文，之后又将 PSM 量表介绍到了中国②。但是，这些初步的研究仅仅是介绍性的，并没有结合中国的特殊环境进行更进一步的研究。2008 年，李小华、曾军容、叶先宝和李纾等对公共服务动机这一概念从起源、内涵到结构以及测量等相关主题进行了比较全面的概况和介绍。有关 PSM 的实证研究仍然没有，但 PSM 研究已经得到了国内学者的重视。

2009 年，刘邦成和他的同事们在中国文化背景下，通过 191 名公务员的调查，验证了公共服务动机这一源于西方的概念在文化背景迥异的中国的适用性。结果表明，来自中国的样本同样存在公共服务动机这一构念，而且和在西方等国家的研究结果类似，中国的 PSM 结构维度也能够预测工作满足感、组织承诺等行为结果。但在研究中，他们发现，在中国的特殊历史文化背景下，PSM 的结构维度和西方存在很大的差异。在该样本所得的数据中，对公共服务动机的公共决策参与、公共利益以及自我牺牲三个维度得到了数据的支持，而同情心维度却没有得到数据支持③。随后，为了调查西方社会中的公共服务动机在中国社会背景下的概化效度，并检验公共服务动机的作用机制，刘邦成又开展了两项独立调查。第一项研究采用验证性因子分析技术（CFA），对上海市某区的 99 名社会工作者是否存在公共服务动机进行了测试。第二项研究同样采用验证性因子分析，旨在根据同城 B 区中的 474 名社会工作者来确认公共服务动机的建构效度。研究发现，PSM 在中国社会工作者身上也是存在的，确认了西方社会中存在的社会服务动机在中国同样具有概化效度，并检验了此概念在中国的作用机制。他通过研究得出结论，认为对于从事社会工作管理的专业人员来说，研究结果可以作为人员招募和选拔的辅助工具。同时，根据公共服务动机的特征，这一研究结果也可

---

① Vandenabeele W., Scheepers S., and Hondeghem A. Public Service Motivation in an International Comparative Perspective: The UK and Germany. Public Policy and Administration, 2006, 21 (1): 13 – 31.

② 李小华. 公共服务动机研究：对中国 MPA 研究生公共服务动机的实证分析 [M]. 北京：中国社会科学出版社，2010.

③ Liu Bangcheng, N. Y. Tang, and X. M. Zhu Public Service Motivation and Job Satisfaction in China: An Investigation of Generalizability and Instrumentality. International Journal of Manpower, 2009, 28 (8): 684 – 699.

以用于在公共组织中对公务员进行训练和教育指导①。

2010年以来，我国对公共服务动机领域的研究又有了新的进展，两本专著相继问世，一本是李小华针对我国MPA研究生展开的公共服务动机研究，另一本是我国澳门特区学者吴绍宏针对澳门特区公务员的实证调查研究。截至目前，已有的研究结果数量达到了近年来的高峰，PSM研究呈现出良好的上升势头。

李小华对我国部分高校的319名MPA研究生进行了问卷调查，研究发现：①我国MPA研究生的公共服务动机结构与佩里开发的四维度机构稍有不同，共有五个维度，分别为公共利益、造福社会、自我实现、政策制定和同情心，其中，造福社会与自我实现是他构建的不同于西方社会的PSM维度；②我国的政府公务员的公共服务动机显著高于非政府部门及其他私人组织员工的公共服务动机（仅在预调查中得出的初步结论）；③政府公务员的公共服务动机与其人口统计学变量的关系不显著，但与其构建的影响因素，如人格特征、角色知觉和组织因素显著相关；④研究也验证了公共服务动机与工作满意度、组织承诺、个体绩效呈正相关，与组织绩效的关系不是很明显②。

吴绍宏对我国澳门特区政府413名公务员的工作动机进行了研究。他采用西方主流的研究方法——结构方程模型（SEM）深入研究了澳门特区政府公务员的工作满意度、组织承诺和公共服务动机之间的关系，并就三者构建了九组模型，然后利用问卷调查收集的数据予以验证。研究结果显示，公共部门员工的工作满意度、组织承诺与公共服务动机三个变量之间存在结构性的关系，揭示了澳门特区政府公务员的工作满意度及组织承诺态度与其理性动机、规范动机和情感动机等利他因素存在关联性③。此外，朱春奎等人对2010年以前的公共服务动机发展脉络进行了梳理与分析，认为在我国开展公共服务动机是可行的，也是急需学者们进入的一个研究领域④。谢凌玲从公共服务动机的内涵、分析框架、影响因素及研究建议等方面进行了理论分析⑤，李明从心理学的角度，通过公益性的投资游戏开展了多动机扩展性的实验研究，证实了传统文化对公共服务动机是有影响的，他的研究还发现，在我国存在着与西方国家大体相同的公共服务动机结构要素⑥。

---

① Liu Bangcheng. Evidence of Public Service Motivation of Social Workers in China. International Review of Administrative Sciences, 2009, 75 (2): 350-358.
② 李小华. 公共服务动机研究：对中国MPA研究生公共服务动机的实证分析 [M]. 北京：中国社会科学出版社, 2010 (12).
③ 吴绍宏, 澳门特区政府公务员工作动机模型研究 [M]. 北京：人民出版社, 2010.
④ 朱春奎, 吴辰, 朱光楠. 公共服务动机研究述评 [J]. 公共行政评论, 2010 (5).
⑤ 谢凌玲. 公共服务动机：测量、影响因素及研究建议 [J]. 现代管理科学, 2010 (10).
⑥ 李明. 公共服务动机的扩展研究 [D]. 南京大学博士学位论文, 2011.

2012年以来，我国学者对公共服务动机的研究热情依然高涨，《公共行政评论》2012年的第一期，还专门开设了一期公共服务动机的研究专栏，分别从公共服务动机对工作满意度①、公共服务动机对个体绩效②及公共服务动机对工作投入③三个方面，对公共服务动机在我国的概化效度进行了验证，不同程度地验证了理论假设。寸小刚则对公共服务动机和组织公民行为之间的关系展开了实证研究，他利用Perry的原始问卷对广州市公务员进行问卷调查，收集数据，研究结果证实了理论假设，公务员的公共服务动机与组织公民行为存在相关（尽管相关度不是很高）④。杨靖云与张廷君通过梳理国内外现有公共服务动机的研究成果，归纳并分析了公共服务动机对公务员绩效影响效应的两种不同流派的观点，并探讨了现有研究的困境，尝试构建了公共服务动机对公务员绩效影响的系统模型⑤。

从以上分析可以看出，我国学者对公共服务动机的研究还处于初步阶段。但可喜的是，我国学者正在从最初的对概念、结构、测量工具的介绍引进，正在向系统的、初始化的实证研究转变。但是，囿于学科知识的匮乏、研究方法的模糊以及资料获取的困难，到现在为止，经验研究成果还相当少。但是，我国正处于社会建设的全面转型期，服务型政府建设的理念也渐渐深入民心，考虑到中国与西方社会在历史、文化、制度等方面存在的巨大差异，已经在西方国家比较成熟的公务员的激励方式能否用于中国公共部门公务员，使之造福于政府，造福于人民，是摆在我们面前的一个大问题，也说明了对处在十字路口的中国社会的公共服务动机研究迫在眉睫⑥。正如佩里所言，公共服务动机这个概念是与美国政府的历史遗产相一致的，是伴随着美国历史发展的。那么，把公共服务动机的基础概念放在中国的系统中是否同样适用？如何在中国的科层组织和机构中，进行公共服务动机的研究并使其本土化？在中国的文化、制度语境下，公共服务动机的结构与作用机制会发生什么样的变化，与西方的有何不同？究竟如何做才能更好地执行政府使命，使为公共利益服务的公共管理者变得更好⑦？

---

① 朱春奎，吴辰. 公共服务动机对工作满意度的影响研究［J］. 公共行政评论，2012（1）.
② 李小华，董军. 公共服务动机对个体绩效的影响研究［J］. 公共行政评论，2012（1）.
③ 朱光楠，李敏，严敏. 公共服务动机对工作投入的影响研究［J］. 公共行政评论，2012（1）.
④ Cun xiaogang. Public Service Motivation and Job Satisfaction, Organizational Citizenship Behavior: An Empirical Study Based on Thesample of Employees in Guangzhou Public Sectors. Chinese Management Studies, 2012, 6 (2): 330 – 340.
⑤ 杨靖云，张廷君. 公共服务动机绩效促进学说与模型建构［J］. 成都行政学院学报，2012（1）.
⑥ 吴旭红. 公共服务动机及其前因变量研究［J］. 人民论坛，2012（6）.
⑦ 李春成. 复旦公共行政评论［M］. 北京：人民出版社，2010：3 – 15.

三、文献总体述评及发展方向

1. 文献总体述评

经过近 30 年的发展，公共服务动机从理论到经验都已经积累了大量的研究成果，从 PSM 概念的内涵、结构维度到对 PSM 的测量；从理论的探讨到经验的验证；从西方到东方，再到混合的跨文化研究，学者们在许多方面取得了一定的共识，当然，公共服务动机毕竟是一个年轻的领域，在诸多问题上尚存争议，也是不争的事实。

第一，在公共服务动机的概念方面，尽管至今没有统一的定义，但是学界还是比较认可佩里提出来的一系列关于 PSM 的定义，其基本内涵可以总结为："在公共领域中，个人以他人和社会的利益为目的的行为取向。"① 此后，虽有学者进行补充和扩展，但总的来说，佩里提出的 PSM 的三个基本特征已经得到了公认：即公共服务动机受文化和体制的影响比较大，因为人的行为动机是在特定的社会化过程中逐渐形成的；公共服务动机并不是公共部门所独有的，它具有超越公共部门的普遍性，公共服务动机是服务取向的，而不是部门取向的，人们并非只有进入公共部门才可以从事公共服务，并非只有公共部门可以提供公共服务；公共服务动机是一种内在动机，而非外在动机，公共服务动机水平较高的人更多追求的是内在心理需求，而不是外在的功利主义的诱因或报酬。

第二，在公共服务动机的结构维度上的共识与分歧。在结构维度上，佩里于 1990 年根据诺克（Knoke）和伊萨克（Isak）在组织激励系统中对动机的三种分类②，提出了公共服务动机应该包含理性的（Rational）、规范的（Norm-based）和情感的（Affective）三种具体的动机成分。理性的动机也称为协助的动机，包括参与政策制定，出于个人利害关系对公共计划承担义务，支持特殊利益或自己的利益；规范的动机也称为遵规守纪的动机，包括为公众利益服务的愿望，忠诚职守和忠诚政府以及维护社会公正；情感动机也称为充满激情的动机，包括出于坚信政府方案对社会极为重要，并信仰"博爱的爱国主义③"而对社会承担义务④。此后，也有学者对佩里的三分模型提出质疑，认为理性动机本身暗含了自

---

① Perry J. L. Bring Society in: Toward a Theory of Public Service Motivation. Journal of Public Administration Research and Theory, 2000, 10 (2): 471 – 488.

② Knoke D., and Isak W. C. Individual Motives and Organizational Incentives Systems. Research in the Sociology of Organizations, 1982 (1): 209 – 254.

③ Frederickson H. G. and Hart D. K. The Public Service and the Patriotism of Benevolence. Public Administration Review, 1985 (45): 547 – 553.

④ Perry James L. and Wise Lois R. The Motivational Bases of Public Service. Public Administration Review, 1990, 50 (3): 367 – 373.

利性动机，而这一动机的目的是追求个人权利、个人利益的最大化，从这个意义上讲，理性动机应排除在 PSM 框架之外，并且，公共服务动机的内涵是利他，所以，在框架内有可能与规范的、情感的动机重叠①。为此，金和凡德拉比（Kim & Vandenabeele）对这一分类提出了修订的方法。他们认为，为了避免混淆和重叠，PSM 可以分为工具性动机（Instrumental）、价值观动机（Value – based）和认同性动机（Identification）三个层面，其中工具性动机对应的是理性动机，但排除了自立性动机的行为；价值观动机对应的是规范动机；认同动机对应的是情感动机，这就可以避免规范动机和情感动机的重叠②。总体来讲，虽然他们对 PSM 新分类的解释框架较为清晰，研究结果有较高的结构效度和内部一致性，但这三种成分的来源还是没有超脱佩里和怀斯提出的三分模型，并且，他们的结论也缺乏在其他文化及其他样本中的适用性验证。

第三，在测量工具上的共识与分歧。佩里于 1990 年提出了公共服务动机的定义及其包含的特征，根据三个特征的描述，延伸出 40 道测量题和六个维度的测量工具。六个维度分别为：公共政策的吸引力（Attraction to Public Policy）、公共利益的承诺（Commitment to the Public Interest）、古典民主观念与公共服务（Classic Democracy and Public Service）、社会公平（Social Justice）、同情心（Compassion）和自我牺牲（Self – sacrifice）③。在此基础上，佩里通过实证检验，确认了其中的四个维度，并在后来的研究中做出了进一步修正。

从现有文献看，除了 1996 年前的一些研究外，大多数的研究都是基于佩里 1996 年根据前面的六维度和 40 个测量题目及修正发展出的四个维度和 24 个测量题目。四个维度分别为：公共政策的吸引力、公共利益的承诺、同情心和自我牺牲④。后来，一些学者根据实际研究的需要对上述测量工具进行了不同程度的修订，但修订的范围基本上都是对上述测量维度或测量题目的扩增或缩减。如凡德拉比在其前后两项跨文化的研究中，声称其发现了称为"民主治理"第五个维度，这个维度的内容包括公共服务的恒常性、中立性、平等性等传统公共服务的

---

① Wright B. E., and Pandey S. K. Public Service Motivation and the Assumption of Person – Organization Fit. Testing the Mediating Effect of Value Congruence. Administration and Society, 2008, 40 (5): 502 – 521.

② Kim S., and Vandenabeele W. A Strategy for Building Public Service Motivation Research Internationally, Presentation at the International Public Service Motivation Research Conference. Indiana University, Indiana, 2009 (6): 7 – 9.

③ Perry James L., and Wise Lois R. The Motivational Bases of Public Service. Public Administration Review, 1990, 50 (3): 367 – 373.

④ Perry James L. Measuring Public Service Motivation: An Assessment of Construct Reliability and Validity. Journal of Public Administration Research and Theory, 1996, 6 (1): 5 – 9.

理念和现代公共管理的思想①。我国学者大都是根据佩里的四个维度和24个测量题目的测量工具进行的验证性研究，在维度上没有变化，在测量题目上有增有减。

第四，在研究方法上，国内外学者也都比较认同自我感知式的直接测量法。但是，这种方法本身就具有诸多的局限性，毕竟公共服务动机属于人类内心的一种行为或态度，和其他动机一样比较复杂，不那么容易被直接观察到。问卷调查技术也存在一些问题，如个体对工作环境的自我调节性适应以及可能存在的社会期望性效应，也即个体所给出的结果可能是一系列外在因素共同作用的结果②。尽管如此，问卷调查法仍然是目前被学界公认的测量PSM比较可行和有效的方法③。

第五，已有的以西方文化为背景的研究结论不一定适用于我国。我国台湾学者郑伯永指出，美国的社会心理学研究是以社会认知来分析美国的社会行为的，欧洲是以社会认定为基础来研究社会行为的，而中国学者应该以社会关系（或者称为社会取向、关系主义）为核心基础，这是探讨中国社会行为的基础。目前，中国对PSM相关研究多为移植型研究，完全引用已有的以欧美为背景的测量工具，研究的结论能否指导我国的管理实践值得怀疑，必须有基于本土文化的创新研究。

然而，公共服务动机毕竟是一个年轻的领域，正因为年轻才激发了一批又一批学者不断地探索新的研究思路和方法，不断通过理论的构建、经验的验证以及跨文化、跨制度的研究丰富和充实公共服务动机理论。2009年佩里、杭德冈姆和怀斯对未来公共服务动机的研究进展进行了总结和展望，他们认为未来的公共服务动机研究有四点值得研究者去关注：

（1）研究方法的扩展。除了常用的问卷调查法以外，公共服务动机也需要质性的研究方法，常见的包括访谈（个人及小组）、文献研究法以及关于组织或个体的案例研究，以便使公共服务动机研究更加充实、真实和可信。此外，应该尝试引入心理学比较成熟的实验和准实验研究方法。

（2）对测量工具的改进。公共服务动机的研究起源于美国，是与美国的历史文化遗产一脉相承的，具有特定的地域属性，将PSM研究用于其他国家必须要进行本土化，以便与当地的历史、文化、制度等语境相一致，只有这样才能真

---

① Vandenabeele W. Government Calling: Public Service Motivation As an Element in Selecting Government as an Employer of Choice. Public Administration, 2008 (b), 86 (4): 1089–1105.

② Houston D. J. Public–Service Motivation: A Multivariate Test. Journal of Public Administration Research and Theory, 2000, 10 (4): 713–715.

③ Mann, G. A. A Motive to Serve: Public Service Motivation in Human Resource Management and the Role of PSM in the Nonprofit Sector. Public Personnel Management, 2006, 35 (1): 38.

实地反映与公共服务有关的动机。为此，应该根据不同文化特点对 PSM 的维度、定义及建构方式等做出调整。

（3）使用多动机的整体研究。人的行为是由自利性和利他性的动机共同影响的，而且外部环境特征（奖赏、身份、地位、金钱报酬等）也会让人们产生某种动机，并且在一定条件下，这些内外部因素可能会进行复杂的相互作用。因此，要把公共服务动机研究置于行为的动机群（Constellation of Motives）中进行完整的建模研究，而不是孤立的研究。

（4）公共服务动机研究结果的应用。科学研究一定要和实践结合起来，对所研究的对象给予建议和指导，发挥理论指导实践的作用，否则科学研究就会沦为纸上谈兵。比如，根据 PSM 的理论和研究结果，如何通过重新设计工作，从职位的设置、任务的特征、人员的甄选、教育以及培训等方面来提高个人的 PSM 水平，促进个人及组织绩效的提升。

此外，他们还建议，未来应该深入研究如何在个人的理性动机与利他性的服务动机之间做出平衡，不至于因为激励的不当，损害了个人或组织的利益，使公民的利益受损①。

2. 本研究努力的方向

如上所述，公共服务动机起源于美国，无论内涵、结构还是测量都带有明显的美国文化的特征。但是，每个国家都有其独特的历史、文化、信仰、价值观和理想，这些不同反映在公共服务机制中，表现为公共部门及其公务员甚至是被服务的对象公众和社会组织都有其独特的文化价值观、信念和态度，这些差异可能会使 PSM 存在着不同的架构和模式。这一点已经得到了欧美国家、亚洲的韩国等国家的证实。凡德拉比等人针对美国、英国和德国的 PSM 进行了描述性的研究，结果表明，不同的文化、不同的体制具有不同的价值观模式，而且这一方法可以推广到其他国家②。但他们只是从理念上进行了扩展，并没有实证的检验。卡尔帕科夫（Kolpakov）也曾经对多个欧洲国家进行过类似的理论研究，发现不同的制度、不同的宗教信仰和不同的区域（发达国家、发展中国家和欠发达国家）在公共服务动机的表现上均存在着一定的差异。他还推测，这种公共服务动机的差异性在文化的异质性上表现明显，比如集体主义文化就比个人主义文化的

---

① Perry J. L., Hondeghem A., and Wise, L. R. Revisiting the Motivational Bases of Public Service: Twenty Years of Research and an Agenda for the Future. Paper Presented at the International Public Service Motivation Research Conference. Bloomington, Indiana, 2009（6）：7-9.

② Vandenabeele W. B., Scheepers S., and Hondeghem, A. Public Service Motivation in an International Comparative Perspective: The UK and Germany. Public Policy and Administration, 2006, 21（1）：13-31.

PSM水平高,并且在PSM的三个维度上均呈正相关①,但这仅仅是一种猜测,并没有经验证据证明。卡尔帕科夫根据霍夫斯泰德(Hofstede)的对文化维度②的划分,提出了一个PSM的跨文化模型,在这一模型中,他对PSM的三种动机进行了分析,并提出了四个假设,即集体主义文化、强文化、男性文化和中庸文化在不同PSM维度上呈现出显著的相关。但是,这些假设只是作者本人根据理论推导出来的,尚需实证检验。即检验PSM在不同文化类型中与其自身各个维度的关系,中国文化中的公共服务动机具有费孝通所说的"差序格局"③的特征,而西方文化中的公共服务动机则带有"团体格局"的特征,这两种不同点特征是否会影响公共部门公务员的公共服务动机,并进而影响公共部门公务员对组织的认同和职业的选择。对这些维度的验证将是本书的努力方向之一。这也将是本书致力于研究的一个方向。

此外,在研究工具的选择上,本书将在中国语境中采用并验证金(Kim)在韩国使用并经过验证的4维度12项PSM量表的基础上,考察在形同而质不同的中国文化中有哪些维度没有被发现,有哪些特有的因素更能对公共部门公务员的PSM构成实质性的影响,通过访谈和问卷调查重新在此基础上构建中国本土化的公共服务动机内容结构及适合中国文化的测量量表。

最后,在测量方法的使用上,本书将不拘泥于问卷调查这一定量研究常用的研究方法,本书将结合前期的访谈并对问卷进行多番修正,在问卷调查过程中再结合访谈对研究结果给以佐证,将是未来本书努力的一个方向之一。也就是说本书将采用混合性的研究方法,但全书主体部分仍然遵循定量研究的逻辑。

---

① Kolpakov A. Developing Cross – Cultural Framework for Public Service Motivation. Paper Presented at the International Public Service Motivation Research Conference. Bloomington, Indiana, 2009 (6): 7 – 9.

② Hofstede G. H., and Hofstede G. J. Cultures and Organizations: Software of the mind. New York: McGraw – Hill, 2005, Rev. and Expanded 2nd.

③ 费孝通. 乡土中国 [M]. 北京: 北京大学出版社, 1998.

第三章

本书理论框架与研究设计

第一节 本书的总体构思与理论框架

现有的文献分析表明，公共服务动机是公共部门人力资源管理结构中不可或缺的一部分，对组织与员工效能的提升都具有不容忽视的影响，而当前的公共管理研究从内容的建构、量表的开发到影响因素的探讨以及与后果变量的研究上都明显不足。为此，本书根据现有的理论文献综述，以当代中国的社会发展、文化传承和价值观为背景，针对中国地方政府公务员的公共服务动机展开经验研究，采用科学规范的实证研究方法，探讨中国文化背景下公共服务动机内容结构的组成及其所表现出的典型特征，从而构建中国文化背景下公共服务动机的理论模型，分析公共服务动机在地方政府公务员人口统计学变量、组织学变量特征上的差异，尝试探讨有关的组织因素如何影响公共服务动机，分析公共服务动机对员工的态度和行为的影响，进而分析公共服务动机对公务员的态度和行为影响的限制条件。此外，本书还将结合实证研究结果，寻找如何有效进行公共部门公务员的管理，提高个人绩效与组织绩效的方略，同时为政府公共部门公务员的招募与选拔提出参与。希望最终得到富有中国特色的原创性结果，为丰富公共服务动机的跨文化研究和完善中国的公共服务动机研究领域做出贡献。

本书旨在探讨公共服务动机的结构及其本土化维度的构建和测量、影响因素的挖掘及公共服务动机与员工角色外行为的关系。围绕以上主题，本书拟解决如下问题：

第一，中国政府组织中公共服务动机的内涵及其特征是怎样的？已有的西方的理论框架和维度在我国的概化效度如何？

第二，基于不同的情境，中国公共服务动机的内容结构与维度如何构建？测量工具的建构将是一项非常复杂的系统工程,不仅需要确认测量条目的适当性,还要检验其信度和效度,满足心理测量学的要求,才可以将其用于学术研究和管理实践。之后,将探讨基于中国背景的测量量表在我国公共部门公务员中的表现如何?与西方相比有何不同?

第三,不同人口学、组织学特征的公务员在公共服务动机的认知水平上是否存在差异性?

第四,在佩里于 2000 年提出、2008 年予以修正的公共服务动机解释模型框架中,对于 PSM 的影响因素探讨尚未得到经验验证,通过现有文献的梳理可以看出,目前关于 PSM 影响因素的探讨还停留在一些人口统计学变量的范畴内,尚未对社会环境、组织环境、组织特征等潜在影响因素予以经验验证。

第五,在确认了 PSM 的本土化概念与测量维度,并开发了信效度较高的测量工具后,我们还关心,PSM 是如何对公共部门公务员的心理与行为产生影响的?产生着什么样的影响?即探讨两者之间的"黑箱"及边界条件是怎样的?

综上所述,本书试图通过图 3-1 所展现的"体制—动机—后果"解释框架对当前我国地方政府公共部门公务员 PSM 的主要影响因素、结构维度以及影响后果展开实证研究。

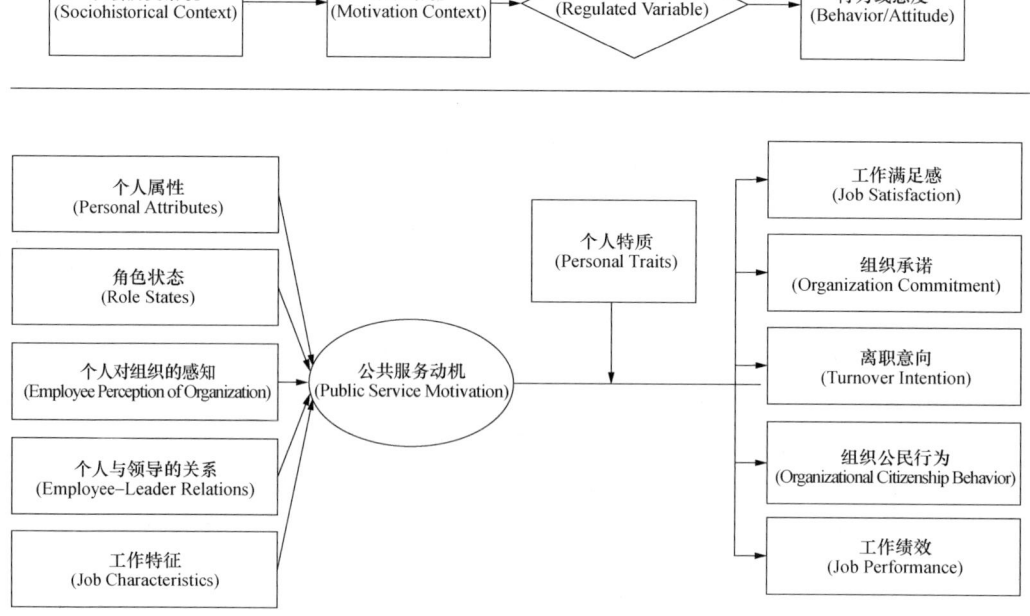

图 3-1 PSM 研究的总体构想框架

第二节 研究内容与研究假设

一般研究过程（无论是定性还是定量研究），都包括提出问题、确定关键变量、理论假设、收集信息或数据、假设检验、形成、修正和补充理论，提出新的问题等环节，其中形成假设是非常关键的步骤[①]。假设是对问题的结果、两个或多个变量之间的关系或某些现象性质的推测或提议。对图 3-1 的研究总体框架，可以提出以下研究假设：

一、公共服务动机的内容结构探讨

近年来，随着对公共部门"官僚行为"研究的兴起，公共服务动机理论作为西方描述官僚行为的四大理论流派之一，呈现出了与韦伯的官僚主义理论、代表制官僚理论、公共选择理论不同的观点和研究视角[②]，而成为学界关注的焦点。在公共服务动机研究热点的西方，虽然不同学科的研究者们对公共服务动机的维度及定义不尽相同，但至今未达成共识。由于公共服务动机定义的不一致，导致对公共服务动机内涵及特征理解的分歧，进而产生了对 PSM 不同的研究取向。基于对以往研究及相关文献的回顾，我们发现，针对公共服务动机的内涵还缺乏清晰而具概括性意义的界定和系统性的探讨。而且，大部分研究仍停留在对公共服务动机的概念、定义、研究框架的研究上，或者部分研究者已经通过系统的、经验的研究研发出了实证的测量工具，但问卷的结构和维度是否适合当地的文化、是否涵盖公共服务动机的整体特征，都有待于进一步探讨。综观我国国内的研究，公共服务动机研究才刚刚起步，研究正在从对概念、定义、研究框架的介绍引进向系统的、经验性的研究转变，但已有的经验研究不仅相当少，且都是对已有的西方理论结构与维度的重复验证，缺乏目前尚无充分反映公共服务动机整体特性的、适合中国文化背景的测量工具。虽然，使用在西方情境下已发展良好的理论和测量可以使研究更加容易，但是，聚焦于西方流行的主题而忽略来自于情境中的问题，无法得出关于中国 PSM 的正确结论。西方情境下的理论与测量是一个非常的起点，但拿来处理中国的现象，推动管理知识的进步是有待商榷的。正如公共服务动机的倡导者佩里所言，公共服务动机的提出与概念体系是与

[①] 孙建敏. 研究假设的有效性及其评价 [J]. 社会学研究，2004 (3)：30-36.
[②] 李小华. 公共服务动机研究：对中国 MPA 研究生公共服务动机的实证分析 [M]. 北京：中国社会科学出版社，2010.

美国的历史一脉相承的①。那么把公共服务动机的基础概念放在与西方历史、文化截然不同的中国的系统中是否同样适用？如何在中国的科层组织和机构中进行公共服务动机的研究并使其本土化？在中国的文化、制度语境下，公共服务动机的结构与作用机制会发生怎样的变化，与西方的有何不同？究竟如何做才能更好地激励中国的公共管理者执行政府使命？这些都是我国公共管理学者急需关注的"大问题"，要回答和解决这些宏大问题，需要建构中国式的公共服务动机内容结构、开发本土化的测量工具。

那么，摆在我们面前的第一个问题是关于公共服务动机内容结构的探讨。从现有的文献综述中我们可以看到，关于公共服务动机内容结构的探讨和确定，学术界尚未达成共识，相应的与各个文化契合的测量工具的研究也正处于起步阶段，而且在公共服务动机的概念定义、影响因素、结构维度以及对后果变量心理、行为或态度的影响上还存在着较大的分歧。比如佩里提出的四维度结构，潘迪（Pandy）等人提出的三维度结构，而这些基本上都是在西方文化背景下提出的，国内除了李小华在佩里的四维度基础上增加了一个维度（造福社会）外，尚未见到国内关于这方面的原创性研究成果。为此，本书将在科学规范的文献分析、访谈及开放式问卷等实证研究的基础上，利用大规模的实证研究，探讨中国文化、制度背景下的公共部门公务员公共服务动机内容结构、分析公共服务动机的内容结构和维度是否有别于国外的研究成果，并且通过规范的实证研究开发出本土化的公共服务动机测量工具，为日后的相关研究提供参考。

根据已有的研究文献，公共服务动机的提出是出于对"经济人"假设的质疑。"经济人"假设是一种个人利益至上的理性行为模式，该模式在一定程度上超越了西方关于人性恶的假设基调。但是，从文献综述中发现，其背后仍然是基于人性中自利、贪婪的一面，相应的管理方法也仍然强调工具理性色彩，加强指导和控制，强化监管和规则，使用经济激励来进行奖惩。因此，经济人假设的源头，是西方一直倡导的性恶论为主导的人性观。公共服务动机的兴起，则体现了西方文化中性善论也开始受到重视。

然而，在中国的传统文化中，并没有直接描述公共服务动机这样的术语。但是，性善论在中国历史上占有主导地位（尽管这一地位还存在争论），在中国传统文化中并不缺少与西方公共服务动机相近或相似的思想。比如，儒、释、道三家思想中，无论是强调出世的佛、道两家，还是主张积极入世的儒家，都强调要放下对个人私利的追逐，从一己私利中解脱出来，要么与世无争、与人为善，要么回归清净、善良的本性②。近代以后发生了一些变化，谈及学问"言必称希

---

① 詹姆斯.L.佩里，宋锦州.公共服务动机：访詹姆斯.L.佩里［J］.复旦公共行政评论，2010（6）.
② 方同义.中国智慧的精神：从天人实际到道术之间［M］.北京：人民出版社，2008.

第三章 本书理论框架与研究设计

腊"，与此同时，欧美主义与马列主义交替盛行，"文革"中更是被斗争所取代，而改革开放后，拜金主义又大行其道，"人不为己，天诛地灭"甚至被人们当成人的本性。因此，现代人的行为动机，既有传统文化中性善论的底蕴，又受到了西方文化的冲击，有了些许性恶论的因子。我们在考察中国人的公共服务动机时，既不能完全照抄照搬西方的既定模式，也要考虑我国传统文化对现代人的行为的影响，要了解和分析中国传统文化中与西方公共服务动机相近或相似的思想。

公共服务动机的本质在于超越自私和利己，真心真意为他人提供服务，而这正是我国传统文化中"人性善"的一面。中国的传统文化以儒家为主导，其学说中最强调的莫过于"仁""义"。其中，"仁"的核心是一种发自内心的善，其核心是人与人之间的关爱、亲近，是一种差序的情感连接①。"义"则是规范中的善，也即"仁从中出，义从外作"（《管子·戒》）。按照孔孟之道，"仁"和"义"之间可能是一个矛盾体，而且它们与私利之间可能存在冲突。那么冲突的解决之道，就是中国人所追求的"和"的精神和境界，用儒家的话语来讲就是中庸之道②。所以，在传统文化中"仁"、"义"、"和"既是价值观和行为动机，又是一种良好的品德，它们统一于生活中的"德"，同时，在家、国、天下之间又整合与"大我"的人格特质。这些概念都是我国传统文化中的核心元素，它们都与我们要研究的公共服务动机的内涵和本质存在着关联。

同时，中国社会是一个讲人情面子的社会，中国的人际关系的基本模式主要是由人缘、人情和人伦构成的三维一体的结构，三者彼此包含又各有其自身的功能。一般来说，人情是核心，体现了我国传统社会中以"亲亲"为基本的心理和行为方式；人伦则是这一基本行为方式的制度化和规范化，使得人们在社会互动中遵守一定的秩序；而人缘是对这一行为方式如何作用的解释框架，它将人与人之间的一切关系都设定在一个总体的框架中，从而提供了一个包含价值、心理和规范的系统③。

公共服务动机内容结构的研究是整个研究开展的前提和基础。因此，研究者认为，很有必要在西方研究成果的基础上，确立适合中国文化背景的公共服务动机内容结构，研发出相应的测量问卷，从而对现有的公共服务动机理论框架进行补充、完善，使公共服务动机的内涵更加饱满，机制更加清晰，为后续研究作好铺垫，也为今后的同类研究奠定基础。

---

① [美] 狄百瑞. 儒家的困境 [M]. 北京：北京大学出版社，2009.
② 郝大维，安东哲. 孔子哲学思维 [M]. 南京：江苏人民出版社，1996：34.
③ 梁漱溟. 东西方文化及其哲学，《梁漱溟全集》第 1 卷 [M]. 济南：山东人民出版社，1990，479.

本书作为公共服务动机在中国背景下的初步探索，也是西方成熟的 PSM 三成分四维度结构框架，从中国文化中找到既相应又独特的成分，形成适合中国的 PSM 测量量表。因此，本书在研制我国的公共服务动机测量工具时，参考了韩国学者 Kim 在韩国进行测量和验证的信效度较高的量表，因为韩国与中国同属于亚洲，深受亚洲文化的影响，尤其是儒家文化和集体主义文化的熏陶，其所使用的方法是可以借鉴的。但是，中国的历史文化更加悠久，与其他亚洲国家又有着形同而质不同的根本性区别，我们在本土化的时候将会加入中国传统文化中的与西方 PSM 内涵相对应的元素，对我国政府公务员进行测评。为此，本书提出如下假设：

H1：公共服务动机是一个多维的结构，其内容将反映中国的文化内涵和特征。

二、人口统计学、组织学特征变量在 PSM 上的差异比较研究

本书对公共服务动机内容结构的探讨主要是基于公务员这一群体对公共服务动机认知的理解，因此，不同的人口统计学、组织学背景的公务员在公共服务动机水平上的差异化研究是非常必要的，根据以上文献所呈现的，这里的人口统计学变量和组织变量主要包括性别、年龄、工作岗位、教育程度、岗位性质、职位层级、工龄、家庭生活圈状态和年收入等。基于前面国内外文献综述，本书提出如下假设：

H2：我国地方政府公务员行为中普遍存在公共服务动机成分，且水平较高；

H3：我国政府公务员的公共服务动机水平在人口统计学和组织背景变量上可能存在差异；

H4：我国政府公务员公共服务动机的各个维度在人口统计学及组织背景变量上可能存在差异。

三、公共服务动机的影响因素研究

根据班杜拉（Bandura）提出的人的行为动机是受到三种因素之间的相互因果关系的作用展开的，即环境的影响、认知和其他个人因素及行为之间的关系[1]。佩里等人将这些关键变量分成了四个领域：

（1）社会历史语境。环境变量形塑了个人的偏好和动机，比如教育、职业化的训练、信仰、和父母之间的关系以及其他一些生活事件。

（2）动机语境。涉及那些对组织行为产生影响的情境性因素，比如工作特

---

[1] Emanuel Camilleri. Towards Developing an Organizational Commitment – Public Service Model for the Maltese Public Service Employees. Public Policy and Administration, 2006 (21): 66–67.

征、组织激励和工作环境变量。

（3）个人特征。这些个人特征包含了各种不同的概念，包括能力和竞争力、基于个人价值和特性（一种意味着创造各种动机去回应人们的行为）自我导向的概念、自我调节（指纠正自我的能力）。这种自我导向的能力或许来源于社会和文化的暗示，包括以他人为模板的价值标准。

（4）个人行为。这个领域既受到意义逻辑的影响也受到合适性逻辑的影响，还依赖于自我规制本性。意义的逻辑与理性的选择是一致的，允许个体权衡成本和效益，追求效用最大化。然而，合适性逻辑带来的意向并不是意义逻辑主义者的选择。据此，吸引个人决定不同的行动的根据是他们与他们的内部标准是否一致。因此，公共部门雇员的主要动机是吸引他们对公共服务的利益，而不是其他。

深入理解 PSM 的前因和影响因素将有助于我们更好地理解个人的 PSM。正如布鲁尔（Brewer）等人认为，未来的研究应该关注 PSM 的影响因素——一定程度上包括个人的因素（自我选择进入公共部门从事服务的因素）和环境因素（那些能够影响他们的 PSM 水平的因素）。在组织行为学和人力资源管理中，学者们对员工行为动机影响因素的研究一般是参考波特（Poter）和米尔斯（Miles）对行为动机影响因素的分类展开的，他们将行为动机的影响因素分为四类：个体特征（Personal Features）（如个体的角色状态等）、工作特征（Job Characteristics）、工作环境特征（Work Environment Characteristics）（如个体与领导的关系等）和外部环境特征（External Environment Characteristics）。佩里于 2000 年提出、2008 年予以修正的公共服务动机解释模型框架中，对于 PSM 的影响因素的探讨尚未得到经验验证，尤其从现有文献的梳理可以看出，目前有关 PSM 影响因素的探讨还只是停留在一些人口统计学变量的范畴（如性别、年龄、教育等），尚未对社会环境、组织环境、组织特征等潜在影响因素予以经验验证。本章将重点探讨有关的组织、社会环境对公共服务动机的影响，以期为提升政府公务员的公共服务动机水平提供理论参考。

因此，本书将从以上研究视角出发，将以下四个维度作为 PSM 的影响因素进行测量和检验，分别为角色状态、员工对组织的感知、员工与领导的关系和工作特征。具体的研究假设如下：

1. 角色状态

政府公务员的角色状态是人力资源管理研究较多的一个特征，也是对政府公务员的自我认定和对政府公务员进行考评的一个重要特征。斯科特和潘迪 2005 年研究了政府雇员的公共服务动机对其角色状态的影响，研究发现，具有高水平公共服务动机的雇员，其个人的角色目标更加清晰，在工作中所带来的目标和程序性冲突就越少①。因此，目标冲突和目标的模糊是目前描述公共部门公务员的角色状态最常用的两个变量。本书也拟采用这两个变量来探讨其对政府公务员公共服务动机的作用及其影响机制，并通过自陈式问卷的方式收集相关数据，检验如下假设：

H5：政府公务员的角色状态影响其公共服务动机；

H5-1：政府公务员的目标冲突影响其公共服务动机的水平；

H5-2：政府公务员的目标模糊影响其公共服务动机的水平。

2. 员工对组织的感知

按照社会认知理论和组织行为学的观点，考察一个部门员工对组织的感知程度主要从三个方面来衡量，分别是程序的公平、结果的公平和互动公平②。

(1) 结果公平。结果公平也被称为是分配公平，主要关注个体对组织结果的公平的感知。该理论是由美国心理学家亚当斯（Adams）于1965年提出的。他指出，一旦一个人做出了些许成绩并取得了一定的报酬以后，他不仅关心自己所得报酬的绝对量，而且还关心自己所得报酬的相对量③。也就是说，员工总是将结果产出与自己对组织投入的比例，与他人进行对比，如果两者比值相当，员工会觉得公平满意；反之，就会产生不公平感。

(2) 程序公平。蒂博（Thibaut）和沃克（Walker）指出，人们往往不仅仅关心结果的公平，还关心用于达成结果的方法和工具的公平，这种公平感知就是程序公平④。许多研究表明，如果员工认为该组织的决策过程是公平的，即使结果与他的决定是相悖的，员工也倾向于接受结果，以增强员工对组织服务的积极性。利文撒尔（Leventhal）等人将这一观念运用到组织管理中，认为当雇员认识到用来制定关于结果的分配方面的决策程序是公平时，他们会受到更多的激励，会更加卖力地工作，雇员一旦受到激励，就会去实现决策制定过程中的公平及决策自身的公平；反之，当人们认为决策过程不公平时，员工会降低对组织的承诺，产生更多的偷懒行为、高的离职倾向以及低绩效的行为⑤。

(3) 互动公平。在分配公平和程序公平的基础上，贝斯（Bies）和莫格

---

① Scott P. G. and Pandey S. K. Red Tape and Public Service Motivation – Findings from a National Survey of Managers in State Health and Human Services Agencies. Review of Public Personnel Administration, 2005, 25 (2): 155–180.

② 孙怀平，朱成飞. 基于公平理论的人力资源管理政策 [J]. 现代管理科学, 2007 (1).

③ 周红云. 公务员的组织公民行为及其隐性激励研究 [M]. 北京：经济科学出版社, 2010.

④ Thibaut John, and Laurens Walker. A Theory of Procedure. California Law Review, 1978, 66 (3): 541–566.

⑤ Leventhal, Jerald S., Jurgis Karuza, and William R. Fry. Beyond Fairness: A Theory of Allocation Preferences, In: Mikula, Gerold ed, Justice and Social Interaction. New York, NY: Springer – Verlag, 1980: 167–218.

（Moag）又提出了互动公平的概念，互动公平强调的是在程序执行过程中，程序的执行者对待雇员的态度、方式和方法等对员工的公平知觉的影响①。

综上所述，由于同工同酬是所有员工应当享受的基本权利，所以当人们感觉到公平时，一般不会特别激动，而只是一种平静泰然的心境。但是，如果人们感觉到不公平时，自尊心就会受到严重挫伤，进而导致委屈、愤怒、抑郁、焦虑等消极情绪反应，进而影响其工作的积极性，服务的质量将大打折扣，严重影响个人绩效和组织绩效。基于此，本书将员工对组织的这些感知特征纳入PSM的影响因素之中，并形成如下假设：

H6：政府公务员对组织的感知影响其公共服务动机；

H6-1：政府公务员对组织分配公平的感知影响其公共服务动机的水平；

H6-2：政府公务员对组织程序公平的感知影响其公共服务动机的水平。

3. 员工与领导的关系

国内外企业管理学界普遍认为，员工对管理人员的信任感会影响他们的工作积极性、对企业的归属感，影响他们的工作满意度和为企业服务的动机行为等。

美国学者梅耶（Mayer）等人认为，人们会根据他人的诚信、善意和能力，形成自己对他人的信任感②。根据社会交换理论和互惠原则，员工相信管理人员的诚信、善意和能力，他们之间的关系就更融洽，更能激发他们的服务行为，促进服务行为，从而带来高的工作满意感和工作绩效。学者康诺夫斯基（Konovsky）、玛丽（Mary）等和Pugh指出，员工与管理人员相互信任，是双方建立并保持良好的社会交换关系的必要条件③。香港地区学者陈镇雄和徐淑英等人指出，组织的管理人员作为组织的代理人，经常与员工交往，确定组织管理工作的正式和非正式程序，决定着员工的奖惩评判。员工会根据管理人员是否胜任管理工作、是否设身处地地为广大员工着想、是否不图回报地帮助员工、是否恪守社会公认的道德标准、是否公平对待员工等标准，来判断管理人员是否值得信任。如果答案是肯定的，员工就会愿意与管理人员沟通合作，共同为组织做出更大的贡献；如果答案是否定的，员工就会认为这样的领导不值得信任和合作，也

---

① Bies, Robert J., and Debra L. Shapiro. Voice and Justification: Their Influence on Procedural Fairness Judgments. Academy of Management Journal, 1988, 31 (1): 676 – 685.

② Mayer Roger C., James Davis, and F. David. Schoolman. An Integrative Model of Organizational Trust. Academy of Management Review, 1995, 20 (3): 709 – 734.

③ Konovsky, Mary A., and S. Douglas Pugh. Perceived Fairness of Employee Drug Testing as a Predictor of Employee Attitudes and Job Performance. Journal of Applied Psychology, 1991, 76 (5): 698 – 707.

就很难认同组织的价值理念,从而影响其对组织服务的积极性和动力①。因此,笔者根据国内外许多学者的观点,提出以下假设:

H7:政府公务员与直接领导的关系将影响其公共服务动机水平。

4. 工作特征

狭义的工作特征是指一项工作或任务本身所固有的属性,广义的工作特征泛指与工作者有关的因素。个体所处的工作环境,除了受到组织方面的因素外,还会有工作本身的一些因素影响。对员工工作特征的描述有很多维度,其中,哈克曼(Hackman)和奥尔德姆(Oldham)的工作特征模型是接受和应用最为广泛的一种。该模型将工作内容分为五个核心维度,即技能多样性、任务完整性、任务重要性、自主性和反馈②。该模型认为,工作特征的维度可以让公务员获得良好的心理感知,包括体验到工作的意义、体验到工作成果的责任和了解到工作的实际结果。从动机的角度讲,当政府公务员获得良好的心理感知时,工作本身就会对其产生强有力的内在激励,进而间接影响服务动机。因此,五个核心维度的工作特征越突出,政府公务员感受到的内在激励就越高,他们的公共服务动机的水平就越高。我国学者程志超等人的研究表明,积极的工作结果是通过激发员工的工作意义、责任感和对工作结果的了解程度三种心理状态而产生的,而这三种主要的心理状态又受到员工对五个核心工作特征知觉的影响③。从现有的文献来看,中国关于工作特征对政府公务员公共服务动机的影响方面的研究比较少见。为此,本书也将以此模型为基础,分析工作特征对政府公务员公共服务动机的影响,并提出如下假设:

H8:工作特征及其各个维度将影响政府公务员的公共服务动机水平。

经过对相关的文献的研究及对公共服务动机结构和维度的探讨,本书提出了公共服务动机影响因素的构想模型,如图 3-2 所示。

四、公共服务动机对公务员的态度、行为与心理反应的影响研究

文献分析发现,迄今为止,有关公共服务动机对个体或组织作用的研究非常

---

① Aryee Samuel, Pawan S. Budhwar, and Zhen Xiong Chen. Trust as a Mediator of the Relationship between Organizational Justice and Work Outcomes: Test of a Social Exchange Model. Journal of Organizational Behavior, 2002, 23 (3): 267–285.

② Hackman J. R., and Oldham G. R.. Motivation through the Design of Work: Test of a Theory. Organizational Behavior and Human Performance, 1976, 16 (2): 250–279.

③ 程志超,马天超,杨正国. 影响员工满意感的工作特征研究 [J]. 天津大学学报 (社会科学版),2001 (3): 60–63.

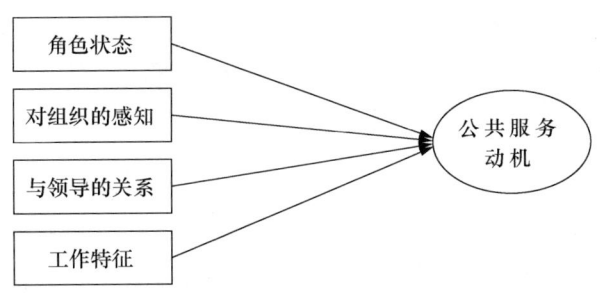

图 3-2 公共服务动机的影响因素模型构想示意图

丰富，尽管公共服务动机和各种各样的管理结果之间的关系还难以确定，但是现有的大量文献仍然可以得出二者之间的连结关系。大量研究已经证明，公共服务动机作为一个整体的过程理论，而不是一个孤立的概念，能够影响到与个人工作相关的很多态度和行为变量，如工作绩效、组织绩效、组织承诺、工作满足感、离职意向等。除此以外，研究还发现了 PSM 能够影响到组织外态度与行为（经常提到的组织外态度与行为主要有：利他性、组织公民行为、公共参与政治参与等），PSM 也可以被视为建立公众对政府的信任和建立社会资本的重要推动者[①]。在一项基础性的研究中，佩里和怀斯提出了一些动机和行为结果之间的假设。首先，他们认为个体的公共服务动机越大，就越有可能成为公共组织中的一员；其次，公共组织中的公共服务动机与绩效（包括个人绩效和组织绩效）呈正相关性；再次，以高水平的公共服务动机吸引成员的公共组织，很可能会越来越少地依赖于功利性激励来有效管理个人绩效[②]。我们可以将这三个假设归纳为：动机—职业假设（M-O）、动机—绩效假设（M-P）和动机—激励假设（M-I）。后来的学者在这三个假设的基础上又做了进一步的研究，他们将工作满意度、组织承诺、组织公民行为等变量也一并纳入进行了不同领域的验证。

根据前文有关公共服务动机内容结构的探讨，我们概括出了我国公共服务动机内容结构的七个维度，其内容既包含了与西方研究相似之特征，又体现了中国特有的文化本位。那么，这种基于中国本土化的公共服务动机是否与个人的态度、行为与心理反应有关？这种关系的性质是怎样的？这需要研究者进一步去探讨。因此，本书将立足于本土化的公共服务动机内容结构，采用本土化的测量工具探讨公共服务动机对我国政府公务员态度、行为及心理反应的影响作用。

---

① Brewer G. A., Selden S. C., et al. Individual Conceptions of Public Service Motivation. Public Administration Review, 2000, 60 (3): 254-264.

② Perry J. L. and Wise, L. R. The Motivation Bases of Public Service. Public Administration Review, 1990, 50 (3): 367-373.

从现有的公共服务动机研究文献来看,有关公共部门员工工作态度变量的研究大多是针对工作满意感、组织承诺、离职意向等方面;有关公共部门员工工作行为变量的研究主要是针对绩效和组织公民的行为。

1. 公共服务动机与工作满意感的理论假设

工作满意是员工重要的工作态度之一,也是近年来我国人力资源管理领域研究的热点之一。对员工工作态度与顾客感知之间关系的研究起源于早期制造业中关于工作态度与行为之间关系的研究。早在行为科学产生之初,梅奥(Mayo)等人开展的"霍桑实验"发现,由于自己的工作受到他人的观察和研究,雇员们感觉自己受到了关注,因此更加努力地工作,改变自己的行为,进而提高了工作的绩效。该项研究的重大发现之一是员工态度的改变影响员工的工作行为和工作产出。洛克指出,工作满意是雇员实现或促进其工作价值的实现而产生的一种愉悦的情绪状态①。研究发现,工作满意度越高,对所从事的工作就越可能持积极的态度;反之,则会持消极态度。

根据现有文献,公共服务动机越强的员工越是不计报酬、具有自我奉献和自我牺牲精神、越容易对工作满意,并且离职率较低。经过几十年改革开放的迅猛发展,中国的社会结构已经发生了天翻地覆的变化。但是,文化观念和价值观念的转变,特别是价值观念的断裂让现代人感到无所适从。全球化带来的日趋激烈的竞争,使得人们的生存环境充满了动荡,巨大的生存和发展压力逐渐改变着人们的态度、倾向和行为。那么,这些巨变是否会对我国政府公务员的态度和行为产生影响?因此,本研究试图探讨公共服务动机与工作满意度之间的关系,提出并检验如下假设:

H9:政府公务员的公共服务动机与工作满意度有着显著的正向关系。

2. 公共服务动机与组织承诺的理论假设

组织承诺被认为是个体对组织的认同,并全身心地为了组织的使命投入组织的程度,是个体为了组织的目标而自愿放弃自我的部分利益的一种态度、使命和价值观,也被称为对组织的认可度②。也就是说,如果一个对组织具有较高的认可和投入,需具备三个条件:第一,对组织目标、使命和价值观具有强烈的信念和接受的程度;第二,他(她)为了组织的利益愿意尽自己最大的努力;第三,希望组织维持自己在组织的成员资格的强烈愿望③。

---

① Locke E. A. What is Job Satisfaction? Organizational Behavior and Human Light at the end of the Tunnel. Psychological Science, 1969, 1 (4): 240 – 246.

② Mowday R. T., Steers R. M. and Porter L. W. The Measurement of Organizational Commitment. Journal of Vocational Behavior, 1979, 14 (2): 224 – 247.

③ Lion K. T., Nyman R. C. Dimensions of Organizational Commitment in the Public Sector: An Empirical Assessment. Public Administration Quarterly, 1994, 18 (1): 99 – 118.

从现有的国内外研究文献来看，学者们从不同的角度对组织承诺的含义和维度进行了界定。其中，迈耶（Mayer）、艾伦（Allen）的三维度结构组织承诺定义得到了大量实证研究的支持，也被大多数学者所接受，其提出的组织承诺包括情感承诺、继续承诺和规范承诺三个维度结构①。这三维结构分别从心理学、经济学和社会文化的角度全面揭示了人的心理承诺状态。布坎南1957年的研究发现，同私人组织的行政主管相比，公共组织的行政主管对所在组织的献身程度比较低，工作投入性也比较低。他由此得出结论，公共组织的管理人员对组织的献身程度低是因为他们并没有强烈感受到他们对组织的影响力，而组织也不希望他们对组织有过大的个人影响力。群体成员的工作动机各不相同，难以形成对组织的忠诚。布坎南也表示，较低的献身程度和工作投入表明公共组织在员工道德教育方面是失败的，说明公共部门的管理人员并没有很强的为公众服务的工作动机。布坎南进一步认为，公共组织的管理人员对组织的献身程度低是因为他们的工作职位是有保障的、是不易丧失的，他们所处的工作群体缺乏内在凝聚力，他们在组织中的工作经历令他们大感失望，这与他们当初加入公共组织时的期望大相径庭②。西方目前的研究大都证实，公共服务动机强的员工，其组织承诺较高。那么，这一关系在中国的社会背景下会有怎样的表现，本研究拟以组织承诺的三维度结构为基础探讨公共服务动机对组织承诺的影响，故提出如下假设：

H10：政府公务员的公共服务动机对其组织承诺有显著影响。

3. 公共服务动机与离职意向的理论假设

佩里和怀斯所提出的三个命题之一便是一个人越是具有更高层次的PSM，就更可能选择进入公共机构工作③。他们的第一个假设已经得到了学术界的验证，越拥有高水平的公共服务动机，就越有可能选择在政府部门工作④。克鲁森就从离职率的角度进行了研究，他发现个人的PSM水平与对组织的认可度具有正相关关系，而与离职倾向呈负相关⑤。关于公共服务动机与离职倾向之间关系的研究，国外已经有了大量的研究，但我国尚未有这方面的研究成果。因此，本书拟

---

① Mayer J. P. and Allen N. J. The Measurement and Antecedents of Affective, Continuance and Normative Commitment to the Organization. Journal of Occupational Psychology, 1990, 63 (1): 1 – 18.

② Buchanan Bruce. Government Managers, Business Executives, and Organizational Commitment. Public Administration Review, 1975, 34 (4): 339 – 347.

③ Perry J. L., and Wise, L. R. The Motivation Bases of Public Service. Public Administration Review, 1990, 50 (3): 367 – 373.

④ Leisink P., and Steijn B., Recruitment. Attraction and Selection, In James L. Perry and Annie Hondeghem, Motivation in Public Management: The Call of Public Service. Oxford: Oxford University Press, 2008: 118 – 135.

⑤ Crewson, P. E. Public – Service Motivation: Building Empirical Evidence of Incidence and Effect. Journal of Public Administration Research and Theory, 1997 (4): 499 – 518.

对公共服务动机与离职意向之间的关系进行尝试性探讨，提出并通过自陈式问卷检验如下假设：

H11：政府公务员的公共服务动机对其离职倾向有着显著的负向影响。

4. 公共服务动机与绩效的理论假设

近几十年来，绩效一直处于公共管理的核心地位①。公共服务动机的直接作用也是对个体或组织的行为产生影响，而这些影响的最终归宿点和落脚点是组织成员的个体绩效和整体绩效。公共服务动机已经被证明有助于提高公务员个体的工作绩效和组织绩效。针对中国背景下公共服务动机与绩效之间关系的研究并不多，仅有的几篇研究也证实了公共服务动机与个体绩效存在相关关系，但是与组织绩效关系的研究尚未出现。

目前的研究一般都将个人的工作绩效划分为关系绩效和任务绩效两个独立维度②，其中任务绩效是员工工作的核心部分，是员工必须完成的行为，关系绩效则是一系列自愿的、人际间的、面向组织或者团体的行为，能够营造良好的心理和社会环境，有利于组织目标的实现。根据已有的文献，本书尝试在中国背景下采用自陈式问卷的方式搜集资料检验如下假设：

H12：政府公务员的公共服务动机对其个体绩效有着显著影响。

评估组织绩效确实是公共管理中的一大挑战，因为在多元文化社会中，不同的个体有着不同的主观绩效标准，则公共服务的组织绩效必然具有多样性。此外，由于量化指标的困难，常常不能准确地评估或者根本无法评估，因为公共部门的产出和成果是不容易评估的数据。鉴于目前学术界关于公共服务动机与组织绩效关系的实证检验结果尚不明确，也没有成熟的测量工具，加之笔者的时间、精力有限。因此，关于公共服务动机与组织绩效关系的检验留待以后机会成熟后再进行研究。

5. 公共服务动机与组织公民行为理论假设

卡兹（Katz）和卡恩（Kahn）早在1964年就指出，有效的组织应该具备三个基本功能：①组织必须吸引和留住员工；②确保员工以一种可靠的方式实现组织的任务；③员工必须有一种创造性的和自发的行为，而且这种行为表现应该超越自身角色规范，自发并积极地承担一些角色外的行为。这些自发的行为包括合作行为，自觉维护组织体系的行为功能和加强外部形象的组织行为等③。有关动机与组织公民行为间的关系的研究，在实证研究中得到了公共管理学界和组织行

---

① Bouckaert Greet, and Halligan John. Managing Performance：International Comparisons. London：Rutledge.

② 张志杰. 魅力型领导对团队绩效影响机制研究［D］. 华中科技大学博士学位论文，2011.

③ Katz D., Kahn R. L. The Social Psychology of Organizations. New York：Wiley, 1996：35.

为研究的重视。摩尔曼（Moorman）和哈兰德（Harland）发现，员工若以赚钱为主要动机，那么他就很难出现高的组织公民行为[1]。瑞尼和斯坦博尔研究发现，因为组织公民行为较易受内部动机行为的影响，所以高成就动机的员工比较容易出现组织公民行为。金（Kim）对韩国政府部门的1739名公务员进行了调查，发现员工的工作态度、组织承诺、公共服务动机以及组织公民行为与组织绩效呈正相关关系，这是在控制了一些诸如年龄、性别、受教育程度等人口统计学变量的情况下得出的结论[2]。

公共服务动机的内涵是指人们有一种要去执行公共服务以及想要奉献社会的发自内心的动力，是一种超越自我利益和组织利益，扩大到关心较大的政治实体的利益并且驱动人们做出适当的行为的信念、价值观和态度。但是，由于PSM理论发展至今尚未成熟，不同的国家、不同的文化、不同的制度反映在公共服务动机的认知上也有所不同[3]。所以，在PSM与组织公民行为间的关系上，实证资料相对不多，国内也尚未进行过此领域的实证研究。因此，本书将组织公民行为作为PSM的一个显著作用结果提出如下假设，并通过自陈式问卷搜集资料进行检验：

H13：政府公务员的公共服务动机对其组织公民行为有着显著相关关系。

五、公共服务动机与后果变量间的调节作用的探讨

通过前面的研究我们发现，公共服务动机确实能够影响与个人工作相关的许多态度和行为变量，如工作绩效、工作满足感、组织承诺、离职意向等。然而，公共服务动机与后果变量之间的关系又是一个非常复杂的过程，它们之间的关系或许是被某种个性因素所影响，抑或是某种环境造成的。在诸多的调节因素中，人格特质能够稳定地影响员工理解组织环境的过程并能够影响个体对环境的表征和行为选择[4]。同时，已有的研究也发现个体的特性对公共服务动机及其行为后果存在一定的影响[5]。为了更好地理解公共服务动机的作用过程，我们需要进一步厘清公共服务动机与后果变量之间的关系。它们之间的关系是否在不同的条件下发生变化？本章的核心就是研究政府公务员的人格特质在公共服务动机与结果

---

[1] Moorman R. H., and Harland L. K. Temporary Employees as Good Citizens: Factors Influencing Their OCB Performance. Journal of Business and Psychology, 2002, 17 (2): 171 – 187.

[2] Kim S. M. Individual – Level Factors and Organizational Performance in Government Organizations. Journal of Public Administration Research and Theory, 2005, 15 (2): 245 – 261.

[3] Vandenabeele W. Scheepers S., and Hondeghem A. Public Service Motivation in an International Comparative Perspective: The UK and Germany. Public Policy and Administration, 2006, 21 (1): 13 – 31.

[4] Spector P. E. Behavior in Organization as a Function of Employee's Locus of Control. Psychological Bulletin, 1982, 91 (3): 482 – 497.

[5] Perry, J. L. Antecedents of Public Service Motivation. Journal of Public Administration Research and Theory, 1997, 7 (2): 181 – 187.

变量之间的调节作用。

本书选取个人特质作为公共服务动机与行为后果之间的调节变量。人格是一个极其复杂的概念，在心理学中，至今尚无明确、统一、规范的界定。正如Burger（2000）所说，在如何描述人的人格这一问题上，整个心理学领域甚至是整个社会科学领域进行的讨论，恐怕永无终止之日①。关于人格的定义，学术界还没有统一的结论，Burger的定义将人格作为稳定的行为模式和人际交往过程发生在个体上。他总结了人格的两个特点：①人格应该是稳定的，可以通过不同的时间，不同的情况来确定的稳定的行为；②人格是一种人际交往过程，是指在人际交往、组织内发生的，影响我们的行为和感觉所有的情感过程、动机和认知过程②。Argyris（1973）认为，人格是指个体在不同的时期、不同情况下的独特的心理特征，它可以控制行为个体去适应环境和思维的方式，使个体的动机、需要、兴趣、态度、外观等方面都与他人不同③。陈仲庚、张雨新指出，人格是个体内部的行为倾向，它表现在变化的整体性和全面性，是有一定的动力一致性和连续性的自我行为倾向，更是组织中的人们在社会化过程中形成的给予人的特色的身心组织④。综合前人的研究，人格特质是个体在组织工作环境中，不断地适应工作事务、人际关系及整个整体环境时所展现的独特的个性，而且这个特性会影响人们的行为和态度，人格具有内在的行为倾向性，这种倾向具有相对稳定性、持久性和连续性的特征。

目前，人格理论家和心理学家对人格特质的研究分成了六大流派：精神分析学派、人物研究流派、人文主义流派、社会学习理论流派、行为主义和认知科学学派及生物学学派等。在某些时候，每个类型都可以识别和验证许多不同的人格特质。况且，多年来人格研究者，共命名的验证或达成共识的就有成千上万种特质⑤。然而，根据人格特质的特性，人格是一个人面对环境的整体性能，无法用某个简单的词汇或特质去完整地描述一个人的人格特征，需要结合各种特征预测个人行为。但是，在研究的时候，我们面对的是大量的人格类型，因此，学者们将许多特征简化到可控的范围内⑥。Cattell于1973年将个体的人格特质归纳为16种基本的相互独立特征，并且发展出了"16项个性因素问卷"，这是学术界第一次尝试整合人格特质来预测个体的行为。随着组织行为研究的不断发展，近年

---

①② Jerry M. Burger. 人格心理学［M］. 陈会昌等译. 北京：中国轻工业出版社，2000：12.

③ Argyris C. Personality and Organization Theory Revisited. Administrative Seienee Quarterly，1973（18）：111 – 167.

④ 陈忠庚，张雨新. 人格心理学［M］. 沈阳：辽宁出版社，1986.

⑤ 安妮·玛丽·弗朗西斯科，巴里·艾伦·戈尔德. 国际组织行为学［M］. 北京：中国人民大学出版社，2003：162.

⑥ 斯蒂芬·P. 罗宾斯. 组织行为学［M］. 孙建敏等译. 北京：中国人民大学出版社，1997：51.

来，一些研究者从不同研究领域通过实证研究获得了许多不同的人格特征，如比较流行的五个维度人格特质。其中，比较突出的是麦克雷（McCrae）、科斯塔（Costa）编制的"大五"人格问卷①。心理学家 Judge 等人在 1997 年提出了更高层次的建构的、整合的人格特质框架，学术界称为核心自我评价（The Role of Core Evaluations）②。这一理论主要包括四个维度：自尊、自我效能感、控制源和神经质。他们认为核心自我评价理论框架是个人对自己所拥有的物质生活和对环境中的他人或事物所持有的基本态度和看法，他们强调，尽管大部分人并没有感觉到这种自我评价对自己的态度和行为会产生怎样的影响，但核心评价的确会潜移默化地影响到个人对自己、对物质生活和对他人、环境的看法③。尽管每个人的人格特征都代表相关的个人特征的集合，但当我们专注于一个简单人格特质，而不是一些个性因素时，这些人格特质和他们的特殊行为之间的联系往往更加清晰④。因此，在这部分的研究中，我们选择了三个特殊的性格特质：成就需要、控制源和工作效能感，尝试研究这些人格特质在公共服务动机对行为后果变量是否存在调节作用。

1. 成就需要（Achievement Need）

成就需要理论是美国著名心理学家麦克利兰（McClelland）等人与20世纪50年代通过对人的需求和动机进行研究提出的理论模式。麦克利兰把人的高层次需求归纳为三个方面：对成就的需求（Need for Achievement）、对权力的需求（Need for Power）和对亲和的需求（Need for Affiliation）。成就方面的需求主要是追求成功并渴望做到最好；权利方面的需求主要是指影响并控制他人且不受他人控制的需求；亲和需求方面是指渴望建立友好亲密的人际关系方面的需求。其次，他认为由于人们的需求不尽相同，应该采取不同的激励方式，了解个体的需要与动机对于建立合理的激励机制是非常必要的。此外，麦克利兰还认为人类的动机是可以通过训练来激发的，因此可以通过特定的训练来提高员工的三种动机，提高个人绩效和组织绩效⑤。但是，麦克利兰认为在不同国家、不同的体制和不同文化背景下，成就动机的特征和表现是不尽相同的，对此，麦克利兰并未

---

① McCrae R. R, and Costa P. T. Jr. Discriminate Validity of NEO – PIR Facet Scales. Educational and Psychological Measurement, 1992, 52 (1): 229 – 237.

② Judge T. A., Loeke E. A. and Durham C. C. The Dispositional Cause of Job Satisfaetion: A Core Evaluations Approach. Researeh in Organizational Behavior, 1997 (19): 151 – 188.

③ Judge T. A., Loeke E. A., Durham C. C., and Kluger A. N. Dispostional Effeets on Job and Life Satisfaetion: The Role of Core Evaluations. Journal of Applied Psyehology, 1998 (83): 17 – 34.

④ Boonzaier B., Fieker, B. Rust B. A Review of Reseach on the job Characteristics Model and the Attendant job Diagnostie Survey. South African Journal of Busines Management, 2001, 32 (1): 1 – 34.

⑤ McClelland D. C. Human Motivation. Glenview, IL: Scott, Fjoresman. 1985: 315 – 345.

做充分的表述,他只是提出了一个广泛适应的组织成就动机的管理流程①,如图 3-3 所示。为了完成组织的目标,需要对员工的倾向性动机进行系统的测量,根据测量结果决定是否对员工进行专门培训和刺激,或者采用专门的科学管理工具对员工进行管理,如果绩效还是不甚理想,可考虑终止目标或采取其他办法。

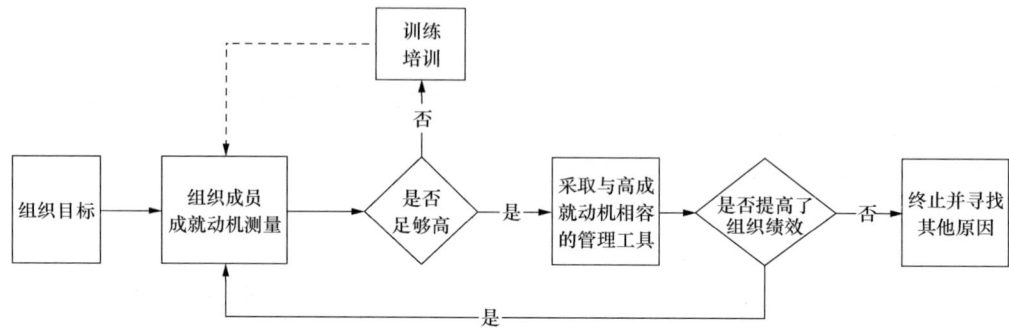

图 3-3　麦克利兰成就需要理论管理流程

2. 控制源(Locus of Control)

控制源是一种稳定的人格特质,主要是指个体相信自己可以决定生活中所产生的后果,而非由外在因素所掌控的一种泛化预期②(Rotter,1966)。控制源是美国心理学界二十多年来经久不衰的研究课题,也是最受管理学方面的研究者关注的人格特质之一③。Spector 也发现,一个人心理或行为的变异有 5%~25% 是由自身的控制源特征变量来解释的,因此其对公务员的态度或行为影响非常重要④。研究表明,具有偏内部控制心理的人称为内控倾向者,他们往往相信自己的行为和态度能够直接影响事件的后果;而外控倾向者则更多地相信他们的成功是受到运气、命运、权威等外在的、不可控的因素影响⑤。也就是说,内控倾向者通常会认为是自己影响了工作环境,而非被组织外的力量所控制。与之相对的,外控倾向的公务员则会认为他们的行为是受到外在因素所支配。Crowne 和

---

① McClelland D. C. Human Motivation. Glenview, IL: Scott, Fjoresman. 1985: 315-345.

② Rotter J. B. Generalized Expectancies for Internal Versus External Control of Reinforcement. Psychological Monographs: General & Applied, 1966, 80 (1): 1-28.

③ Mitchell T. R. Smyser C. M., and Weed S. E. Locus of Control: Supervision and Worksatisfaction. Academy of Management Journal, 1979, 18 (1): 623-631.

④ Spector, P. E. Behavior in Organizations as a Function of Employee's Locus of Control. Psychological Bulletin, 1982, 91 (3): 482-497.

⑤ Spreitzer G. M. Psychological Empowerment in the Workplace: Dimensions, Measurement and Validation. Academy of Management Journa, 1995, 38 (5): 1442-1465.

Liverant 认为，内控倾向的人对外在压力比较具有反抗性，而外控倾向者，则具有较强的顺从性①。因此，我们认为控制源是人们对影响自己生活和未来的那些可控的、不可控的力量的看法和信念，其能够影响人的心理和行为一种泛化性的期待，并且在行为层面对人的行为产生影响，是每个人的人格特征的重要组成要素，是对人的心理和行为长期发挥作用的一种意识力量。

3. 自我效能感（Self - efficacy）

自我效能理论是社会学习理论的创始人班杜拉（Albert Bandura）受到维纳的动机归因论的极大影响，在总结前人有关动机原因及过程探索中的长处，摒弃其不足，独辟蹊径从社会学习的观点出发，提出的用以解释在特殊文化、历史等情景下动机产生原因的一种动机归因理论。自我效能感主要关注个人对自己完成某方面工作能力的一种主观评估，重点强调"自我效能"这一中介调节作用，进而影响一个人的行为动机。按照班杜拉的说法，"自我效能"一般是指"一个人能够有效地控制自己的生活、行为习惯等方面的能力的一种知觉或信念"②。班杜拉主张行为和认知过程的结合，主张必须以环境、行为、人三者之间的交互作用来解释人的行为动机，而不是单纯强调内在起因或外在诱因。实际上，在成就情境中，自我效能感是一个人对于自己能否胜任某项工作或活动的一种主观的直觉感受或者是一种隐蔽的判断，这既是一种关于自我能力的主观评估，又是一种情感上的体验，而且这种情感体验往往是不自觉的、内隐的，是不以外显形式表现出来的。也就是说，自我效能感决定了一个人在特定情境中的行为动机。这种效能感对行为动机的自我调节一般包括两个部分，即结果期待（Outcome Expectation）和效能期待（Efficacy Expectation），即一个人如果具有高的自我效能感，那么他在特定的活动或工作中的积极性和主动性就高，他就会乐于付出努力和采取策略解决困难，达成目标，提高绩效，相应地，他当初高的效能感就容易实现，维持了下一轮的动机③。按照班杜拉的说法，自我效能感具有多项功能：首先，自我效能感会影响人们的选择；其次，根据自身的选择决定将要付出多大的努力、选择什么策略克服困难以及坚持时间的长短；最后，根据目标的达成程度会影响到人们后续的思维模式和情感反应模式④。钟慧、李鸣的研究表明，个

---

① Crowne D. P., and Liverant S. Conformity Under Varying of Personal Commitment. Journal of Abnormal and Social Psychology, 1963, 66: 547 - 555.

② Albert Bandura. Self - efficacy: Toward a Unifying Theory of Behavioral Change. Psychological Review, 1977 (84): 191 - 215.

③ [美] 班杜拉. 自我效能：控制的实施（上下册）[M]. 缪小春等译. 上海：华东师范大学出版社，2003.

④ [美] 班杜拉. 思想和行动的社会基础：社会认知论（上下）[M]. 林颖等译. 上海：华东师范大学出版社，2007.

人自我效能感的高低不仅会影响到个体的工作努力程度和工作毅力，还会影响个体工作及活动的选择、工作策略、绩效水平、组织承诺、目标承诺、目标选择和离职意愿等①。以对绩效的影响为例，班杜拉认为，自我效能感作用的发挥是通过一系列有机的过程影响人们的行为动机进而提高工作绩效的，他将这种从选择、思维、动机到身心反应过程通过自我效能感—绩效模型体现出来。

根据前面的文献梳理，我们可以推测，政府公务员包含成就需要、控制源及工作效能感的人格特质的差异会导致公共服务动机的作用机制不同，有可能增强或减弱公共服务动机对效果变量的作用程度，也即人格特质有可能在公共服务动机与效果变量之间起调节作用。基于以上推论，本书做出如下的假设：

H14：政府公务员的人格特质及其维度是公共服务动机显著影响政府公务员的工作满意度的调节变量；

H15：政府公务员的人格特质及其维度是公共服务动机显著影响政府公务员的工作绩效的调节变量；

H16：政府公务员的人格特质及其维度是公共服务动机显著影响政府公务员的组织承诺的调节变量；

H17：政府公务员的人格特质及其维度是公共服务动机显著影响政府公务员的离职意向的调节变量。

进而，我们提出公共服务动机与后果变量的调节效应假设模式图，如图3-4所示。

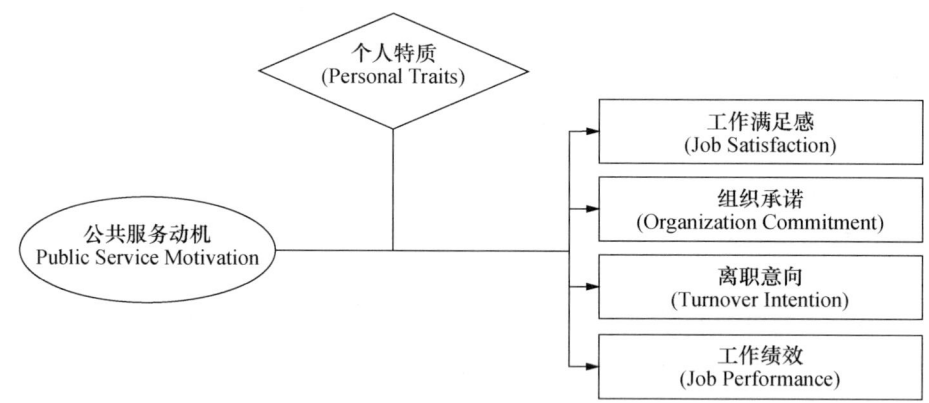

图3-4 公共服务动机与效果变量的调节效应假设示意图

本研究根据已掌握的国内外研究文献和理论构建了一个"体制—动机—后

---

① 钟慧，李鸣. 心理控制源与抑郁［J］. 心理科学. 2004，24（1）：171-174.

果"的公共服务动机解释框架,围绕这一框架,分别研究了公共服务动机的内容结构、影响因素及公共服务动机与其行为后果之间的关系,并形成了若干理论假设,通过自陈式问卷的方式搜集相关数据,对假设进行验证。

第三节 研究设计

克雷斯威尔(Creswell)认为,一项好的研究设计需要考虑三个核心问题:研究者使用了什么样的理论视角或知识观点和角度;整个研究步骤将使用什么样的研究策略;将使用什么样的资料收集和研究方法①。也就是说,研究方法的选择首先要与研究问题相匹配。

本书的核心思路是通过我国地方政府公共部门公务员的公共服务动机内容结构的探讨和构建,着眼于分析我国地方政府公务员的公共服务动机及其影响因素和行为后果,也就是说本书是为了解释在中国特殊的文化和制度语境下,政府公务员的行为动机的表现形式、作用机制如何,与西方国家相比有什么不同?因此,从聚焦问题的起源开始,本书就是以问题为中心去观察现实世界,并通过实地的访谈和调研,掌握第一手资料,然后再根据文献研究,通过现有的理论和研究结果,试图寻找问题的答案,建构适合的解释框架,形成初步的理论假设,然后对理论假设进行验证,进而回答研究问题。所以,本书主要采取的研究路径是定量研究,但是,为了弥补定量在深入分析各影响因素及作用机制方面的不足,研究也适当采用了定性研究路径取得相关资料,以期结果解释更具科学研究上的"合法性"。需要说明的是,笔者对研究对象的描述和分析,尤其是在探讨 PSM 的各个影响因素及其作用机制,形成初步的理论假设时会借助定性研究的路径获取资料,以使研究问题得到更加全面的回答。所以,本书就具有实用主义视角下"混合研究方法"的特点,研究具有定性研究和定量相互结合、互为补充的效果。但是,本书主要是基于实证调查的经验研究,因此,本书的主体仍然采用定量研究的标准方法。具体来说,本书各个研究主题的研究与分析方法如图 3 – 5 所示。

---

① [美]约翰·克雷斯威尔. 研究设计与写作指导:定性、定量与混合研究的途径[M]. 崔延强译. 重庆:重庆大学出版社,2007(4).

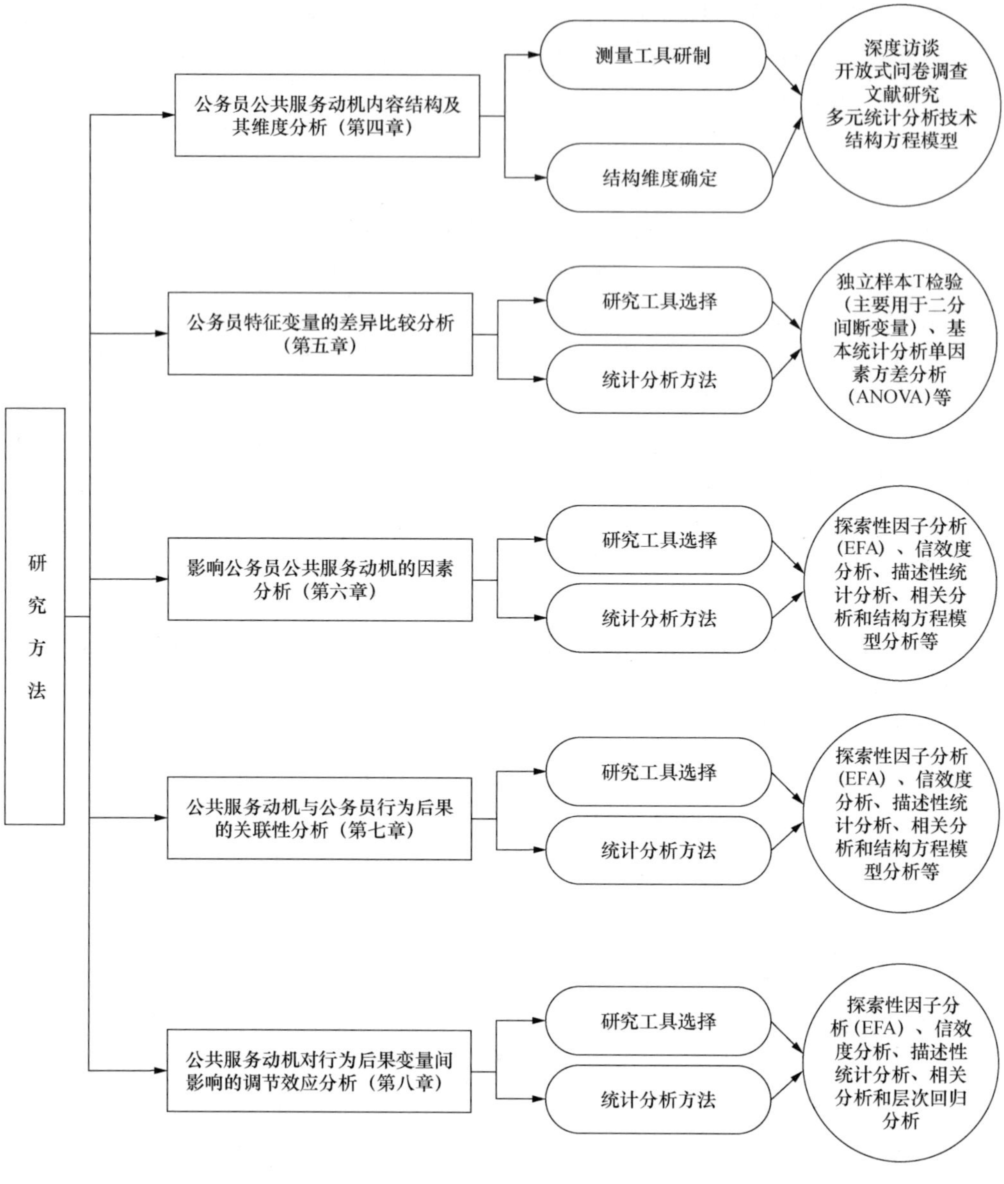

图3-5 本书各个主题研究与分析方法示意图

一、研究方法的选择

1. 公务员公共服务动机内容结构分析

选择演绎法（Deductive Approach）和归纳法（Inductive Approach）是科学研

第三章 本书理论框架与研究设计

究过程用于建构理论的两种基本的逻辑体系,也即它侧重于现象和因果之间的关系,通过发展一套相互关联的、可以用来说明和验证规则相关变量之间的因果关系,以达到解释、预测和控制自然和社会事件的目的①。与此同时,研究人员将根据研究的目的,并遵循逻辑取向选择不同的发展模式进行测试。当测试开发模式是基于演绎方法时,研究人员通常在文献综述的基础上就可以发现理论构建的范围,然后通过他们对概念的了解建立或改造现有的测试项目,实现操作概念的目的,这是一种"自上而下"的开发测试模式②。社会科学家们则倾向于使用归纳法建构理论,当研究的关键指标所需的相关概念和其内部结构缺乏时,研究人员需要通过定性方法了解测试的内容,综合现有文献,开发测试指标,这是一种"自下而上"的开发和测试模式③。也就是说,"理论建构是这样一个过程,开始时只是研究观察,同时利用归纳性推理从这些观察中推导出一个理论"。④

研究人员希望了解中国文化背景下的中国公共服务动机定义的固有意义,探究公共服务动机存在于中国人的特点。鉴于与我国相关的公共服务动机研究刚刚开始,能够为我所用的文献非常有限,所以我们采用"自下而上"的归纳方式来开发测试。在归纳法中,研究人员需要通过各种手段收集与研究主题有关的描述,然后对这些描述、结构内容进行分析,以便进一步确认反映研究主题内部结构的描述。一般来说,可以借助以下五种方法来收集原始素材,确认研究主题构念的边界:关键事件法(Critical Incident)、小组面谈法(Focus Group Interview)、个人面谈法(Personal Inter View)、开放式问卷法(Open-ended Survey)和二手资料法(Secondary Data)⑤。

本章的研究将在基本的文献研究、深度访谈(小组访谈和个人访谈)及开放式问卷调查的基础上,概括出反映公共服务动机的内容结构的相关条目。然后,初步研制出用于调查的结构化初始问卷,采用多元统计分析方法开发公共服务动机的预调查和正式调查问卷,探索中国文化背景下的公共服务动机的内容结构及其作用机制,为后续研究奠定基础。本阶段所采用的统计分析和数据处理软件主要是SPSS20.0。

---

① 马骏,刘亚平. 中国公共行政学的"身份危机"[J]. 中国人民大学学报,2007(3).
② Hinkin T. K., and Tracey J. B. An Analysis of Variance Approach to Content Validation. Organizational Research Methods, 1999(2): 175-186.
③ Hinkin T. K. A Brief Tutorial on the Development of Measures for Use in Survey Questions. Organizational Research Methods, 1998(1): 104-121.
④ [澳]戴维·德沃斯. 社会研究中的研究设计[M]. 郝大海译. 北京:中国人民大学出版社,2008:7.
⑤ 陈晓萍,徐淑英,樊景立. 组织与管理研究的实证方法[M]. 北京:北京大学出版社,2008:236.

2. 公务员特征变量的差异比较分析

本部分的研究全部采用本书上一阶段研制的公共服务动机正式测量问卷收集数据。本阶段采用的样本全部来自正式问卷调查所收集的 723 个有效样本，样本的人口学、组织学特征所示。本阶段所使用的统计分析方法主要有独立样本 T 检验（主要用于二分间断变量）和单因素方差分析（ANOVA）等方法，采用的统计分析和数据处理软件主要是 SPSS20.0。

3. 影响公务员公共服务动机的因素探讨

本阶段采用的样本全部来自正式问卷调查所收集的 723 个有效样本。人口学、组织学特征如表 4-15 所示。本阶段所使用的统计分析方法主要有探索性因子分析（EFA）、信效度分析、描述性统计分析、相关分析和结构方程模型分析。采用的统计分析软件主要是 SPSS20.0 和 AMOS20.0。

4. 公共服务动机与公务员行为后果变量关联性分析

本阶段采用的样本全部来自正式问卷调查所收集的 723 个有效样本。本阶段所使用的统计分析方法主要有探索性因子分析（EFA）、信效度分析、描述性统计分析、相关分析和结构方程模型分析。采用的统计分析软件主要是 SPSS20.0 和 AMOS20.0。

5. 公共服务动机对公务员行为后果变量影响的调节效应研究

虽然调节作用和中介作用在社会科学研究领域中都有一定的历史，但是研究者有时还是会将他们混淆，直到 20 世纪 80 年代中期，才有学者将调节变量作为研究方法中的一个问题正式提出，并与中介变量加以区分[1]。调节变量（Moderator）的存在会改变自变量与因变量两者之间的关系。引入调节变量的目的在于了解它是怎样影响或改变自变量和因变量之间关系的，包括方向的改变和强度的增减[2]。调节变量的重要理论意义之一就在于它为现有的理论划分出边界限制条件和适用范围[3]。在开展研究时，如果把一个因素看成是自变量，就是考察它与因变量之间的对应关系，如果把一个因素看成是调节变量，则是考察它如何影响自变量和因变量之间关系。所以，调节变量的存在，解释的不是变量之间关系作用的内在机制，而是在探讨一个关系在不同情况下是否会发生变化[4]。

在统计检验方法上，学界通常采用多元方差分析、层次回归分析（Hierarchi-

---

[1] Reuben M. Baron, and David A. Kenny. The Moderator – Mediator Variable Distinction in Social Psychological Research: Conceptual, Strategic, and Statistical Considerations. Journal of Personality and Social Psychology, 1986, 51 (6): 1173–1182.

[2] 温忠麟，侯杰泰，张雷. 调节效应与中介效应的比较和应用 [J]. 心理学报，2005，37 (2): 268–274.

[3][4] 罗胜强，姜嬿. 调节变量和中介变量. 载陈晓萍，徐淑英，樊景立主编，组织与管理研究的实证方法 [M]. 北京：北京大学出版社，2008：312–329.

cal Regression)、结构方程模型(SEM)等方法来分析调节效应。综合本书的情况,本章的研究将使用层次回归分析来验证调节效应。用回归的方法检验调节变量的一个重要步骤是把自变量和调节变量中的连续变量进行预处理。学术界对调节变量的一贯做法是将这些进入程式的观察变量和潜变量进行中心化处理。主要步骤如下:第一步,先将这些变量中观测的每个数据点减去数据的均值,使得新得到的数据样本均值为0。因为从统计学上来说,预测变量和调节变量往往与它们的乘积项高度相关①。而对数据进行中心化处理的目的就是要减小回归方程中变量间存在的多重共线性(Multicollinearity)问题。第二步,把经过中心化处理的预测变量和调节变量的结果相乘,获得一个乘积变量。第三步,把自变量、因变量(这里需要使用未中心化的自变量和因变量)和它们的乘积项都纳入多元层次回归方程中,检验其交互作用,此时,我们可以通过观察乘积项的系数是否达到显著来判断调节作用是否存在。

二、研究工具的选取

本书拟采用自填式的结构化问卷(量表)调查作为主要的研究工具。问卷调查的作用是基于大样本调查或成员的一般调查,反映出社会概况,能客观、准确地分析社会现象,这些信息是准确的、可靠的、概括性的,并且研究程度相对较高②。本书除了公共服务动机量表(PSMQ)是经过"自下而上"的归纳式研究方法研制而成外,其他变量的测量均使用国内外学术界现有的信效度较高的量表。

1. 自行设计量表

研究者选择对公共服务动机问卷进行自行开发设计源于两个方面的原因:首先,公共服务动机是一个公共管理等学科组织行为开发的复杂过程,这种发展不仅取决于阅读、理解、测量、分析和确定,还在于它们之间的相互补充。在这个过程中,现有的概念和规模永远无法满足研究的需要。如"公共服务动机"方面的概念、内涵和外延存在着跨文化的差异性。因此研究公共服务动机的起因和影响因素应该考虑到我国独特的文化环境,盲目使用西方现有理论、概念、规模显然是不够的,甚至是不适当的。所以,研究人员必须从实地调查、设计适应中国环境和新标准的理论工具。其次,论文研究的目的在于测试西方的某些概念和结构在中国的应用性,然而,现有的义献检索显示,对有关PSM的跨文化应用性的研究却是相当有限的。这就提出了一些问题:PSM的概念及其他组织行为学

---

① Aiken L. S., and West S. G. Multiple Regression: Testing and Interpreting Interactions. Newbury Park: Sage, 1991: 11.

② 仇立平. 社会研究方法 [M]. 重庆: 重庆大学出版社, 2008: 178.

变量的相互关系是北美洲特有的现象，还是具有普遍代表性的现象？PSM 在中国人心目中是什么样的概念？PSM 在中国人中会有些什么样的特点？PSM 在中国的表现会引起什么样的反应？基于以上分析，本书决定在前人研究成果的基础上，开发适合中国文化背景的 PSM 量表。而量表的开发应该遵循严格的程式和标准。Churchill 认为一个规范的量表开发必须经过以下步骤：①概念范畴与相关内涵的探讨，即对所需开发量表所涉及的核心概念进行界定，并以此为基础来发展需要测量的题项；②确定构建及其测量的题项；③资料收集并删除那些不符合统计标准的题项；④量表构建及题项确认；⑤信度与效度检验；⑥内部维度之间的结构分析。

2. 沿用已有量表

除了 PSM 量表需要自行设计开发外，本书其他变量的测量均选取国内外现有的信效度较高的量表。沿用现有的量表主要有如下的益处：

（1）在一般的实证研究中占有显著地位的量表往往有较高的信度和效度。大多数的测量量表取决于其可靠性和有效性。现有的量表，尤其是在组织行为学占据一定位置的量表，往往有较高的信度和效度。换句话说，量表常常被研究者在不同的环境、不同的群体中调查使用。重复应用可以确保量表恰当的测量概念和变量（有效性），也证实了这些变量的稳定性和准确性（可靠性）。较高的信度和效度是量表成熟的标志，而使用成熟量表的风险也较小。

（2）社会调查研究中被反复使用的量表认可度较高。在学术领域中，研究者为社会服务的一个重要途径是发表论文。发表在权威期刊上的论文必然经受过严谨的专业审核。在审核过程中，论文中使用的量表信度和效度是重要的审核标准之一，使用不可靠的量表绝对不可能产生可靠的研究结果，论文亦无可能在一流的期刊上发表。换言之，在高质量的国际刊上发表的实证论文必须建立在翔实的实地研究基础之上，而翔实的实地研究必须基于可靠的量表。这样就造成了一种循环：发表在权威杂志实证研究的论文通常使用高质量的量表，这些论文会强化量表的权威，使越来越多的研究人员使用这些量表，而量表的反复使用又可以提高论文的质量。量表在相应的学术领域会逐渐产生品牌效应得到研究者的认可。许多学者在从事实地问卷调查前，首先想到的是如何利用现有的可靠的量表，这是一种相当普遍的现象。沿用现有量表当然也存在局限性，诸如文化上的局限性、语言上的局限性等，因此，采用已有量表，特别是西方成熟量表时要审慎而灵活地采用。

3. 具体测量工具的选择

具体来讲，本书除了在各个研究主题上使用本书自行研制的测量问卷外，在公共服务动机的影响因素变量、公务员的行为后果变量及调节变量的研究上都使

第三章 本书理论框架与研究设计

用目前国内外验证过的信效度比较高的测量工具。本书在使用这些测量工具时，都使用预调查的数据对测量工具的适应性再次进行了确认。

（1）公务员公共服务动机影响因素的测量工具。本阶段的研究除了个人特征和公共服务动机采用第四章研制的包含七个维度、27个题目的公共服务动机问卷外，其他问卷均采用国内外大量使用的信效度较高的测量工具。

第一，角色状态。角色状态问卷选用由豪斯（Hous）等人1983年编制的用于批评其他角色冲突和角色模糊测量可能会与压力和舒适相混淆的量表[1]。该量表经过预调查数据检验，问卷采用主成分分析法（Principal Components Analysis）抽取因素，以斜交转轴法（Promax）进行因素旋转，并结合项目分析，参考各项目的共同度和因素负荷值，筛选题项。结果显示，角色知觉问卷包含两个维度，共13道题，因有两道题（RS8和RS12）的因子负荷没有达到测量学的最低要求，故将其删除，最终问卷保留了13道题，采用李克特五点量表用于正式调查。角色冲突维度包括如"我经常会被卷入充满了相互矛盾要求的场景""似乎总是有一种无形的压力迫使我在工作上做得更好"等5个题目；角色模糊维度包括如"我的责任的界限比较模糊，缺乏明确的规定""我对自己的工作也没有一个清晰明确的目标"等8个题目。

第二，员工对组织的感知。本研究综合参考了Price、Muell、Alexander等人编制的组织公平量表[2]，选择周红云2010年修正并检验的适合我国国情的包含10道题目的量表[3]再结合前期的访谈和开放式问卷的结果，最终修改成了包含14题的组织公平量表（Organizational Justice，OJ）。问卷采用李克特五点量表，该问卷包含两个维度，共14道题。其中，分配公平维度包括如"与企业中的同类工作相比，我在政府所得的报酬是公平合理的"、"与其他同事相比，我认为我的工作安排是公平合理的"等6个题目；程序公平维度包括如"我们单位的绩效考核程序是公平和透明的"，"领导在制定工作决策之前，会充分征求和考虑我们的意见"等8个题目。

第三，员工与领导的关系。本书根据迈耶（Meyer）、巴斯（Bass）和李克特（Likert）等人的理论，选择周红云引入并验证过的测量员工与领导行为关系量表，结合笔者前期的访谈和开放式问卷的研究成果，设计了适用于政府组织的领导行为量表。问卷分为两个维度：集权型的领导和民主型领导，共包含10个题

---

[1] House R. J., Schuler R. S., and Levanoni E. Role Conflict and Ambiguity Scales: Reality or Artifacts? Journal of Applied Psycholog, 1983, 68 (2): 334–337.

[2] Colqui R. J. On the Dimensionality of Organizational Justice: a Construct Validation of a Measure. Journal of Applied Psychology, 2001 (86): 386–400.

[3] 周红云. 公务员的组织公民行为及其隐性激励研究 [M]. 北京：经济科学出版社，2010: 110.

目。问卷采用李克特五点量表正向计分。其中,集权型领导包括如"只有当事态严重时,他(她)才会做出反应"等3题;民主型领导包括如"我和他(她)合作共事,我感到很愉快"等7道题目。

第四,工作特征。在所有关于工作特征的理论中,Hackman 和 Oldham 的工作特征理论模型是最为广泛接受和使用的一种。如今,该理论已经发展成为关于工作研究中最有影响力的理论①。本书以 Hackman 和 Oldham 的工作特征模型为基础,结合笔者前期的访谈和开放式问卷的研究成果,设计了适用于政府组织的工作特征量表。该问卷共分为技能多样性、任务完整性、任务重要性、工作自主性和工作反馈五个维度,采用李克特五点量表正向计分。

(2)公务员行为后果变量的测量工具。本阶段的研究除了个人特征和公共服务动机采用我们在第四章研制的包含七个维度、27个题目的公共服务动机问卷外,其他的问卷均采用国内外大量使用的信效度较高的测量工具。

第一,工作满意度。关于工作满意度的研究,国内外常用量表主要有以下三种:工作描述指数(Job Descriptive Index, JDI)、明尼苏达工作满意度调查量表(Minnesota Satisfaction Questionnaire, MSQ)、工作满意度调查问卷(Job Satisfaction Survey, JSS)。综观现有文献,国内外对工作满意度的研究比较普遍,但是针对政府公务员的满意度的研究比较少,尚未有成熟的针对政府人员的测量工具。本书根据以上通用的量表,结合前期展开的访谈和开放式问卷调查,编制了适合我国地方政府人员的测量量表。问卷包含四个维度,共18道题。其中,工作压力维度包括"我的工作任务非常轻松""工作中,在我需要的时候总是能找到所需的资源"等5个题目;人际关系维度包括"我和领导的关系比较密切"等5个题目;整体满意度维度包括"总的来说,我对我目前的工作很满意"等4个题目;工作回报维度包括"就工作量而言,我对每月所得到的工资待遇是满意的"等4个题目。

第二,组织忠诚度。组织忠诚度又称为组织承诺。本书选取迈耶和艾伦1997年编制的情感、规范与连续承诺量表②。笔者结合前期的访谈和开放式问卷的结果,最终修改成了包含18道题的组织忠诚度量表。问卷采用李克特五点量表,全部语句采用正面计分。该问卷包含三个维度,共18道题,其中,情感承诺维度包括如"我很高兴在现在的组织中度过我余下的职业生涯"等7个题目;规范

---

① John S. C., Xie J. L., and Fang, Y. Nlediatingand Moderating Effects in Job Design of Management. Publil Administration Revien, 1992, 18 (4): 656 – 676.

② Meyer J. P., and Allen N. J. Commitment in the Workplace. Thousand Oaks, CA: Sage. Copyright@ by Sage Publications, Inc. Items weretaken from Table A – 1, 1997: 118 – 119, Reprinted by Permission of Sage Publications, Inc.

程度维度包括如"我不会立刻离开组织,因为我对组织里的人有一种责任感"等6个题目;连续承诺维度包括"即使我愿意,若是让我现在就离开组织也是非常困难的"等5个题目。

第三,离职倾向。离职倾向问卷采用由我国学者马超 2005 年通过检验 Cropanzano 的量表研制的职倾向测量量表。该问卷为单因素结构,包含如"我常想辞职离开现在的工作单位""我明年可能会离开单位去寻找一份新的工作""我计划留在这个单位长期发展我的事业""我时常有放弃现在工作的打算"4个题目。

第四,工作绩效。根据相关理论和文献综述,本书的工作绩效分为关系绩效和任务绩效两个维度。其中,关系绩效量表采用唐春勇改编自 Van Scotter 和 Moto – widlo 1996 年编制关系绩效测量的问卷①;任务绩效的问卷参考了韩翼等 2006 年改编自 Campbell 1987 年编制的任务绩效量表②,本量表以 Befort 和 Hantrup 任务绩效以及 Borman 和 Motowidlo 1997 年编制的任务绩效量表为依据,以 Befoit 和 Hantrup 的任务绩效量表为主,增加了本书前期的访谈和开放式问卷的结果,最终修改成了包含 20 题的政府公务员工作绩效量表。研究对预调查的问卷进行了探索性因子分析,结果发现第 20 题的因子负荷较低,只有 0.315,不符合测量学要求,故将其删除,最终正式问卷包含 2 个因子 19 个项目。其中任务绩效包括"我能高质量地完成工作""我能熟练地完成所有职责内的工作"等 13 个题目;关系绩效包括"当同事取得成功后,我总是称赞他们""不管同事的工作还是生活问题,我都给予充分的鼓励和支持"等 6 个题目。

第五,组织公民行为。根据相关理论和文献研究,本书所使用的组织公民行为量表的编制参考了 Organ、Podsakoff 等人的组织公民行为测量量表。由于在这之前关于政府公务员的 OCB 的研究较少,大部分是针对企业员工的研究,因此,本书的问卷编制选择了国内学者周红云编制的用于我国公务员的组织公民行为问卷③,并结合本书前期的访谈和开放式问卷的结果,最终修改成了包含 24 题的政府公务员组织公民行为量表。研究通过对预调查的问卷进行了探索性因子分析。问卷以斜交转轴法(Promax)进行因素旋转,采用主成分分析法(Principal Components Analysis)抽取因素,结合问卷的项目分析,参考各项目的共同度和因素负荷值,筛选符合要求的题项。结果显示,角色知觉问卷包含四个维度,共 19 道题,其中有 5 道题(OCB3、4、8、12 和 17)的因子负荷没有达到测量学的最低要求,故将其删除,最终问卷保留了 19 道题,采用李克特五点量表,用于正

---

① 唐春勇. 大五个性和工作态度对关联绩效影响的实证研究 [D]. 西南交通大学博士学位论文, 2006.
② 韩翼, 廖建桥. 组织成员绩效结构理论研究评述 [J]. 管理科学学报, 2006, 9 (2): 86–94.
③ 周红云. 公务员的组织公民行为及其隐性激励研究 [M]. 北京: 经济科学出版社, 2010.

式调查。其中爱岗敬业维度包括"当工作繁忙时,我会主动加班并且毫无怨言""我对现在所从事的工作充满了热情"等6个题目;公私分明维度包括"我从不利用工作时间处理私人事务,如聊QQ、炒股等"等4题目;助人行为维度包括"当同事在生活中遇到了困难,我会主动提供帮助"等5个题目;积极主动维度包括"为提高个人能力,我利用业余时间自学或者参加培训"等4个题目。

(3) 调节效应变量测量工具。包括公共服务动机问卷及人格特质问卷两个方面。

第一,公共服务动机问卷和后果变量问卷。本阶段的研究除公共服务动机采用我们在第四章研制的包含7个维度、27个题目的公共服务动机问卷外,其他的问卷均采用本书第七章中所用的信效度较高的问卷。

第二,人格特质问卷。根据前文所述,在本章研究中,我们选取了整合性的、更高层次的人格特质:成就需要、控制源和自我效能感三个典型的人格特质。在人格特质测量量表的选取上,我们参考了学者Pualhus研制的,并经国内学者薛行正等人验证的人格特质测量量表,结合本书深度访谈和开放式问卷的分析结果,我们对人格特质量表做了一些相应的修正,形成了一个三维度,15题的测量量表。如成就需要维度包括"我愿意努力工作并实现目标"等题目;控制源维度包括"我在制订计划的时候,几乎肯定它能实现"等题目;自我效能感维度包括"当我提出建议时,我感到非常自信"等题目。问卷采用李克特五点计分式量表,从"非常不符合"到"非常符合"。

三、数据收集与数据分析

1. 开放式问卷调查和访谈数据收集

本书的访谈数据的收集主要来自于笔者在Z市各级政府部门工作的朋友或同学,访谈对象共20人(包括个人访谈及小组访谈)。开放式问卷调查是研究者通过个人的关系网络(主要是在政府部门工作的同学和朋友)在Z市各个政府部门发放开放式调查问卷105份,回收有效问卷95份,回收率90.5%。

2. 预调查问卷的收集

预调查均采用现场调查、现场回收的方式。调查对象为中山大学政治与公共事务管理学院2010级、2011级MPA单证及双证班的学员及笔者在Z市各级政府工作的公务员同学、朋友。本次调查共发放问卷315份,回收问卷295份,问卷回收率为94%。研究者将得到的问卷进行第一次整理,剔除信息不全的废卷9份,然后在将问卷录入到系统的过程中进行了第二次整理,剔除无法使用的问卷7份,最后经过完全的信息匹配整理后得到用于本次预调查研究的有效问卷279份,问卷的有效回收率为88%,满足统计学的要求。

3. 正式调查问卷的收集

本次问卷调查的对象是广东省Z市的31个政府组成部门、5个市委有关部门、3个中央垂直管理驻Z市部门，共40个政府职能部门发放问卷，每个部门发放问卷约20份，共计发放问卷约700份。后又利用Z市A区和D区政府召开年度总结大会的契机，将剩余的问卷进行了收集。两次共计发放问卷约988份。通过对回收问卷的初步整理、筛选（剔除整份问卷呈规律性作答者；之字形作答者；问卷答题空白多于三个及公共服务动机问卷标准化得分绝对值大于3者）共得到问卷818份，问卷回收率82.7%。研究者将得到的正式问卷进行第一次整理，剔除信息不全的问卷60份，然而在将问卷录入到统计系统的过程中，进行了第二次整理，剔除无法使用的问卷35份，最后经过完全的信息匹配整理后得到用于本次正式调查研究的有效问卷为723份，正式问卷的有效回收率为73%，满足统计学的基本要求。

数据的分析方法主要运用Spss20.0软件中统计分析方法和Amos20.0软件对该结构方程模型进行相关的统计分析和验证。

四、研究过程

首先，在对国内外相关文献进行分析的基础上，结合中国的社会和文化背景，对公共服务服务动机从概念、特征上进行界定和厘清。在理论分析的基础上，形成初步的研究设计，并根据现有的文献研究，提出访谈大纲和开放式问卷，并开展访谈和开放式问卷调查。其次，在文献分析、访谈和问卷调查的基础上探索我国地方政府公务员的公共服务动机内容结构，并研制相应的调查问卷。再次，根据预调查数据，检验公共服务动机的结构和测量工具的信度和效度。开发符合测量学标准的公共服务动机测量工具，并在此基础上探讨不同人口学、组织学特征变量在公务员公共服务动机水平上的表现，探讨公共服务动机的影响因素以及公务员的公共服务动机对态度、行为和心理反应的作用机制和限制条件。最后，得出结论，并提出有效的公共部门人力资源管理策略。具体研究过程如下：

1. 公共服务动机内容结构的实证研究

首先，对公共服务动机进行初步的定义。通过文献研究和对政府工作人员、行政管理学博士研究生及相关领域的专家进行访谈、专题讨论等方式来确定公共服务动机的概念。

其次，准备编制初始问卷。通过对政府部门人员的深度访谈和开放式的问卷调查，让他们根据自己的工作经验、观察和看法列出他们对公共服务动机的观点，而后，根据他们对公共服务动机特征和内容的描述，进行科学的内容和文献分析，以获得内容的编码，统计出特定的符合公共服务动机概念和特征的条目。并参考国内外现有的相关测量工具开发出公共服务动机的第一份问卷。

再次，进行预调查问卷的研制。预测问卷主要通过政务学院 MPA 研究生和笔者在政府的公务员朋友进行，根据预调查结果对问卷再进行修订和改进。得到具体清晰的结构，并利用统计软件进行信度和效度的检验。但是，由于预调查得到的所有题项在公共服务动机各个维度上的分布不均衡，我们将会再结合文献综述和访谈的内容，对题项分布较少的维度增加适合的项目，最终形成正式的公共服务动机测量问卷（PSMQ）。

最后，大样本的正式调查。研究的正式调查选取广东省某地级市政府的公务员进行问卷调查。通过对调查数据的项目分析与筛选、探索性因素分析和验证性因素分析以及对正式问卷进行各项统计学测量指标的信效度检验，最终获得质量比较可靠的、正式的公共服务动机问卷，然后基于此建构本土化的公共服务动机内容结构模型。

2. 人口学、组织学背景的公务员公共服务动机的差异化研究

对调查数据根据要检验的项目进行独立样本 T 检验、单因素方差分析和均值比较的方法，探讨公务员的公共服务动机在不同的人口学、组织特征变量上的差异性。

3. 公共服务动机的影响因素研究

公共服务动机研究的影响因素探讨与公共服务动机内容结构的正式调查同步进行，将根据不同的需求，采用相关分析、结构方程建模方法（SEM）等探讨组织因素（包括角色状态、员工对组织的感知、员工与领导的关系和工作特征等）对公共服务动机的影响。对公共服务动机影响因素的测量一般使用国内外学者验证过的信效度比较高的测量工具。

4. 公共服务动机与公务员的行为、态度、心理等变量的关系探讨

公共服务动机研究与效果变量间关系的探讨和公共服务动机内容结构的正式调查同步进行，根据不同的需求，采用相关分析、结构方程建模方法等探讨公共服务动机对员工的态度、行为与心理反应的影响。这些后果变量包括：工作满足感、离职意向、组织承诺、工作绩效、组织绩效以及同事间的利他行为等，后果变量的测量使用是通过国内外学者检验的、信效度较高的测量工具。

5. 公共服务动机对效果变量作用的调节机制探讨

公共服务动机是通过什么样的机制来影响后果变量，对于这样的问题，学术界通常使用相关分析、路径分析、结构方程建模分析和分层回归分析等探讨公务员的个人属性在公共服务动机与结果变量之间的关系中是否发挥调节作用。公共服务动机对效果变量作用的调节机制的测量，一般使用国内外学者验证过的信效度比较高的测量工具。

6. 公共服务动机的研究结果对公共部门人力资源管理的应用探讨

经过科学严谨的定性和定量分析，我们会得到公共服务动机在地方政府公务员中的内容结构和作用机制以及在人口学、组织学背景变量上的差异。根据这一研究结果，结合研究初进行的深度访谈与文献研究的内容，提出适合我国地方政府部门的人力资源管理的相关对策建议。

本书的全部研究过程如图3-6所示。

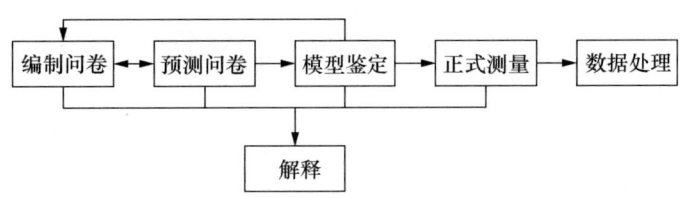

图3-6 研究程序示意图

第四章

公务员公共服务动机的内容结构分析

自从"政府再造"运动风靡西方以来,关于如何使政府花费越少得到越多的话题不断被提起。在组织与人力资源管理领域,关于公共部门重要组成部分的"官僚行为"的研究也日渐兴起。其中,公共服务动机理论作为西方描述官僚行为的四大理论流派之一,呈现出与韦伯的官僚主义理论、代表制官僚理论、公共选择理论不同的观点和研究视角[1],进而成为学界关注的焦点。尽管西方学者对公共服务动机的研究已经比较成熟,但是不同学科的研究者们对公共服务动机的维度及定义不尽相同,且至今未达成共识。由于对公共服务动机定义和内涵理解的不一致,公共服务动机的特征存在文化和制度上的差异性,因此产生了不同领域、不同文化背景和针对不同对象的公共服务动机研究。基于对前人相关文献的回顾,我们发现,针对公共服务动机的内涵还缺乏清晰的、一般意义的定义和系统的讨论。并且,在学术界现有的研究中,大多仍停留在对公共服务动机的概念、定义、研究框架的研究上,或者部分研究者已经通过系统的、经验的研究研发出了实证的测量工具,但问卷的结构和维度是否适合当地的文化、是否涵盖了公共服务动机的整体特征,都有待于进一步研究。综观中国国内,对公共服务动机研究才刚刚起步,研究正在从对概念、定义、研究框架的介绍引进向系统的、经验性的研究转变,但已有的经验研究相当少,且都是对已有的西方理论结构与维度的重复验证,缺乏较好地反映公共服务动机整体特性并被广泛认可的、适合中国文化背景的测量工具的开发。虽然,使用在西方情境下已发展良好的理论和测量,可以使我们的研究更加容易,但如果忽略中国背景下的问题,研究就会有失偏颇。而且,西方情境下的理论与测量并完全适合处理中国公务服务动机的具

---

[1] 李小华. 公共服务动机研究:对中国 MPA 研究生公共服务动机的实证分析 [M]. 北京:中国社会科学出版社, 2010.

第四章 公务员公共服务动机的内容结构分析

体问题。① 那么把公共服务动机的基础概念放在与西方历史、文化截然不同的中国的系统中是否同样适用？如何在中国的科层组织和机构中进行公共服务动机的研究并使其本土化？在中国的文化、制度语境下，公共服务动机的结构与作用机制会发生怎样的变化，与西方的有何不同？究竟如何做才能更好地激励中国的公共管理者执行政府使命？这些都是我国公共管理学者急需关注的"大问题"，要回答和解决这些宏大问题，需要建构中国式的公共服务动机内容结构、开发本土化的测量工具。文献检索显示，目前还没有基于中国文化背景下的公共服务动机测量工具。

公共服务动机前提和基础是确认和探讨公共服务动机的内容结构和维度。我们认为，在开展这项研究之前，这是非常重要的工作。因此，在参考西方已有的研究成果的基础上，建立适合中国文化背景的公共服务动机内容结构，开发与中国文化相适应的测量工具，这对于现有西方文化框架内的公共服务动机理论来说是很好的补充和完善，能够增加公共服务动机跨文化的说服力，使公共服务动机的内涵更加完整、机制更加清楚，为后续类似的研究也奠定良好基础。

第一节 公共服务动机初始问卷编制

一、内容条目的收集

公共服务动机初始调查问卷内容条目的收集，主要通过以下三种方式进行：

1. 国内外文献整理分析

全面检索国内外文献，收集相关研究中与公共服务动机内容相关的项目。佩里对 PSM 概念、理论框架及测量模式等进行了系统研究，最初从理论上设计了一个包括六个维度 40 个题目的理论模型，通过统计分析，最终保留了包括决策参与 (Attraction to Public Policy)、公共责任 (Civic Duty)、同情怜悯 (Compassion) 和自我牺牲 (Self-sacrifice) 四个维度 24 题目的 PSM 测量问卷，该量表的内部一致性信度 (Cronbach'a) 为 0.90，四个分量表的一致性系数分别在 0.69~0.74 之间②。该量表在随后的大量研究中得到了较为一致的验证（如表 4-1 所示）。

---

① 宋锦州. 公共服务动机：访詹姆斯·L. 佩里 [J]. 复旦公共行政评论，2010 (6).
② Perry J. L. Measuring Public Service Motivation: An Assessment of Construct Reliability and Validity. Journal of Public Administration Research and Theory, 1996, 6 (1): 5–22.

表 4-1 PSM 量表的内部一致性信度

	全量表	决策参与	公共责任	同情怜悯	自我牺牲
Camilleri (2007, 2009)	0.88	0.55	0.69	0.73	0.83
Kim (2009)	0.84	0.75	0.70	0.71	0.75
Giauque, et al. (2009)	——*①	0.379	0.633	0.683	0.509
Gabris, Davis (2009)	——*②	0.658	0.584	0.699	0.855
Lee, H. (2009)	——*②	0.664	0.603	0.762	0.752

注：*①由于全测验包括两个额外维度，笔者没有给出这四个维度全量表的内部一致性系数。
*②笔者没有给出这个全量表的内部一致性系数。

PSM 研究和测量的历史非常短暂，目前尚没有统一的测量工具。大多数测量工具都是在佩里的三成分四维度 24 题量表基础上修订而成。如柯西（Coursey）和潘迪①的 14 题量表，布鲁尔②（Brewer）的 15 题量表，Kim③ 的 12 题量表等。文献检索中尚未发现我国本土化的或修订过的测量量表，大部分是对佩里的量表进行中国样本的验证，对内容结构的确定参考价值不大。因此，本书在公共服务动机初始调查问卷内容条目的设计和确定时，主要参考了上述几位比较具有权威的国外学者的研究成果。

2. 相关主题的深度访谈

为了进一步探索公共服务动机的内容结构，收集更为详细的信息，研究人员使用半开放式访谈法、个别访谈和小组访谈等方法进行了深度访谈。研究人员已经提前拟定好访谈提纲（见附录1），请受访者就访谈提纲中包含的 9 个问题给出自己的理解。但研究人员并没有故意限制某种范围供被调查者回答，而是鼓励受访者沿着主题根据自己的实际情况进行回答，访谈的过程、访谈的内容可以根据现场的情况进行灵活的调整。本次访谈对象共有 20 人，包括个人访谈和小组访谈。有关访谈的背景信息如表 4-2 所示（基于道德考虑和受访者的要求，研究对访谈对象的信息做了相关的技术处理）。

---

① Coursey D., Pandy S. Public Service Motivation Measurement: Testing an Abridged Version of Perry's Proposed Scale. Administration and Society, 2007, 39 (5): 547-568.

② Brewer G. A., Employee and Organizational Performance, in J. L. Perry and A. Hondeghem, Motivation in Public Management: The Call of Public Service, Oxford. Oxford University Press, 2008: 152.

③ Kim S. Testing the Structure of Public Service Motivation in Korea: A Research Note. Journal of Public Administration Research and Theory, 2009a, 19 (4): 839-851.

表 4-2　访谈对象背景信息汇总表

被访者	性别	工作年限	所在部门	职位	访谈方式
A	男	10	Z 市 B 区团委办公室	副处级	个人访谈
B	男	15	Z 市食品药品监督管理局	正处级	个人访谈
C	女	5	Z 市食品药品监督管理局	正科级	个人访谈
D	男	5	Z 市工商行政管理局	正科级	个人访谈
E	女	3	Z 市政府政策研究室	公务员*	个人访谈
F	男	6	Z 市对外经贸管理局	正科级	个人访谈
G	男	10	Z 市编制管理办公室	正处级	个人访谈
H	女	3	Z 市政府法制办执法监督处	科员	个人访谈
I	女	3	Z 市编制管理办公室	公务员	个人访谈
J	男	5	Z 市公安局 C 区分局	副科级	个人访谈
K	男	8	Z 市 B 区某派出所	副处级	个人访谈
L	男	6	Z 市文化广电新闻出版局	副处级	个人访谈
M	女	8	Z 市民政局办公室	副处级	个人访谈
N	男	12	Z 市 B 区质量技术监督局	正处级	个人访谈
O	男	3	Z 市残疾人联合会	科员	个人访谈
P	男/女	3~5	Z 市法制办执法监督处	公务员**	小组访谈
Q	男/女	2~5	Z 市 B 区团委	公务员	小组访谈
R	男/女	3~5	Z 市公安局 C 区分局某下辖派出所	公务员	小组访谈
S	男/女	2~5	Z 市 B 区食品药品监督管理局市场管理科	公务员	小组访谈
T	男/女	3~8	Z 市人力资源和社会保障局	公务员	小组访谈

注：表中"*"表示该公务员性质为"政府雇员"；"**"表示该公务员有的包括公务员、事业编制及政府雇员在内，有的只有一类，因为小组访谈人数一般 3~6 人不等，所以统一称为公务员，这里不再详细列出。

访谈结束后，研究者将访谈录音与现场笔记（有些是访谈结束后笔者回忆所记）进行文字化处理，列出与公共服务动机内涵和特征有关的所有语句，聘请政务学院两位行政管理学专业的博士研究生对其中不符合论文需要、过于口语化的陈述语句进行讨论、修改和删除，并从中挑选出符合研究主题要求的题项，为接下来的研究做准备。

3. 开放式问卷调查

研究者通过个人关系网络（主要是在政府部门工作的同学和朋友）在广东省 Z 市各个政府部门总共发放开放式调查问卷 105 份，回收有效问卷 95 份，回收率90.5%。被调查者的平均年龄为29.54岁,平均工作年限为8.86年,其他基本背景信息分布如表4-3所示。

表4-3 开放式调查问卷样本人口学分布

变量性质	类别	数量（人）	百分比（%）
性别	男	45	47.4
	女	50	52.6
	缺失	0	0
教育程度	高中及以下	5	5.3
	大专	15	15.8
	本科	28	29.5
	硕士（含双学位）	40	42.1
	博士	2	2.1
	缺失	5	5.3
婚姻状况	未婚	65	68.4
	已婚	30	31.6
	缺失	0	0
职务性质	公务员	48	50.5
	事业编制	22	23.2
	政府雇员	25	26.3
	缺失	0	0
职务级别	办事员	35	36.8
	科员	47	49.5
	科级	10	10.5
	处级	3	3.2
	缺失	0	0

开放式问卷一开始就给出了公共服务动机的定义："公共服务动机是指一种促使个体（这里主要指政府公务员）为公众服务、维护公众利益的心理意识或理念，其核心体现在个人的行为是时刻为他人的利益着想的，个人的所作所为是有利于整个社会的良善发展的，是一种自我奉献、责任和诚实的优良品格和精神。"接着要求被调查者根据给出的定义，结合自身对这一定义的理解、亲身观察和工作阅历，尽可能地列出3~5条"深入描述他们愿意投身政府部门，乐意为公众服务的原因"同时，研究者为了能够更好地反映研究内容，另外设置了两

个条目,分别是"请根据多年来您对政府组织及其公务员行为的观察和了解,谈谈您对'好心办坏事'这一现象的看法"和"假如您不是政府工作人员(站在一个普通人的角度),请谈一谈您如何理解'时刻为他人利益着想'这句话"。这两道题都是从正反两面对公共服务动机的内涵和特征进行验证。

二、内容项目的确认归类

在问卷内容项目的归类方法上,扎根理论①中有关资料收集、处理的方法值得借鉴。但是本书无意通过经验研究衍生出新的理论,只是透过本土化的案例,对原有理论在中国文化背景中的适应性进行探讨,因此,研究者仅仅借鉴扎根理论有关资料收集、分析程序的内容形成中国公共服务动机的基本项目内容,开发出本土化的测量工具。但是,基本的方法依然参考扎根理论关于资料的收集与分析方法,即以开放的方式深度收集研究材料,通过持续比较(Constant Comparisons)的方式进行资料分析,逐步把纷繁杂乱的原始资料缩减、转化、抽象为更高层次的概念、范畴。在研究过程中,要循环性地对资料进行比较、归纳、演绎,从而形成符合研究要求的内容。

研究者在综合和汇总了文献分析、深度访谈和开放式问卷相关内容的基础上,提取出与公共服务动机有关的问卷项目共985条陈述句。具体分析程序如下:

首先,初步筛选与整理。这个工作由研究者与一名心理学博士研究生合作完成,在这个过程中,并不进行归类(也就是将收集到的资料"打散"),仅仅是筛选,研究者拟定的选择标准是:①有关公共服务动机描述的涵义必须清晰明确;②描述必须是反映公务员的行为或特征的;③不会明显不属于公共服务动机的定义和范畴。经过初步归类,项目内容的基本轮廓渐渐清晰。其次,研究者将初步归类的结果交由一位管理学博士(讲师)再次进行确认与修正。最后,得到了91条互不重复的陈述句,前50条表述如表4-4所示。

表4-4 公共服务动机行为描述事例(前50条)

编号	描述	频次(次)	百分比(%)
1	我对参与制定国家或我所在的城市的政策或规划非常感兴趣	65	71.43
2	我认为国家利益高于一切	55	60.44
3	我比较喜欢与人分享我对某些公共政策的看法	50	54.95

---

① 扎根理论,产生于20世纪60年代,由社会学家Barney Glaser与Anselm Strauss创立,主要是针对定量研究的形式化缺陷而提出的,属于质性研究方法的一种。

续表

编号	描述	频次（次）	百分比（%）
4	我情愿做那些对大家都有益的事情，即便这些事情对我自己不利	50	54.95
5	我对弱势群体满怀同情	49	53.85
6	看到人们从我所参与的政策中受益我非常有成就感	45	49.45
7	我对社区里发生的事情很感兴趣	40	43.96
8	有意义的公共服务对我来说很重要	40	43.96
9	我更愿意同情那些自食其力的人	40	43.96
10	我热衷于为社区服务，甚至不计回报	39	42.86
11	对我来说，造福他人是爱国的应有之义	38	41.76
12	当看到别人不幸的时候，我很难控制自己的情感	38	41.76
13	我认为多做善事远比一味地搞好经济重要得多	35	38.46
14	即使没有报酬，为百姓服务也会让我感到无限光荣	35	38.46
15	我认为推动社会进步比个人成就的获得更有意义	35	38.46
16	我想到政府部门工作，并实现部分自身对社会的认同	34	37.36
17	我经常为他人的福利忧心，即使素不相识	33	36.26
18	从日常的工作中我发现，互相帮助是多么的重要	33	36.26
19	就政府的政策层面看，值得我全力支持的项目太多了	33	36.26
20	我做的很多事情都不只是为了我自己	33	36.26
21	大多数社会项目是极其重要的，并且是必不可少的	30	32.97
22	我是一个有着强烈的民族自尊心的人	30	32.97
23	能为社会做出贡献，比实现我的个人目标更为重要	28	30.77
24	我认为，人们应该多为社会贡献，少索取	28	30.77
25	要实现中华民族的伟大复兴	28	30.77
26	先天下之忧而忧，后天下之乐而乐	25	27.47
27	我主张折中性的决策，不能太偏激，避免偏失	24	26.37
28	我愿意做一个舍己助人的人，即使这样的人很少	23	25.27
29	决策或规划，一定要兼顾各方利益	23	25.27
30	我希望能"穷则独善其身，达则兼济天下"	20	21.98
31	我已准备好为建设一个美好的社会做出巨大牺牲	19	20.88
32	我认同"修身齐家治国平天下"的说法	19	20.88
33	我经常为贫困者的处境感慨	19	20.88
34	我敬佩那些能制定出好的政策的政府官员	18	19.78

续表

编号	描述	频次（次）	百分比（%）
35	为大家服务能够让我实现自我价值	18	19.78
36	我觉得帮助别人就是帮助我自己	18	19.78
37	己欲立而立人，己欲达而达人	18	19.78
38	同事间或朋友间有了矛盾，都喜欢找我倾诉	18	19.78
39	我认为作为一个公民，应该首先想到社会	17	18.68
40	贫困问题仍然是政府的一项职责	17	18.68
41	我认为处理问题时应适可而止，过犹不及	15	16.48
42	做一个有责任的人，为社会奉献自己的力量	14	15.38
43	我认为责任重于泰山	13	14.29
44	我相信国家利益高于一切	13	4.29
45	成人之美，不成人之恶	12	13.19
46	我赞成"天下一家亲"的说法	12	13.19
47	在政府工作能更深入地与群众打成一片	12	13.19
48	老吾老，以及人之老，幼吾幼，以及人之幼	8	8.79
49	我时刻准备为社会利益做出牺牲	8	8.79
50	通过自身的努力，树立政府在公众心中好的形象	8	8.79

由研究者与一名对组织心理与组织行为学理论较为熟悉的教授和两名行政管理专业的博士研究生进行讨论，对所有的描述进行初步分析、归纳，提出了七大类反映公共服务动机特征的结构维度。接着，将这91条互不相重复描述性语句打印在事先准备好的、印有编号的卡纸上，以便随后研究者进行再确认和归类。

研究人员邀请了五个行政和法律专业的研究生做一个初步的分类管理工作，详细地对他们说各种各样的其他特征，要求他们充分讨论彼此的每一个描述，要求他们每个语句，只可被列为一类，不能重复。五个研究生将进一步与对方进行讨论，目的是让每个人都同意对方的分类方式。最后，五个研究生在事先得到的七类特征外，又在第八类、第九类得到的特征上取得了共识，即"公民责任"、"道德伦理"。至此，我们共获得了九类描述公共服务动机定义和内涵的典型特征。

实际上，公共行政中的每一个概念都是一个构念，构念还有另一层意义，

"人们创造并使用一个构念都是为了科学研究中的某个特别的目的"[①]。而且，构念通常是一个变量，"它是抽象的、潜在的而不是具体的、可观察的"[②]。一个良好的构念应该是清晰的，有明确定义的。因此，为了进一步精心构造我们想要的公共服务动机内容结构，使其更符合研究需要，需要进一步对结果进行确认。确认工作由一位主修人力资源管理的博士生、一位行政管理和应用心理学硕士研究生独立进行，每个确认者都会事先得到一个写有九个类别的公共服务动机显示特征的指示卡，在确认者非常了解和熟悉了公共服务动机的各种各样的特点和内涵、意义后，再分别独立地识别和分类。因此，通过仔细的回顾、分析和识别性分类过程。结果可能会出现以下四种：①分析结果是完全一致的，即三个分析者确认分类按照之前研究人员的归类是一致的；②两个确认者的结果是一致的；③一个分析者的结果是一致的，即只有一个分析者确认分类符合之前的人员的分类；④完全不一致，即没有一个确认者的分类与之前的归类一致[③]。

经过再次的确认归类，评判分析结果表明，有58%（29项）的分类和之前的分类是完全一致的；20%（10项）是两人一致的，14%（7项）是一人一致，而仅有8%（4项）是与之前研究者的分类是完全不一致的。确认性归类的结果显示，与之前研究者归类完全一致或两人一致的比例高达78%，说明以上九类公共服务动机的概念结构的归类是可靠的、有效的和合理的。

至此，我们初步确定了我国地方政府公务员公共服务动机的内容结构主要包括九类行为或特征（这九类特征及其典型特征描述如表4－5所示）：公共政策制定、对公共利益的认同、富有同情心、自我牺牲的精神、爱国主义、造福社会、自我实现、道德伦理和公民责任。

表4－5 九类特征及其典型特征描述

类别名称	典型特征描述
公共政策制定	要完成组织目标，参与政策的计划与制定
	现实中，很多政策贯彻不力，政策执行偏差和形式化严重
	"政治"一词，并没有人们想象的那么糟糕，这是我们生活方式的一种
	我觉得中国还是比较缺"德才兼备"的领导人，我有自己敬佩的领导

---

① Kerlinger, 1986：27，转引自陈晓萍，徐淑英，樊景立．组织与管理研究的实证方法 [M]．北京：北京大学出版社，2008：256.

② Nunnally, 1984：85，转引自陈晓萍，徐淑英，樊景立．组织与管理研究的实证方法 [M]．北京：北京大学出版社，2008：256.

③ 蒋定宇，郑伯埙，任金刚，黄政玮．组织忠诚：本土化的构建与测量 [J]．本土心理学研究，2003（19）：273－337.

续表

类别名称	典型特征描述
对公共利益的认同	为社会做有意义的事情是我日常生活的一部分 我的身份和职责就是为公共利益服务，哪怕牺牲自己的利益 我对社会上发生的事情非常关心，而且很热心地去关注与公共利益有关的事情 人活一世，如果只为自己而活，难免有些缺憾，为公共利益服务，也算是精神境界的一种升华
富有同情心	希望通过努力使周围的人生活得到改善 别人生活得美好了，自己也开心 看见流浪儿和孤寡老人会流泪 为需要的人提供帮助，我感觉很幸福
自我牺牲的精神	先天下之忧而忧 俯首甘为孺子牛 为社会服务感觉很好，即使没有任何报酬
爱国主义	我有强烈的民族自尊心 要实现中华民族的伟大复兴 要相信国家利益高于一切
造福社会	国家是根，人民是本，一朝哺乳，终生报恩。所以我们就要对国家有贡献，对社会有贡献，对老百姓更要关爱 个人必定是社会中的一分子，如果整个社会进步了，那么个人的福祉也会提高 为人民造福，为发展生产力、为社会主义事业作出积极贡献，这就是我们要坚持的基本政治标准 人就是一个社会关系网络中的节点，是社会关系的总和
自我实现	纯粹的精神满足感 社会价值观和人生观的驱使 实现社会价值是人生价值的一部分，但不意味着成为绝对为社会服务的人，首先是个人自由独立的发展，同时兼顾公共利益
公民责任	个人职责 为人民服务，既是责任也是义务 内心驱动 如果通过自己的努力使周围的人生活得到了改善，是我非常乐意去做的，自己的身心也会很愉悦的，感觉这是一种责任
道德伦理	穷则独善其身，达则兼济天下 修身齐家治国平天下 鞠躬尽瘁，死而后已

三、初始问卷的编制

为了避免个人主观性对分析结果的影响,在确定公共服务动机包括的类别和特征后,我们又通过两位全日制博士生对这些特征和类别进行了独立充分的讨论,对91条互不重复的语句进行重新排列,删除语义有歧义的表达,合并意义相近或相同的表达及重复项,拆分具有双重或多重意义的语句,并合并那些意思比较接近但可以使用相对特定的语言概括的条目,最终形成了公共服务动机的初始问卷,问卷的初始项目最终缩减至48条。

为提高问卷的可读性,保证题目表达明晰准确,需要对问卷进行理论饱和度检验和校正。研究者请两位博士研究生和两位硕士研究生进行混搭,分别再对研究者之前收集的问卷内容和访谈笔录进行了整理分析,以深入了解公共服务动机的内涵和特征,检验问卷和访谈的内容饱和度。分析结果表明,除了个别表述稍有差异外,与之前分析的结果基本相同,没有新增内容。根据 Glaser 和 Straus 的观点,研究的开放式问卷和深度访谈所收集的内容条目是全面的,是能够满足理论饱和度要求的①。

经过上述研究步骤之后,本研究共保留了 48 个条目。国内外有部分学者在开发一项新的测量工具时,事先对通过开发式问卷和访谈得到的问卷条目,都进行了正向表述的修正,因为这样更符合国人的表达习惯②。Farh 等人也认为,一项新的测量工具的开发,一定要符合本国的情况和文化背景,项目的内容表达要契合人们平常的语言习惯③。Kim 先后使用两个全职公务员样本(N1 = 690 有效样本,N2 = 498 有效样本),采用 AMOS 进行了 PSM 的 CFA 分析后发现,相对佩里的24题量表,从总量表的内部一致性系数到各个维度的内部一致性系数都要优于前者,Kim 分析后认为,造成这种情况主要不是动机构念本身造成的,而在于量表的编制,因为他在施测前将各维度的消极及反向表述的题目全部改为了正向的和积极的陈述,他认为这样更能符合韩国文化的特点④。鉴于中国文化与韩国文化同属于亚洲文化,有一定的相似性,研究者借鉴以上学者的做法,对问卷的表述进行了修正,全部采用正向和积极的表述。

---

① Glaser, Straus, 1967, 转引自陈晓萍,徐淑英,樊景立. 组织与管理研究的实证方法 [M]. 北京:北京大学出版社,2008:272.

② 王辉,武朝艳,张燕,陈昭全. 领导授权赋能行为的维度确认与测量 [J]. 心理学报,2008,40(12):1297 - 1305.

③ Farh J. L., Earley P. C., and Lin S. C. Impetus for Action: A Cultural Analysis of Justice and Organizational Citizenship Behavior in Chinese Society. Administrative Service Quarterly, 1997 (42): 421 - 444.

④ Kim S., Revising Perry's Measurement Scale of Public Service Motivation. American Review of Public Administration, 2009 (39): 149 - 163.

第四章 公务员公共服务动机的内容结构分析

研究者虽然对已经得到的问卷项目内容进行了初步且大概的归类,但鉴于研究最终得到的条目适中,为了避免人的主观性给研究带来的不利,我们认为完全可以通过样本的预试调查,问卷项目内容的因素分析等先进的统计学方法来确定最终的因素结构。研究者直接将这些最终确定的条目通过技术化处理改编成预试问卷条目,以进行问卷编制的下一步工作,公共服务动机内容结构的探索性因素分析。研究者将问卷各项目随机排列,每个项目都按照李克特五级量表进行打分,程度从"完全不同意"到"完全同意"共五级,评分标准从"1分"到"5分"。

之所以直接采用统计的方式来确定内容结构,是因为个人主观评价虽然可在一定程度上认识公共服务动机的内在结构,但这样的结果不能作为量表条目和构念结构确定的最终参考因素,还是需要通过科学的手段,通过调查数据,采用探索性因素分析和验证性因素分析等方法,最终确定真实反映 PSM 构念的内容条目及维度,确定公共服务动机的正式调查问卷。

第二节 公共服务动机的探索性因子分析

探索性因素分析(Exploratory Factor Analysis:EFA)是一个复杂的测量变量的多元统计分析技术[①],在各个领域的实证研究中经常使用的数据统计分析方法。当对测试的内部结构缺乏一个明确的理论预期时,研究者通常把所有的测量指标进行因子分析,然后由得到的因子载荷的值来判断因素建构效度的好坏。如果测定相同的测量因素负载指数越大(一般高于 0.4),而在同一时间的其他维度上的负载指数越小,表明测试的建构效度越好[②]。通过探索性因素分析,可以发现那些与研究主题毫不相干的内容(如因素负荷非常低),或者不符合研究人员预期的指标(如负的负载因子或不跌反升在测量中的最大负载因子等)。根据这些信息,研究人员可以识别研究主题的内部结构,建议应该删除那些不符合要求的指标,增加那些需要的指标。在修正、删除了那些不符合需要的指标后,研究人员需要再次收集数据,进行因子分析,以进一步确认内部结构。

在进行探索性因子分析之前,需要判断测量数据是否适合进行探索性因素分析,判断的指标主要有两个:①巴特利(Bartlett)球形检验值。巴特利特球形检验(Bartlett's Test of Sphericity),以原有变量的相关系数矩阵为出发点,其原假

---

① 温忠麟,邢最智. 现代教育与心统计技术 [M]. 南京:江苏教育出版社,2004:201.
② 陈晓萍,徐淑英,樊景立. 组织与管理研究的实证方法 [M]. 北京:北京大学出版社,2008:272.

设 H0 是：关系数矩阵是单位阵，即相关系数矩阵为对角矩阵且主对角元素全为 1。巴特利球形检验的检验统计量根据相关系数矩阵的行列式计算得到，而且近似服从卡方分布。如果该统计量的观测值比较大，且对应的概率 p 值小于显著性水平 0，则应拒绝零假设，认为相关系数矩阵不太可能是单位矩阵，原有变量适合做因子分析；反之，如果检验统计量的观测值比较小，且对应的概率 p 值大于给定的显著性水平 a，则不能拒绝零假设，可以认为相关系数矩阵与单位阵无显著差异，原有变量不适合做因子分析。一旦巴特利球形检验 X^2（P 值应小于 0.001）达到显著性水平，表明题目之间存在共同因子，适合进行探索性因素分析。②样本的适合性检验指标（Kaiser – Meyer – Olkin；KMO）。在确定能够做因子分析后，本书采取的指标是 KMO，KMO 的数值在 0~1。KMO 越接近 1，意味着变量间的相关性越强。KMO 的检验标准是：0.9 以上，非常适合；0.8~0.9，适合；0.7~0.8，一般；0.6~0.7，不太适合；0.5 以下，则表示极不适合做探索性因素分析①。

一、数据处理

预调查所采用的调查均采用现场调查、现场回收的方式。调查对象为中山大学政治与公共事务管理学院 2010 级、2011 级 MPA 单证、双证班的学员及笔者在 Z 市各级政府工作的同学、朋友。本次调查共发放问卷 315 份，回收问卷 295 份，问卷回收率为 94%。第一次剔除明显信息不全的废卷 9 份，在数据录入中，第二次剔除完全无效信息问卷 7 份，经过信息匹配整理后得到用于研究的有效问卷为 279 份，问卷有效回收率为 88%。

值得指出的是，在本次调查中有如下情况将作为废卷处理：①遗漏过多，遗漏题项连续超过 2 个以上；②连续 10 题中，完全选择同一评价等级（如在量表中选择完全符合或完全不符合）或研究者认为选择是明显的恶意作答的；③明显的一题多选答案。对于一般漏填或是拒填问卷，属于非系统性填答或随机性的作答行为，由于在统计学上，这种方式可以被视为一种随机变量的来源，对统计结果影响不大。但是，为了保证研究结果的可靠性，研究者通常可以采取一些补救措施，如回归估计法、中间数估计法和评价值估计法等。样本的人口学、组织学特征如表 4 – 6 所示。

表 4 – 6 探索性因子分析样本情况（N = 279）

变量	类别	人数（人）	百分比（%）
性别	男	133	47.7
	女	146	52.3

---

① 郭志刚. 社会统计分析方法：SPSS 软件应用 [M]. 北京：中国人民大学出版社，1999.

续表

变量	类别	人数（人）	百分比（%）
年龄*	21~25周岁	27	9.7
	26~30周岁	199	71.3
	31~35周岁	25	9.0
	36~45周岁	22	7.9
	46~50周岁	4	1.4
	51~55周岁	2	0.7
教育背景*	高中及以下	6	2.2
	大专	6	2.2
	本科	201	74.2
	硕士（含双学位）	56	21.5
婚姻状况	已婚	135	48.4
	未婚	142	50.9
	其他	1	0.7
子女情况	有小孩	78	28
	无小孩	201	72
政治面貌	中共党员	205	73.5
	共青团员	39	14
	民主党派	1	0.4
	群众	34	12.6
职务级别*	办事员	31	11.1
	科员	172	61.6
	科级	74	26.5
	处级	2	0.7
工龄	2年及以下	7	2.5
	3~5年（含5年）	171	61.3
	6~10年（含10年）	87	31.2
	11年以上	14	5
年收入*（元）	5000~1万（不含1万）	16	5.7
	1万~3万（不含3万）	7	2.5
	3万~8万（不含8万）	100	35.8
	8万~15万（不含15万）	153	54.5
	15万~30万（不含30万）	3	0.4

注：表中标注"*"各变量分别代表相关统计数据为"0"，未予以列出，其中，年龄：66周岁以上；教育背景：博士；职务级别：厅级及以上；年收入：30万~100万元以上。

二、研究结果与分析

在统计分析中，项目分析是非常重要的一部分，其主要目的是分析测试规模或个别项目的适当性或可靠性，用以提高问卷的有效性。项目分析的第一步是计算每一项问卷调查的关键比率（Critial Ratio），也被称为项目决断值，为了衡量得分，已分出高分组和低分组，再求高、低分组在每个条目中的平均差异，看结果是否符合李克特量表的项目分析。①是检验项目分辨被试不同水平的能力，具有良好分辨力的项目，能区分不同水平的被试，使得项目上水平高的被试得分高，水平低的被试得分低。之后再检验高低分组之间各题项的平均值差异显著性（T检验），并剔除未达显著性水平的那些题项②。在实际操作中，研究者通常是按照量表总得分前27%和后27%的差异来进行比较，通常称为两个极端组比较，极端组比较结果的差异值即称为决断值或称临界比（CR值），也称为决断值。决断值检验未达显著的题项（显著性检验概率p>0.05）应将其删除，因为一个质量较好的态度类量表的题项，其高分组与低分组在题项上的得分的平均数差异应是显著的，也就是说，总量表得分的高分组与低分组在题项答对百分比的差异值上越大越好，差异值愈大则表示此题的鉴别度越佳。平均数差异值（Avereage）的检验与独立样本T检验操作程序相同。因此，可根据两个独立样本T检验求得的T值作为决断值或临界比数值，T值越高表示题目的鉴别度越高。此外，我们还计算了每个题项的分数与总分数的相关性。分析项目与总分的相关，其实就是观察项目与总分的一致性程度，项目与总分之间呈正相关时，项目就有鉴别力，项目与总分的相关高，意味着项目能将不同水平的被试区分开来，按照杜克（Tuker）的推论，项目与测验总分的相关在0.3~0.8，项目就能为测验提供满意的信度和效度③。

1. 项目分析结果

首先是要对公共服务动机预调查问卷进行问卷的编码、问卷整理筛选及无效问卷的处理工作。删除整份问卷答案遗漏过多、一题多答、之字形作答等及问卷答题空白多于三个的无效问卷，最终保留有效问卷279份。

在本次预调查研究中，研究者首先计算被试公共服务动机预试问卷的48个项目总分，并按量表总分的高低分别对其进行升序和降序排列。从排序表中可知，总人数的27%所对应的分数分别为179和151，所以我们将总分高于179的

---

① Frankfort - Nachmias C., and Nachmias D. Research Methods in the Social Sciences. London: St. Martin's Press, Inc. 1992: 437；风笑天. 现代社会调查方法（第三版），武汉: 华中科技大学出版社 2005: 100. 袁方: 社会研究方法教程 [M]. 北京大学出版社, 1997: 302.

② 吴明隆. 问卷统计分析实务: SPSS 操作与应用 [M]. 重庆: 重庆大学出版社, 2010: 41.

③ 戴忠恒. 心理与教育测量 [M]. 上海: 上海华东师范大学出版社, 1988: 163.

第四章 公务员公共服务动机的内容结构分析

被试者划为高分组,总分低于151的被试划为低分组,以备后续使用。

其次,研究者采用独立样本 T 检验,检验高低两个分组在 48 个项目上的得分差异。检验结果,高分组与低分组在所有题项答对百分比的差异值都比较大,说明所有题项的鉴别度较佳(统计量组别差异如表4-8所示)。同时,平均数差异值的检验与独立样本 T 检验操作程序相同,因此可根据两个独立样本 T 检验求得的 T 值作为决断值或临界比数值(CR),T 值越高表示题目的鉴别度越高。分析结果显示,所有题目高分组和低分组平均数的 T 值都差异显著,所有 48 个项目都具有良好的项目鉴别度,因此,所有题项全部予以保留。公共服务动机项目的具体分析结果如表4-7所示。

表4-7 公共服务动机项目分析结果(独立样本检验)

		Levene's Test for Equality of Variances		T-test for Equality of Means						
		F	Sig.	t	df	Sig. (2-tailed)	Mean Difference	Std. Error Difference	95% Confidence Interval of the Difference	
									Lower	Upper
PSM1	假设方差相等	19.737	0.000	8.382	157.000	0.000	1.176	0.140	0.899	1.453
	不假设方差相等			8.332	139.920	0.000	1.176	0.141	0.897	1.455
PSM2	假设方差相等	7.643	0.006	8.215	157.000	0.000	1.499	0.182	1.138	1.859
	不假设方差相等			8.169	141.382	0.000	1.499	0.183	1.136	1.861
PSM3	假设方差相等	8.026	0.005	7.896	157.000	0.000	1.046	0.132	0.784	1.307
	不假设方差相等			7.859	145.361	0.000	1.046	0.133	0.783	1.309
PSM4	假设方差相等	16.531	0.000	6.989	157.000	0.000	1.030	0.147	0.739	1.322
	不假设方差相等			6.949	140.382	0.000	1.030	0.148	0.737	1.324
PSM5	假设方差相等	2.742	0.100	8.075	157.000	0.000	0.972	0.120	0.734	1.210
	不假设方差相等			8.100	154.605	0.000	0.972	0.120	0.735	1.209
PSM6	假设方差相等	4.808	0.030	9.029	157.000	0.000	0.865	0.096	0.676	1.054
	不假设方差相等			9.097	139.437	0.000	0.865	0.095	0.677	1.053
PSM7	假设方差相等	0.152	0.697	7.499	157.000	0.000	0.903	0.120	0.665	1.140
	不假设方差相等			7.491	155.615	0.000	0.903	0.120	0.665	1.141
PSM8	假设方差相等	2.319	0.130	12.383	157.000	0.000	1.328	0.107	1.116	1.539
	不假设方差相等			12.368	155.368	0.000	1.328	0.107	1.116	1.540
PSM9	假设方差相等	10.051	0.002	6.361	157.000	0.000	0.751	0.118	0.518	0.984
	不假设方差相等			6.411	137.045	0.000	0.751	0.117	0.519	0.982

续表

		Levene's Test for Equality of Variances		T-test for Equality of Means						
		F	Sig.	t	df	Sig. (2-tailed)	Mean Difference	Std. Error Difference	95% Confidence Interval of the Difference	
									Lower	Upper
PSM10	假设方差相等	2.335	0.128	11.263	157.000	0.000	1.380	0.123	1.138	1.622
	不假设方差相等			11.192	138.330	0.000	1.380	0.123	1.136	1.624
PSM11	假设方差相等	1.223	0.270	12.508	157.000	0.000	1.379	0.110	1.162	1.597
	不假设方差相等			12.525	156.783	0.000	1.379	0.110	1.162	1.597
PSM12	假设方差相等	5.670	0.018	7.987	157.000	0.000	1.048	0.131	0.789	1.308
	不假设方差相等			7.966	152.503	0.000	1.048	0.132	0.788	1.308
PSM13	假设方差相等	3.140	0.078	5.494	157.000	0.000	0.901	0.164	0.577	1.225
	不假设方差相等			5.480	152.671	0.000	0.901	0.164	0.576	1.226
PSM14	假设方差相等	5.295	0.023	8.605	155.000	0.000	1.188	0.138	0.915	1.461
	不假设方差相等			8.592	144.951	0.000	1.188	0.138	0.915	1.461
PSM15	假设方差相等	1.021	0.314	9.198	156.000	0.000	1.238	0.135	0.973	1.504
	不假设方差相等			9.191	154.672	0.000	1.238	0.135	0.972	1.505
PSM16	假设方差相等	10.752	0.001	8.435	157.000	0.000	1.073	0.127	0.821	1.324
	不假设方差相等			8.380	137.312	0.000	1.073	0.128	0.820	1.326
PSM17	假设方差相等	14.585	0.000	9.456	157.000	0.000	1.219	0.129	0.964	1.474
	不假设方差相等			9.380	129.624	0.000	1.219	0.130	0.962	1.476
PSM18	假设方差相等	3.038	0.083	8.421	157.000	0.000	0.908	0.108	0.695	1.121
	不假设方差相等			8.448	154.287	0.000	0.908	0.108	0.696	1.121
PSM19	假设方差相等	12.356	0.001	12.367	157.000	0.000	1.676	0.136	1.408	1.944
	不假设方差相等			12.305	143.803	0.000	1.676	0.136	1.407	1.945
PSM20	假设方差相等	1.487	0.224	9.571	157.000	0.000	1.276	0.133	1.013	1.540
	不假设方差相等			9.531	147.198	0.000	1.276	0.134	1.012	1.541
PSM21	假设方差相等	3.499	0.063	10.631	157.000	0.000	1.347	0.127	1.097	1.597
	不假设方差相等			10.576	143.245	0.000	1.347	0.127	1.095	1.599
PSM22	假设方差相等	1.174	0.280	12.383	157.000	0.000	1.328	0.107	1.116	1.539
	不假设方差相等			12.407	156.337	0.000	1.328	0.107	1.116	1.539
PSM23	假设方差相等	10.452	0.001	11.512	157.000	0.000	1.476	0.128	1.223	1.730
	不假设方差相等			11.390	116.038	0.000	1.476	0.130	1.220	1.733

续表

		Levene's Test for Equality of Variances		T-test for Equality of Means						
		F	Sig.	t	df	Sig. (2-tailed)	Mean Difference	Std. Error Difference	95% Confidence Interval of the Difference	
									Lower	Upper
PSM24	假设方差相等	13.555	0.000	8.731	157.000	0.000	1.311	0.150	1.015	1.608
	不假设方差相等			8.639	116.224	0.000	1.311	0.152	1.011	1.612
PSM25	假设方差相等	53.921	0.000	8.436	157.000	0.000	1.274	0.151	0.976	1.573
	不假设方差相等			8.345	115.210	0.000	1.274	0.153	0.972	1.577
PSM26	假设方差相等	10.831	0.001	8.992	157.000	0.000	1.350	0.150	1.054	1.647
	不假设方差相等			8.916	127.493	0.000	1.350	0.151	1.051	1.650
PSM27	假设方差相等	30.577	0.000	4.564	157.000	0.000	0.628	0.138	0.356	0.900
	不假设方差相等			4.531	134.502	0.000	0.628	0.139	0.354	0.902
PSM28	假设方差相等	27.331	0.000	11.233	157.000	0.000	1.444	0.129	1.190	1.698
	不假设方差相等			11.131	123.975	0.000	1.444	0.130	1.187	1.701
PSM29	假设方差相等	23.829	0.000	6.172	157.000	0.000	0.820	0.133	0.557	1.082
	不假设方差相等			6.118	126.350	0.000	0.820	0.134	0.554	1.085
PSM30	假设方差相等	0.415	0.520	9.441	157.000	0.000	1.238	0.131	0.979	1.497
	不假设方差相等			9.439	156.668	0.000	1.238	0.131	0.979	1.497
PSM31	假设方差相等	3.510	0.063	12.184	157.000	0.000	1.450	0.119	1.215	1.685
	不假设方差相等			12.194	156.997	0.000	1.450	0.119	1.215	1.685
PSM32	假设方差相等	35.147	0.000	8.035	157.000	0.000	1.315	0.164	0.992	1.638
	不假设方差相等			7.947	114.341	0.000	1.315	0.165	0.987	1.643
PSM33	假设方差相等	12.703	0.000	13.859	157.000	0.000	1.312	0.095	1.125	1.499
	不假设方差相等			13.824	152.535	0.000	1.312	0.095	1.125	1.500
PSM34	假设方差相等	10.455	0.001	9.490	157.000	0.000	1.156	0.122	0.915	1.396
	不假设方差相等			9.462	151.205	0.000	1.156	0.122	0.914	1.397
PSM35	假设方差相等	0.984	0.323	8.607	157.000	0.000	0.949	0.110	0.731	1.167
	不假设方差相等			8.611	156.978	0.000	0.949	0.110	0.731	1.167
PSM36	假设方差相等	0.342	0.560	17.198	157.000	0.000	1.761	0.102	1.558	1.963
	不假设方差相等			17.205	156.954	0.000	1.761	0.102	1.559	1.963
PSM37	假设方差相等	13.338	0.000	16.578	157.000	0.000	1.520	0.092	1.339	1.701
	不假设方差相等			16.524	150.460	0.000	1.520	0.092	1.338	1.702

续表

		Levene's Test for Equality of Variances		T-test for Equality of Means					95% Confidence Interval of the Difference	
		F	Sig.	t	df	Sig. (2-tailed)	Mean Difference	Std. Error Difference	Lower	Upper
PSM38	假设方差相等	14.635	0.000	13.294	157.000	0.000	1.268	0.095	1.079	1.456
	不假设方差相等			13.241	147.864	0.000	1.268	0.096	1.079	1.457
PSM39	假设方差相等	2.634	0.107	11.654	157.000	0.000	1.153	0.099	0.958	1.349
	不假设方差相等			11.643	155.837	0.000	1.153	0.099	0.958	1.349
PSM40	假设方差相等	28.025	0.000	8.078	157.000	0.000	1.096	0.136	0.828	1.364
	不假设方差相等			8.009	126.785	0.000	1.096	0.137	0.825	1.367
PSM41	假设方差相等	6.844	0.010	11.000	157.000	0.000	1.313	0.119	1.078	1.549
	不假设方差相等			10.930	137.804	0.000	1.313	0.120	1.076	1.551
PSM42	假设方差相等	11.781	0.001	13.822	157.000	0.000	1.507	0.109	1.292	1.722
	不假设方差相等			13.783	151.673	0.000	1.507	0.109	1.291	1.723
PSM43	假设方差相等	13.424	0.000	7.735	157.000	0.000	0.862	0.111	0.642	1.082
	不假设方差相等			7.787	142.696	0.000	0.862	0.111	0.643	1.081
PSM44	假设方差相等	2.417	0.122	5.481	157.000	0.000	0.762	0.139	0.487	1.037
	不假设方差相等			5.469	153.208	0.000	0.762	0.139	0.487	1.037
PSM45	假设方差相等	1.454	0.230	13.740	157.000	0.000	1.328	0.097	1.137	1.519
	不假设方差相等			13.768	156.231	0.000	1.328	0.096	1.138	1.519
PSM46	假设方差相等	1.865	0.174	10.354	157.000	0.000	1.139	0.110	0.922	1.356
	不假设方差相等			10.407	149.146	0.000	1.139	0.109	0.923	1.355
PSM47	假设方差相等	0.173	0.678	8.943	157.000	0.000	0.931	0.104	0.725	1.136
	不假设方差相等			8.952	156.970	0.000	0.931	0.104	0.725	1.136
PSM48	假设方差相等	0.144	0.704	6.876	157.000	0.000	0.766	0.111	0.546	0.987
	不假设方差相等			6.863	154.015	0.000	0.766	0.112	0.546	0.987

最后，计算项目的鉴别力指数，分别统计出高分组和低分组在各项目上的得分率，二者之差即是项目的鉴别力指数，根据美国心理学测量专家贝尔长期编制测验的经验，对于测验试题的衡量 D 值（Discrimination index，简称 D 值）在 0.40 以上项目非常优良，D 值在 0.30～0.39 项目良好，D 值在 0.2～0.29 尚可，仍需修

改，D 值在 0.19 以下则必须淘汰①。本研究项目分析结果显示，公共服务动机测量问卷的所有 48 个项目鉴别力指数（D 值）都在 0.4 以上，项目鉴别力非常强，如表 4-8 所示。

表 4-8　公共服务动机项目组别统计量（项目鉴别力指数）

变量	PSM 组别	N 个数	Mean 均值	Std. Deviation 标准差	Std. Error Mean 平均数的标准误	项目鉴别力指数（D）
PSM1	1	78	4.080	1.016	0.115	1.18
	2	81	2.900	0.735	0.082	
PSM2	1	78	3.790	1.313	0.149	1.49
	2	81	2.300	0.968	0.108	
PSM3	1	78	3.900	0.934	0.106	1.05
	2	81	2.850	0.726	0.081	
PSM4	1	78	3.490	1.066	0.121	1.03
	2	81	2.460	0.775	0.086	
PSM5	1	78	4.580	0.694	0.079	0.98
	2	81	3.600	0.817	0.091	
PSM6	1	78	4.680	0.470	0.053	0.87
	2	81	3.810	0.709	0.079	
PSM7	1	78	4.040	0.780	0.088	0.90
	2	81	3.140	0.737	0.082	
PSM8	1	78	4.510	0.698	0.079	1.32
	2	81	3.190	0.654	0.073	
PSM9	1	78	4.600	0.566	0.064	0.75
	2	81	3.850	0.882	0.098	
PSM10	1	78	3.920	0.894	0.101	1.38
	2	81	2.540	0.633	0.070	
PSM11	1	78	4.240	0.668	0.076	1.38
	2	81	2.860	0.720	0.080	
PSM12	1	78	3.970	0.882	0.100	1.04
	2	81	2.930	0.771	0.086	
PSM13	1	78	3.670	1.101	0.125	0.90
	2	81	2.770	0.965	0.107	

---

① 戴忠恒. 心理与教育测量 [M]. 华东师范大学出版社，1988：163.

续表

变量	PSM 组别	N 个数	Mean 均值	Std. Deviation 标准差	Std. Error Mean 平均数的标准误	项目鉴别力指数（D）
PSM14	1	78	3.850	0.968	0.110	1.19
	2	79	2.660	0.749	0.084	
PSM15	1	78	4.040	0.874	0.099	1.24
	2	80	2.800	0.818	0.091	
PSM16	1	78	3.960	0.932	0.106	1.07
	2	81	2.890	0.652	0.072	
PSM17	1	78	3.580	0.974	0.110	1.22
	2	81	2.360	0.619	0.069	
PSM18	1	78	4.530	0.618	0.070	0.91
	2	81	3.620	0.734	0.082	
PSM19	1	78	3.920	0.964	0.109	1.67
	2	81	2.250	0.734	0.082	
PSM20	1	78	4.130	0.931	0.105	1.28
	2	81	2.850	0.743	0.083	
PSM21	1	78	4.040	0.904	0.102	1.35
	2	81	2.690	0.683	0.076	
PSM22	1	78	4.510	0.639	0.072	1.32
	2	81	3.190	0.709	0.079	
PSM23	1	78	3.860	1.016	0.115	1.48
	2	81	2.380	0.538	0.060	
PSM24	1	78	3.740	1.189	0.135	1.31
	2	81	2.430	0.631	0.070	
PSM25	1	78	3.410	1.200	0.136	1.27
	2	81	2.140	0.628	0.070	
PSM26	1	78	3.790	1.144	0.129	1.35
	2	81	2.440	0.707	0.079	
PSM27	1	78	3.630	1.021	0.116	0.63
	2	81	3.000	0.689	0.077	
PSM28	1	78	3.650	0.991	0.112	1.44
	2	81	2.210	0.586	0.065	

第四章 公务员公共服务动机的内容结构分析

续表

变量	PSM 组别	N 个数	Mean 均值	Std. Deviation 标准差	Std. Error Mean 平均数的标准误	项目鉴别力指数 （D）
PSM29	1	78	3.460	1.015	0.115	0.82
	2	81	2.640	0.619	0.069	
PSM30	1	78	4.420	0.830	0.094	1.23
	2	81	3.190	0.823	0.091	
PSM31	1	78	4.490	0.734	0.083	1.45
	2	81	3.040	0.766	0.085	
PSM32	1	78	3.170	1.304	0.148	1.32
	2	81	1.850	0.673	0.075	
PSM33	1	78	4.440	0.636	0.072	1.32
	2	81	3.120	0.556	0.062	
PSM34	1	78	4.210	0.827	0.094	1.16
	2	81	3.050	0.705	0.078	
PSM35	1	78	4.630	0.686	0.078	0.95
	2	81	3.680	0.704	0.078	
PSM36	1	78	4.540	0.638	0.072	1.76
	2	81	2.780	0.652	0.072	
PSM37	1	78	4.370	0.626	0.071	1.52
	2	81	2.850	0.527	0.059	
PSM38	1	78	4.230	0.663	0.075	1.27
	2	81	2.960	0.535	0.059	
PSM39	1	78	4.470	0.639	0.072	1.15
	2	81	3.320	0.609	0.068	
PSM40	1	78	3.600	1.036	0.117	1.09
	2	81	2.510	0.635	0.071	
PSM41	1	78	3.790	0.873	0.099	1.31
	2	81	2.480	0.615	0.068	
PSM42	1	78	4.360	0.738	0.084	1.51
	2	81	2.850	0.635	0.071	
PSM43	1	78	4.620	0.564	0.064	0.87
	2	81	3.750	0.814	0.090	

续表

变量	PSM 组别	N 个数	Mean 均值	Std. Deviation 标准差	Std. Error Mean 平均数的标准误	项目鉴别力指数（D）
PSM44	1	78	4.240	0.928	0.105	0.76
	2	81	3.480	0.823	0.091	
PSM45	1	78	4.530	0.575	0.065	1.33
	2	81	3.200	0.641	0.071	
PSM46	1	78	4.420	0.593	0.067	1.14
	2	81	3.280	0.778	0.086	
PSM47	1	78	4.460	0.638	0.072	0.93
	2	81	3.530	0.672	0.075	
PSM48	1	78	4.360	0.738	0.084	0.77
	2	81	3.590	0.667	0.074	

除了引入极端组作为一个项目的分析指标外，为了增加研究的可靠性，我们还采用了同质性检验作为另一个筛选的指标。如果个别题项的得分与总量表的得分相关越高，表示题项与整体量表的同质性越高，所要测量题项与研究主题的心理特质或潜在行为更为接近；如果个别题项与总分的相关系数未达显著，或两者的相关系数比较低（相关系数<0.4），则表示该题项与整体量表的同质性不高，最好的处理方式是将其删除。一般来讲，一个决断值较低的题项，其题项与总分的相关也可能较低。同质性检验即求出个别题项与总分的积差相关系数（Correeted – Item Total Correlation，即 CITC 系数），以此来净化测量项目，剔除信度较低的项目[1]。但是按照杜克的理论，测量项目与测验总分的相关系数在 0.4 ~ 0.8，项目就能为测量提供满意的信度和效度[2]。就是说，发现某项目的 CITC 值小于 0.4，并且删除后会导致 a 系数值增加，表示该题项与整体量表的同质性不高，则该项目应删除[3]。因此，本书还会利用 a 信度系数法（Cronbach's Alpha）检验测量变量的信度。一般而言，剩余测量项目的 a 系数超过 0.7 则说明测量信度符合要求[4]。

从表 4 – 9 可以看出，本次测量中的所有题项的 CITC 系数值除题项 PSM13

---

[1] 赵溢洋. 阳光体育与"外来学生群体"的城市融入研究 [D]. 曲阜师范大学博士学位论文, 2011 – 4 – 11.

[2] 戴忠恒. 心理与教育测量 [M]. 华东师范大学出版社, 1988: 262.

[3] 卢文岱. SPSS for Windows 统计分析 [M]. 北京: 电子工业出版社, 2002.

[4] 吴明隆. 问卷统计分析实务: SPSS 操作与应用 [M]. 重庆: 重庆大学出版社, 2010.

低于 0.4 外（PSM13 = 0.381），其他的都超过 0.4 的标准，除了删除 PSM13 后项目的 Alpha 系数会增加且超过问卷的整体一致性系数外（Alpha = 0.952），剩余 47 个题项删除该项目后的 αlpha 系数均小于或等于整体问卷的一致性系数。表 4-9 中所展示的整体问卷的一致性系数达到了 0.951，表明问卷具有非常好的信度和较小的测量误差。因此，结合问卷的设置应将 PSM13 删除，问卷的其余 47 个题项均予以保留。

表 4-9 公共服务动机问卷的 CITC 及信度检验

变量	CITC	Cronbach's Alpha if Item Deleted 删除该项目后的 α 系数	Reliability Statistics
PSM1	0.476	0.951	
PSM2	0.498	0.951	
PSM3	0.522	0.950	
PSM4	0.550	0.950	
PSM5	0.523	0.951	
PSM6	0.487	0.951	
PSM7	0.513	0.951	
PSM8	0.581	0.950	
PSM9	0.416	0.951	
PSM10	0.653	0.950	
PSM11	0.651	0.950	
PSM12	0.512	0.951	
PSM13	0.381	0.952	Cronbach's Alpha
PSM14	0.588	0.950	0.951
PSM15	0.603	0.950	
PSM16	0.497	0.951	
PSM17	0.586	0.950	
PSM18	0.473	0.951	
PSM19	0.646	0.950	
PSM20	0.546	0.950	
PSM21	0.563	0.950	
PSM22	0.596	0.950	
PSM23	0.665	0.950	
PSM24	0.564	0.950	
PSM25	0.511	0.951	
PSM26	0.619	0.950	

续表

变量	CITC	Cronbach's Alpha if Item Deleted 删除该项目后的 a 系数	Reliability Statistics
PSM27	0.408	0.951	
PSM28	0.679	0.950	
PSM29	0.498	0.951	
PSM30	0.482	0.951	
PSM31	0.555	0.950	
PSM32	0.638	0.950	
PSM33	0.530	0.950	
PSM34	0.585	0.950	
PSM35	0.522	0.950	
PSM36	0.654	0.950	
PSM37	0.702	0.950	
PSM38	0.660	0.950	
PSM39	0.595	0.950	
PSM40	0.517	0.951	
PSM41	0.659	0.950	
PSM42	0.655	0.950	
PSM43	0.460	0.951	
PSM44	0.402	0.951	
PSM45	0.646	0.950	
PSM46	0.582	0.950	
PSM47	0.508	0.951	
PSM48	0.441	0.951	

2. 因子分析适合性检验（KMO）

研究者在对预调查收集到的 279 份有效样本数据进行探索性因素分析（EFA）之前，要先利用问卷调查数据适合值（KMO）和巴特利（Bartlett'S）球形检验的卡方值检验其因子分析适合度。根据 Kaiser 的观点，KMO 值大于 0.7 才可以进行因子分析[①]。因子分析的适合性检验结果如表 4-10 所示。经过分析，本次问卷调查样本数据的 KMO 值为 0.844，Bartlett's 球形检验的卡方值为 3852.894（P<0.001），达到统计学上的显著性水平。由以上结果可推断，本次预调查的变量间有共同的因素存在，是适合于进行探索性因素分

---

① 吴明隆. 问卷统计分析事物：SPSS 操作与应用 [M]. 重庆：重庆大学出版社，2010：177.

析的。

表 4-10 KMO 和 Bartlett's 检验结果

Kaiser – Meyer – Olkin Measure of Sampling Adequacy		0.844
Bartlett's Test of Sphericity	Approx. Chi – Square	3852.894
	df	351
	Sig.	0.000

3. 因素提取

根据以上分析结果，本书将对公共服务动机预调查问卷的全部题项纳入探索性因素分析。首先，采用主成分分析法（Principal Components Analysis）抽取公共因素，以斜交转轴法*（Promax）进行因素旋转，并结合项目分析，参考各项目的共同度和因素负荷值，筛选题项。其次，以特征根大于 1 为提取因素的标准，并参照碎石图来确定最终的项目和因素。逐步删除对抽取的公共因素贡献小的项目，基本的标准是删除共同度（Communalities）小于 0.50 的，并且在两个因素上的负荷值都大于 0.40 的项目，之后再次重复上述步骤，循环进行探索性因素分析，达到较为理想的、较为满意的结果为止。最后，探索性因素分析的结果表明，我国政府公务员的公共服务动机内容结构呈现出了清晰的七因素结构，总方差解释量为 66.473%。经过分析，预调查问卷最终保留了 27 个题项。从共同度指标来看，27 个题项的共同度在 0.517~0.909，这说明 27 个题项在七因素模型中都可以得到比较满意的解释。各项目在相应因素上的负荷及各项目上的共同度如表 4-11 所示。

表 4-11 公共服务动机内容结构因素分析结果及各项目共同度（N=279）

	项目	因子载荷							共同度
		Component							
		1	2	3	4	5	6	7	
PSM24	我认为，人们应该多为社会做贡献，少索取	0.828	0.040	0.023	-0.095	0.054	-0.020	0.010	0.712
PSM2	我相信国家利益高于一切	0.765	-0.100	0.122	0.186	0.065	-0.014	-0.241	0.619
PSM23	能为社会做出贡献，比实现我的个人目标更为重要	0.741	-0.033	0.006	-0.067	0.022	0.218	0.130	0.752

续表

项目		因子载荷							共同度
		Component							
		1	2	3	4	5	6	7	
PSM32	我已准备好为建设一个美好的社会做出巨大牺牲	0.721	0.083	0.133	0.090	-0.069	-0.045	0.020	0.631
PSM29	我赞成"天下一家亲"的说法	0.692	0.228	-0.237	-0.064	0.077	-0.018	0.096	0.602
PSM47	"老吾老,以及人之老,幼吾幼,以及人之幼"	0.053	0.729	-0.055	0.244	0.024	-0.226	0.041	0.627
PSM46	我认为责任重于泰山	-0.011	0.724	-0.088	0.089	-0.076	0.178	0.053	0.669
PSM18	从日常的工作中我发现,互相帮助是多么的重要	0.108	0.718	-0.180	-0.185	0.095	0.081	0.050	0.546
PSM45	做一个有责任的人,为社会奉献自己的力量	0.084	0.673	-0.002	0.059	-0.139	0.290	-0.038	0.710
PSM48	我赞同"成人之美,不成人之恶"的说法	-0.027	0.651	0.296	0.027	0.031	-0.265	-0.080	0.517
PSM1	我对参与制定国家或我所在的城市的政策或规划非常感兴趣	0.027	-0.058	0.833	0.074	-0.118	0.063	-0.116	0.664
PSM7	我对社区里发生的事情很感兴趣	0.083	-0.067	0.736	-0.051	-0.025	-0.017	0.124	0.583
PSM6	看到人们从我所参与的政策中受益我非常有成就感	-0.058	0.208	0.573	-0.035	-0.012	0.319	-0.207	0.596
PSM3	我比较喜欢与人分享我对某些公共政策的看法	-0.029	-0.203	0.562	0.036	0.173	0.145	0.228	0.540
PSM5	我对弱势群体满怀同情	-0.026	0.250	0.501	-0.120	0.114	-0.216	0.331	0.590
PSM31	我希望能做到"穷则独善其身,达则兼济天下"	-0.060	0.027	-0.024	0.884	0.029	0.032	0.189	0.909
PSM26	我比较认同"先天下之忧而忧,后天下之乐而乐"精神	-0.075	-0.030	-0.001	0.880	0.001	0.020	0.221	0.872
PSM33	我认同"修身齐家治国平天下"的说法	0.212	0.153	0.034	0.694	0.016	0.022	-0.212	0.655

第四章 公务员公共服务动机的内容结构分析

续表

项目		因子载荷							共同度
		Component							
		1	2	3	4	5	6	7	
PSM40	同事间或朋友间有了矛盾，都喜欢找我说和	0.109	-0.033	-0.007	0.022	0.934	-0.026	-0.022	0.893
PSM27	我主张折中性的决策，不能太偏激，避免偏失	0.109	-0.050	-0.044	0.023	0.927	-0.068	0.005	0.863
PSM44	我认为，处理问题时应适可而止，过犹不及	-0.195	0.154	0.027	-0.004	0.633	0.289	-0.080	0.575
PSM16	我想到政府部门工作，并实现部分自身对社会的认同	0.084	-0.125	0.075	0.018	0.018	0.751	-0.005	0.590
PSM35	我敬佩那些能制定出好的政策的政府官员	-0.132	0.110	0.021	0.087	0.076	0.713	0.013	0.638
PSM15	我认为，推动社会进步比个人成就的获得更有意义	0.280	-0.042	0.038	-0.076	-0.072	0.570	0.199	0.579
PSM12	当看到别人不幸的时候，我很难控制自己的情感	-0.135	-0.021	-0.078	0.244	0.024	0.103	0.745	0.647
PSM17	我经常为他人的福利忧心，即使素不相识	0.324	-0.123	0.049	0.068	-0.110	-0.052	0.706	0.680
PSM34	我经常为贫困者的处境感慨	-0.093	0.331	0.134	-0.111	-0.013	0.040	0.626	0.686
方差解释率（% of Variance）		29.733	9.364	7.248	6.000	5.354	4.716	4.057	
累计方差解释率（Cumulative %）		66.473							

4. 因素命名

从表4-11中可知，本书对公共服务动机预调查问卷的全部题项进行探索性因素分析，结果显示我国公共服务动机包括七个因素。根据各个因素包含的具体内容和特征，结合国内外有关文献资料，我们将各个因素命名如下：

F1（因素一）共包括五个条目，分别是"我认为，人们应该多为社会做贡献，少索取""我相信国家利益高于一切""能为社会做出贡献，比实现我的个人目标更为重要""我已准备好为建设一个美好的社会做出巨大牺牲""我赞成天下一家亲的说法"。五个共同因素的累计方差解释率为29.733%，因素一的条目内容显示，我国政府公务员都具有良好的奉献社会精神、自我牺牲精神，这与我国长期的爱国主义教育是分不开的,同时,这也与西方国家的 PSM 自我牺牲[1]维度相吻合,但是考虑到我国已有的研究[2]及公共服务动机在我国的适应性,我们将这一维度命名为造福社会。

F2(因素二)共包括五个条目,分别是"老吾老,以及人之老,幼吾幼,以及人之幼""我认为责任重于泰山""从日常的工作中我发现,互相帮助是多么的重要""做一个有责任的人,为社会奉献自己的力量"和"我赞同成人之美,不成人之恶的说法"。五个共同因素的累积方差解释率为9.364%,因素二的条目内容显示,我国公务员具有较高的责任意识,中国公务员法实施以来,我国公务员总体的职业素养有了很大的提高,受传统道德责任的影响,作为个人的公务人员的责任主体意识得到了不断加强。综合分析,我们将此因素命名为公共责任。

F3(因素三)包括"我对参与制定国家或我所在的城市的政策或规划非常感兴趣""我对社区里发生的事情很感兴趣""看到人们从我所参与的政策中受益我非常有成就感""我比较喜欢与人分享我对某些公共政策的看法""我对弱势群体满怀同情"五个条目。探索性因素分析显示五个条目的累计方差解释率为7.248%。因素三的条目内容显示,我国公务员的服务动机在通过参与政府公共政策制定推动政府责任的落实等方面表现积极,同时也反映了我国公务员对通过集体行为解决社会问题的肯定。因此,综合分析,我们将此因素命名为政治参与,这一维度与西方学界的政策制定维度相似[3]。

F4(因素四)包括三个条目,分别是,"我希望能做到穷则独善其身,达则兼济天下"、"我比较认同'先天下之忧而忧,后天下之乐而乐'精神"、"我认同'修身齐家治国平天下'的说法"。探索性因素分析显示三个条目的累计方差解释率为6.000%。因素四的条目内容都是我国古代先贤的至理名言,蕴涵着一定的哲理,说明我国的传统道德伦理已经成为我国政府公务员公共服务动机的一个维度,因此,我们把因素四命名为道德伦理。

F5(因素五)包括三个条目,分别是,"同事间或朋友间有了矛盾,都喜欢找我说和""我主张折中性的决策,不能太偏激,避免偏失""我认为,处理问题时应适可而止,过犹而不及"。探索性因素分析显示三个条目的累计方差解释率为5.354%。因素五的条目内容显示,"贵和持中"是我国传统文化中特色最

---

[1] Perry J. L. Measuring Public Service Motivation:An Assessment of Construct Reliability and Validity. Journal of Public Administration Research and Theory,1996,6(1):19;Perry. J. L,Ante‐cedents of Public Service Motivation,Journal of Public Administration. Research and Theory,1997,7(2):186.

[2] 李小华. 公共服务动机研究:对中国 MPA 研究生公共服务动机的实证分析[M]. 北京:中国社会科学出版社,2010:109.

[3] Perry J. L. Measuring Public Service Motivation:an Assessment of Construct Reliability and Validity. Journal of Public Administration Research and Theory,1996,6(1):5–22.

为鲜明的价值取向之一。中国人处事向来讲究以"和为贵""心平气和""退一步海阔天空"等思想，在处理社会关系、人际关系及公共事务时，一个基本的动机便是"和"，而实现"和"的途径便是"中庸之道"，因此，我们把因素五命名为中庸之道。

F6（因素六）包括三个条目，分别是，"我想到政府部门工作，并实现部分自身对社会的认同""我敬佩那些能制定出好的政策的政府官员""我认为，推动社会进步比个人成就的获得更有意义"。探索性因素分析显示三个条目的累计方差解释率为4.716%。因素六的条目内容显示，我国公务员对于自身对社会的认同以及如何通过制定良好的政策推动社会进步表达了良好的意愿，也说明我国公务人员对某些特殊利益具有某种愿望。因此，我们将此因素命名为对特殊利益的愿望。

F7（因素七）包括三个条目，分别是，"当看到别人不幸的时候，我很难控制自己的情感""我经常为他人的福利忧心，即使素不相识""我经常为贫困者的处境感慨"。探索性因素分析显示三个条目的累计方差解释率为4.057%。因素七的条目内容显示，该因素与学界关于公共服务动机的理论与经验研究结果吻合，并且大多数学者都将其命名为"同情心"[1]，虽然同情心维度在此次预调查的所有七个维度中的解释率最低，但结构较为清晰，也符合学界关于公共服务动机框架结构的研究。因此，我们将此维度予以保留，继续命名为同情心。

从以上具体的分析内容看，这七个因素分别代表了公共服务动机的不同构面。但是，为了澄清公共服务动机的七因素结构之间的关系，研究对公共服务动机的结构维度进行平均数、标准差和相关性检验，结果如表4-12所示。

表4-12 公共服务动机内容结构的描述统计与相关矩阵分析（N=279）

	Mean	SD	1	2	3	4	5	6
1. 造福社会	2.836	0.824						
2. 公共责任	3.913	0.620	0.650***					
3. 政治参与	3.714	0.619	0.643***	0.751***				
4. 道德伦理	2.255	0.843	0.564***	0.488***	0.600***			
5. 中庸之道	2.121	0.729	0.584***	0.551***	0.612***	0.649***		
6. 特殊利益的愿望	2.158	0.678	0.614***	0.567***	0.585***	0.604***	0.568***	
7. 同情心	2.019	0.745	0.603***	0.468***	0.501***	0.611***	0.650***	0.650***

注：表中"*"表示P<0.05，"**"表示P<0.01，"***"表示P<0.001。

---

[1] Perry J. L., and Wise L. R. The Motivation Bases of Public Service. Public Administration Review, 1990-50 (3): 367-73; Kim S. Testing the Structure of Public Service Motivation in Korea: A Research Note Journal of Pziblic Administration Research and Theory, 2009, 19 (4): 839-851.

由表 4-12 可知，公共服务动机的表现形式中，公共责任维度最为明显，政治参与次之，且各因素之间的相关性较好（0.468~0.751），也表明各因素之间可能存在一个更高阶的共同因素，能够形成一个有机的整体，反映同一主题内容。

在进行高阶因素分析之前，首先需要对一阶各因素条目进行加总求平均值，使每个因素转化为一个条目，然后再对这些因素条目进行因素分析。对数据再次进行因素分析适合性检验，结果表明，KMO 值为 0.844，Bartlett 球形检验显著（$X^2 = 3852.894$，$p < 0.001$），满足因素分析的基本要求。采用主成分分析法，以 Promax 斜交旋转抽取因素，提取特征根大于 1 的因素，结果见表 4-13。

表 4-13 公共服务动机内容结构的二阶因素分析结果（N = 279）

一阶因素	二阶因素负荷	共同度
造福社会	0.861	0.731
公共责任	0.809	0.655
政治参与	0.804	0.686
道德伦理	0.814	0.698
中庸之道	0.810	0.693
特殊利益的愿望	0.805	0.675
同情心	0.843	0.710
特征根	2.754	
解释量	63.275%	

经过上述研究，基本可以认为，我国政府公务员的公共服务动机结构是由造福社会、公共责任、政策参与、道德伦理、中庸之道、特殊利益的愿望和同情心七个维度构成，并且这七个维度之间存在高阶因素。因此，论文得到的 27 个条目组成的公共服务动机测量问卷是可靠的。为了进一步确定 27 个条目的质量，本书再次进行项目分析。

项目分析采用"条目与总量表相关"（Corrected ltem - Total Correlation）"删除该条目后，总量表的 Cronbach's Alpha 系数""项目的决断值"（采用 27% 的分组标准）三项指标，分析结果见表 4-14。

经检验，27 个条目的总量表 Cronbach's Alpha 系数为 0.906，表 4-14 中显示，任意一个条目被删除后，总量表的 Cronbach's Alpha 系数都会低于 0.906，因此，所有 27 个条目都应该得到保留。另外，条目与总分相关及其条目的鉴别度都达到了 0.01 的显著性。由此可见，本书所得到的 27 个公共服务动机内容条目质量优良，满足心理测量学的各项要求。

表4-14 公共服务动机量表的项目分析结果（N=279）

变量	CITC	Cronbach's Alpha if Item Deleted 删除该项目后的α系数	项目决断值（鉴别度CR）
PSM1	0.484**	0.904	7.813
PSM2	0.494**	0.905	8.395
PSM3	0.548**	0.902	8.074
PSM5	0.556**	0.902	8.923
PSM6	0.537**	0.902	11.070
PSM7	0.521**	0.903	7.020
PSM12	0.537**	0.903	8.319
PSM15	0.573**	0.902	8.716
PSM16	0.503**	0.903	8.373
PSM17	0.547**	0.902	7.395
PSM18	0.493**	0.903	10.136
PSM23	0.639**	0.900	11.725
PSM24	0.532**	0.903	8.798
PSM26	0.580**	0.902	12.187
PSM27	0.433**	0.904	5.798
PSM29	0.496**	0.903	6.498
PSM31	0.618**	0.901	14.036
PSM32	0.610**	0.901	8.392
PSM33	0.550**	0.902	12.767
PSM34	0.610**	0.901	9.017
PSM35	0.545**	0.902	9.494
PSM40	0.482**	0.903	5.532
PSM44	0.445**	0.904	6.061
PSM45	0.650**	0.900	15.671
PSM46	0.612**	0.901	11.695
PSM47	0.543**	0.902	10.095
PSM48	0.472**	0.904	8.460

注：表中"*"表示P<0.05，"**"表示P<0.01，"***"表示P<0.001。

第三节 公共服务动机的验证性因子分析

在初步的问卷调查和探索性因素分析后，研究人员获得了我国地方政府公务员公共服务动机内容结构的七因素模型。然而，由于探索性因素分析方法本身存在着一些尝试性的特征，误差难免存在，它只能在研究的早期和形成理论时使用，而不能用来检验理论的建构①。所以，得到的公共服务动机七因素模型结构是否就是最好的、最适合我们研究的模型呢？是否还有其他更好的公共服务动机内容结构模型被我们忽略了？这就需要进一步通过验证性因素分析（Confirmatory Factor Analysis，CFA）进行检查和确认。验证性因素分析（CFA）是指，在初始阶段的研究中，研究人员已经提出了一个特定的结构关系的理论假设，然后通过统计分析和验证理论假设所得出的计量学模型是否确实的、适当的以及是否符合研究者的预期②。验证性因素分析（CFA）主要强调的是对测量模型的限定性条件，也就是说，研究者在消除测量误差的情况下，观察测量指标与理论假设模型的契合程度（Model Fit）。如果理论模型与抽样数据得到了较好的拟合，则表明该模型得到了数据的支持，即模型的结构构念效度优良，结构可靠。

因此，只有通过验证性因素分析（CFA），才能进一步检验探索性因素分析得到的公共服务动机内容结构七因素模型的合理性、适当性和可靠性。为此，本节的研究利用探索性因素分析（EFA）的结果编制用于公共服务动机研究的正式调查问卷，重新收集研究数据，然后，通过验证性因素分析（CFA）检验公务员公共服务动机的七因素模型的合理性与有效性，并将该模型与其他潜在的竞争模型进行综合比较，利用结构方程（SEM）拟合指数来判断其优越性。

一、数据处理

1. 样本

经过探索性因素分析得到的公共服务动机结构是否具有跨时间、跨样本的稳定性，需要重新取样，并采用验证性因素分析对公共服务动机的结构进行验证。因此，研究者利用经过探索性因素分析结果编制的正式调查问卷再次进行了问卷调查。本次问卷调查的对象是广东省 Z 市的 31 个政府组成部门、5 个市委有关

---

① 黄芳铭. 结构方程模式理论与应用 [M]. 北京：中国税务出版社，2005：3.
② 梁建，樊景立. 理论构念的测量 [J]，见陈晓萍，徐淑英，樊景立主编. 组织与管理研究的实证方法 [M]. 北京：北京大学出版社，2008：229-254.

部门、3 个中央垂直管理驻 Z 市部门，共 40 个政府职能部门发放问卷，每个部门发放问卷约 20 份，共计发放问卷约 700 份。后又在当地领导的介绍下，利用 Z 市 A 区和 D 区政府召开年度总结大会的契机，将剩余的问卷进行了收集，两次共计发放问卷约 988 份。通过对回收问卷的初步整理、筛选（剔除整份问卷呈规律性作答者、之字形作答者、问卷答题空白多于 3 个的及公共服务动机问卷标准化得分绝对值大于 3 者）共得到问卷 818 份，问卷回收率 82.7%。然后，进一步对问卷进行处理，第一次剔除信息明显不全的废卷 60 份，在数据录入中，第二次剔除完全无效信息问卷 35 份，经过信息匹配整理后得到用于研究的有效问卷为 723 份，问卷有效回收率为 73%①。有效样本的人口学、组织学特征如表 4-15 所示。

表 4-15 验证性因素分析样本情况一览（N=723）

变量	类别	人数（人）	百分比（%）
性别	男	375	51.9
	女	348	48.1
年龄*	21～25 周岁	75	10.4
	26～30 周岁	370	51.2
	31～35 周岁	182	25.2
	36～45 周岁	77	10.7
	46～50 周岁	13	1.8
	51～55 周岁	6	0.8
	缺失	—	—
教育背景*	高中及以下	16	2.2
	大专	19	2.6
	本科	530	73.3
	硕士（含双学位）	158	21.9
	缺失	—	—

---

① 在正式调查中有如下情况将作为废卷处理：一是遗漏过多，遗漏题项连续超过 2 个以上或问卷中共有 3 个遗漏题项；二是连续 10 题中，完全选择同一数值等级或认为是明显的恶意作答的视为废卷；三是一题多选答案，视为废卷。对于一般漏填或是拒填问卷，属于非系统性或随机性的作答行为，由于可以视为一种随机变量的来源，对统计结果影响不大，可以进行一些补救措施，常用的处理方法有：中间数估计法、评价值估计法和回归估计法。

续表

变量	类别	人数（人）	百分比（%）
婚姻状况	已婚	357	49.4
	未婚	354	49.0
	其他	7	0.9
	缺失	5	0.6
子女情况	有小孩	223	30.8
	无小孩	500	69.2
	缺失	—	—
政治面貌	中共党员	523	72.3
	共青团员	102	14.1
	民主党派	5	0.7
	群众	93	12.9
	缺失	—	—
职务级别*	办事员	99	13.7
	科员	430	59.5
	科级	179	24.8
	处级	15	2.1
	缺失	—	—
工龄	2年及以下	17	2.4
	3~5年（含5年）	449	62.1
	6~10年（含10年）	220	30.4
	11年以上	37	5.1
	缺失	—	—
年收入*（元）	5000~1万（不含1万）	16	5.7
	1万~3万（不含3万）	7	2.5
	3万~8万（不含8万）	100	35.8
	8万~15万（不含15万）	153	54.5
	15万~30万（不含30万）	3	0.4
	缺失	2	0.3

注：表中标注"*"各变量分别代表相关统计数据为"0"，未予以列出，其中，年龄：66周岁以上；教育背景：博士；职务级别：厅级及以上；年收入：30万~100万元以上。

2. 研究工具及方法选择

验证性因子分析用的数据采集，主要使用前期经过探索性因素分析得到的公共服务动机正式问卷收集。采用李克特五点量表测量广东省 Z 市政府公务员的行为与特征，分值从 1 到 5，程度从"完全不同意"到"完全同意"。

本阶段所使用的方法，主要是验证性因素分析法和结构方程模型。数据分析软件为 Mplus6.0 和 Amos20.0。

验证性因素分析 CFA 是结构方程模型（SEM）的一种次模型（Sub-model）①。而结构方程模型是基于变量协方差矩阵来分析变量之间关系的一种统计分析方法，也称为协方差结构模型（Covariance Structure Models）②。

从传统上来讲，在某项研究问卷的编制或使用某个在其他领域的测量量表进行预调查时，往往研究者首先会进行探索性因素分析，以期最终得到最适合的因素结构。当研究人员得知测量问卷是由几个不同的潜在因素构成，为了证实量表包含因素是否与第一个探索性因子分析得到的构念相同，需要研究者在不同的调查对象中加以验证。但是，此量表的各个项目与因素都是固定的，研究人员所要探索的是量表的因素结构模型是否符合实际的收集数据，这个因素分析的过程就被称为验证性因素分析③。

CFA 严格来说是一种 SEM 的次模型，作为一种结构方程模型分析特殊的应用。因为 SEM 模型定义为处理潜在的估计和分析变量，是高度的理论先验性，因此如果研究者对于研究内容的潜在变量和属性可以提出适当的变量形成测量模型。利用结构方程模型的分析程序，可以对潜在变量或结构的影响关系进行有效的分析。结构方程模型对于估计潜在的变量，即测试研究人员已经提出的因素结构的适合性，一旦建立了测量的基础，潜在变量的测量因果关系便可以进一步讨论。因此，一般来说，CFA 是 SEM 分析的一个前置综合步骤或基础步骤，当然，它也可以独立进行分析估算④。

因此，本书采用验证性因素分析（CFA）对通过正式调查取得的样本数据对探索性因素分析得到的公共服务动机内容结构进行验证。

按照结构方程模型（SEM）理论，模型品质评价的核心内容是模型拟合度。模型拟合是指，"研究者所假设的变量间关联的模型与收集到的实际数据是否一致以及一致性的程度如何"⑤。有关模型适配度的评价有许多不同主张，得到普遍认可的是学者 Bogozzi 和 Yi 二人的观点，他们认为理论假设模型与实际调查数据是否契合，需同时考虑下列三个因素：基本适配度指标（Preliminary Fit Crite-

---

① 吴明隆. 结构方程模型：Amos 的操作与运用 [M]. 重庆：重庆大学出版社，2010：213.
② 侯杰泰，温忠麟，成子娟. 结构方程模型及其应用 [M]. 北京：教育科学出版社，2004：12.
③ 吴明隆. 结构方程模型：Amos 的操作与运用 [M]. 重庆：重庆大学出版社，2010：212.
④ 黄芳铭. 结构方程模式理论与应用 [M]. 北京：中国税务出版社，2005：25.
⑤ 李怀祖. 管理研究方法论（第 2 版）[M]. 西安：西安交通大学出版社，2004.

ria)、整体模型适配度指标（Overall Model Fit）、模型内在结构适配度指标（Fit of Internal Structural Model）。其中，Bogozzi 和 Yi 又将整体模型适配度指标细分为绝对适配度指标（Absolute Fit Indices）、相对适配度指标（Relative Fitindices）和简约适配度指标（Parsimonlous Fit Indices）①。整体模型适配度的检验可以说是模型外在质量的检验，模型内在结构适配度的程度代表各测量模型的信度及效度，是模型内在质量的检核，运用相对比较广泛。此外，学者 Hair 等人也将整体模型适配度评估分为三类：绝对适配度测量（Absolute Fit Measurement）、增值适配度测量（Incremental Fit Measurement）及简约适配度测量（Parsimonlous Fit Measurement），在进行模型适配度评估时，最好能同时考虑到以上三种指标，这样能对模型的可接受性或拒绝产生普适性的结果②。有关模型评价的拟合度指标及其评判标准如表 4-16 所示。

表 4-16 SEM 拟合度指标及其评判标准

统计标准	具体指标	评判标准或临界值
绝对适配指标	卡方值（χ^2）	当卡方值（χ^2）为零时，表示模型与观察数据十分适配
	卡方/自由度（χ^2/df）Normed chi-square，NC	NC < 1，表示模型过度适配 NC > 3，表示模型适配度不佳 1 < NC < 3，表示模型适配度良好 3 < NC < 5，表示模型可以接受
	RMR	RMR < 0.05，表示模型适配较佳
	SRMR	0 < SRMA < 1，表示模型可以接受
	RESEA	RESEA < 0.05，表示模型适配度佳 0.05 < RESEA < 0.08，表示模型适配度尚可
	GFI	GFI 介于 0~1，值越接近于 1，表示模型的适配度越佳
相对适配指标③	TLI（NNFI）	TLI 介于 0~1，值越接近于 1，表示模型的适配度越佳
	CFI	CFI 介于 0~1，值越接近于 1，表示模型的适配度越佳
	NFI	NFI 介于 0~1，值越接近于 1，表示模型的适配度越佳
	IFI	IFI 介于 0~1，值越接近于 1，表示模型的适配度越佳
	RFI	RFI 介于 0~1，值越接近于 1，表示模型的适配度越佳

① Bagozzi R. P., and Yi, Y. On the Evaluation of Structural Equation Models. Journal of the Academy of Marketing Science, 1988 (16)：74-94.

② Hair J. F., Anderson R. E., Tatham R. L, Black, W. C. Multivariate Data Analysis (5th ed) Prentice Hall International：UK., 1998.

③ 一般而言，上述五个相对适配指标值用于判别模型路径图与实际数据是否适配的标准均为 0.90 以上。学者 Hu 与 Bentler (1999) 指出，如果 RFI 值大于或等于 0.95，则模型的适配度非常完美。

第四章 公务员公共服务动机的内容结构分析

续表

统计标准	具体指标	评判标准或临界值
简约适配指标	AIC	期望值越接近于0,表示模型的契合度越高
	PNFI	PNFI > 0.5,表示假设理论模型可以接受
	PGFI	PNFI > 0.5,表示假设理论模型可以接受
	CN 值	CN > 200,表示该理论模型可以适当反映实际样本的性质

资料来源:吴明隆. 结构方程模型:Amos 的操作与运用 [M]. 重庆:重庆大学出版社,2010:40 - 56.

结构方程模型的模型适配度评估的指标有很多,不同的适配度指标评价侧重点也不尽相同,供研究者选择评估的组合也千差万别,而对一个模型进行拟合优度评价是一个综合而复杂的问题。因而,在评价模型质量的优劣、选择模型的拟合优度时,研究者必须十分谨慎,不能仅仅依赖一个或一组特定的指标,而应该通过多个指标进行综合的评价。因此,在本书中,我们根据研究的需要,综合采用 χ^2 值、X^2/df(NC 值)、RMSEA、TLI、GFI、CFI、NFI、PNFI 和 PGFI 等拟合度指标对各种模型进行综合比较和评价。

二、模型的检验过程

根据前面对中国地方政府公务员公共服务动机内容结构的初始问卷、预调查问卷的综合分析结果,我们提出了公务员公共服务动机内容结构的验证性因子分析(CFA)和结构方程模型(SEM)检验的构想模型。公共服务动机内容结构的构想模型如图 4 - 1 所示。

根据图 4 - 1 所示的结构方程模型构想,我们按照结构方程模型(SEM)的建模要求,通过 SEM 分析软件 Amos20.0 对该模型进行程序验证。验证数据来源,利用从广东省 Z 市开展的正式问卷调查所得到的 723 个有效观测数据与公共服务动机的构想模型进行完全信息拟合,得到公共服务动机构想模型的完全标准化解(Standardized Estimates),具体结构及各参数的标准化解如图 4 - 2 所示。

吴明隆指出,如果问卷测量条目的因素负荷值介于 0.50 ~ 0.95,表示测量模型的基本适配度符合测量学的基本要求,因素负荷量值越大,表示指标变量(观察变量)能被潜在构念(隐性变量)解释的变异越大,相应的测量误差就会越小,即该问卷的测量条目就能越有效反映其要测量的构念特质[①]。研究者采用 Amos20.0 进行数据统计分析,结果表明,测量条目在所在潜变量的因子负荷值都达到了一定的标准。从图 4 - 2 可知,本书的公共服务动机测量条目的因素负荷值

---

① 吴明隆. 结构方程模型:Amos 的操作与运用 [M]. 重庆:重庆大学出版社,2010:224.

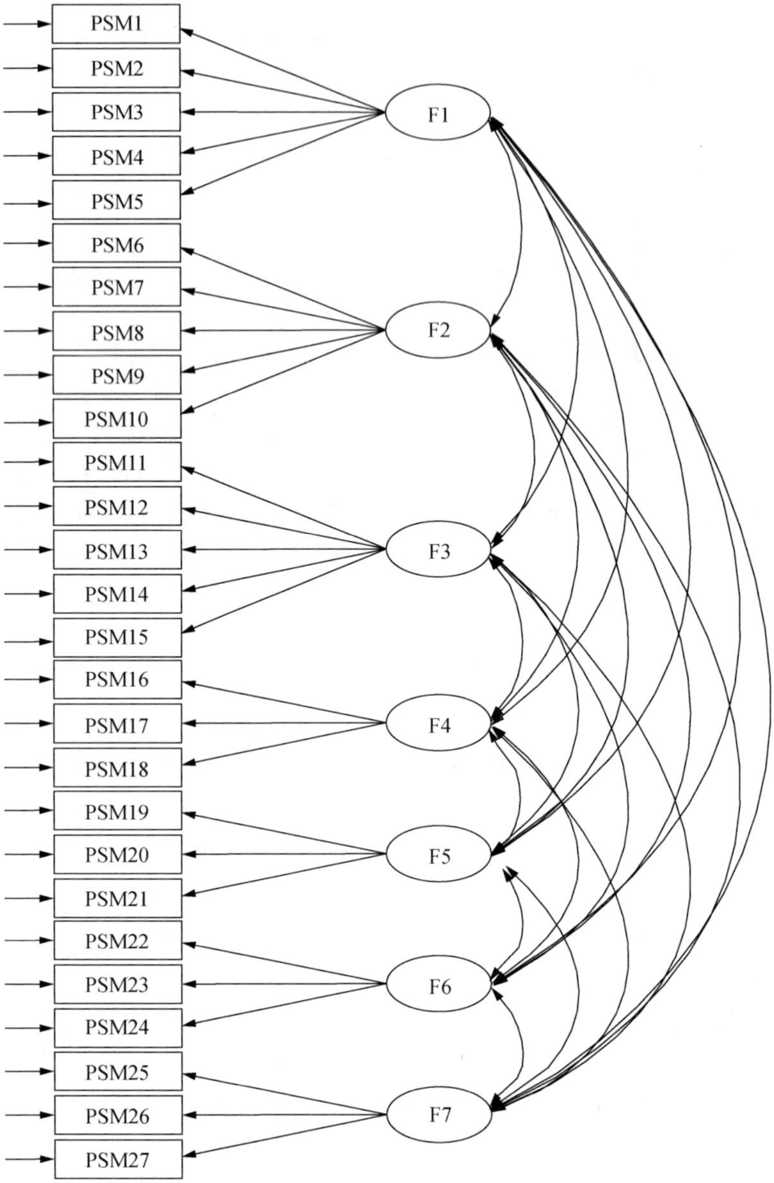

图 4-1 公共服务动机内容结构的构想模型

较高，最低为 0.597，最高达到了 0.948，相应的测量误差较小①（介于 0.029 ~

---

① 一般认为，测量指标的测量误差值介于 0.028 ~ 0.091，表示无模型界定错误的问题。详见吴明隆．结构方程模型：Amos 的操作与运用 [M]．重庆：重庆大学出版社，2010：225．

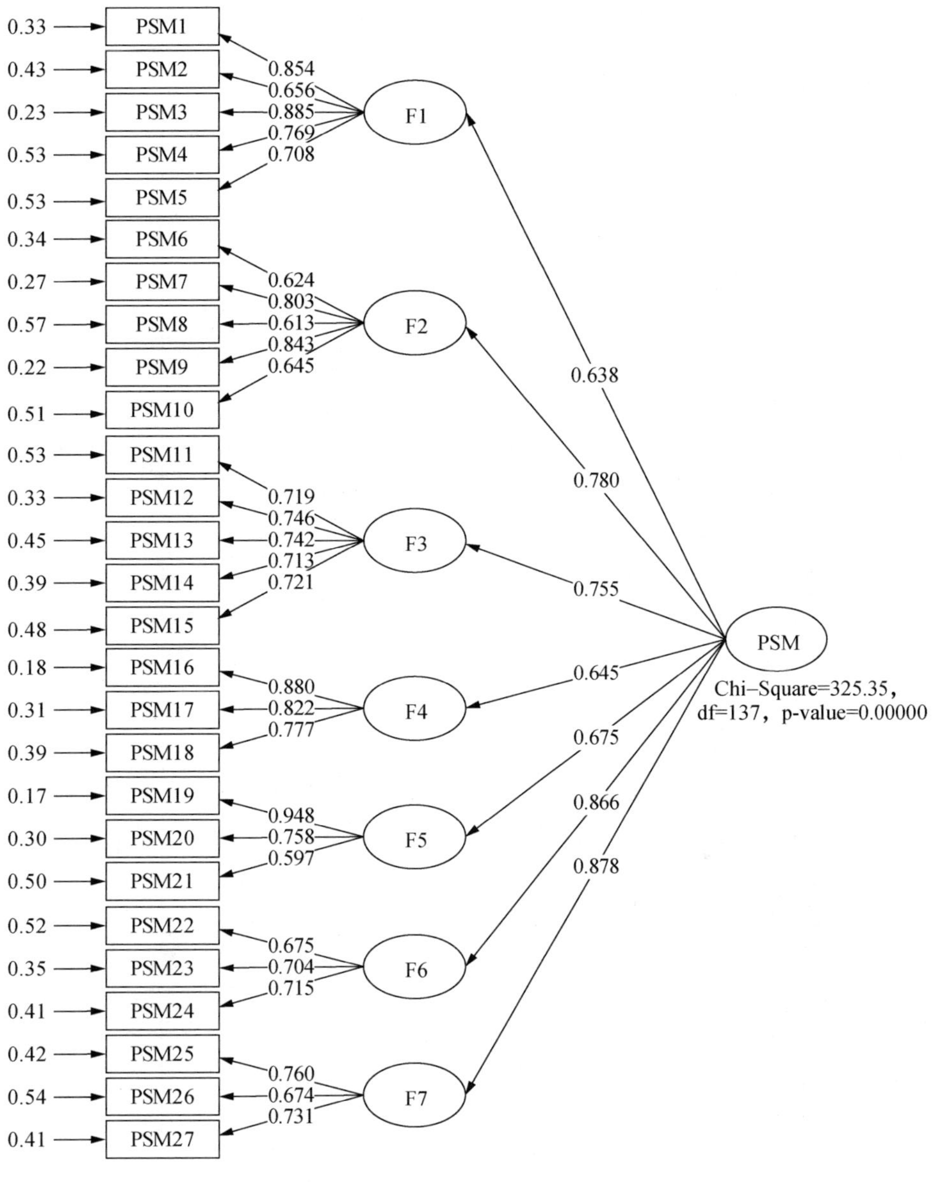

第四章 公务员公共服务动机的内容结构分析

图 4-2 公共服务动机内容结构的完全标准化解

0.087)，在测量变量上的残差负荷也比较低，这些结果标志着我们的测量模型的质量较好，而且观测变量与潜在变量之间的关系可靠。具体参数详见表 4-17。

表 4-17 验证性因素分析（CFA）结果摘要表（N=723）

因素	测量指标	因素负荷量 λ	信度系数 α	测量误差 θ	组合信度 P_c^*	平均变异量抽取值 P_v^*
造福社会	PSM1	0.854	0.729	0.271	0.884	0.607
	PSM2	0.656	0.430	0.570		
	PSM3	0.885	0.783	0.217		
	PSM4	0.769	0.591	0.409		
	PSM5	0.708	0.501	0.499		
公共责任	PSM6	0.624	0.389	0.611	0.835	0.507
	PSM7	0.803	0.645	0.355		
	PSM8	0.613	0.376	0.624		
	PSM9	0.843	0.711	0.289		
	PSM10	0.645	0.416	0.584		
政治参与	PSM11	0.719	0.517	0.483	0.851	0.535
	PSM12	0.746	0.557	0.443		
	PSM13	0.742	0.551	0.449		
	PSM14	0.713	0.508	0.492		
	PSM15	0.721	0.520	0.480		
道德伦理	PSM16	0.880	0.774	0.226	0.866	0.684
	PSM17	0.822	0.676	0.324		
	PSM18	0.777	0.604	0.396		
中庸思想	PSM19	0.948	0.899	0.101	0.819	0.609
	PSM20	0.758	0.575	0.425		
	PSM21	0.597	0.356	0.644		
对特殊利益的愿望	PSM22	0.675	0.456	0.544	0.745	0.568
	PSM23	0.704	0.496	0.504		
	PSM24	0.715	0.511	0.489		
同情心	PSM25	0.760	0.578	0.422	0.766	0.522
	PSM26	0.674	0.454	0.546		
	PSM27	0.731	0.534	0.466		

注：P_c^* 和 P_v^* 分别代表潜在变量的组合信度和平均方差抽取值，一般来说，若是 P_c 值在 0.60 以上，P_v 值在 0.50 以上，表示模型的内在质量理想。

但是，本书提出的七因子的构想模型是否最优模型，是否还有更好的模型，

第四章 公务员公共服务动机的内容结构分析

尚需做进一步的检验和比较。通过 SEM 中的 CFA 技术，可以对多种模型进行比较，从而确定最优匹配的模型。根据已有的研究，本书将以探索性因素分析得到的七因子模型为基准模型，并结合各个因子的内在关系与实证研究结果，组合成不同的竞争型模型。

四因子模型。根据佩里等人的研究，公共服务动机一般由规范动机、理性动机及情感动机三维度和四个因子组成，而且三维度、四因子结果在不同的国家都得到了验证。因此，结合已有的研究，本书将造福社会和公共责任合为一个维度，将政治参与和对特殊利益的愿望合为一个维度，将中庸思想和道德伦理组成一个维度加上同情心一起构成四因子模型与七因子模型进行比较。

五因子模型。从前面的研究发现，对特殊利益的愿望与政治参与维度差异较大，属于不同性质的维度，因此，本书将造福社会和公共责任合为一个维度，将中庸思想和道德伦理组成一个维度与政治参与、对特殊利益的愿望及同情心维度一起构成五因子模型与七因子模型进行比较。

六因子模型。根据前面的研究，造福社会和公共责任的差异还是存在的，属于不同性质的维度。因此本书将中庸思想和道德伦理组成一个维度与造福社会、公共责任、政治参与、对特殊利益的愿望及同情心维度一起构成六因子模型与七因子模型进行比较。

表4–18 公共服务动机的潜在竞争性模型的拟合指数比较（N=723）

构想模型	模型适配度									
	χ^2	df	χ^2/df	RMSEA	TLI	GFI	CFI	RFI	PNFI	PGFI
基准模型	325.35	137	137	0.067	0.91	0.93	0.98	0.98	0.82	0.88
四因子模型	855.76	156	170	0.22	0.80	0.78	0.90	0.92	0.50	0.76
五因子模型	698.98	149	165	0.15	0.84	0.81	0.95	0.94	0.67	0.81
六因子模型	551.87	145	154	0.11	0.85	0.88	0.97	0.96	0.76	0.85

由表4–18可知，在四种潜在竞争性构想模型中，公共服务动机的七因素模型在各项拟合指标上均优于其他模型，且模型数据的拟合度优良。除此以外，我们还进行了 NCP（Non–Centrality Parameter）的数据拟合度检验[①]。从检测结果来看，四因子模型的 NCP=1453.24，五因子模型的 NCP=1123.76，六因子模型的 NCP=854.34，基准七因子模型的 NCP=423.57。综合以上检验数据我们可以

---

① NCP 是一种替代性指标，是表示 SEM 估计得到的卡方统计量，即距离最佳模型的中心卡方分布的离散程度，该指标主要用于相同样本下多种模型选择，NCP 值越小者，表明该模型品质较优。吴明隆. 结构方程模型：Amos 的操作与运用 [M]. 重庆：重庆大学出版社，2010：252.

看出，公共服务动机的七因素模型的各项适配度指标和 NCP 数据拟合度检验均好于其他竞争性模型。据此，我们认为，经过科学严谨的探索性因子分析和验证性因子分析得到的公共服务动机七因素模型是比较理想的内容结构模型，适合进行后续的研究。

第四节 公共服务动机量表的信度与效度分析

一个调查问卷的质量高低直接关系到论文的研究质量，为了保证测量工具稳定且有效地反映研究对象，我们还需要对研究和开发的测量问卷进行质量评价。根据统计学对问卷质量评价的基本要求，信度和效度检验是评价调查问卷品质极其重要而可靠的指标，只有当测量问卷的信度和效度达到测量学的基本要求，所研制的测量问卷才能被认为是可靠的和有应用价值的[①]。

本书在前期确定公共服务动机的结构与测量条目之后，对公共服务动机测量量表进行信度与效度分析，确保所开发的公共服务动机量表满足心理测量学的要求。

一、信度分析

信度（Reliability）指测量工具所测得结果的稳定性（Stability）及一致性（Consistency），量表的信度越大，则其测量标准误差越小。一般在心理学测量中，信度被理解为一组测量分数的真分数（Ture Score）及观察分数（Observed Score）的方差的比例[②]。通常，在李克特态度量表法中常用的信度检验方法为 Cronbach α 系数及折半信度（Split-half reliability），此外，在验证性因素中，常用的信度指标还有个别信度及组合信度，在第三节中，我们已经得到了质量较佳的个别信度及组合信度（详见表 4-17），因此本节只探讨量表折半信度及 Cronbach α 系数，结果如表 4-19、表 4-20 所示。

由表 4-19 可知，本书问卷的折半信度（包括 Spearman-brown 与 Guttan）系数都达到了心理测量学的显著度要求，说明本书开发的公共服务动机问卷具有良好的折半信度。

---

① 凌文辁，方俐洛. 心理与行为测量 [M]. 北京：机械工业出版社，2003：55.
② 金瑜. 心理测量 [M]. 上海：华东师范大学出版社，2001：177.

第四章 公务员公共服务动机的内容结构分析

表4-19 公共服务动机量表的折半信度分析结果（N=723）

	总量表	造福社会	公共责任	政策参与	道德传统	中庸思想	对特殊利益的愿望	同情心
Spearman-b	0.888	0.849	0.824	0.779	0.828	0.695	0.737	0.688
Guttman	0.879	0.799	0.790	0.773	0.756	0.632	0.677	0.626

内部一致性系数（Cronbach α）要多大才是比较可靠的？Henson 给出的解释是，如果研究者使用的目的在于编制初始问卷或预试问卷，用以测验或测量某类构念的先导性，那么信度系数在 0.50~0.60 已足够。当以基础性研究或以建构理论为目的时，信度系数最好在 0.80 以上[①]。Loo 从近年来对《谘商发展与测量与评估》期刊的探究中发现，对于一般性的研究而言，内部一致性估计值普遍可接受的数值为 0.80[②]。Nunnally 则认为以探索性为目的的研究与确认性的研究或应用性的研究的信度判别标准应当有所区别。他认为，在一般的探索性研究中，信度系数的最低标准是系数值在 0.50 以上，如果信度系数能达到 0.60 以上则效果更好[③]。综合上述各学者的观点，可以发现，从使用者观点出发，如果研究不为筛选，或仅作为人口学、分组的参考，且只是一般的态度或心理知觉量表，则其总量表的信度系数最好在 0.80 以上，如果在 0.70~0.80，也算是可以接受的范围；如果是分量表，其信度系数最好在 0.70 以上，如果是在 0.60~0.70，也可以使用；如果分量表（层面）的内部一致性 α 系数在 0.60 以下或总量表的信度系数在 0.80 以下，应考虑重新修订量表或增删题项。公共服务动机问卷的七个维度及总量表的内部一致性系数如表 4-20 所示。

表4-20 PSM 问卷的内部一致性信度检验及 CITC 值（N=723）

因素及题项	Cronbach α 内部一致性系数	CITC	Cronbach's Alpha if Item Deleted 删除该项目后的 α 系数	总量表的 Cronbach α 内部一致性系数
造福社会	0.881			Cronbach's Alpha
PSM1		0.791	0.829	Alpha
PSM2		0.616	0.879	0.919

---

① Henson R. K., Understanding Internal Consistency Reliability Estimates: A Conceptual Primer on Coefficientalpha: Measurement and Evaluation in Counseling and Development, 2001 (34): 177-189.

② Loo R., Motivational Orientations Toward Work: Anevaluation of the Work Preference Inventory (Student form), Measurement and Evaluation in Counseling and Development, 2001 (33): 222-233.

③ Nunnally J. C. Psychometric Theory, New York: McGraw-Hill, 1978.

续表

因素及题项	Cronbach α 内部一致性系数	CITC	Cronbach's Alpha if Item Deleted 删除该项目后的 α 系数	总量表的 Cronbach α 内部一致性系数
PSM3		0.791	0.832	
PSM4		0.728	0.844	
PSM5		0.643	0.864	
公共责任	0.815			
PSM6		0.605	0.777	
PSM7		0.695	0.746	
PSM8		0.538	0.798	
PSM9		0.711	0.741	
PSM10		0.679	0.811	
政治参与	0.809			
PSM11		0.642	0.758	
PSM12		0.671	0.747	
PSM13		0.572	0.778	
PSM14		0.611	0.765	
PSM15		0.690	0.800	
道德伦理	0.864			
PSM16		0.791	0.761	
PSM17		0.722	0.821	
PSM18		0.706	0.837	
中庸思想	0.800			
PSM19		0.758	0.600	
PSM20		0.643	0.719	
PSM21		0.533	0.838	
对特殊利益的愿望	0.740			
PSM22		0.562	0.658	
PSM23		0.751	0.870	
PSM24		0.683	0.628	
同情心	0.789			
PSM25		0.643	0.740	
PSM26		0.639	0.777	
PSM27		0.625	0.662	

从表 4-20 可知，量表中各个维度的 α 系数在 0.740~0.881，说明我们开发的测量工具在测量问卷各个维度中都有良好的内部一致性。而总量表的内部一致性系数为 0.919，高于统计学和心理测量学有关信度的推荐标准（他们认为如果总量表及其各个分量表的内部一致性系数超过 0.7，就说明问卷具有良好的信度），说明总量表具有较好的内部一致性，信度较好。此外，从各题项的 CITC 值来看，各项目与总分的相关系数都比较高，而且剔除量表维度中的任何一道题目都不会引起该量表信度的增加。因此，我们认为所研制的公共服务动机测量问卷的题目设计是合理而可靠的，具有较高的信度。

二、效度分析

在统计测量学中，效度（Validity）经常被称为测量的正确性或量表是否能达到其测量潜在的概念的程度，也称作测量的有效度或准确度。因此，效度系数越高，表示测量结果越准确。量表的效度通常包括内容效度（Content Validity）、表面效度（Face Validity）、构念效度（Construct Validity）以及效标关联效度（Criterion Related Validity）等①。内容效度是指测量的内容反映或代表了研究者所要测量的主题或内容②；表面效度也称为内容效度或逻辑效度，它是指对于使用测量工具的研究者以及对于其他未受过专业训练的观察者来说，测量问卷看起来在多大程度上是有效的③；构念效度往往也称为构造效度，一般是由聚合效度（Convergent Validity）和区分效度（Discriminant Validity）两个常用的效度类别组成。其中，聚合效度是指不同的观察变量是否可用来测量同一潜在变量的效度；区分效度是指不同的潜变量是否存在显著差异性。通常，我们可以用验证性因子分析的方法来判断观测变量与潜变量之间的假设关系是否与调查数据吻合④。如果结果证明我们对此的假设是正确的，那么，聚合效度就得到了证明。至于区分效度的验证，我们通过检测各个潜变量之间的相关系数是否显著低于 1 来判断。效标关联效度是指多个潜变量之间的关系。如假定某一个潜变量会对另一个潜变量有正作用（Positive Effect），那么，我们可以通过路径模型（Path Model）的方式来检测效标关联效度⑤。

1. 内容效度和表面效度

由于本书是以"问题为中心"的"自下而上"收集资料，在预试问卷及正式问卷的编制过程中，研究者都严格按照心理测量学和统计学的要求进行，在不

---

①⑤ 陈晓萍，徐淑英，樊景立. 组织与管理研究的实证方法 [M]. 北京：北京大学出版社，2008：241.

②③ 漆书青，戴海崎，丁树良. 现代教育与心理测量学原理 [M]. 南昌：江西教育出版社，1998：356.

④ 路红. 破坏性领导的内容结构及其相关因素研究 [D]. 暨南大学博士论文，2010-4-30.

同的阶段分别聘请了相关领域的专家、教授及行政管理学、心理学、社会学专业的博士研究生对问卷内容进行了严格的审定,以此来保证测量问卷的内容效度及表面效度。研究者通过对测量结果的多种分析和论证并征求有关领域的专家和政府工作人员的意见,结合在前期问卷调查和访谈过程中的反馈来看,本书研制的测量问卷具有较好的内容效度和表面效度,可以用于后续的研究。

2. 构念效度

建构效度也称为结构效度,指的是验证在多大程度上能正确测量的理论思想。本研究前阶段进行的 EFA 和 CFA 分析结果可以作为一个证明问卷建构效度的研究方式。从表 4-17 可知,探索性因素分析七因素结构比较清晰,且可以解释总体方差的 66.473%,各项指标也符合统计学要求,这表明该测量具有良好的结构效度。此外,计算结果的验证性因素分析理论和研究也具有较高的一致性。从表 4-18 的分析结果可以看到,通过比较几种可能的竞争性模型进一步验证了问卷的因素结构是相对清晰的、可靠的。从各种拟合性指数来看,我们研制的七因素结构模型是比较理想的模型。从心理测量学和统计学的角度来看,由于探索性因素分析和验证性因素分析的原则是不一样的,两者的分析结果并不总是相同的,所以通过探索性因素分析得到的结构特征并不一定都能通过验证性因素分析的验证。然而,当探索性因素分析和验证性因素分析结果具有较高的一致性时,我们可以认为这些问卷具有良好的结构效度[1]。

学者吴明隆认为,通过分析问卷的结构,每个项目因子得分与总分之间的相关关系也可以作为判断问卷的建构效度标准。如果因素和相应的因子得分在每个主题之间有重要关联,那么各种因素的内部同质性更好,问卷具有良好的结构效度[2]。从表 4-21 中可以看出,问卷中的每个项目与其条目之间的相关关系都达到了 0.05 的显著性水平,表明该问卷具有良好的结构效度。因此,综合本书的 EFA、CFA 及相关分析结果,我们认为本书的公共服务动机问卷具有较好的建构效度。

3. 聚合效度及区分效度

随着结构方程建模(SEM)技术的成熟,研究者也将其作为检验测验效度的一种重要手段。运用 SEM 模型来评鉴聚合效度时有一个重要的标准就是观测变量的因子负荷需达到显著性水平,且显著度需大于 0.45,方向性也必须正确[3]。根据前一阶段的分析结果,本书的相关指标全部超过此标准(见表 4-17)。此

---

[1] 侯杰泰,温忠麟,成子娟. 结构方程模型及其应用[M]. 北京:教育科学出版社,2004:234.
[2] 吴明隆. 结构方程模型:Amos 的操作与运用[M]. 重庆:重庆大学出版社,2010:257.
[3] Bentler, and Wu, 1993,转引自柳士顺. 企业管理者的执行力研究[D]. 暨南大学博士学位论文,2007:53.

第四章　公务员公共服务动机的内容结构分析

外，根据 SEM 理论，因子结构的聚合效度也可以使用平均方差抽取量（AVE）来说明，常用 ρ_v 来表示。平均方差抽取量可以直接显示被潜在构念所解释的变异量中有多少是来自测量误差，平均方差抽取量越大，指标变量被潜在变量构念解释的变异量百分比越大，相对的测量误差就越小，一般的判别标准是平均方差抽取量要大于 0.50[①]。当平均方差提取潜变量值在 0.50 以上，说明潜变量测量具有大量的收敛效度[②]。如表 4-17 所示，我们通过计算，本书的平均方差抽取量的值分别为 0.607、0.507、0.535、0.684、0.609、0.568 和 0.522，所有值大于 0.50。它还表明，测量的解释力超过了误差方差，表示潜在变量的理想收敛能力，且具有良好的聚合效度。

表 4-21　因子结构与所含题项之间的相关（N=723）

因素题项	α	与因子之间的相关系数	因素题项	α	与因子之间的相关系数	因素题项	α	与因子之间的相关系数
因素 1	0.881		因素三	0.809		因素五	0.800	
PSM1		0.791**	PSM11		0.642**	PSM19		0.758**
PSM2		0.616**	PSM12		0.671**	PSM20		0.643**
PSM3		0.791**	PSM13		0.572**	PSM21		0.533**
PSM4		0.728**	PSM14		0.611**	因素六	0.740	
PSM5		0.643**	PSM15			PSM22		0.562**
因素二	0.815		因素四	0.864	0.791**	PSM23		0.751**
PSM6		0.605**	PSM16		0.791**	PSM24		0.683**
PSM7		0.695**	PSM17		0.722**	因素七	0.789	
PSM8		0.538**	PSM18		0.706**	PSM25		0.643**
PSM9		0.711**				PSM26		0.639**
PSM10		0.679**				PSM27		0.625**

注：表中 "*" 表示 P<0.05，"**" 表示 P<0.01，"***" 表示 P<0.001。

在结构方程模型的分析中，除了平均方差抽取量作为聚合能力的指标外，CFA 估计结果所得的潜在变量，还必须有区分效度（Discriminat Validity），即不同的结构之间必须有效分离[③]。在验证性因素分析的技术操作中，可以使用以下

---

① 吴明隆. 结构方程模型：Amos 的操作与运用 [M]. 重庆：重庆大学出版社，2010：337.
② Bagozzi R. P., and Yi Y. On the Use of Structural Equation Models in Experimental Designs. Journal of Marketing Research, 1989 (26)：271-284.
③ 邱浩政，林碧芳. 结构方程模型的原理与应用 [M]. 北京：中国轻工业出版社，2009：106-107.

方法来检查潜在变量是否有区分效度:一个是通过区间估计的相关系数来检测潜在变量的辨别力,如果相关系数在两个潜在变量不能覆盖95%的置信区间1.00,则表示显著相关系数不等于1.00,那么表示该构念具有较显著的区辨力[①]。

表4-22 公共服务动机各因子之间辨别力检验摘要表 (N=723)

因素		1	2	3	4	5	6
1. 造福社会		0.824					
2. 公共责任	r 95%CI	0.650*** (0.55, 0.75)					
3. 政治参与	r 95%CI	0.643*** (0.53, 0.74)	0.751*** (0.65, 0.81)				
4. 道德伦理	r 95%CI	0.564*** (0.50, 0.65)	0.588*** (0.55, 0.72)	0.600*** (0.54, 0.69)			
5. 中庸之道	r 95%CI	0.584*** (0.52, 0.67)	0.551*** (0.51, 0.65)	0.612*** (0.54, 0.73)	0.649*** (0.54, 0.75)		
6. 特殊利益的愿望	r 95%CI	0.614*** (0.54, 0.72)	0.567*** (0.50, 0.66)	0.585*** (0.52, 0.66)	0.604*** (0.53, 0.71)	0.568*** (0.51, 0.70)	
7. 同情心	r 95%CI	0.603*** (0.55, 0.68)	0.568*** (0.54, 0.70)	0.501*** (0.49, 0.65)	0.611*** (0.54, 0.74)	0.650*** (0.55, 0.75)	0.650*** (0.55, 0.75)

注:表中"*"表示P<0.05,"**"表示P<0.01,"***"表示P<0.001。

由表4-22中可知,相关系数为0.551~0.751,最大的因素相关性为0.751,假如95%可信区间为0.65~0.81,我们可以认为各种因素之间有很好的辨别力。其次,一个竞争模型的比较方法,通常使用两个CFA竞争分析模型进行比较。一个是模型的有效性,使两个潜变量之间能够自由估计;另一个是CFA的极限分析模型。如果相关系数之间的两个潜在变量是1,那么它是完全相关模型。如果模型的有效性没有显著优于完整的相关模型,则代表两个把潜变量之间有良好的辨别力,两个模型之间的差距卡方值越大,则表示两个因素之间越具有良好的区分效度[②]。详细参数如表4-23所示,将这七个潜在变量两两配对进行测试,得到了17对区分的检验效度值,而且它们的卡方值都达到显著水平(p<

---

① 邱浩政,林碧芳. 结构方程模型的原理与应用 [M]. 北京:中国轻工业出版社,2009:106-107.
② 王立生. 社会资本、吸收能力对知识获取和创新绩效的影响研究 [D]. 浙江大学博士论文,2007:115.

0.001），结果显示，四个因素之间的信效度区分良好，表明该问卷具有一定程度的区分效度。

表 4-23　各因子区分效度的竞争模型比较结果摘要表（N=723）

两两配对因子	效度模式		完全相关模式		$\Delta\chi^2$ 及显著性		
	χ^2	df	χ^2	df	$\Delta\chi^2$	df	P值
造福社会-公共责任	127.73	87	667.15	88	466.03	1	0.000
造福社会-政治参与	132.45	95	732.33	96	531.21	1	0.000
造福社会-道德伦理	128.19	89	748.64	90	547.52	1	0.000
造福社会-中庸思想	147.65	94	745.35	95	544.23	1	0.000
造福社会-特殊利益	137.21	88	1017.14	89	816.02	1	0.000
造福社会-同情心	137.32	92	777.48	93	576.36	1	0.000
公共责任-政治参与	147.33	99	547.34	100	346.22	1	0.000
公共责任-道德伦理	122.75	98	761.77	99	560.65	1	0.000
公共责任-中庸思想	121.45	95	656.43	96	455.31	1	0.000
公共责任-特殊利益	127.51	88	676.55	89	475.43	1	0.000
公共责任-同情心	135.44	88	465.41	89	264.29	1	0.000
政治参与-道德伦理	129.05	98	876.15	99	675.03	1	0.000
政治参与-中庸思想	137.08	89	765.09	90	563.97	1	0.000
政治参与-特殊利益	132.98	88	676.25	89	475.13	1	0.000
政治参与-同情心	141.43	92	598.43	93	397.31	1	0.000
道德伦理-中庸思想	133.31	87	555.35	88	354.23	1	0.000
道德伦理-特殊利益	144.15	98	987.11	99	785.99	1	0.000
道德伦理-同情心	145.70	99	1011.35	100	810.23	1	0.000
中庸思想-特殊利益	122.59	88	878.33	89	677.21	1	0.000
中庸思想-同情心	135.84	98	879.54	99	678.42	1	0.000
特殊利益-同情心	137.81	89	901.05	90	699.93	1	0.000

注：表中所有数据均达到了 P<0.001 的显著度。

4. 效标关联效度

效标关联效度是将测验分数与外在独立的效标进行比较，是测验分数与效度标准的一致程度，是反映测验所要测量或预测的特质的独立量数，并作为估计效度的参照标准[1]。测验分数与效标的一致程度通常以二者的相关系数表示，这种相关系数称为效度系数。效度系数越大，测验的效度越高[2]。本书中，研究者以

---

[1] 凌文辁，方俐洛. 心理与行为测量 [M]. 北京：机械工业出版社，2003：76.
[2] 邱浩政，林碧芳. 结构方程模型的原理与应用 [M]. 北京：中国轻工业出版社，2009：224.

公共服务动机的后果变量作为检验其效标关联效度的外在效标。表4-24列出了公共服务动机的内容与后果变量：工作满足感、组织忠诚度、离职意向、组织公民行为、个人绩效及组织绩效（有关各个后果变量的问卷的信度和效度及其他详细分析结果参见本书第七章）的相关系数矩阵。从表4-24中可知，公共服务动机与行为或态度变量工作满足感、组织忠诚度、离职意向、组织公民行为及工作绩效都表现出了中度的相关关系（相关系数为0.125~0.803）。此分析结果也进一步说明了公共服务动机内容结构的合理性及问卷的有效性。

表4-24　各潜在变量的平均数、标准差及相关系数矩阵（N=723）

	Mean	SD	1	2	3	4	5
1. 公共服务动机	3.585	0.539					
2. 组织忠诚度	2.604	0.528	0.212***				
3. 工作满足感	2.790	0.500	0.423***	0.542***			
4. 组织公民行为	3.666	0.394	0.244***	0.230***	0.185***		
5. 个人及组织绩效	3.707	0.653	0.648***	0.125***	0.404***	0.445***	
6. 离职意愿	3.673	0.654	0.578***	0.139***	0.401***	0.382***	0.803***

注：表中"*"表示P<0.05，"**"表示P<0.01，"***"表示P<0.001。

通过以上对公共服务动机信度和效度的分析可见，本书中所研制和使用的测量问卷不仅是可靠的而且效度也比较好，各项指标均符合心理测量学的要求，可以供同类研究今后使用。

第五节　分析与讨论

一、公共服务动机的结构维度及测量

1. 公共服务动机的测量工具及维度

现阶段在中国大陆甚至是整个亚洲有关公共服务动机的大多数研究中，都缺乏对公共服务动机的内容结构进行整体的、严格的操作化界定。本书中，我们尝试采用"自下而上"的"以问题为中心"的归纳式的研究方法，在已有的国内外文献研究、深度访谈及开放式问卷调查的基础上，采用科学规范的统计分析技术，对我国地方政府公务员的公共服务动机内容结构进行了全面探讨。本书主要从以下四个步骤对公共服务动机的内容结构展开研究，并遵循严格的问卷开发流程，研制出了公共服务动机测量工具，探讨公共服务动机的内容结构与维度。

第四章 公务员公共服务动机的内容结构分析

第一阶段，本研究经由开放式问卷、深度访谈（包括个人访谈及小组访谈）等方法收集有关公共服务动机的内容条目；其次，进行了理论饱和度的检验；最后，确立了由 48 个反映公共服务动机内容及意义的条目，由此形成了本书的初始问卷。

第二阶段，本书首先在一个小范围内测试并征求相关领域的专家意见后，对由 48 个条目组成的初始问卷进行了适当的修订，形成了研究的预调查问卷。随后，研究者请社会学的一位博士生一起对中山大学政治与公共事务管理学院MPA 班的学员及笔者在政府工作的公务员朋友进行了大样本的抽样调查，采用探索性因子分析方法对公共服务动机的结构进行了探讨。结果表明，在中国文化背景下，公共服务动机由造福社会、公共责任、政治参与、道德伦理、中庸思想、对特殊利益的愿望及同情心七个维度构成（如图 4-3 所示），并且二阶探索性因子分析也表明，这七个因素存在一个更高阶因子，即公共服务动机（见表 4-13），经过探索性因子分析，删除不符合统计学意义的条目，最终形成了由 27 个条目组成的公共服务动机正式调查问卷。

在第三阶段，我们为了检验正式问卷及确保前期研究结果的可靠性和稳定性，本书对 G 省 Z 市政府公务员进行了大样本的正式调查，利用正式调查回收的有效问卷进行了验证性因素分析，分析结果表明，观测数据支持了探索性因素分析所得到的结构模型。至此，公共服务动机的结构维度基本确立。

然而，本书研究目的之一是要开发本土化的政府公务员公共服务动机测量问卷，因此，还必须要对量表进行信度和效度分析，所以在最后阶段，研究利用 Spss 及 Amos 等统计分析软件，系统检验了公共服务动机量表的信度（包括个别信度、分半信度、组合信度及 Cronbach α 信度）和效度（包括内容效度、建构效度、区分效度、表面效度、聚合效度及效标关联效度等）。所有分析结果均表明，本书所开发的公务员公共服务动机测量量表具有较高的信度和效度，量表的质量稳定、可靠，问卷各个维度的信度和效度都超过了心理测量学和统计学的基本要求。此外，项目分析还表明，公共服务动机问卷的每一个题项与对应维度的总分相关都比较高，并且删除每个维度中的任何一道题项都不会引起总量表信度的上升，这说明本书所编制的公务员公共服务动机调查问卷的项目设计是合理、有效的。同时，验证性因子分析结果表明，公务员公共服务动机的七因素结构模型要明显优于四因素、五因素和六因素等潜在的竞争性结构模型，观测变量在潜变量上的因子负荷和残差值均较合理，从而验证了公共服务动机是一个稳定的七因素结构模型。公共服务动机问卷观测变量的因子负荷均大于 0.60 的统计学标准且达到显著水平，各个潜变量的组合信度及平均方差抽取值均大于 0.50 的统计学标准，这一结果证实了问卷的聚合效度比较好。公共服务动机的七因素两两配对后的效度模型与完全相关模型的卡方之差均达到显著水平,从而证实了公共服务动机的区分效度。公共服务动机与其后果变量简单相关分析结果表明,公共服务动机与工作满足感、组织忠诚度、离职意向、组织公民行为、个人绩效及组织绩效存在显著相关,这证实了公共服务动机问卷具有较好的效标关联效度。基于上述分析,我们认为,本书开发的公共服务动机测量工具质量优良、信效度好,基本实现了研究目标。

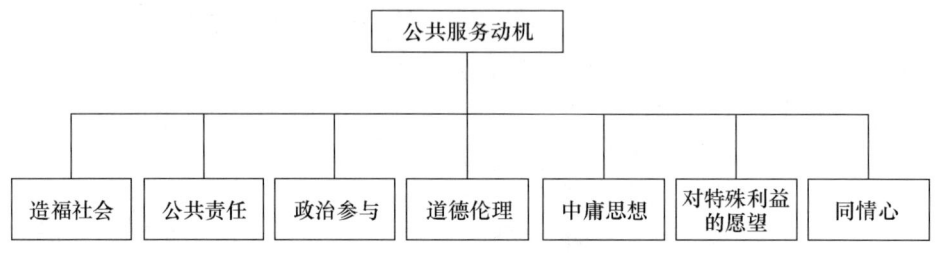

图 4-3　公共服务动机的结构模型

2. 公共服务动机各维度的内涵

以下为中国文化背景中公共服务动机各个维度的具体内涵:

造福社会一般是指一种人们从事有利于社会、有利于他人的行为或态度。对于政府公务员来讲,为公共利益服务,为社会服务是应有的职责,也是我国公务员法等法律法规对政府公务员最根本的要求。本书经过探索性因素分析得到的造福社会维度包括:"我认为,人们应该多为社会做贡献,少索取""我相信国家利益高于一切""能为社会做出贡献,比实现我的个人目标更为重要""我已准备好为建设一个美好的社会做出巨大牺牲"和"我赞成天下一家亲的说法"五个条目。实际上,身处"社会"这个大家庭中,每个人无时无刻不在受到这个大环境的影响,每个人都或多或少地关注着身边及社会上的事情,而从政府的角度来讲,社会上的事情就是"公共利益",对社会上的事情关心、热心也就是对公共利益的关心和维护。当这种想法或者态度形成并达到一定程度,结合自己手中的资源,自然而然地就会想到为公共服务,并付诸行动。总体来讲,这反映了一个共同的特征即公务员对社会利益和公共利益的认同,从公共伦理学的角度来讲,对"公共利益"、"社会利益"的认同是政府公务员必备的职业信仰和精神价值追求。

公共责任是公共领域的、公民的、社会的共同责任,而公民首先以社会成员的身份存在,在面对国家政治和社会利益的问题时,会超越"私民"的身份,而以社会人、公民的身份来考量各种利益以解决问题;若公民以政府公务员的身份出现,其公共责任必然顾及的是公共利益的完成,及致使社会中的所有成员皆得以完成集体的自我实现①。而责任的概念,在社会契约的脉络下,可以用对社会尽义务的概念来说明。每个社会及其主体都应该承认它对其成员有所义务,而其成员对它也有应尽的义务,所以,公共责任即为在社会脉络中社会与公民相互应尽之责任与义务②。本书中的公共责任维度包括:"老吾老,以及人之老,幼吾幼,以及人之幼""我认为责任重于泰山""从日常的工作中我发现,互相帮助是多么的重要""做一个有责任的人,为社会奉献自己的力量""我赞同'成人之美,不成人之恶'的说法"。公共责任维度是现代西方公共服务动机理论的重要组成部分,随着我国公民社会的成长,公民意识得到了显著增强,公民社会理念渐渐深入人心,公民真正开始融入到了社会中,开始正视自己的责任。随着全球化进程的推进,社会各主体的相互依存不断加深,个人、群体以及组织之间所形成的公共关系更加复杂化和敏感化,而公共空间的多样化,更需要我们精心维护。只有所有的社会主体都能积极地承担起社会赋予的公共责任,才能保证其自身的权利从根本上得到保障。而政府是整个公共责任机制运转起来的关键。这不仅是因为政府掌握着公权力,既分配着社会资源也提供着社会正常运行所需的基本公共产品,是公共责任的首要承担者;更是因为政府的权威地位使其言行在社会中具有表率和示范作用。因此,政府践行公共责任的程度是衡量一个社会责任水平和信任水平的"晴雨表"。政府的一举一动不仅引导和规范着公民和其他社会组织,而且直接关乎到政府自身的合法性。从本书中的相关统计来看,公共责任各个维度的因子负荷都比较好,也说明公共责任意识在我国政府层面中已然形成了一定的共识,这主要是因为,党的十六大坚持"立党为公、执政为民"的治国理念,政府把建立和完善有效的公共责任机制作为建设社会主义政治文明的重要内容。

政治参与是公民或团体试图影响政府决策和人事结构的某种行为,是现代社会公民制约政府的重要手段和方式。政治参与的有效性以及规模和程度也是判断一个政体是否民主的重要指标③。从参与过程来看,政治参与被认为是"全国或地方、个人或集体支持或反对国家结构、权威和有关公共利益分配决策的行动;从参与功能的角度来看,政治参与被认为是平民百姓试图影响政府决策的行动或行为④。而从狭义的概念上,认为政治参与只包括合法的参与方式;广义上,政治参与还包括诸如消极抵制、集体不服从、抗议、游行、暴动、恐怖活动、暗杀

---

① Center for Civic Education 原著. 挑战未来公民:责任[M]. 吴爱颉译,台北:民间司法改革基金会:五南图书出版,2007:125.
② 张秀雄,邓毓皓. 多元文化与民主公民教育[M]. 台北:公民与道德教育学会,2006:15-32.
③④ 孙关宏. 政治学概论[M]. 上海:复旦大学出版社,2003:279.

以及革命等所有能够影响政府的行为。① 本书的政治参与维度包括："我对参与制定国家或我所在的城市的政策或规划非常感兴趣""我对社区里发生的事情很感兴趣""看到人们从我所参与的政策中受益我非常有成就感""我比较喜欢与人分享我对某些公共政策的看法""我对弱势群体满怀同情"。在佩里等人的公共服务动机维度里,"政策承诺""政策制定的吸引力"等占有比较重要的角色,是公共服务动机理性动机层面非常重要的一个维度。在中国,2004 年,时任国务院总理温家宝在政府工作报告中要求各级政府部门:"要进一步完善公众参与、专家论证和政府决策相结合的决策机制",中国共产党第十七次全国代表大会也明确提出:"保障人民群众的知情权、参与权、表达权和监督权""从各个层次上,在所有地区都要扩大公民有序政治参与的权利"②。一旦不合理的决策结果暴露,而又没有满足公众政治参与的渠道,就很有可能导致更严重的群体性事件。这其中除了制度和理性缺失导致公民政治参与失序外,更重要的缺乏公民直接参与重大公共政策的渠道③。因此,在本书中,将政府公务员的这种渴望通过参政议政的方式影响政府决策或规划进程的诉求,实现对公共利益的承诺和信仰的行为或态度命名为政治参与。

  道德伦理在本书中作为公共服务动机的一个维度不是偶然的。中国是拥有五千年历史的文明古国,"道德"一词,在汉语中可追溯到先秦思想家老子所著的《道德经》。老子说:"道生之,德畜之,物形之,势成之。是以万物莫不尊道而贵德。道之尊,德之贵,夫莫之命而常自然。"其中"道"用以说明世界的本原、规律和原理;而"德"是人内心的情感或者信念,指人世的德性、品行和王道。荀子在《劝学》中说:"故学至乎礼而止矣,夫是之谓道德之极。"国学大师钱穆的注解是:"本者,仁也。道者,即人道,其本在心。"④ 因此,从古至今,中国人都是非常注重讲"德"的,对德行的认识已经深深扎根于国人的灵魂中。对于道德评价的理解,是判断人们行为是否合法的标准之一,是一种用来调整人们行为的社会规范。孔子治理国家的思想基础也是与"道德"分不开的,如"以德以法",道德与法律相辅相成。与此同时,公众意见反映在法律上的诉求,反映了社会道德的概念在法律上的体现。并且,道德具有全民适用的普遍性,整个社会的人,不论身份,所有人皆可适用,也即道德面前人人平等。这个思想在《大学》等典籍中有清晰的表述,"自天子以至庶人,一是皆以修身为

---

① 塞缪尔·P. 亨廷顿,琼·纳尔逊. 难以抉择:发展中国家的政治参与 [M]. 北京:华夏出版社,1988:285.
② 参见 2007 年中国共产党第十七次全国代表大会报告,http://www.gov.cn/ldhd/2007 - 10/24/content_ 785431. htm.
③ 郑琦. 公共政策参与呼唤制度与理性 [J]. 学习时报,2012 (2).
④ 谢谦. 国学基本知识现代诠释词典 [M]. 成都:四川人民出版社,1998:130 - 131.

本""人之有阶级、等差,各国均不能免。他族之言平等,多本于天赋人权之说。吾国之言平等,则基于人性皆善之说。以礼之阶级为表,而修身之平等为里,不论阶级、等差,人之平等,惟在道德。"①

总之,道德是人们用来评价一个人行为的准则或尺度。如果一个人违背了基本的社会道德,如"不忠不孝""不仁不义"等,那么,人们就会给他一个负面的评价,正因为周围的人这样评价会给他形成一种社会压力,从而约束他的行为。另外,对很多人来说,自觉遵守道德良知是一个人基本的处世之道,别人对一个人的道德判断,主要体现在这个人的言行上,正所谓,"有言者不必有德",口头上的仁义道德,并不能说明这个人就真的有德。除了日常的交流外,人们用得最多的就是"听其言而观其行",然后再对其行为作出判断。许多中国文化提倡严格要求自己,对别人要宽恕的思想。孔子说"厚以责己,薄以责人";韩愈曰:"古之君子,其责己也重以周,其待人也轻以约。"②

从公共服务动机的角度来看,道德伦理表现出来的是一种个人的美德伦理和信念伦理,是一种"利他性品质"③。这表现在政府行为结果上即是一种"功德",一种有益于社会和人民的政治决策或措施,被称为德政。因此,德不仅对外使人有所得,对内还可以使自己有所得,这与公共服务动机所强调的利他性殊途同归。而在西方社会是不存在独立的道德规范的,法律的制定以及公民的法律体系的完备本身就包含着道德本质的规定,此外,西方的宗教信仰也包含着道德规范对人的行为的约束。而在我国,个人的道德伦理基本是由古代思想所传承的,具有鲜明色彩。个人的美德伦理和信念伦理的高尚与否,也将直接影响到其公共服务动机的层次高低,正如《劝学》所言:"积善成德,而神明自得,圣心备焉。"

中庸思想是中国自古以来的文化财富,是中华民族五千年的文化积淀,在中国人的潜意识中根深蒂固,成为一种微妙的自发的心理力④。如"贵和持中"是中国传统文化中最具特色的价值取向之一。因为,中国人为人处世讲的是"以和为贵";不仅强调"天人合一",敬畏自然的处世之道,也提倡"心平气和",修养身心的心理境界;不仅讲人际交往中的多元互补,即"和而不同"的礼仪交往之道,也讲治国安邦之理,如"政通人和"的治国之道。如此,在我国传统文化的熏陶下,小到处理自己的事务、人际交往、社会关系,大到处理公共事务、治理国家,"和"就成了中国人的一种基本的动机。而实现"和"的目的,

---

① 柳翼谋. 国史要义·史化 [M]. 上海:华东师范大学出版社,2000:55-56.
② 柳翼谋. 国史要义·史化 [M]. 上海:华东师范大学出版社,2000:66-67.
③ [美] 狄百瑞. 儒家的困境 [M]. 北京:北京大学出版社,2009:30.
④ 刘俊坤. 中庸:中国人性格的秘密 [M]. 北京:当代中国出版社,2011:5.

达到"心平气和""以和为贵""天人合一""政通人和"的途径，便是"中庸之道"。在本书中，中庸思想维度包括："同事间或朋友间有了矛盾，都喜欢找我说和""我主张折中性的决策，不能太偏激""我认为，处理问题时应适可而止，过犹不及"三个题目，这些内容很好地反映了中国文化的独特之处。因此，我们认为"中庸思想"堪称儒家思想中最具有人文关怀和实践色彩的部分，也是孔子倡导的儒家思想的精华部分。然而，中庸思想的要义并不是简单地指折中妥协、平庸无为、随波逐流等，而是着力强调坚守原则，寻求事务的适度平衡，达到协调与恰当的最佳状态。如《礼记·中庸》开篇中说："天命之谓性，率性之谓道，修道之谓教，道也者，不可须臾离也，可离，非道也""致中和，天地位焉，万物育焉。"一般来说，这两种对人们行为的理解形同而质不同。其根本差异就在于人们行为的动机不同，前者背离了人的天性和原则，是一种出于私心的心理行为，而后者则符合人类善良的天性和"利他性"的普遍原则，是一种出于公心的动机行为。这也是中庸之道的根本目的，所体现的是善良利他的美好精神境界，为的是天地万物、宇宙苍生，而非为了个人私利。因此，在治国、执政及社会公共事务的管理中，必须站在大多数人的立场上处理公共事务，通过"利他性"的原则服务社会，促使社会整体的根本利益的实现，最终达到"政通人和"的治理境界。因此，以"利他性"为本质的中庸之道在公共服务动机的中国文化的样本观测中便顺理成章地成为一个独特且合理的成分，这也符合公共服务动机本身的内涵。

对特殊利益的愿望维度包括："我想到政府部门工作，并实现部分自身对社会的认同""我敬佩那些能制定出好的政策的政府官员""我认为，推动社会进步比个人成就的获得更有意义"。这三个题目是笔者在开放式问卷和访谈中总结的，在进行探索性因子分析中，它们被负荷到了一个因子上。研究者认为，这些表述在现实生活当中是很普遍的，这与中国几十年来的爱国主义教育是分不开的。总体来说，中国是一个信仰马克思列宁主义的国家，在这个国家的每个公民无不是在马列主义、毛泽东思想等影响下成长的。所以，长大后无论环境发生怎样的变化，他们的社会价值观和基本的思想还是深受这种思想的影响，他们认为一个人对社会的贡献是一个社会良性发展的基本保障，而生活在一个良善的时代，也更有利于实现自身的人生价值，两者相辅相成。改革开放30多年来，在舆论的大力宣传下，各行各业的优秀人物和他们的先进事迹都或多或少地对人们的社会价值观和人生观起到了良好的引导作用，即把为他人、为社会、为公共利益服务当成是他们基本的价值观。在正式调查样本中，持有这些价值观的群体年龄都在35岁左右，以"80后"居多，在这样的社会环境下，人们在为社会提供公共服务的时候持有这样的动机是理所当然的。当他们自身没有能力实现这种社会价值的时候，便会把这种愿望寄托给某类政策、强有力的政策制定者，或者把某种特殊的愿望当作自己的精神依托。实际上，这是人们的一种理性的动机，只不过，这种动机是通过某些特殊的愿望表现出来的，而这些愿望在平时又是不易察觉的。因此，本书将这种对特殊利益的愿望作为一种理性的动机层面作为公共服务动机的一个维度。显然，这种维度在西方社会是不存在的，这个从佩里等人的研究中可以看到。

同情心是指从内心滋生的爱心，是一种普世的情感，有了同情心就有助人为乐，就有与人为善，形成正义感，成为为人民服务的基础和条件，正如古人所说"爱者仁之始，仁者爱之推"。《孟子·告子上》："恻隐之心，仁也"，《礼记·中庸》："仁者，人也，亲亲为人。"所以，古人讲的"仁"，用现代的说法就是同情心，即在与他人的接触与交往中，设身处地地为他人着想，其关键是相互的关心和同情。如《卫灵公十五》："子贡问曰：有一言而可以终身行之者乎？子曰：其恕乎。己所不欲，勿施于人。"因而"仁"的本质特性是情感性的。在西方国家，"同情心"（Compassion）体现的是一种从基督教、天主教等宗教衍生而来的博爱的大无畏精神，在同情任何一个人的同时，也会在神的庇佑下享受到来自他人的同情。本书中的同情心维度在西方公共服务动机维度中作为情感动机层面的一个重要维度，在公务员的行为中扮演着重要的角色。而在中国文化中，这种"同情心"的范畴无疑要狭隘得多。中国人讲究的是"今大道既隐，天下为家，各亲其亲，各子其子"的带有人情远近亲疏的同情，这种情感狭隘化的表现就是费孝通所说的"差序格局"①。在本书开始的访谈及开放式问卷调查中，研究者实际上提取出了多条与同情心有关的条目，但在预调查及正式调查中没有得到很好的反映，在探索性因子分析和验证性因子分析中，同情心维度的因子负荷也比较低。保留的三个同情心条目是："当看到别人不幸的时候，我很难控制自己的情感""我经常为他人的福利忧心，即使素不相识""我经常为贫困者的处境感慨"。这些都很好地描述了中国人所讲究的"差序性的家庭之爱"，所有的人伦情感、大之爱，一般都是围绕着自己的家庭及周围的熟人圈层层展开，一旦超出这个"圈子"，表现得就没那么亲切了，冷淡了许多。孔子曾在一次出游时感叹道："大道之行也，与三代之英，丘未之逮也，而有志焉。大道之行也，天下为公，选贤与能，讲信修睦。故人不独亲其亲，不独子其子……是谓大同。"② 很明显，孔子也感叹到"大道"在人们和社会中的流失，家的概念逐渐代替了公，人们在处理事情时的心胸及承担的责任范围也小了许多。好在以"同情心"为基础的忧国忧民之真挚情感，关心国家兴衰和人民疾苦的"利他主义"精神，

---

① 费孝通. 乡土中国［M］. 北京：北京三联书店，1947，1985，2005.
② 节选自孔子《礼记·礼运》篇.

仍然传承与发扬着中华民族的优良传统。

二、本研究与国外相关研究成果的比较分析

通过文献分析可知，现在的大多数公共服务动机的研究都是基于西方文化开展的，关于 PSM 的研究也主要是基于西方特别是在欧美文化背景下展开的。为此，我们将本研究所得的研究成果与近年来国外的相关研究成果进行分析比较，发现其中有许多相同之处。

首先，公共服务动机的提出已经有 30 多年的历史了，虽然实证测量的时间比较短暂，但是也形成了较为丰富的研究成果。但是就像论文文献综述中所提到的，大部分研究都发生在西方国家，且大多数研究都是对佩里的公共服务动机理论和测量量表进行重复的验证和简化工作，真正从理论基础的适用性和文化背景中进行反思的比较少。其中，凡德拉比先后在两个跨文化背景的研究中，增加了一些新的维度，声称其发现了第五个维度：民主治理。但是，这一维度实际上也属于价值观范畴，应该归为价值性的动机[①]。布鲁尔则认为，公共服务动机本身具有非常强的伦理含义，并增加了一个称为伦理道德的维度[②]。但笔者认为，这一维度本身不具有跨文化性的意义，而且根植于西方文化中的伦理道德，与儒家文化的传统伦理道德是完全不同的两个概念。虽然 Kim 在文化背景不同的韩国进行了 PSM 跨文化研究，但是 Kim 的研究也仅仅是对佩里的理论和测量工具在儒家文化传统中进行适应性的验证方面做了一些尝试，比如他按照韩国人的语言习惯将佩里测量工具中的表述进行了修正（如将反向题全部改为了正向题等）[③]。但从研究的过程和方法角度来讲，并不是严格的理论探索，而是经验层面的验证。因此，本书的研究既具有理论上的贡献，又具有方法论上的贡献。从理论上来讲，本书通过严格的测量学方法，得到了一个由七个因子组成的地方政府公务员公共服务动机内容结构，研制出了适合我国文化传统的公共服务动机测量工具，且全量表的内部一致性系数与现有的中西方的研究成果相比也达到了较高的水平，如表 4-25 所示。

---

① Vandenabeele W. Development of a Public Service Motivation Scale: Corroborating and Extending Perry's Measurement Instrument. International Public Management. Journal, 2008a, 11 (1): 143–167.

② Brewer G. A. The Possibility of an Ethiccd Dimension of Public Service Motivation, Presented at the International Public Service Motivation Research Conference to be held at Indiana University – Bloomington on, 2009 (6): 7–9.

③ Kim S., Testing the Structure of Public Service Motivation in Korea: A Research Note, Journal of Public Administration Research and Theory, 2009a, 19 (4): 839–851.

表 4-25　研究的 PSM 量表信度系数与国内外相应的研究结果比较（N=723）

Cronbach α	本问卷	Perry (1996)	Camilleri (2007, 2009)	KIM (2009)	Giauque (2009)	Gabris, Davis (2009)	Lee, H (2009)	李小华 (2010)
全量表	0.906	0.900	0.880	0.840	/	0.911	0.902	0.746
决策参与/政治参与	0.759	0.770	0.550	0.750	0.379	0.658	0.664	0.741
公共责任/公共利益	0.715	0.690	0.690	0.700	0.633	0.584	0.603	0.737
同情怜悯/同情心	0.789	0.720	0.730	0.710	0.683	0.699	0.762	0.731
自我牺牲	/	0.740	0.830	0.750	0.509	0.855	0.752	0.737
造福社会	0.881	/	/	/	/	/	/	0.782
道德伦理	0.864	/	/	/	/	/	/	/
中庸思想	0.800	/	/	/	/	/	/	/
对特殊利益的愿望	0.740	/	/	/	/	/	/	/

注：由于全检验包括了两个额外的维度，笔者并没有给出这四个维度全量表的内部一致性系数。

从表 4-25 中可知，中国公共服务动机的内容结构与西方相比更能反映我国的文化传统和体制背景。实际上，在这点上，我国学者李小华已经做了有益的探索，他通过对 MPA 研究生的研究，得到了五因素的 PSM 结构[1]，其中一个维度：造福社会，与本书相同，尽管设置的题目不一样，但或多或少地反映了我国一个文化背景的特殊之处。当然，本书得到的七因子结构和西方学者惯用的三因子或四因子结构是否都能更好地反映公共服务动机的内涵，是否都属于理性动机、规范动机及情感动机的层面，这需要通过严格的实验研究后，再进行跨文化的问卷调查，这显然已经超出了笔者的能力范围，希望感兴趣的学者们就这一问题共同推进。

其次，本书也部分证实了佩里提出的根植于西方的公共服务动机在文化背景有巨大差异的中国的适应性，同时，也回应了佩里在 2010 年提出的公共服务动机在跨文化研究领域尤其像中国这样有着深厚的文化底蕴的国家存在着跨文化的差异性。卡尔帕科夫（Kolpakov）曾经对欧洲多个国家的理论研究作过总结，他发现公共服务动机水平在不同的宗教、不同的部门和不同的地区之间都存在着差异性。他还推测，文化的差异性在公共服务动机上表现得比较明显，比如他认为集体主义文化中的政府公职人员就要比个体主义文化的公共职员的公共服务动机水平高，而且公共服务动机的各个维度，包括理性动机、规范动机和情感动机均

---

[1] 李小华. 公共服务动机研究：对中国 MPA 研究生公共服务动机的实证分析 [M]. 北京：中国社会科学出版社，2010：109.

是如此。他还根据霍夫斯泰德（Hofstede）对文化维度的划分，对公共服务动机的三种动机类型进行了逐一分析，并且从理论上提出了一系列的假设。但是，这些理论层面的假设仅仅是一些经过文献研究而来的推测，至今，并没有人实证检验过这些假设。这些假设是：相对个体主义文化，集体主义文化中的公务员在理性动机上的得分较高；在不确定性回避维度上，相对于较弱文化，较强文化中的公务员理性动机上得分要高；相对于男性文化，女性文化的公务员规范动机分数更高（详细分析参见第五章）；相对于情感外露文化，中庸文化中的公务员情感动机如同情怜悯上的得分会较高。

本书的分析结果很好地支持了上述假设，显示了公共服务动机的各个层面和维度在文化间的差异性。虽然本书只是单文化样本的检验，但也从侧面支持了有关学者对跨文化的一些假设和思考。

最后，在研究方法扩展上的创新，目前，中国的社会科学研究，多是采用西方外在框架进行的重复验证研究。由于"公共服务动机"现象受文化和制度的影响较大，因此必须将其本土化，体现本土关怀，研究应采用"自下而上"的研究策略。同时，对PSM的研究，适合采用"以问题为中心"的研究方式，"以问题为中心"去观察现实世界，并通过实地的访谈和开放式问卷调研，掌握第一手资料，然后再根据文献研究，结合现有的理论和研究结果，通过建构适合的解释框架，形成初步的理论假设，然后对理论假设进行验证，进而回答研究问题。从学术评价的角度看，方法论的贡献最大，中国社会科学的成熟应是以方法论贡献为标志之一。

综上所述，基于中国文化与现实背景，我国公共服务动机的内容结构为七因素模型，本书所研制的公共服务动机测量量表是一个信效度质量较好的问卷。这一理论和结构的发现及相应问卷的开发都具有重要的理论意义与应用价值。

第六节 研究小结

在笔者的能力及研究条件下，得到了如下研究结论：

（1）通过定性研究与定量分析方法，本书发现，在中国的文化背景下，我国政府公务员公共服务动机的内容结构包括造福社会、公共责任、政治参与、道德传统、中庸思想、对特殊利益的愿望及同情心七个维度。因此，本书的假设1得到了验证（见表4-26）。

表4-26 公共服务动机本土化的假设验证结果

假设	假设内容	是否验证
假设1	公共服务动机是一个多维的结构,其内容将反映中国的文化内涵和特征	是

（2）本书所研制的政府公务员公共服务动机测量量表具有质量较高的信效度,符合心理测量学的要求,可以供今后同类研究时使用。

第五章

公务员特征变量的差异比较分析

本部分的研究，我们试图通过正式调查获得的数据进一步确定不同人口学和组织学特征变量的公务员在公共服务动机上是否存在差异性，有助于人们更好地理解和认识公共服务动机的表现和特征。本节的研究主题是不同的人口统计学变量（一般包括性别、年龄、工龄、收入、教育程度、婚姻状况等变量）和组织背景变量（主要有单位性质、岗位级别、政治面貌等）的公务员在公共服务动机及其维度上的得分。

第一节 研究结果

公共服务动机及其各个维度在人口统计学及组织背景变量上的差异性统计分析如表 5-1 所示。从基础分析表中我们可以看到，除了在岗位性质及职务级别上的差异不明显外，公共服务动机及其各个维度在人口统计学及组织背景等其他变量上的差异比较明显，但是具体差异是什么，还需要结合独立样本 T 检验和单因素方差（ANOVA）分析及均数多重比较检验作进一步分析。具体表现为在性别、年龄、教育背景、婚姻状况、子女情况、政治面貌、工龄和经济收入的差异上。为了研究结果呈现的简便性和写作的需要，本书除了对性别变量（二分变量，需要采用独立样本 T 检验）和年龄变量（三分及以上，需要采用单因素方差分析）进行详细分析外，剩余的人口学及组织学特征变量对公共服务动机及各个维度上的差异性分析，将不再做详细的过程分析，差异分析结果汇总在表 5-2 中。

第五章 公务员特征变量的差异比较分析

一、在性别上的差异

通过描述性统计分析，我们大概可以知道，男性在公共服务动机及其各个维度上的平均得分，均高于女性，说明性别在公共服务动机及其各个维度存在差异。但是，两个组别平均数间高低的差异必须经过检验（独立样本T）才能确知其差异值是否达到显著，若是T检验结果的统计量未达到显著水平，则这种差异是没有意义的①。因为这样的误差可能是抽样误差或偶然造成的②。表5-1为性别变量对PSM及其各个维度的差异比较分析结果。

表5-1 不同性别的公务员在PSM及其维度上的差异比较（N=723）

检验变量	性别	N	Mean	Std. Deviation	T值	η^2
公共服务动机	男性	381	3.74	0.60	8.933***	0.096
	女性	342	3.41	0.39		
造福社会	男性	381	3.08	1.10	5.944***	0.044
	女性	342	2.69	0.63		
公共责任	男性	381	4.09	0.74	4.582***	0.027
	女性	342	3.87	0.50		
政治参与	男性	381	4.04	0.63	10.079***	0.123
	女性	342	3.57	0.61		
道德伦理	男性	381	4.05	0.87	8.525***	0.090
	女性	342	3.54	0.72		
中庸思想	男性	381	3.64	0.74	2.775***	0.011
	女性	342	3.50	0.68		
对特殊利益的愿望	男性	381	3.77	0.79	6.157***	0.049
	女性	342	3.44	0.64		
同情心	男性	381	3.55	0.86	4.207***	0.023
	女性	342	3.32	0.59		

注："***"代表Sig值<0.001。

通过对表5-1的进一步分析可发现，性别在公共服务动机及其各个维度上的差异显著，T值均达到了显著性水平。就"公共服务动机"而言，男女政府公务员在公共服务动机表现上的差异是存在的，其中，男性的公共服务水平显著高

---

① 吴明隆. 问卷统计分析事物：SPSS操作与应用[M]. 重庆：重庆大学出版社，2010：334.
② 戴忠恒. 心理与教育测量[M]. 上海：华东师范大学出版社，1988：165.

表5-2 公共服务动机及其各维度在人口统计学及组织背景变量上的差异分析 (N=723)

统计变量	统计指标	公共服务动机 均值	公共服务动机 方差	造福社会 均值	造福社会 方差	公共责任 均值	公共责任 方差	政治参与 均值	政治参与 方差	道德伦理 均值	道德伦理 方差	中庸思想 均值	中庸思想 方差	对特殊利益的愿望 均值	对特殊利益的愿望 方差	同情心 均值	同情心 方差
性别	男	3.74	0.36	3.08	1.21	4.09	0.55	4.04	0.40	4.05	0.76	3.64	0.55	3.77	0.63	3.55	0.74
	女	3.41	0.15	2.69	0.40	3.87	0.26	3.57	0.37	3.54	0.53	3.50	0.46	3.44	0.40	3.32	0.35
	F	76.28		33.47		20.18		101.58		71.23		7.70		37.03		17.02	
	ANOVA Sig值	0.000***		0.000***		0.000***		0.000***		0.000***		0.006**		0.000***		0.000***	
	η^2	0.096		0.044		0.027		0.123		0.090		0.011		0.049		0.023	
年龄	21~25岁	3.58	0.15	3.33	0.40	4.01	0.23	3.51	0.62	3.62	0.97	3.53	0.37	3.53	0.51	3.52	0.45
	26~30岁	3.44	0.14	2.59	0.47	3.88	0.39	3.73	0.34	3.75	0.63	3.43	0.41	3.48	0.41	3.25	0.36
	31~35岁	3.45	0.12	2.49	0.37	3.81	0.26	3.79	0.20	3.58	0.70	3.82	0.37	3.42	0.44	3.39	0.39
	36~45岁	4.51	0.47	4.45	0.79	4.69	0.37	4.56	0.42	4.43	0.55	4.36	0.42	4.54	0.58	4.44	0.79
	46~50岁	3.91	0.24	0.55	0.36	4.25	0.18	4.10	0.32	3.97	0.88	3.50	1.36	4.00	0.12	3.92	0.63
	51岁以上	4.00	0.11	4.10	0.11	3.70	0.30	4.10	0.10	3.89	0.96	3.94	1.09	4.17	0.03	4.17	0.03
	F	95.39		113.22		27.28		30.67		11.43		30.19		38.47		49.91	
	ANOVA Sig值	0.000***		0.000***		0.000***		0.000***		0.000***		0.000***		0.000***		0.000***	
	ETA	0.632		0.664		0.400		0.420		0.272		0.418		0.460		0.508	
教育背景	高中及以下	3.51	0.21	3.12	0.49	3.92	0.22	3.80	0.14	3.47	0.90	3.18	0.95	3.67	0.43	3.20	0.51
	大专	4.06	0.12	3.77	0.19	4.51	0.09	4.00	0.28	4.00	0.47	3.83	0.42	4.11	0.30	4.00	0.16
	本科	3.46	0.14	2.79	0.48	3.86	0.35	3.67	0.34	3.74	0.67	3.51	0.39	3.44	0.43	3.27	0.35
	硕士	3.94	0.60	3.12	2.06	4.36	0.49	4.26	0.56	4.03	0.79	3.78	0.79	4.13	0.60	3.96	0.91
	F	43.88		11.73		33.28		37.08		5.91		8.45		45.63		45.82	
	ANOVA Sig值	0.000***		0.000***		0.000***		0.000***		0.001**		0.000***		0.000***		0.000***	
	ETA	0.393		0.216		0.349		0.366		0.155		0.185		0.400		0.401	

续表

统计变量	统计指标	公共服务动机 均值	公共服务动机 方差	造福社会 均值	造福社会 方差	公共责任 均值	公共责任 方差	政治参与 均值	政治参与 方差	道德伦理 均值	道德伦理 方差	中庸思想 均值	中庸思想 方差	对特殊利益的愿望 均值	对特殊利益的愿望 方差	同情心 均值	同情心 方差
婚姻状况	未婚	3.65	0.45	3.09	1.09	4.03	0.52	3.78	0.51	3.85	0.76	3.63	0.59	3.73	0.73	3.51	0.67
	已婚	3.50	0.12	2.74	0.53	3.91	0.29	3.81	0.34	3.72	0.65	3.51	0.44	3.47	0.33	3.36	0.47
	其他	3.99	0.00	1.60	0.00	5.00	0.00	5.00	0.00	4.85	0.03	3.69	0.01	4.33	0.00	3.67	0.00
	F	11.32		27.94		20.13		22.45		12.42		2.55		17.76		4.44	
	ANOVA Sig值	0.000***		0.000***		0.000***		0.000***		0.000***		0.079#		0.000***		0.012*	
	ETA	0.175		0.268		0.230		0.242		0.183		0.084		0.217		0.110	
子女情况	有小孩	3.45	0.09	2.63	0.48	3.86	0.35	3.79	0.13	3.65	0.61	3.61	0.40	3.41	0.30	3.27	0.37
	无小孩	3.61	0.36	2.99	0.96	4.00	0.43	3.79	0.55	3.83	0.74	3.55	0.54	3.66	0.63	3.49	0.63
	0～5岁	3.80	0.09	2.35	0.73	4.48	0.47	4.36	0.52	4.35	0.48	3.76	0.16	3.93	0.29	3.50	0.35
	6～10岁	3.62	0.44	3.13	0.91	3.87	0.52	4.00	0.09	4.00	0.58	3.00	0.75	3.67	0.75	3.56	0.86
	15岁以上	4.25	0.22	3.97	0.46	4.47	0.26	4.23	0.05	4.39	0.29	4.48	0.38	4.22	0.38	4.06	0.43
	F	6.07		9.17		5.39		4.48		4.66		4.77		5.46		3.47	
	ANOVA Sig值	0.000***		0.000***		0.000***		0.001**		0.000***		0.079#		0.000***		0.004**	
	ETA	0.202		0.245		0.190		0.174		0.177		0.179		0.192		0.154	
政治面貌	中共党员	3.62	0.32	2.86	0.97	4.04	0.47	3.84	0.47	3.91	0.67	3.66	0.50	3.54	0.55	3.53	0.60
	共青团员	3.53	0.15	2.92	0.46	3.92	0.28	3.86	0.44	3.52	0.44	3.32	0.39	3.85	0.43	3.33	0.28
	民主党派	/		/		/		/		/		/		/		/	
	群众	3.48	0.28	3.06	0.70	3.78	0.28	3.63	0.35	3.58	1.06	3.36	0.56	3.73	0.59	3.21	0.54
	F	2.27		1.36		5.09		3.51		9.26		10.33		6.23		8.96	
	ANOVA Sig值	0.079#		0.255		0.002**		0.015*		0.000		0.079#		0.000		0.000	
	ETA	0.097		0.075		0.144		0.120		0.193		0.203		0.159		0.190	

续表

统计变量	统计指标	公共服务动机		造福社会		公共责任		政治参与		道德伦理		中庸思想		对特殊利益的愿望		同情心	
		均值	方差	均值	方差	均值	方差	均值	方差	均值	方差	均值	方差	均值	方差	均值	方差
职务级别	办事员	3.73	0.19	3.39	0.35	4.09	0.34	3.89	0.20	4.01	0.61	3.69	0.49	3.64	0.42	3.32	0.59
	科员	3.62	0.35	2.99	0.96	4.05	0.45	3.79	0.55	3.76	0.73	3.58	0.56	3.66	0.62	3.55	0.56
	科级	3.41	0.15	2.38	0.48	3.77	0.34	3.84	0.30	3.84	0.70	3.49	0.39	3.48	0.42	3.23	0.48
	处级	/	/	/	/	/	/	/	/	/	/	/	/	/	/	/	/
	F	9.75		32.83		9.13		0.64		2.58		1.77		2.56		8.90	
	ANOVA Sig值	0.000***		0.000***		0.000***		0.591		0.053#		0.152		0.054#		0.000***	
	ETA	0.198		0.347		0.192		0.052		0.103		0.086		0.103		0.189	
工龄	2年及以下	3.57	0.15	3.11	0.35	3.89	0.36	3.78	0.25	3.92	0.45	3.50	0.22	3.42	0.11	3.33	0.49
	3~5年	3.66	0.38	3.09	0.96	4.05	0.47	3.84	0.61	3.83	0.79	3.58	0.56	3.70	0.65	3.54	0.60
	6~10年	3.42	0.09	2.43	0.46	3.84	0.29	3.77	0.16	3.78	0.60	3.58	0.42	3.44	0.35	3.23	0.44
	11年及以上	3.72	0.21	3.42	0.36	4.09	0.44	3.87	0.15	3.67	0.63	3.47	0.59	3.77	0.43	3.60	0.62
	F	11.21		32.84		5.73		0.65		0.57		0.33		7.28		9.07	
	ANOVA Sig值	0.000***		0.000***		0.001**		0.583		0.635		0.803		0.000***		0.000***	
	ETA	0.211		0.347		0.153		0.052		0.049		0.037		0.172		0.191	
经济收入(元)	5000~1万	3.38	0.08	2.32	0.23	4.14	0.51	3.47	0.12	3.96	0.88	3.26	0.20	3.22	0.13	3.46	0.53
	1万~3万	3.46	0.15	3.09	0.20	4.03	0.35	3.63	0.43	3.41	0.62	3.08	0.61	3.62	0.38	3.10	0.66
	3万~8万	3.82	0.49	3.46	1.07	4.03	0.56	3.88	0.63	4.02	0.75	3.77	0.60	3.86	0.81	3.79	0.72
	8万~15万	3.47	0.13	2.58	0.49	3.96	0.31	3.84	0.33	3.69	0.64	3.51	0.43	3.50	0.37	3.24	0.55
	15万~30万	3.54	0.06	2.60	0.52	4.20	0.52	3.53	0.09	3.89	0.48	3.33	0.11	3.78	0.48	3.67	0.11
	F	20.78		49.69		1.17		3.89		7.76		10.28		12.78		25.12	
	ANOVA Sig值	0.000***		0.000***		0.324		0.004**		0.000***		0.000***		0.000***		0.000***	
	ETA	0.324		0.467		0.081		0.146		0.205		0.234		0.259		0.352	

注: "#" 代表 Sig 值 <0.10, "*" 代表 Sig 值 <0.05, "**" 代表 Sig 值 <0.01, "***" 代表 Sig 值 <0.001

于女性在公共服务动机上的知觉。进一步的效果值（Size of Effect）分析显示，性别对公共服务动机的效果值为 0.096，介于 0.06~0.14，表明性别变量与检验变量 PSM 之间具有一种低度关联强度，也即性别变量可以解释公共服务动机变量总方差中 9.6% 的变异量。关于性别变量在各个维度上的显著性水平及效果值如表 5-1 所示，均不再赘述。

二、在年龄上的差异

在本书中，观测样本的年龄分为七个年龄段：21~25 岁、26~30 岁、31~35 岁、36~45 岁、46~50 岁、51~55 岁、56 岁及以上。由于年龄段在 46~50 岁的被试为 12 人，51~55 岁的被试为 6 人，56 岁及以上的被试为 0，以上三个年龄段的人数较少，容易导致比较中的误差出现。因此研究者将这三个年龄段与 36~45 岁组合并，组成"36 岁及以上"年龄段。采用单因素方差（ANOVA）分析及均数多重比较分析进行检验，检验结果如表 5-3、表 5-4 所示。

表 5-3 不同年龄的公务员在 PSM 及其维度上的描述统计量（N=723）

检验变量	年龄组	N	Mean	Std. Deviation
公共服务动机	21~25 岁（A）	74	3.581	0.392
	26~30 岁（B）	505	3.437	0.369
	31~35 岁（C）	45	3.448	0.342
	36 岁及以上（D）	99	4.407	0.681
造福社会	21~25 岁（A）	74	3.300	0.629
	26~30 岁（B）	505	2.592	0.683
	31~35 岁（C）	45	2.493	0.608
	36 岁及以上（D）	99	4.317	0.882
公共责任	21~25 岁（A）	74	4.011	0.480
	26~30 岁（B）	505	3.884	0.621
	31~35 岁（C）	45	3.809	0.510
	36 岁及以上（D）	99	4.580	0.639

---

① 效果值表示的是依变量的总变异中有多少变异可以由分组变量来解释，效果值若小于或等于 0.06 表示分组变量与检验变量间为一种低度关联强度；效果值若大于或等于 0.14 表示分组变量与检验变量间为一种高度关联强度；效果值大于 0.06 小于 0.14 表示分组变量与检验变量间为一种中度关联强度（吴明隆. 问卷统计分析事物：SPSS 操作与应用 [M]. 重庆：重庆大学出版社，2010：337）。

续表

检验变量	年龄组	N	Mean	Std. Deviation
政治参与	21~25岁（A）	74	3.511	0.788
	26~30岁（B）	505	3.734	0.584
	31~35岁（C）	45	3.787	0.452
	36岁及以上（D）	99	4.475	0.641
道德伦理	21~25岁（A）	74	3.617	0.985
	26~30岁（B）	505	3.754	0.793
	31~35岁（C）	45	3.578	0.839
	36岁及以上（D）	99	4.340	0.794
中庸思想	21~25岁（A）	74	3.527	0.609
	26~30岁（B）	505	3.431	0.639
	31~35岁（C）	45	3.822	0.606
	36岁及以上（D）	99	4.229	0.799
对特殊利益的愿望	21~25岁（A）	74	3.532	0.711
	26~30岁（B）	505	3.479	0.642
	31~35岁（C）	45	3.422	0.661
	36岁及以上（D）	99	4.448	0.726
同情心	21~25岁（A）	74	3.518	0.674
	26~30岁（B）	505	3.255	0.602
	31~35岁（C）	45	3.393	0.621
	36及以上（D）	99	4.364	0.866

表5-4　不同年龄的公务员在PSM及其维度上的差异比较分析摘要表（N=723）

ANOVA		平方和	df	均方和	F检验	事后比较 Tamhane	事后比较 DunnettT3	事后比较 Games-Howell	事后比较 DunnettC
公共服务动机	组间	78.853	3	26.284	144.789*	A组显著大于B组 D组显著大于A、B、C组			
	组内	130.524	719	0.182					
	总和	209.377	722						
造福社会	组间	265.972	3	88.657	178.758*	A组显著大于B组和C组 D组显著大于A、B、C组			
	组内	356.597	719	0.496					
	总和	622.569	722						

续表

ANOVA		平方和	df	均方和	F检验	事后比较 Tamhane	事后比较 DunnettT3	事后比较 Games-Howell	事后比较 DunnettC
公共责任	组间	41.662	3	13.887	37.997*	D组显著大于A、B、C组			
	组内	262.781	719	0.365					
	总和	304.443	722						
政治参与	组间	53.299	3	17.766	47.893*	D组显著大于A、B、C组			
	组内	266.721	719	0.371					
	总和	320.020	722						
道德伦理	组间	34.591	3	11.530	17.241*	D组显著大于A、B、C组			
	组内	480.847	719	0.669					
	总和	515.438	722						
中庸思想	组间	55.727	3	18.576	42.821*	D组显著大于A、B、C组			
	组内	311.904	719	0.434					
	总和	367.631	722						
对特殊利益的愿望	组间	80.252	3	26.751	60.928*	D组显著大于A、B、C组			
	组内	315.680	719	0.439					
	总和	395.932	722						
同情心	组间	102.329	3	34.110	80.089*	A组显著大于B组 D组显著大于A、B、C组			
	组内	306.222	719	0.426					
	总和	408.552	722						

注:"*"表示在0.05的水平上差异很显著。

从以上表5-1、表5-2、表5-3和表5-4的统计分析结果来看,不同年龄段的政府公务员在公共服务动机及其各个维度上的评分存在显著的差异性。进一步的均数多重比较分析法[①]的检验发现,21~25岁的公务员较之26~30岁的公务员感知的"公共服务动机"水平高,36岁及以上的公务员较之21~25岁、26~30岁及31~35岁的公务员感知的"公共服务动机"水平高。在公共服务动机各个维度上,各年龄段除了在"造福社会"及"同情心"维度上的评分和总

---

① 在实际操作中,若是方差分析违反同质性假定,SPSS提供了四种方差异质的事后比较方法:Tamhane's T2检验法、Dunnett's T3检验法、Games-Howell检验法、Dunnett's C检验法,使用者可直接从SPSS提供的四种方法中选择一种事后比较方法,而不用进行数据转换(吴明隆.问卷统计分析事物:SPSS操作与应用 [M].重庆:重庆大学出版社,2010:43)。

的"公共服务动机"上的评分表现一致外,在剩余的各个维度上的评分表现为:36 岁及以上年龄的公务员较之 21~25 岁、26~30 岁、31~35 岁年龄段的公务员在"公共责任""政治参与""道德伦理""中庸思想"及"对特殊利益的愿望"等维度上感知的水平高。以年龄在检测变量"公共服务动机"上的差异性为例,图 5-1 展示了不同年龄段在公共服务动机上的平均数图,从图中可以看出,不同年龄四个组别群体中以"36 岁及以上"组平均数最高,其次是"21~25 岁"组,平均数最低者为"26~30 岁"组和"31~35 岁"组。

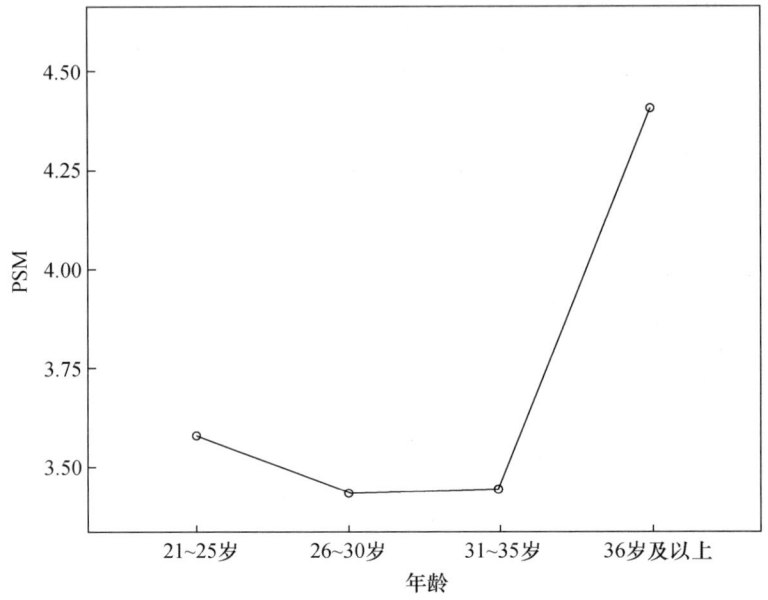

图 5-1　不同年龄组在公共服务动机变量上的平均数

三、在教育背景上的差异

在本书中,观测样本的教育背景变量被分为五个层级,包括高中及以下、大专层次、本科层次、硕士(含双学位)及博士。由于组别高中及以下被试只有 15 人,大专的被试只有 18 人,以上两个组别的人数较少,如果进行差异比较容易导致误差出现。因此研究者将这两个组别进行合并,组成"大专及以下"组。采用单因素方差(ANOVA)分析及均数多重比较分析进行检验,分析结果见表 5-2 和表 5-5。统计结果表明,不同教育背景的政府公务员在公共服务动机及其各个维度上的差异性较为明显。以检测变量"公共责任"为例,观测样本中的四个教育层级在该维度上的评分存在显著差异性($F = 44.809$, $P < 0.001$)。除

此之外，我们还进行了多重比较研究，研究发现学历层次为"大专及以下"组的公务员较之"本科"层次的公务员感知的"公共责任"程度要高；学历层次为"硕士及以上"组的公务员又比"本科"层次的公务员在"公共责任"维度上的表现要好。其他维度的差异分析结果详见表5-5。

四、在婚姻状况上的差异

在本书中，观测样本的婚姻状况分为三个层级：已婚、未婚和其他情况。由于"其他"情况的样本量较小（N=13），为避免差异比较的误差，本书中将忽略这一变量对检测变量的影响，但仍然纳入统计分析过程。采用单因素方差（ANOVA）分析及均数多重比较分析进行检验，分析结果见表5-2和表5-5。统计结果表明，婚姻状况不同的政府公务员在检测变量"公共服务动机"的感知水平上存在差异性（F=11.320，P<0.001）。不同的婚姻状况在PSM各个维度上的方差分析表明，不同的婚姻状况只在"造福社会""公共责任""对特殊利益的愿望"和"同情心"维度的评分上存在差异性（P值均小于0.001），进一步的多重比较分析发现，婚姻状况为"未婚"组的公务员较之"已婚"组的公务员感知的"造福社会""公共责任""对特殊利益的愿望"和"同情心"程度要高，具体分析结果见表5-5。

五、在子女情况上的差异

在本书中，样本调查地区政府公务员拥有子女的情况分为以下六组：有小孩、无小孩、有小孩且孩子年龄在0~5岁、有小孩且孩子年龄在6~10岁、有小孩且孩子年龄在11~15岁及有小孩且孩子年龄在21岁以上等。由于年龄为4~6岁的样本量较小（N=9，N=9，N=3），为避免差异比较的误差，本书中将最后三组合成一组"有小孩且小孩年龄在6岁以上"。采用单因素方差（ANOVA）分析及均数多重比较分析进行检验，分析结果见表5-2和表5-5。统计结果表明，对于政府公务员来说，是否拥有小孩，且小孩在不同的年龄段的公务员在检测变量"公共服务动机"的感知水平上存在差异性（F=7.772，P<0.001）。是否拥有小孩且小孩在不同的年龄段的公务员在PSM各个维度上的方差分析表明，不同的婚姻状况在除了"中庸思想"维度外的"造福社会""公共责任""政治参与""道德伦理""对特殊利益的愿望"和"同情心"维度的评分上存在差异性（P值均小于0.001），以在"公共责任"维度评分表现的差异为例，进一步的多重比较分析发现，较之"有小孩"的政府公务员在"公共责任"维度上的感知，"无小孩"的政府公务员的感知程度要高，且随着孩子的年龄不断增长，身为父母的公务员对"公共责任"的感知程度越深。其他维度的

具体分析结果详见表 5-5。

六、在政治面貌上的差异

在本书中，样本调查地区政府公务员政治面貌情况被分为四组：中共党员、共青团员、民主党派人士及群众。由于民主党派组的样本量较小（N=1），为避免差异比较的误差，本书中将忽略这一变量对检测变量的影响，但仍然纳入统计分析过程。采用单因素方差（ANOVA）分析结果表明，不同的政治面貌在公共服务动机及其各个维度上的评分均没有出现显著差异（F=2.274，P=0.079>0.05）。

七、在职务级别上的差异

在本书中，样本调查地区政府公务员职务级别被划分为五组：办事员、科员、科级、处级、厅级及以上。由于"处级"组样本量较小（N=1），"厅级及以上组"无统计样本，为避免差异比较的误差，本书中将最后两组合成到"科级组"，形成"科级及以上"组。采用单因素方差（ANOVA）分析及均数多重比较分析进行检验，分析结果见表 5-2 和表 5-5。统计结果表明，对于政府公务员来说，职务级别的不同，在检测变量"公共服务动机"的感知水平上存在差异性（F=14.599，P<0.001）。公务员的不同的职务级别在 PSM 各个维度上的方差分析表明，不同职务级别在除了"中庸思想"和"政治参与"维度上的评分不显著外，在其他维度上的评分都存在差异性（P 值均小于 0.001），以"公共责任"维度评分表现的差异为例，进一步的多重比较分析发现，职务级别为"办事员"的公务员在"公共责任"维度上的评分较职务级别为"科员"的公务员在这一维度上的感知程度要高，职务级别为"科员"的公务员，要比"科级及以上"公务员的感知程度要高。其他维度的具体分析结果详见表 5-5。

八、在工龄上的差异

在本书中，样本调查地区政府公务员的工龄被划分为四组：2 年以下（包括 2 年）、2~5 年（包括 5 年）、6~10 年（包括 10 年）、11 年以上。全部组别采用单因素方差（ANOVA）分析及均数多重比较分析进行检验，分析结果见表 5-2 和表 5-5。统计结果表明，对于政府公务员来说，在供职部门待的时间的长短，在检测变量"公共服务动机"的感知水平上存在差异性（F=11.213，P<0.001）。公务员在部门时间的长短在 PSM 各个维度上的方差分析表明，不同工龄除了在"道德伦理""中庸思想"和"政治参与"维度上的评分不显著外，在其他维度上的评分都存在差异性（P 值均小于 0.001），以"在对特殊利益的愿

望"维度评分表现的差异为例（F=7.281，P<0.001），进一步的多重比较分析发现，工龄在"3~5年"的公务员在"对特殊利益的愿望"维度上的评分较工龄在"2年及以下"和"6~10年"的公务员在这一维度上的感知程度要高，工龄在"11年以上"的公务员要比工龄在"6~10年"的公务员的感知程度要高。其他维度的具体分析结果详见表5-5。

九、在年收入上的差异

在本书中，样本调查地区政府公务员的年收入被划分为六个档次，分别是：5000~1万元（不含，下同）、1万~3万元、3万~8万元、8万~15万元、15万~30万元、30万~100万元。由于前两组样本量较小（N=38，N=21），"15万~30万元"组样本量较小（N=3）最后一组无统计样本，为避免差异比较的误差，本研究中根据需要将前两组合成"3万元以下"组，将最后两组与"8万~15万元"组进行合并，组成"8万元及以上"组。采用单因素方差（ANOVA）分析及均数多重比较分析进行检验，分析结果见表5-2和表5-5。统计结果表明，对于政府公务员来说，年收入的高低在检测变量"公共服务动机"的感知水平上存在显著差异性（F=41.476，P<0.001）。公务员的年收入水平在PSM各个维度上的方差分析表明，不同的年收入除了在"公共责任"维度上的评分不显著外，在其他维度上的评分都存在差异性（P值均小于0.001），以"同情心"维度上评分表现的差异为例（F=47.651，P<0.001），进一步的多重比较分析发现，年收入在"3万~8万元"的公务员在"同情心"维度上的评分较年收入在"3万元以下"和"8万元及以上"的公务员在这一维度上的感知程度要高。其他维度的具体分析结果详见表5-5。

表5-5 人口学、组织学特征在PSM及其维度上的差异比较分析摘要表（N=723）

人口学、组织学特征变量	公共服务动机	造福社会	公共责任	政治参与	道德伦理	中庸思想	对特殊利益的愿望	同情心
教育背景	大专及以下>本科*、硕士及以上>本科*	大专及以下>本科*、硕士及以上>本科*	大专及以下>本科*、硕士及以上>本科*	大专及以下>本科*、硕士及以上>本科*、大专及以下*、硕士及以上>本科*	硕士及以上>本科*	硕士及以上>本科*	大专及以下>本科*、硕士及以上>本科*	大专及以下>本科*、硕士及以上>本科*

续表

人口学、组织学特征变量	公共服务动机	造福社会	公共责任	政治参与	道德伦理	中庸思想	对特殊利益的愿望	同情心
婚姻状况	未婚>已婚*	未婚>已婚*	未婚>已婚*	/	/	/	未婚>已婚*	未婚>已婚*
子女情况	无小孩>有小孩*且随着孩子年龄增大而提高*	无小孩>有小孩	有小孩且孩子年龄在0~5岁>无小孩、有小孩*	有小孩且孩子年龄在0~5岁>无小孩、有小孩*	有小孩且孩子年龄在0~5岁>无小孩、有小孩*	/	无小孩>有小孩*	无小孩>有小孩*
岗位级别	办事员>科级及以上*、科员>科级及以上*	办事员>科员>科级及以上*	办事员>科级及以上*、科员>科级及以上*	/	办事员>科员*	/	办事员>科级及以上*	科员>科级及以上*
工龄	3~5年>6~10年*、11年以上>6~10年*	2年及以下>6~10年*、3~5年>6~10年*、11年以上>3~10年*	3~5年>6~10年*	/	/	/	3~5年>2年及以下*、3~5年>6~10年*、11年以上>6~10年*	3~5年>6~10年*
经济收入	3万~8万元>3万元以下和8万元及以上*	3万~8万元>3万元以下和8万元及以上*	/	3万~8万元>3万元以下*、8万元及以上>3万元以下*	3万~8万元>8万元及以上*	3万~8万元>3万元以下和8万元及以上*、8万元及以上>3万元以下*	3万~8万元>3万元以下和8万元及以上*	3万~8万元>3万元以下和8万元及以上*

注：表中"*"表示在0.05的水平上（P<0.05）差异显著。

第二节 分析与讨论

基于不同人口学特征和组织背景特征的公务员在公共服务动机的认知评价的差异比较分析,我们可以看出,在人口统计学特征变量和组织学特征变量上,除了公务员政治面貌变量外,公务员的其他变量都能不同程度被感知到,说明公务员的这些人口学和组织学特征变量对公共服务动机及其各种维度都有一定的影响。因此,本书提出研究假设验证基本上得到了验证。

表5-6 人口学、组织学变量与PSM及其各个维度上的假设验证结果

假设	假设内容	是否验证
假设2	我国地方政府公务员行为中普遍存在公共服务动机成分,且水平较高	是
假设3	我国政府公务员的公共服务动机水平在人口统计学和组织背景变量上可能存在差异	是
假设4	我国政府公务员公共服务动机的各个维度在人口统计学及组织背景变量上可能存在差异	部分验证

针对以上研究取得的结果,我们分析如下:

在性别方面,研究发现,不同性别的公务员在公共服务动机认知上的表现存在显著差异性,但是性别变量在公共服务动机的整体效果上不是很明显,总方差变异量的解释力只有9.6%。不同性别的公务员在公共服务动机各个维度上的表现也存在差异性。其中,男性在公共责任维度上的认知水平与女性相比差异显著,效果值达到了12.3%,在其余维度上的差异虽然都是男性居高,但是差异不大。研究结果支持了休斯敦(Houston)、佛雷德里克森(Frederickson)及李小华等的研究结果,也比较符合实际情况。在我国的各类组织中,男性基本处于核心地位,尤其公共管理组织一直被认为是由男性占主导地位的[1]。当然他们自然也更关心组织的权力运作及完成组织的使命,尤其在公共责任上,他们表现出了比女性更强的责任感。

在年龄方面,研究发现,不同年龄段的政府公务员在公共服务动机及其各个

---

[1] Gabris G. T., and G. Simo. Public Sector Motivation as an Independent Variable Affecting Career Decisions, Public Personnel Management, 1995, 24 (1): 33-51.

维度上的评分存在显著的差异性。从总体上来看,21~25岁和36岁以上的政府公务员在公共服务动机水平上的得分最高,这种现象十分具有现实意义。在政府组织中,一个年龄较小的成员,因为刚刚入职或者入职不久,他们的工作技能、经验及地位等都会明显不如入职时间比他们久的员工,在工作当中,他们会更加卖力,而且对一些好的、向善的方面更加向往,在公共服务动机评分上的自然表现要好。当他们在组织中技能、经验及对这个组织的各种环境熟悉了以后,由一个新员工过渡到所谓的"老油条",他们对自己的定位会出现波动,对公共服务动机的认知就少了当初的那份激情。从数据分析结果来看,35岁是一个拐点,过了这个拐点,他们的心理趋于稳定和成熟,在经验和地位上都达到了人生的顶峰,也不会再有太多的冲动了(比如跳槽、离职等),又会重新充满了激情地投入到工作中去,这个时候他们的公共服务动机水平又有了反弹。尤其在公共服务动机的"公共责任""政治参与""道德伦理""中庸思想"及"对特殊利益的愿望"等维度上感知的水平比36岁以下的政府公务员要高。

从教育背景来看,有关教育水平与公共服务动机的关系,在我国还没有进行过探讨。本书的统计结果表明,不同教育背景的政府公务员在公共服务动机及其各个维度上的差异性较为明显。有一个特殊的现象:大专及以下学历层次和硕士及以上学历层次的公务员在公共服务动机及其各个维度上的表现都比本科层次的公务员要好。大专及以下层次的表现好于本科,可能是因为这个层级的人数较少(N=33)(这个学历层次包括:高中及以下15人,大专18人)。硕士及以上层次的表现要好于本科,可能与教育层级有较大的关系,从学历教育及训练方法上来看,本科层次的学生更多的是以"集体式"学习为主,更多的是接受学问、接受知识,而研究生更加强调独立自主的学习方式,更加强调思维上的创新。因此,本科生对人生观、价值观等的认识较研究生的认识会弱一些,这也表现在对公共服务动机这种良善理念的认知上的不同。本书的研究结果也支持了学术界关于教育对公共服务动机有影响的说法[1]。佩里2000年的研究认为,作为社会历史背景的一个组成部分,教育对PSM产生了很大影响[2]。休斯顿认为,如果一个人有着比较高的教育素养,那么他就更可能将有意义的工作放在重要的位置,而不是更多地考虑逐渐降低的高薪水和工作安全感[3]。莫伊尼汉和潘迪得出了相似的结论,他们认为,教育水平与PSM之间存在强相关关系,因为教育在塑造个人

---

[1] 具体参见(Crewon, 1997, Witter, 1991等)。

[2] Perry J. L. Bring Society in: Toward a Theory of Public Service Motivation. Journal of Public Administration Research and Theory, 2000, 10 (2): 471-488.

[3] Houston D. J. Public Service Motivation: A Multivariate Test. Journal of Public Administration Research and Theory, 2000, 10 (4): 713-728.

的信仰或价值观方面扮演着非常重要的角色①。

从婚姻状况及是否拥有孩子的角度来看，是否成家及是否拥有小孩对于政府公务员在公共服务动机及其维度上的评分不尽相同。相对于已婚者来说，尚未结婚的员工在公共服务动机上的总体表现要好一些，而相对于已婚尚未有小孩和未婚的员工来讲，已婚且有小孩的政府公务员在公共服务动机的"公共责任""政治参与"及"道德伦理"维度上的认知要高，且随着孩子年龄的增大，这一认识有不断加深的趋势。从实际上来讲，成家后特别是有了小孩以后，员工的大部分时间和精力都要让位于家庭和孩子，即使个人有很高的公共服务意识，但是也受到了许多牵绊，因此公共服务动机程度上的评分低也在情理之中，因为拥有良好的公共服务动机需要占用大量时间和精力，需要做出很大的个人牺牲。但是，成家并且有了小孩以后，人的责任感会因为一个小生命的诞生而重新得到认识，也更加珍惜来之不易的生活，因此从这个角度上来讲，这也解释了未婚较已婚者在公共服务动机上的评分高和已婚且有小孩的公务员在公共服务动机的个别维度上得分高的原因。

从政治面貌来看，在本书中，样本调查地区的政府公务员政治面貌情况被分为四组：中共党员、共青团员、民主党派人士及群众。但是从统计分析的结果来看，不同政治面貌的员工对公共服务动机认知上不存在显著差异性。这可能是由于样本均取自于政府部门，无论是党员、共青团员还是群众，只要在政府部门工作，都是在中国共产党的统一领导下开展工作的，从路线、方针到具体的政策执行，都是一以贯之的。因此，按照公共服务动机的概念，他们的表现是一致的。但是，研究发现，在公共服务动机维度上的认知表现上，政治面貌为党员的公务员在除了"对特殊利益的愿望"维度外的其他维度上的得分要高于政治面貌为共青团员和群众的公务员，这与我国的国情和公务员这一特殊行业的特点是一致的。

从职务级别上来看，在本书中，样本调查地区的政府公务员职务级别被划分为五个类别，分别是办事员、科员、科级、处级、厅级及以上。由于处级和厅级及以上组在本次调查中样本量非常少，不具有统计意义。因此，本书只探讨了前三类的差异。统计分析结果显示，不同职务级别的政府公务员在公共服务动机上的表现存在显著差异。其中，办事员的公共服务动机水平最高，其次是科员，科级及以上的政府公务员 PSM 水平最低。从公共服务动机的各个维度上的得分来看，除了在"政治参与""中庸思想"维度上的得分没有显著差异外，在其他维度上，办事员的得分均高于科员和科级以上的政府公务员。这一研究结果也从侧

---

① Moynihan D. P., and S. K. Pandey. The Role of Organizations in Fostering Public Service Motivation. Public Administration Review, 2007, 67 (1): 40 – 53.

面论证了我国根深蒂固的官本位思想。"官本位"是以"官"为本的价值取向。从我国的实际情况来看，一些领导干部以仕途作为其事业的发展方向，所有的一切均服从于官阶地位，所做的一切都是为了做官和升官，并且将其看成是人生最高的价值追求和归宿，把"做大官"作为封妻荫子、出人头地甚至是光宗耀祖的唯一途径，可谓"一人得道，鸡犬升天"。自然就不会把他服务的对象放在眼里，更奢谈为人民服务了。于是，能否官居高位，便成了衡量一个公职人员奋斗成功与否的根本标志。

另外，存有"官本位"思想的一些公务员想升官的目的，无非是凭借自己社会地位和手中权力的提高获得更多的"灰色收入"。为了这些唾手可得的"利益"，他们就不能正确履行职责或干脆不履行职责，有的甚至还滥用权力，从而给社会、人民群众甚至整个国家带来极为严重的危害。从我国的现实情况来看，一些公务员进入政府部门只是一味地求升迁，为捞取"政绩"不惜损害人民群众利益，不了解也不愿意了解群众愿望，不愿做、不敢做、不会做群众工作，对群众的冷暖疾苦漠不关心，甚至利用职务之便贪污受贿、以权谋私，这些都是执政为民的意识不强的集中表现。因此，从数据分析来看，官级越高公共服务动机的水平越低是有道理的。

从工龄上看，在本书中，样本调查地区政府公务员的工龄被划分为四个阶段：2年以下（包括2年）、3~5年（包括5年）、6~10年（包括10年）、11年以上。统计结果表明，对于政府公务员来说，在供职部门工作时间的长短直接影响公共服务动机感知水平上的得分。其中，在政府部门供职时间3~5年的和11年以上的公务员在公共服务动机上的水平均高于供职时间为2年以下的和6~10年的公务员。这样的结果可以解释为：入职时间在2年以下的公务员，由于刚刚从学校毕业进入组织，与组织的各类环境和人员都要有一个适应和磨合的过程，且学校和政府组织的结构和环境相差较大，容易出现这样的情况。而入职时间在11年以上的员工，从年龄上推断在35岁左右，而这个年龄段正好是职业生涯的最好阶段，无论是从职业发展的角度还是个人道德修养的角度都会有一个大的跃升。而处于两个年龄段中间的年龄段：3~10年，是个波动比较大的阶段，这里面会有跳槽的诱惑、成家的苦恼、自由之思想与制度的约束性之间的碰撞，势必会影响到公共服务动机的水平。

进一步的分析发现，工龄在3~5年的公务员在"对特殊利益的愿望"维度上的评分较工龄在"2年及以下"和"6~10年"的公务员在这一维度上的感知程度要高，工龄在"11年以上"的公务员要比工龄在"6~10年"的公务员的感知程度要高。也就是说，度过了试用期及与新环境的磨合期（两年左右）后，这些年轻的员工开始寻求自己的定位，对一些符合自己想法的需求开始主动去实现,包括一些不切实际的想法。当他们的想法不断受到挤压和打击后,他们的激情会受到影响,会有一个潜伏期,这时候他们开始寻求人生另外的突破口,比如婚姻、投资等。经过一番磨砺后,如果他们还留在原单位,就会变得更加成熟和实际,这个时候,他们的想法和要求会更加清晰和可行,再加上他们这些年积累的经验和人脉,自然会对一些特殊的利益有所渴求。

从经济收入方面来看,在本书中,样本调查地区政府公务员的经济收入(年收入)被划分为6个档次,分别是5000～1万元(不含,下同)、1万～3万元、3万～8万元、8万～15万元、15万～30万元、30万～100万元。由于前两组样本量较小(N=38,N=21),"15万～30万"组样本量较小(N=3),最后一组无统计样本,为避免差异比较的误差,本书中根据需要将前两组合成"3万元以下"组,将最后两组与"8万～15万元"组进行合并,组成"8万元及以上"组。统计分析结果表明,对于政府公务员来说,年收入的高低在公共服务动机的感知水平上存在显著差异性($F=41.476$,$P<0.001$)。这一研究结果验证了学界关于人是"理性人"还是"社会人"的争论。按照公共选择理论的进路,其将个体看作"理性人",以此假定为依据,每个个体都试图最大化其自身利益,不管他身处何种位置和环境。根据这一理论,政府组织可以通过关注个人自身的利益可以最大限度地提高绩效。而能够激发个人利益的最主要的竞争手段便是基于绩效的薪酬激励模式[①]。本书的数据分析表明,当经济收入从5000元上升到8万元的这个过程中,其公共服务动机的水平从无到有再到显著,似乎印证了公共选择理论的说法。但是我们从进一步的均数多重分析中发现,以"同情心"维度为例,如果按照理性选择理论的说法,人们的收入越高,其公共服务动机水平越高,但是,数据分析显示,随着收入迈过8万元到了10万元、15万元甚至更高的时候,他们在同情心上的得分并没有提高,反而呈现下降趋势(得分从3.79下降到了3.24,下降幅度达到了14.5%)。同样,其他维度上也出现了类似的情况(如表5-5所示)。

因此,研究验证了以登哈特(Denhardt)为代表的对公共选择理论的批评,称"理性经济人"假设能否用于以公共利益为导向的公共部门,因其缺乏实证材料的支持,适用性还有待商榷[②]。正如马奇和奥尔森所说的,"人们不仅仅是寻求自身利益的自私人类,他们还是想要帮助别人并根据他人对自己的期望去行

---

① Perry James L., and Hondeghem Annie, eds. Public Service Motivation: A Symposium. International Public Management Journal, 2008 (b): 55.

② 珍妮特·V. 登哈特,罗伯特·B. 登哈特. 新公共服务:服务,而不是掌舵 [M]. 方兴,丁煌译,北京:中国人民大学出版社,2010: 15.

动的社会人"①。沙米尔（Shamir）在分析以个人的利益最大化为前提的公共选择理论的缺陷时也认为，在公共部门内部不乏有为工作献身的而其收入却低得可怜的公务员，而这些只求奉献、不图回报的行径，是理性选择理论无法解释的。同时他还认为，理性选择理论是对人们内在理性选择的概念化，把人固化在了理性的、经济的范畴之内，并没有把人们的价值观、道德观和责任感考虑在内②。这些都证明了经济收入并不是衡量一个人公共服务水平优劣的可靠因素。

第三节 研究小结

通过对观测数据进行独立样本的 T 检验、单因素方差分析和均数多重比较分析，本章得到如下研究结果：

（1）我国地方政府公务员行为中普遍存在公共服务动机成分，且水平较高；

（2）我国政府公务员的人口学及组织学特征变量在公共服务动机水平的认知上存在显著差异；

（3）我国政府公务员公共服务动机的各个维度在除政治面貌外的人口统计学及组织背景变量上的差异显著。

---

① March James G., and Olsen Johan P. The New Institutionalism: Organizational Factors in Political Life, America Political Science Review, 1984（78）：734-749.

② Shamir, B. Meaning, Self and Motivation in Organizations. Organization Studies, 1991, 12（3）：405-424.

第六章

影响公务员公共服务动机的因素分析

假如如前期研究所证明的那样,公共服务动机确实是存在的,那么它是受什么驱动的,或者说,它受到哪些因素的影响?深入理解PSM的前因和影响因素将有助于我们更好地理解个人的PSM。正如布鲁尔(Brewer)等认为,未来的研究应该关注PSM的影响因素——一定程度上包括个人的因素(自我选择进入公共部门从事服务的因素)和环境因素(那些能够影响他们的PSM水平的因素)[①]。一般地,在组织行为学和人力资源管理中,学者们对员工行为动机影响因素的研究一般是参考波特(Poter)和米尔斯(Miles)对行为动机影响因素的分类展开的,他们将行为动机的影响因素分为四类:个体特征(Personal Features)、工作特征(Job Characteristics)、工作环境特征(Work Environment Characteristics)和外部环境特征(External Environment Characteristics)[②]。佩里于2000年提出,2008年予以修正的公共服务动机解释模型框架中,对于PSM影响因素的探讨尚未得到经验验证,从现有文献的梳理可以看出,目前有关PSM影响因素的探讨还只是停留在一些人口统计学变量的范畴(如性别、年龄、教育等),尚未对社会环境、组织环境、组织特征等潜在影响因素予以经验验证。本章将重点探讨有关的组织、社会环境对公共服务动机的影响,以期为提升政府公务员的公共服务动机水平提供理论参考。

---

① Brewer G. A., and Selden S. C. et al. Individual Conceptions of Public Service Motivation. Public Administration Review, 2000, 60 (3): 254–264.

② Perry J. L., and Porter L. W. Factors Affecting the Context for Motivation in Public Organizations. Academy of Management Review, 1982, 7 (1): 89.

第一节 研究结果

一、问卷的质量分析

本部分研究所使用的公共服务动机影响因素变量问卷,均是在国内外学者研制的具有比较高信效度的问卷的基础上根据我国国情和研究的实际情况,适当地挑选部分条目得到的。因而,问卷应用在不同的环境、不同的领域需要根据实际情况下对问卷的信效度重新进行检验,以确保问卷的质量。因此,研究者通过对问卷的项目分析、信度和效度检验等手段考察测量问卷是否符合心理测量学和统计学的要求,以确保推论的可靠性。

1. 角色知觉问卷的质量分析

在进行 EFA 之前,应首先进行样本的适合性检验(KMO)和巴特利(Bartlett)球形检验。结果显示,角色知觉问卷的 KMO 值为 0.756,Chi – Square 值为 4888.659,显著性检验 Sig. 为 0.000。因此,数据适合进行探索性因子分析。结果详见表 6 – 1。

表 6 – 1 KMO 和 Bartletts 球形检验结果(N = 723)

Kaiser – Meyer – Olkin Measure of Sampling Adequacy		0.756
Bartlett's Test of Sphericity	Approx. Chi – Square	4888.659
	df	78
	Sig.	0.000

研究者采用主成分分析方法,对角色知觉问卷进行了 EFA 的分析。结果表明,问卷清晰地包含两个维度,共可解释总方差变异量的 63.515%,分析结果如表 6 – 2 所示。

接着,问卷采用 CITC 法与 Cronbach's Alpha 信度系数法对角色知觉问卷进行项目分析结果显示,题项的 CITC 值都大大超过了 0.3 的净化测量项目的标准值。根据吴明隆等的研究,如果剔除问卷的某个项目后,其内部一致性系数(Alpha)会增大,则表示该题项不符合测量的基本要求,可以将该项目删除,如果问卷的每一个题项被剔除后都没有引起内部一致性系数(Alpha)的明显增大,则表示问卷的所有题项都应该得到保留。角色知觉问卷总体内部一致性信系数为 0.886,也超过了 0.70 的较好标准值。

第六章 影响公务员公共服务动机的因素分析

表6-2 角色知觉问卷的项目分析结果（N=723）

问卷题项	因子负荷		共同度	CITC	删除后问卷项目α的系数	
	角色模糊	角色冲突				
RS5	0.841		0.798	0.574	0.854	Cronbach's Alpha 0.866 总解释变异量（%） 63.515
RS4	0.810		0.611	0.593	0.853	
RS7	0.720		0.677	0.602	0.852	
RS6	0.641		0.631	0.542	0.861	
RS13	0.586		0.574	0.479	0.860	
RS2	0.553		0.518	0.549	0.856	
RS1	0.552		0.671	0.593	0.853	
RS3	0.538		0.658	0.482	0.859	
RS11		0.838	0.733	0.587	0.854	
RS15		0.765	0.691	0.667	0.867	
RS9		0.716	0.623	0.636	0.850	
RS14		0.715	0.690	0.526	0.857	
RS10		0.644	0.610	0.531	0.857	

从以上采用多元统计分析技术对公共服务动机的影响因素进行的分析结果来看，公务员的角色知觉问卷通过了大样本数据的验证，具有良好的信效度，测量结果具有一定的说服力，且符合统计学和心理测量学的标准。说明我们对公务员角色知觉问卷的项目设计合理、可靠，可以进行后续的研究。

2. 员工对组织的感知问卷的质量分析

在进行EFA之前，应首先进行样本的适合性检验（KMO）和巴特利（Bartlett）球形检验。结果显示，组织公平感问卷的KMO值为0.844，Chi-Square值为8150.023，显著性检验Sig.为0.000。因此，数据适合进行探索性因子分析。结果详见表6-3。

表6-3 KMO和Bartlett球形检验结果（N=723）

Kaiser-Meyer-Olkin Measure of Sampling Adequacy		0.844
Bartlett's Test of Sphericity	Approx. Chi-Square	8150.023
	df	91
	Sig.	0.000

研究者采用主成分分析方法，对组织公平问卷进行了EFA的分析。结果表明，问卷清晰地包含两个维度，共可解释总方差变异量的68.572%，这与

Thibaut 和 Walker 所提出的二维结构是相吻合的。具体分析结果见表 6-4。

表 6-4 组织公平感问卷的项目分析结果 (N=723)

问卷题项	因子负荷		共同度	CITC	删除后问卷项目 α 的系数	
	程序公平	分配公平				
OJ11	0.874		0.770	0.479	0.860	
OJ9	0.862		0.756	0.531	0.857	
OJ8	0.862		0.751	0.636	0.850	
OJ14	0.835		0.716	0.542	0.861	
OJ12	0.821		0.693	0.526	0.857	Cronbach's Alpha 0.866
OJ13	0.752		0.616	0.542	0.867	
OJ7	0.751		0.604	0.602	0.852	
OJ10	0.694		0.489	0.587	0.854	总解释变异量（%）68.572
OJ5		0.865	0.784	0.574	0.854	
OJ3		0.858	0.803	0.482	0.859	
OJ6		0.832	0.693	0.471	0.861	
OJ2		0.824	0.711	0.549	0.856	
OJ4		0.792	0.760	0.593	0.853	
OJ1		0.623	0.453	0.593	0.853	

接着，问卷采用 CITC 法与 Cronbach's Alpha 信度系数法对角色知觉问卷进行项目分析结果显示，题项的 CITC 值都大大超过了 0.3 的净化测量项目的标准值。根据吴明隆等的研究，如果剔除问卷的某个项目后，其内部一致性系数 (Alpha) 会增大，则表示该题项不符合测量的基本要求，可以将该项目删除，如果问卷的每一个题项被剔除后都没有引起内部一致性系数 (Alpha) 的明显增大，则表示问卷的所有题项都应该保留。组织公平感问卷的内部一致性信系数为 0.866，超过了 0.70 的较好标准值。

从以上采用多元统计分析技术对公共服务动机的影响因素进行的分析结果来看，公务员的组织公平感问卷通过了大样本数据的验证，具有良好的信效度，测量结果具有一定的说服力，且符合统计学和心理测量学的标准。说明我们对公务员组织公平感问卷的项目设计合理、可靠，可以进行后续的研究。

3. 员工与领导的关系问卷质量分析

在进行 EFA 之前，应首先进行样本的适合性检验 (KMO) 和巴特利 (Bartlett) 球形检验。结果显示，领导行为问卷的 KMO 值为 0.860，Chi-Square 值为

第六章 影响公务员公共服务动机的因素分析

6881.066，显著性检验 Sig. 为 0.000。因此，数据适合进行探索性因子分析。结果如表 6-5 所示。

表 6-5 KMO 和 Bartlett 球形检验结果（N=723）

Kaiser – Meyer – Olkin Measure of Sampling Adequacy		0.860
Bartlett's Test of Sphericity	Approx. Chi – Square	6881.066
	df	45
	Sig.	0.000

研究者采用主成分分析方法，对角色知觉问卷进行了 EFA 分析。结果表明，问卷清晰地包含两个维度，说明政府公务员的领导行为的确有集权型和民主型两种类型，且各个因子上的载荷均超过了 0.5 的较好标准，两个因素的方差解释分别为 57.109% 和 19.376%，累计解释方差率达到了 76.485%，结果较为理想。具体分析结果如表 6-6 所示。

表 6-6 领导行为问卷的项目分析结果（N=723）

问卷题项	因子负荷		共同度	CITC	删除后问卷项目 α 的系数	
	民主型	集权型				
LB2	0.888		0.840	0.829	0.896	Cronbach's Alpha 0.913 总解释变异量（%）76.485
LB3	0.855		0.734	0.682	0.905	
LB4	0.847		0.771	0.785	0.898	
LB1	0.838		0.807	0.837	0.895	
LB5	0.822		0.683	0.668	0.905	
LB6	0.799		0.703	0.753	0.900	
LB7	0.688		0.495	0.584	0.910	
LB10		0.958	0.942	0.559	0.910	
LB8		0.951	0.749	0.543	0.912	
LB9		0.823	0.924	0.587	0.910	

接着，问卷采用 CITC 法与 Cronbach's Alpha 信度系数法对角色知觉问卷进行项目分析结果显示，题项的 CITC 值都大大超过了 0.3 的净化测量项目的标准值。根据吴明隆等的研究，如果剔除问卷的某个项目后，其内部一致性系数（Alpha）会增大，则表示该题项不符合测量的基本要求，可以将该项目删除，如果问卷的每一个题项被剔除后都没有引起内部一致性系数（Alpha）的明显增大，则表示问卷的所有题项都应该保留。领导行为问卷的总体内部一致信系数为 0.913，超过了 0.70 的较好标准值。

· 197 ·

从以上采用多元统计分析技术对公共服务动机的影响因素进行的分析结果来看,公务员的领导行为问卷通过了大样本数据的验证,具有良好的信效度,测量结果具有一定的说服力,且符合统计学和心理测量学的标准。说明我们对公务员领导行为问卷的项目设计合理、可靠,可以进行后续的研究。

4. 工作特征问卷质量分析

在进行 EFA 之前,应首先进行样本的适合性检验(KMO)和巴特利(Bartlett)球形检验。结果显示,领导行为问卷的 KMO 值为 0.678,Chi – Square 值为 2322.653,显著性检验 Sig. 为 0.000。因此,数据适合进行探索性因子分析。结果如表 6 – 7 所示。

表 6 – 7　KMO 和 Bartlett 球形检验结果(N = 723)

Kaiser – Meyer – Olkin Measure of Sampling Adequacy		0.678
Bartlett's Test of Sphericity	Approx. Chi – Square	2322.653
	df	55
	Sig.	0.000

研究者采用主成分分析方法,对工作特征问卷进行了 EFA 分析。结果表明,问卷清晰地包含五个维度,各个因子上的载荷均超过了 0.5 的较好标准,五个因素的方差解释分别为 27.525%、18.233%、11.378%、10.158% 和 8.23%,累计解释方差率达到了 75.523%,结果较为理性。具体分析结果如表 6 – 8 所示。

表 6 – 8　工作特征问卷的项目分析结果(N = 723)

问卷题项	因子负荷					共同度	CITC	删除后问卷项目的 α 系数	
	自主性	重要性	多样性	反馈	完整性				
JA10	0.934	0.040	0.024	0.078	0.074	0.885	0.483	0.691	Cronbach's Alph. 0.905 总结释变异量(%) 75.523%
JA6	0.909	0.083	-0.022	0.016	0.019	0.834	0.409	0.690	
JA11	0.722	0.041	0.127	0.371	-0.108	0.689	0.593	0.699	
JA4	0.119	0.817	-0.027	0.059	-0.282	0.765	0.365	0.671	
JA5	0.086	0.802	0.160	0.111	0.256	0.754	0.542	0.655	
JA7	-0.044	0.645	0.385	0.180	0.128	0.615	0.415	0.664	
JA2	0.057	0.078	0.821	0.153	-0.231	0.760	0.249	0.663	
JA1	0.035	0.217	0.755	-0.172	0.209	0.691	0.447	0.668	
JA8	0.048	0.159	0.125	0.848	0.134	0.780	0.487	0.684	
JA9	0.303	0.105	-0.158	0.709	-0.197	0.670	0.587	0.656	
JA3	0.020	0.046	-0.025	-0.011	0.928	0.865	0.367	0.651	

接着，问卷采用 CITC 法与 Cronbach's Alpha 信度系数法对角色知觉问卷进行项目分析，结果显示，题项的 CITC 值都大大超过了 0.3 的净化测量项目的标准值。根据吴明隆等的研究，如果剔除问卷的某个项目后，其内部一致性系数（Alpha）会增大，则表示该题项不符合测量的基本要求，可以将该项目删除，如果问卷的每一个题项被剔除后都没有引起内部一致性系数（Alpha）的明显增大，则表示问卷的所有题项都应该保留。工作特征问卷总体内部一致性信系数为 0.701，超过了 0.70 的较好标准值。

从以上采用多元统计分析技术对公共服务动机的影响因素进行的分析可以看出，公务员的工作特征问卷通过了大样本数据的验证，具有良好的信效度，测量结果具有一定的说服力，且符合统计学和心理测量学的标准，说明我们对公务员工作特征问卷的项目设计合理、可靠，可以进行后续的研究。

二、问卷的共同方法偏差检验

共同方法偏差（Common Method Bias，CMB）是指观察数据的收集来自相同的测量工具，同样的测量环境、项目背景以及问卷本身特性所造成的观察变量与潜在变量之间由于人为的原因造成的共变现象，是一种标准变量之间的系统误差[1]。当然，这种原因所产生的共变并不是由理论模型或构想本身造成的，而是由于测量过程中出现的不可控的测量方法造成的，这种变异如果不加控制，可能会严重地误导和混淆研究结果，并导致观察变量与潜在变量间关系的膨胀或偏差，从而产生系统性误差[2]。目前，在心理科学、组织行为科学等学科的研究中，尤其是以问卷为主要测量方法的研究中，这种变异所带来的共同方法偏差大量存在，且得到了越来越多的重视[3]。

共同方法偏差的控制一般有两条途径：程序控制和统计控制。程序控制强调研究者要提早识别潜在变量和观测变量在测量上的相似之处，进而消除因研究设计所带来的误差。但是，在实际测量中，大部分研究都受研究条件的约束，无法对实施过程进行有效控制或者在这种情境下无法消除系统性偏差，作为一种事后补救的方案，就需要采用统计的方法对 CMB 进行控制。因此，本书中，尽管研究者本着科学严谨的态度，采用规范化的、标准的研究程序收集所需的数据，以期防止共同方法偏差（CMB）会对研究结果带来不利影响。但是，由于我们所

---

[1] Podsakoff P. M., and D. W. Organ. Self Reports in Organizational Research: Problems and Prospects. Journal of Management, 1986, 12 (4): 531 - 544.

[2] Podsakoff P. M., and S. B. MacKenzie, et al. Common Method Biases in Behavioral Research: Aritical Review of the Literature and Recommended Remedies. Journal of Applied Psychology, 2003, 88 (5): 879 - 903.

[3] 周浩，龙立荣. 共同方法偏差的统计检验与控制方法 [J]. 心理科学进展，2004, 12 (6).

选择的各个变量（包括公共服务动机变量、影响因素变量、行为后果变量及调节变量）基本上都是由相同的被试提供信息，这就可能存在共同方法偏差，从而影响变量之间关系的成立，导致系统误差出现，或许还会得到令人费解的研究结论。因此，在开始后续的研究之前，有必要对样本数据进行共同方法偏差（Common Method bias）的检验和控制。

在心理学、统计学的研究中，有多种方法可以对共同方法偏差进行检验和控制。在本书中，我们采用周浩等使用过的"控制非可测潜在因子方法"的办法来检验共同方法偏差①。它的核心是把共同方法因子作为一个潜在变量纳入结构方程模型（SEM），然后允许所有的观察变量在这个潜在变量上进行负载。研究者可以通过比较不包含共同方法偏差潜变量和包含共同方法偏差潜变量的模型的拟合度来检验测量模型是否存在 CMB。若包含共同方法因子的模型各项拟合指数明显优于不含共同方法因子的模型，则可以断定各变量之间存在严重的共同方法偏差②。在我们的研究中，待检验的测量模型包括公共服务动机的七个维度和其他问卷（包括影响因素诸问卷、后果变量诸问卷及调节变量问卷等），分为不含共同方法因子模型（模型1）和包含共同方法因子模型（模型2）两种，分别用正式调查收集的有效数据（N=723）对这两种因子模型进行数据的拟合，比较模型的优劣，以确定是否含有共同方法因子。检测结果如表6-9所示。

表6-9　模型拟合指标的 CMB 检验结果（N=723）

假设模型	模型适配度									
	X^2	df	X^2/df	RMSEA	TLI	GFI	CFI	RFI	PNFI	PGFI
模型1	4325.35	1537	2.876	0.067	0.91	0.93	0.98	0.98	0.82	0.88
模型2	4351.87	1545	2.951	0.065	0.89	0.90	0.97	0.86	0.81	0.85

关于 CMB 的判断标准，学界没有一个统计的结论。本书综合参考了 Podsakoff、Organ 等的建议，根据学者郑建君等使用的判断共同方法偏差的标准③，对模型进行判断。表6-9显示，加入了共同方法因子后模型（模型2）的模型适配度指标 RMSEA、TLI、CFI 和 PNFI 等与没有加入共同方法因子模型（模型1）的拟合指标之间均没有超过 0.01~0.02 的判断标准，只有 GFI 和 PGFI 超过了这一标准（0.03），但并不是很严重，也即引入共同方法因子后，测量模型并没有

---

①②周浩，龙立荣. 共同方法偏差的统计检验与控制方法［J］. 心理科学进展，2004，12（6）.
③ 郑建君，金盛华，马国义. 组织创新气氛的测量及其在员工创新能力与创新绩效关系中的调节效应［J］. 心理学报，2009，41（12）：1203-1211.

出现较大程度的改善,所以我们认为所测量的指标变量和潜变量之间的共同方法偏差并不严重,可以进行后续研究。

三、各前因变量的描述统计与相关分析

研究以正式问卷调查收集的 723 个有效观测样本,对公共服务动机及其影响因素变量进行相关分析及基本的描述统计分析,分析结果如表 6-10 所示。

表 6-10 各前因变量与 PSM 的平均数、标准差及相关系数矩阵（N=723）

	Mean	SD	1	2	3	4
1. 公共服务动机	3.585	0.539				
2. 组织公平感	2.810	0.686	0.385**			
3. 领导行为	3.128	0.786	0.239**	0.621**		
4. 角色状态	2.771	0.598	-0.060	-0.576**	-0.573**	
5. 工作特征	3.402	0.476	0.165**	0.474**	0.419**	-0.480**

注:"**" Correlation is significant at the 0.01 level (2-tailed).

从表 6-10 可以发现,公共服务动机与组织公平感的相关系数为 0.385,呈现积极的相关关系;与领导行为呈显著正相关,相关系数为 0.239;与角色状态相关不显著;与工作特征呈显著正相关。从影响因子变量之间的相关来看,角色状态与组织公平感、领导行为及工作特征均呈显著负相关（相关系数为 -0.576、-0.573、-0.480）。本阶段提出的假设得到了初步验证。但是,变量间的相关是否是构想结构的不当造成的,还是因为其他的误差所造成的,需要通过严格的结构方程模型（SEM）对其影响路径进行进一步确认。

四、公共服务动机影响因素模型的 SEM 检验

根据本部分提出的研究总体构想,我们给出了影响地方政府公务员公共服务动机因素的初始模型,如图 6-1 所示。

按照结构方程模型（SEM）的建模要求,对所提出的构想模型通过 Amos 20.0 软件进行程式验证。采用正式的问卷调查取得的 723 个有效观测数据与提出的构想模型进行拟合,得到公共服务动机构想模型的拟合指标和完全标准化解（Standardized Estimates）,具体结构及各参数如表 6-11 和表 6-12 所示。

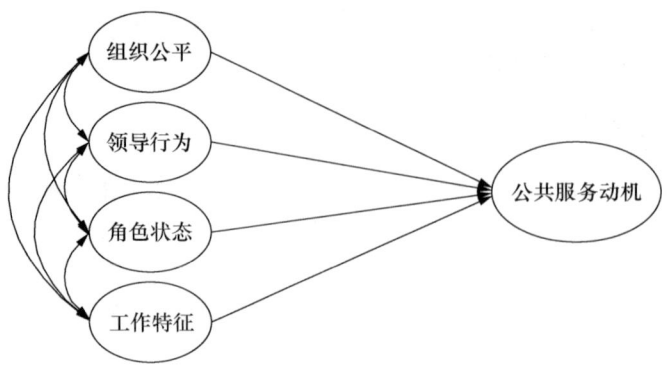

图6-1 公共服务动机的影响因素初始模型示意图

表6-11 公共服务动机的影响因素模型适配度（N=723）

PSM 影响因素模型	模型适配度									
	χ^2	df	χ^2/df	RMSEA	TLI	GFI	CFI	RFI	PNFI	PGFI
	9.151	2	1.83	0.070	0.98	0.97	0.99	0.99	0.79	0.91

表6-12 公共服务动机的影响因素模型标准化路径系数表（N=723）

具体路径	标准化路径系数	CR 值	R^2
领导行为→PSM	0.765***	19.278	0.558
角色状态→PSM	-0.747***	-18.065	0.558*
组织公平感→PSM	0.793***	19.567	0.629
工作特征→PSM	0.594***	14.653	0.353

注：表中"*"表示P<0.05，"***"表示P<0.001。

综合表6-11和表6-12的检验结果显示，公共服务动机的整体拟合指数卡方值为9.151，自由度为2，χ^2/df 的比值为1.83，介于1~3，说明公共服务动机影响因素模型的拟合程度非常好。此外，模型适配度指数 RMSEA、TLI、GFI、CFI、RFI、PNFI、PGFI 都达到了统计学意义上的较好标准，说明模型非常匹配，能够检验假设。图6-2直观地描述了公共服务动机和前因变量之间的关系。

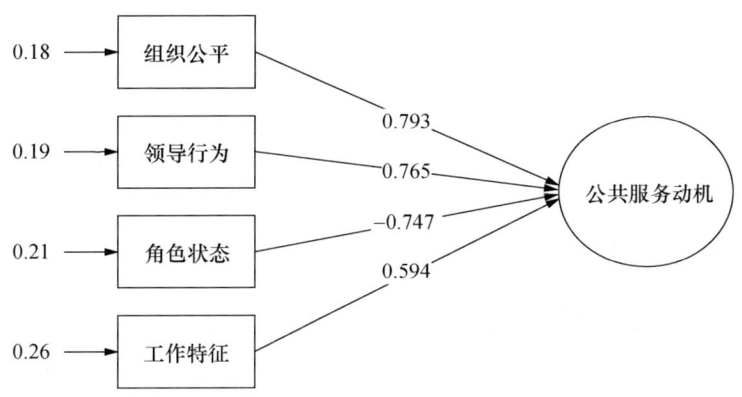

图 6-2 公共服务动机与影响因素标准化路径关系

从图 6-2 的路径关系来看，公共服务动机的各个前因变量对公共服务动机均有显著影响，其中，组织公平、领导行为和工作特征对公共服务动机具有显著的正向影响，角色状态对公共服务动机具有显著的负向影响。而且，从表 6-12 中的 R^2 我们也可以了解，组织公平、领导行为和工作特征分别能够正向解释 62.9%、58.6% 和 35.3% 的公共服务动机，而政府公务员的角色状态可以负向解释 55.8% 的公共服务动机。从路径系数可以看出，组织公平对公共服务动机的解释大于领导行为和工作特征，也就是说，政府公务员对组织公平的认知对公共服务动机的影响最大，其次是对领导行为的认知，最后是工作特征。而政府公务员对角色状态的认知对公共服务动机具有显著的负向作用。

表 6-13 显示了公共服务动机影响因素的各维度对公共服务动机的影响系数、路径系数及变异量的解释率（R^2）。从表中我们可以看到，组织公平的两个维度对公共服务动机都具有正向的显著影响，其中分配公平对公共服务动机的影响最大，可以解释测量指标 52.4% 的变异量；员工对领导行为感知的两个维度对公共服务动机有着不同影响，其中民主型领导对公共服务动机具有显著的正向影响，并且可以解释测量指标 13.9% 的变异量，集权型领导则对公共服务动机具有显著的负向影响，这与国内大部分学者如李超平[1]、张爽[2]、周红云[3]等对集权型领导的研究结果相类似，不同的是本书的结果能够更加精确地反映领导行为理论

---

[1] 李超平，孟慧，时勘. 变革型领导对组织公民行为的影响 [J]. 心理科学，2006，29（1）.

[2] 张爽，乔坤. 集权型和改造型领导行为对员工组织公民行为的影响 [J]. 大连理工大学学报（社会科学版），2006（3）.

[3] 周红云. 公务员的组织公民行为及其隐性激励研究 [M]. 北京：经济科学出版社，2010：116-218.

及其假设；角色状态的两个维度的路径系数显示，只有角色冲突维度对公共服务动机有着显著的负向影响，角色模糊几乎没有影响；工作特征的五个维度除重要性维度外，其余四个维度均对公共服务动机有显著影响，其中，除了完整性维度对公共服务动机是显著的负向影响外，其余的三个维度：自主性、多样性和反馈均对公共服务动机有着显著的正向影响。至此，本章的全部假设基本上得到了验证。

表6-13　公共服务动机的影响因素各维度的相关及标准化路径系数表（N=723）

具体路径	均值	标准误	相关系数	标准化路径系数	CR值	R^2
分配公平→PSM	2.97	0.83	0.307**	0.724***	8.911	0.524
程序公平→PSM	2.69	0.86	0.315**	0.315***	9.065	0.099
民主型领导→PSM	3.22	0.94	0.373**	0.373***	10.803	0.139
集权型领导→PSM	2.93	1.03	-0.251**	-0.251***	-6.978	0.063
角色冲突→PSM	2.90	0.67	-0.190**	-0.190***	-5.197	0.036
角色模糊→PSM	2.71	0.69	-0.024	-0.024	-0.653	0.001
自主性→PSM	3.65	0.78	0.243**	0.243***	6.717	0.059
重要性→PSM	3.46	0.69	0.027	0.027	0.724	0.001
多样性→PSM	3.43	0.87	0.169**	0.169***	4.597	0.028
反馈→PSM	3.12	0.81	0.224**	0.224***	6.185	0.001
完整性→PSM	3.73	0.92	-0.205**	-0.205***	-5.630	0.042

注："**"表示P<0.01，"***"表示P<0.001。

第二节　分析与讨论

本书采用第四章研制的本土化的公共服务动机结构问卷，对政府公务员对组织的感知、领导行为、角色状态和工作特征四个影响因素对公共服务动机的影响进行了实证检验。研究者通过对观测数据进行基本统计分析、相关分析和结构方程建模分析，结果表明，组织公平及其两个维度都对公共服务动机具有显著的正向影响，其中分配公平对公共服务动机的影响最大，可以解释测量指标52.4%的变异量；员工对领导行为的感知及其两个维度对公共服务动机有着不同影响，其中民主型领导对公共服务动机具有显著的正向影响，集权型领导则对公共服务动机具有显著的负向影响;角色状态的路径系数显示,其对公共服务动机具有显著的负向影响,其两个维度的路径系数显示,只有角色冲突维度对公共服务动机有着显著的负向影响,角色模糊几乎没有影响;工作特征的路径系数显示,对公共服务动机具有显著的正向影响,其五个维度除重要性维度外,其余四个维度均对公共服务动机有显著影响,其中,除了完整性维度对公共服务动机是显著的负向影响外,其余的三个维度:自主性、多样性和反馈均对公共服务动机有着显著的正向影响。本章的研究假设的检验结果如表6-14所示。

表6-14 公共服务动机与前因变量间关系的假设检验结果

假设		假设内容	是否验证
H5		政府公务员的角色状态对公共服务动机具有显著影响	√
	H5-1	政府公务员的目标冲突与公共服务动机有显著的负向关系	√
	H5-2	政府公务员的目标模糊与公共服务动机有显著的负向关系	×
H6		政府公务员对组织的感知对公共服务动机有显著影响	√
	H6-1	政府公务员的分配公平与公共服务动机有显著的正向关系	√
	H6-2	政府公务员的程序公平与公共服务动机有显著的正向关系	√
H7		政府公务员与上司的关系对公共服务动机有显著影响	√
	H7-1	政府公务员的直接上司为集权型领导时,其与公共服务动机负相关	√
	H7-2	政府公务员的直接上司为民主型领导时,其与公共服务动机正相关	√
H8		工作特征将显著影响政府公务员的公共服务动机水平	√
	H8-1	技能的多样性与公共服务动机有显著的正向关系	√
	H8-2	任务的完整性与公共服务动机有显著的正向关系	×
	H8-3	任务的重要性与公共服务动机有显著的正向关系	×
	H8-4	工作自主性与公共服务动机有显著的正向关系	√
	H8-5	工作反馈与公共服务动机有显著的正向关系	√

注:表中"√"表示研究假设获得检验结果支持,"×"则表示研究假设没有获得检验结果支持。

一、角色状态对公共服务动机的影响

组织中(无论是公共组织还是私人组织)的每个职位都应该有明确的责任范围,只有这样,管理者才能够根据责任要求给予员工适当的指导。如果员工并不清楚自己的责任范围,也不知道自己被期望干些什么,他的行为就会表现得犹豫不决或者对决策可能给他们带来的潜在危险感到恐惧,而这种恐惧反过来会影响到他们的行为和价值观①。清晰明确的责任范围会促使员工感到一种信任感和能力感，因为员工对需要做些什么和不做什么被告知得非常清楚明了②。但不管怎么说，工作角色很少能事先明确规定好，并且在角色的赋予者与角色的扮演者之间存在一个非常显见的角色制定过程。角色定义过程的困难，工作或组织固有的限制，管理风格的差异也会导致工作角色混淆、角色冲突。在一个组织中这些工作角色方面的特性可能会带来工作紧张感、员工压力和对员工态度的消极影响③。因此，好的角色判断力和对工作角色的创新自由会激发员工对他们工作的想法并对态度有积极的影响。在本书中，角色冲突被证明是对公务员的行为之一公共服务动机有着显著的正向影响，与国外学者对这一问题的研究结果相同。这也说明在日常工作中，职责不清、程序不规范确实给员工造成了不小的压力，让他们的能力和想法无从施展，约束了他们的行为能力，导致了公共服务动机水平的下降。研究中，另外一个维度——角色混淆对公共服务动机的影响力比较微弱，可能是因为角色混淆从概念上来讲就是对实现某一角色采取什么行动的不确定性，这样的描述也导致调查对象在选择上的不确定性（这一维度上的平均得分只有 2.7 分）。但是，这一研究结果与内特迈耶（Netemeyer, 1995）等的研究结果相似，他们通过研究发现，角色混淆对工作紧张感没有积极影响，不会对员工的行为造成影响④。

二、员工对组织的感知对公共服务动机的影响

员工对组织的感知主要表现为组织公平的感知。公平是人们根据一定的标准，对某一事物或行为的价值判断和评估，而组织公正则是个体在组织内，根据一定的标准或者是在组织内对某一行为或事物进行公平的价值评估和判断。公平是人们非常关心的话题。从行政伦理的角度来看，公平涉及社会整体的秩序、公平、公正和伦理道德的呈现；从社会学的角度来看，公平是组织资源再分配与决策的过程和结果。组织公平同时也是组织，尤其是公共组织层面的一个非常重要的组成部分，也是影响员工行为动机的关键因素之一。现有的经验研究表明，当

---

① Susan E. Jackson, and Randall S Schuler. Technical and Strategic Human Resource Management Effectiveness as Determinants of Firm Performance. The Academy of Management Journal, 1998, 40 (1): 171 – 188.

② Gretchen Spreitzer. Giving Peace a Chance: Organizational Leadership, Empowerment, and Peace. Journal of Organizational Behavior, 2007, 28: 1077 – 1095.

③ John Schaubroeck, and Simon S. K. Lam. How Similarity to Peers and Supervisor Influences Organizational Advancement in Different Cultures. The Academy of Management Journal, 2002, 45 (6): 1120 – 1136.

④ Richard G. Netemeyer, James S. Boles, Daryl O. McKee, and Robert McMurrian. An Investigation into the Antecedents of Organizational Citizenship Behaviors in a Personal Selling Context. Journal of Marketing, 1995, 61 (3): 85 – 98.

人们认为组织公平时,一般不会表现得多么激动或兴奋,当员工感到组织存在不公平时,就会挫伤个人的自尊心,从而导致不公、愤怒、焦虑、抑郁甚至其他更强烈的情绪,进而影响他们的工作行为和价值观。

在本书中,研究者通过分配公平和程序公平来反映员工对组织公平的感知。研究结果证实了研究的理论假设,也再次验证了组织公平对员工的行为确实有着非常重要的影响。虽然公职属于财政拨款,受到财政预算的约束,相对稳定,但是对政府公务员来讲,工资外的收入和福利是最有诱惑力的。因此,当这些收入能够通过合理的程序和公平的方式进行分配的话,他们就会对组织有一个好的印象,增加为组织服务的动力;反之则会产生一系列不良的行为或价值观。虽然国内尚未有关于组织公平感与公共服务动机的研究,但是国外的许多类似研究都证实了这一结论,Niehoff 和 Moorman(1993)发现,组织公平特别是公共组织的公平性对于组织的利他行为和员工的组织公民行为有显著的正向影响①;Unda Tyler(1992)运用社会交换理论的概念,证实了分配公平和程序公平对员工的态度和行为有着积极的影响②。

三、领导行为对公共服务动机的影响

在领导理论中,有关领导的定义不尽相同,如切斯特·巴纳德斯认为领导是上级影响下级的行为及劝导下级遵循某个特定行动方针的能力。哈罗德和孔茨则认为领导是一种影响力,是影响人们心甘情愿和富有激情地为实现组织的目标而努力的艺术或过程。尽管表述各不相同,但学术界还是在一点上达成了共识——强调领导是一种影响力,是对下属在实现组织目标过程中的指导与激励。领导行为即是指领导者在组织管理过程中与其直接领导的下属之间的一种互动过程中所表现出的一种习惯化的行为方式。领导行为方式的优劣会给下属的行为带来不同的影响,好的领导方式可以激发下属的积极性和创造力,有助其以最好的精神状态投入工作;差的领导方式则会影响员工的积极性,挫伤其自尊心,严重的会造成员工心理上的焦虑、郁闷,给员工的工作带来不利影响。本书使用目前运用最广的对领导行为测量的两个维度:集权型领导(Centralizationnal Leadership)和民主型领导(Democratic Leadership)进行严格的实证检验,研究发现,领导行为及其两个维度对公共服务动机有着不同影响,其中民主型领导对公共服务动机具有显著的正向影响,集权型领导则对公共服务动机具有显著的负向影响。研究

---

① Niehoff, and Moorman. Organizational Citizenship Behaviors and Organizational Effectiveness: Examining Relationships in Taiwanese Banks. Journal of Applied Social Psychology, 2006, 34 (6): 1617 – 1637.

② 转引自周红云. 公务员的组织公民行为及其隐性激励研究 [M]. 北京:经济科学出版社,2010:116.

结论与李克特①（Liket）、巴斯②（Bass，1985）、Podsakoff③（2000）等的结论是一致的。

在政府组织中，如果领导是一名集权型的领导，那么他会给部下提供报酬、实物奖励、晋升的机会并满足下属的需要和愿望等，但是，集权型的领导强调任务的分配，注重任务的完成与否，根据政府公务员的任务分工的完成情况进行奖惩，他们之间只是一种纯粹的交易行为，他并不关注公务员是否有帮助同事、帮助他人的行为。根据交换理论，这种情况会对公务员的公共服务水平产生不利的影响，促使他们只会讨好领导，而不是以高质量地完成任务为己任，导致政府人员不仅不会提升反而会减少服务奉献的行为，降低公共服务动机的水平。换句话说，政府公务员的服务奉献可能并不是出于外在动机，并不是为了获得什么物质奖励，而是出于内在动机，也即是内在的满足感或成就感驱使他们自发地、无私地奉献。但是，集权型领导倾向于以物质奖励这类"交换"的方式换取下属的奉献，为公务员本来自发的行为强加了一个"理由"，结果适得其反，不仅不能强化或增加公务员的服务奉献行为，反而使其减少该行为。相反，民主型领导则侧重对员工的价值观、理念和态度等进行激励，进而增强员工对组织的认同感、归属感以及对领导者的信任感，使公务员甘愿超越甚至牺牲个人利益，为了组织的发展奉献个人的心力，主动承担与组织利益相关的职能职责。因此，民主型领导在直接或间接影响政府公务员的公共服务动机水平方面显著强于集权型领导。领导越多地采用民主型的领导方式，下属就会越容易表现出高的公共服务动机。

四、工作特征对公共服务动机的影响

工作特征是一项工作或职务本身所固有的属性，是与工作的主体有关的各种因素的总和。在工作特征的研究中，运用最广泛的是 Hackman 和 Oldham 的五维度工作特征模型。关于公务员的实证研究表明，工作特征的五维度能让公务员受到良好的心理感知，包括体验到工作的重要意义，体验到工作的成果、责任和了解到工作的实际效果。从激励的角度来讲，当公务员有良好的心理感知时，工作本身就会对其产生强有力的内在激励，进而间接影响公务员的利他性行为表现。本书结果显示，工作特征整体对公共服务动机具有显著的正向影响，与国内外学者的研究结论是一致的。但是，在工作动机的五个维度对公共服务动机的影响方

---

① 转引自孙耀君. 西方管理学名著提要［M］. 南昌：江西人民出版社，2005.
② Bass B. M. Leadership and Performance beyond Expectations. New - York：Free Press，1985.
③ Podsakoff P. M., MacKenzie S. B., PaineJ. B., and Bacharach D. G. Organizational Citizenship Behavior：A Critical Review of the Theoretical and Empirical Literatureand Suggestions for Future Research. Journal of Management，2000（26）：513 –563.

面，结果不尽相同。其中，除重要性维度外，其余四个维度均对公共服务动机有显著影响。任务的重要性对公共服务动机不显著，首先是因为在我国政府公务员的大部分工作对于他们来说显得无足轻重，只要按照任务要求和领导的指示完成就行，所以工作本身并没有给他们带来多少满足感，对工作外的事务就更没有多大动力了。另外，目前政府公务员的压力感不断加大，工作倦怠指数也比较高，导致政府公务员对工作之外的事情无暇顾及。工作多样性、工作自主性及反馈对公共服务动机有显著的正向影响，原因可能在于：当所从事的工作需要多样化的技能时，政府公务员就能从全局的视野中理解组织中不同工种、工序之间的关系，更能意识到同事是否需要帮助，需要什么帮助，体现出一种利他主义的精神；体现公共服务动机水平的时候，往往是在非工作时间完成的，因此当公务员有较高的工作自主性的时候，他们能够自由地控制工作时间和休息的时间，就会有更多的机会去实现利他性的价值观和行为；而工作反馈能更好地让政府公务员认识到何时需要做出助人为乐的行为，并认识到自己工作的意义，从而更加热爱自己的工作。这三个维度都与公共服务动机水平呈现显著的正相关。

第三节　研究小结

通过对观测样本的相关分析与结构方程建模分析，政府公务员的角色状态、对组织的感知、领导行为及工作特征对公共服务动机具有显著的影响，研究的假设得到了验证。本阶段的研究得出如下结论：

（1）如果政府公务员的角色设置冲突性与角色模糊不清将显著影响公共服务动机的水平，冲突越明显，角色越不清晰，公务员的公共服务动机水平越低。

（2）政府公务员对组织公平的感知对公共服务动机有显著的正向影响，公务员越是能够感觉到组织在程序上、规则上和结果上的公平性，他们的公共服务动机水平就越高。

（3）政府公务员的领导行为的感知对公共服务动机有显著影响，如果公务员感觉到自己的直接领导倾向于集权式的领导类型时，他们的公共服务动机水平就高；相反，如果很难感觉自己的直接领导属于民主型的领导类型，公共服务动机水平就较低。

（4）不同的工作特征显著影响政府公务员的公共服务动机水平。

第七章

公共服务动机与公务员行为后果的关联性分析

文献分析发现，公共服务动机作为一个整体的过程理论，而不是一个孤立的概念，能够影响到与个人工作相关的许多态度和行为变量，如工作绩效和组织绩效、工作满足感、组织承诺、组织公民行为、离职意向等。从现有的公共服务动机研究文献来看，有关公共部门员工工作态度变量的研究较多是针对工作满意度、组织承诺、离职意向等方面；有关公共部门员工工作行为变量研究比较多的是针对绩效和组织公民行为方面的研究。根据前文有关公共服务动机内容结构的探讨，本书提出了我国地方政府公务员公共服务动机内容结构的七个维度，其内容既包含了与西方现有研究相似之特征，又体现了中国特有的文化本位和本土关怀。那么，这种基于中国本土化的公共服务动机是否与个人的态度、行为与心理反应有关系？这种关系的性质是怎样的？这些都需要研究者进一步去探讨。因此，本章将立足于本土化的公共服务动机内容结构，采用本土化的测量工具探讨公共服务动机对我国政府公务员的态度、行为及心理反应的影响作用。

第一节 研究结果

一、问卷的质量分析

由于本阶段研究所使用的影响因素变量问卷均是在国内外通行高信效度问卷的基础上，根据我国国情和实际的研究情况，适当挑选了部分条目得到的。因而，问卷应用在不同的环境、不同的领域需要根据实际情况下对问卷的信效度重新进行检验，以确保问卷的质量。因此，研究者通过项目分析、信效度检验等检测问卷是否符合心理测量学的要求,以确保推论的可靠性。

1. 工作满意度问卷的质量分析

在进行 EFA 分析之前,应首先进行样本的适合性检验(KMO)和巴特利(Bartlett)球形检验。结果显示,工作满意度问卷的 KMO 值为 0.807,Chi-Square 值为 5417.16,显著性检验 Sig. 为 0.000。因此,数据适合进行探索性因子分析。结果详见表 7-1。

表 7-1 KMO 和 Bartlett 球形检验结果(N=723)

Kaiser-Meyer-Olkin Measure of Sampling Adequacy		0.807
Bartlett's Test of Sphericity	Approx. Chi-Square	5417.16
	df	153
	Sig.	0.000

研究者采用主成分分析方法,对工作满意度问卷进行了 EFA 分析。结果表明,问卷清晰地包含四个维度,共可解释总方差变异量的 60.622%,分析结果如表 7-2 所示。

表 7-2 工作满意度问卷的项目分析结果(N=723)

问卷题项	因子负荷				共同度	CITC	删除后问卷项目的 α 系数
	工作压力	人际关系	整体满意	工作回报			
JSS7	0.793	0.100	-0.025	0.138	0.658	0.484	0.855
JSS3	0.695	0.068	-0.059	0.152	0.514	0.410	0.857
JSS9	0.669	0.182	0.246	0.123	0.556	0.577	0.863
JSS8	0.644	0.225	0.244	0.228	0.577	0.631	0.863
JSS5	0.642	0.074	0.231	0.102	0.482	0.488	0.860
JSS14	0.050	0.764	0.192	0.017	0.623	0.431	0.863
JSS18	0.118	0.747	0.081	-0.090	0.587	0.365	0.860
JSS12	0.202	0.729	0.122	0.087	0.594	0.499	0.853
JSS16	0.304	0.685	0.032	0.196	0.601	0.552	0.856
JSS15	-0.200	0.496	0.330	0.379	0.539	0.415	0.858
JSS6	0.061	0.075	0.857	0.018	0.743	0.400	0.861
JSS11	0.066	0.115	0.856	0.079	0.756	0.452	0.859
JSS13	0.215	0.178	0.732	-0.037	0.615	0.462	0.860
JSS1	0.219	0.224	0.563	0.381	0.559	0.592	0.862

续表

问卷题项	因子负荷				共同度	CITC	删除后问卷项目的α系数
	工作压力	人际关系	整体满意	工作回报			
JSS4	0.293	-0.026	-0.046	0.765	0.674	0.403	0.864
JSS2	0.440	0.003	0.104	0.690	0.681	0.535	0.857
JSS17	-0.044	0.443	0.080	0.601	0.566	0.427	0.862
JSS10	0.476	0.016	0.129	0.585	0.586	0.528	0.864

接着，问卷采用CITC法与Cronbach's Alpha信度系数法对工作满意度问卷进行项目分析，结果显示，题项的CITC值都大大超过了0.3的净化测量项目的标准值。根据吴明隆等的研究，如果剔除问卷的某个项目后，其内部一致性系数（Alpha）会增大，则表示该题项不符合测量的基本要求，可以将该项目删除，如果问卷的每一个题项被剔除后都没有引起内部一致性系数（Alpha）的明显增大，则表示问卷的所有题项都应该保留。工作满意度问卷总体内部一致性信系数为0.867，也超过了0.70的较好标准值。

从以上采用多元统计分析技术对公务员的行为后果变量进行的分析结果来看，公务员的工作满意度问卷通过了大样本数据的验证，具有良好的信效度，测量结果具有一定的说服力，且符合统计学和心理测量学的标准。说明我们对公务员工作满意度问卷的项目设计合理、可靠，可以进行后续的研究。

2. 组织承诺问卷的质量分析

在进行EFA之前，应首先进行样本的适合性检验（KMO）和巴特利（Bartlett）球形检验。结果显示，组织承诺问卷的KMO值为0.782，Chi-Square值为7227.795，显著性检验Sig.为0.000。因此，数据适合进行探索性因子分析。结果详见表7-3。

表7-3 KMO和Bartlett球形检验结果（N=723）

Kaiser-Meyer-Olkin Measure of Sampling Adequacy		0.782
Bartlett's Test of Sphericity	Approx. Chi-Square	7227.795
	df	153
	Sig.	0.000

研究者采用主成分分析方法，对组织承诺问卷进行了EFA。结果表明，问卷清晰地包含三个维度，共可解释总方差变异量的59.169%，组织承诺问卷总体内部一

致性信系数为0.839,超过了0.70的较好标准值。具体分析结果如表7-4所示。

表7-4 组织承诺问卷的项目分析结果(N=723)

问卷题项	因子负荷			共同度	CITC	删除后问卷项目的α系数
	情感承诺	规范承诺	连续承诺			
OC5	0.855	0.005	0.011	0.658	0.460	0.830
OC4	0.824	0.163	-0.043	0.514	0.507	0.827
OC6	0.776	0.257	-0.091	0.676	0.502	0.827
OC7	0.775	0.084	0.116	0.622	0.501	0.827
OC1	0.605	0.352	0.171	0.519	0.591	0.823
OC3	0.550	0.356	0.031	0.430	0.497	0.828
OC8	0.517	0.364	0.070	0.405	0.482	0.829
OC11	-0.052	0.787	0.193	0.660	0.456	0.830
OC9	0.308	0.748	0.063	0.658	0.598	0.823
OC12	0.261	0.671	0.062	0.523	0.517	0.829
OC10	0.262	0.667	-0.207	0.557	0.376	0.833
OC2	0.252	0.565	0.021	0.384	0.429	0.831
OC15	0.205	0.527	0.481	0.551	0.597	0.823
OC16	0.032	-0.043	0.826	0.686	0.348	0.835
OC18	-0.380	0.075	0.753	0.717	0.091	0.851
OC14	-0.057	0.451	0.716	0.719	0.511	0.826
OC17	0.176	-0.411	0.688	0.673	0.130	0.847
OC13	0.293	0.162	0.567	0.434	0.474	0.829

接着,问卷采用CITC法与Cronbach's Alpha信度系数法对组织承诺问卷进行项目分析,结果显示(见表7-4),CITC值除了题项OC17和题项OC18明显偏小(0.130和0.091)外,都大大超过了0.3的净化测量项目的标准值。根据吴明隆等的研究,如果剔除问卷的某个项目后,其内部一致性系数(Alpha)会增大,则表示该题项不符合测量的基本要求,可以将该项目删除,如果问卷的每一个题项被剔除后都没有引起内部一致性系数(Alpha)的明显增大,则表示问卷的所有题项都应该保留。组织承诺问卷中,除了题项OC17和题项OC18被剔除后α系数明显增大(0.847和0.851)外,其他题项均可以保留。因此,为了净化量表,将题项OC17和题项OC18删除,其他题项全部保留,以作后续研究。净化后量表的Cronbach's Alpha信度系数提高了0.863,其他要求均符合测量学的较好标准。

从以上采用多元统计分析技术对公务员的行为后果变量进行的分析结果来

看，公务员的组织承诺问卷通过了大样本数据的验证，具有良好的信效度，测量结果具有一定的说服力，且符合统计学和心理测量学的标准，说明我们对公务员组织承诺问卷的项目设计合理、可靠，可以进行后续的研究。

3. 离职意向问卷质量分析

在进行 EFA 之前，应首先进行样本的适合性检验（KMO）和巴特利（Bartlett）球形检验。结果显示，离职意向问卷的 KMO 值为 0.706，Chi – Square 值为 705.716，显著性检验 Sig. 为 0.000。因此，数据适合进行探索性因子分析。结果详见表 7 – 5。

表 7 – 5　KMO 和 Bartlett 球形检验结果（N = 723）

Kaiser – Meyer – Olkin Measure of Sampling Adequacy		0.706
Bartlett's Test of Sphericity	Approx. Chi – Square	705.716
	df	6
	Sig.	0.000

研究者采用主成分分析方法，对离职意向问卷进行了 EFA。结果表明，问卷清晰地包含一个维度，且各个因子上的载荷均超过了 0.5 的较好标准，累计解释方差率为 56.782%，结果较为理想。具体分析结果如表 7 – 6 所示。

表 7 – 6　离职意向问卷的项目分析结果（N = 723）

问卷题项	因子负荷	共同度	CITC	删除后问卷项目 α 的系数	
	离职意向				
TI4	0.834	0.695	0.650	0.618	Cronbach's Alpha 0.744
TI3	0.794	0.630	0.584	0.661	
TI1	0.705	0.497	0.486	0.714	
TI2	0.671	0.450	0.448	0.733	

接着，问卷采用 CITC 法与 Cronbach's Alpha 信度系数法对离职意向问卷进行项目分析结果显示，题项的 CITC 值都大大超过了 0.3 的净化测量项目的标准值。根据吴明隆等的研究，如果剔除问卷的某个项目后，其内部一致性系数（Alpha）会增大，则表示该题项不符合测量的基本要求，可以将该项目删除，如果问卷的每一个题项被剔除后都没有引起内部一致性系数（Alpha）的明显增大，则表示问卷的所有题项都应该保留。离职意向问卷总体内部一致性信系数为 0.744，超过了 0.70 的较好标准值。

从以上采用多元统计分析技术对公务员的行为后果变量进行的分析结果来看，公务员的离职意向问卷通过了大样本数据的验证，具有良好的信效度，测量结果具有一定的说服力，且符合统计学和心理测量学的标准，说明我们对公务员离职意向问卷的项目设计合理、可靠，可以进行后续的研究。

4. 工作绩效问卷质量分析

在进行 EFA 之前，应首先进行样本的适合性检验（KMO）和巴特利（Bartlett）球形检验。结果显示，工作绩效问卷的 KMO 值为 0.910，Chi-Square 值为 13523.007，显著性检验 Sig. 为 0.000。因此，数据适合进行探索性因子分析。结果如表 7-7 所示。

表 7-7 KMO 和 Bartletts 球形检验结果 （N = 723）

Kaiser - Meyer - Olkin Measure of Sampling Adequacy		0.910
Bartlett's Test of Sphericity	Approx. Chi - Square	13523.007
	df	171
	Sig.	0.000

研究者采用主成分分析方法，对工作绩效问卷进行了 EFA。结果表明，问卷清晰地包含两个维度，各个因子上的载荷均超过了 0.5 的较好标准，累计解释方差率达到了 66.750%，结果较为理想。具体分析结果如表 7-8 所示。

表 7-8 工作绩效问卷的项目分析结果 （N = 723）

问卷题项	因子负荷		共同度	CITC	删除后问卷项目的 α 系数	
	任务绩效	关系绩效				
PF3	0.869	0.113	0.768	0.703	0.955	
PF4	0.815	0.310	0.761	0.799	0.954	
PF2	0.802	0.192	0.680	0.701	0.955	
PF1	0.786	0.217	0.665	0.708	0.955	
PF14	0.751	0.475	0.790	0.864	0.952	Cronbach's Alpha 0.957
PF6	0.719	0.463	0.732	0.821	0.953	
PF5	0.719	0.395	0.763	0.771	0.954	
PF13	0.707	0.394	0.656	0.773	0.954	
PF9	0.688	0.478	0.702	0.809	0.953	
PF19	0.641	0.368	0.547	0.698	0.955	
PF17	0.622	0.465	0.603	0.753	0.954	

续表

问卷题项	因子负荷		共同度	CITC	删除后问卷项目的 α 系数
	任务绩效	关系绩效			
PF10	0.615	0.541	0.670	0.790	0.954
PF18	0.583	0.355	0.446	0.641	0.956
PF12	0.236	0.778	0.661	0.636	0.956
PF16	0.183	0.756	0.605	0.584	0.957
PF15	0.242	0.752	0.624	0.686	0.955
PF8	0.329	0.734	0.647	0.700	0.955
PF7	0.368	0.707	0.635	0.587	0.656
PF11	0.381	0.681	0.609	0.691	0.955

接着，问卷采用 CITC 法与 Cronbach's Alpha 信度系数法对工作绩效问卷进行项目分析结果显示，题项的 CITC 值都大大超过了 0.3 的净化测量项目的标准值。根据吴明隆等的研究，如果剔除问卷的某个项目后，其内部一致性系数（Alpha）会增大，则表示该题项不符合测量的基本要求，可以将该项目删除，如果问卷的每一个题项被剔除后都没有引起内部一致性系数（Alpha）的明显增大，则表示问卷的所有题项都应该保留。工作绩效问卷总体内部一致性信系数为 0.957，超过了 0.90 的较佳标准值。

从以上采用多元统计分析技术对公务员的行为后果变量进行的分析结果来看，公务员的工作绩效问卷通过了大样本数据的验证，具有良好的信效度，测量结果具有一定的说服力，且符合统计学和心理测量学的标准，说明我们对公务员工作绩效问卷的项目设计合理、可靠，可以进行后续的研究。

5. 组织公民行为问卷的质量分析

在进行 EFA 之前，应首先进行样本的适合性检验（KMO）和巴特利（Bartlett）球形检验。结果显示，组织公民行为问卷的 KMO 值为 0.737，Chi – Square 值为 10303.323，显著性检验 Sig. 为 0.000。因此，数据适合进行探索性因子分析。结果如表 7 – 9 所示。

表 7 – 9　KMO 和 Bartlett 球形检验结果（N = 723）

Kaiser – Meyer – Olkin Measure of Sampling Adequacy		0.737
Bartlett's Test of Sphericity	Approx. Chi – Square	10303.323
	df	171
	Sig.	0.000

研究者采用主成分分析方法，对组织公民行为问卷进行了 EFA 的分析。结果表明，问卷清晰地包含四个维度，共可解释总方差变异量的 59.006%，组织公民行为问卷总体内部一致性信系数为 0.836，超过了 0.70 的较好标准值。分析结果如表 7-10 所示。

表 7-10　组织公民行为问卷的项目分析结果（N=723）

问卷题项	因子负荷				共同度	CITC	删除后问卷项目的 α 系数
	爱岗敬业	公私分明	助人行为	积极主动			
OCB6	0.733	-0.035	0.144	0.031	0.561	0.438	0.828
OCB4	0.670	0.291	0.026	0.027	0.535	0.499	0.825
OCB7	0.664	0.047	0.054	0.209	0.490	0.457	0.828
OCB5	0.663	0.059	0.172	0.120	0.488	0.500	0.825
OCB8	0.647	0.324	-0.010	0.002	0.524	0.462	0.828
OCB3	0.616	0.185	0.100	0.030	0.425	0.446	0.828
OCB15	0.044	0.874	0.234	-0.083	0.587	0.457	0.827
OCB14	0.049	0.873	0.235	-0.083	0.826	0.459	0.827
OCB13	0.364	0.819	-0.004	0.121	0.828	0.578	0.822
OCB16	0.375	0.817	-0.005	0.128	0.825	0.585	0.821
OCB17	0.075	0.144	0.704	-0.078	0.528	0.345	0.832
OCB1	0.396	-0.113	0.645	-0.071	0.592	0.395	0.831
OCB19	0.044	0.182	0.598	0.181	0.426	0.405	0.830
OCB18	-0.028	0.168	0.579	0.266	0.435	0.362	0.834
OCB2	0.482	0.122	0.569	0.044	0.573	0.571	0.826
OCB9	0.038	0.045	0.110	0.793	0.644	0.309	0.836
OCB10	0.107	0.092	-0.127	0.746	0.592	0.236	0.837
OCB12	0.302	-0.116	0.363	0.598	0.594	0.450	0.827
OCB11	0.024	-0.134	0.453	0.533	0.508	0.293	0.836

问卷采用 CITC 法与 Cronbach's Alpha 信度系数法对组织公民行为问卷进行项目分析结果显示，问卷除了题项 10 和题项 11 的 CITC 值低于 0.3 的标准外，其他题项的 CITC 值都超过了 0.3 的净化测量项目的标准值。但是，根据吴明隆

等的研究，如果剔除问卷的某个项目后，其内部一致性系数（Alpha）会增大，则表示该题项不符合测量的基本要求，可以将该项目删除，如果问卷的每一个题项被剔除后都没有引起内部一致性系数（Alpha）的明显增大，则表示问卷的所有题项都应该保留。题项 10 和题项 11 虽然 CITC 值低于标准值，但是删除该项后并没有引起信度系数的明显增大，考虑研究的需要，暂不删除该两项。因此，问卷的所有题项均予以保留。

从以上采用多元统计分析技术对公务员的行为后果变量进行的分析结果来看，公务员的组织公民行为问卷通过了大样本数据的验证，具有良好的信效度，测量结果具有一定的说服力，且符合统计学和心理测量学的标准，说明我们对公务员组织公民行为问卷的项目设计合理、可靠，可以进行后续的研究。

二、问卷的共同方法偏差检验

共同方法偏差（Common Method Bias，CMB）是指由于收集的观测数据来源于相同评分者、相同的测量环境、项目语境以及问卷项目本身特征所造成的预测变量与效标变量之间人为的共变，是一种系统误差①。这种共变并不是由理论模型或构想造成的，而是由于不可控的测量方法造成的变异，它可能会严重地误导和混淆研究结果，且会导致自变量与因变量间关系的膨胀或偏差，产生系统误差②。目前，在以问卷为主要方法的行为科学研究中，共同方法偏差的大量存在，得到了研究者们越来越多的重视③。

控制共同方法偏差一般有两条途径：程序控制和统计控制。程序控制强调研究者要提早识别潜在变量和观测变量在测量上的相似之处，进而消除因研究设计带来的误差。但是，在实际测量中，大部分研究都受研究条件的约束，无法对实施过程进行有效控制，或者在这种情境下无法消除系统性偏差，作为一种事后补救的方案，就需要采用统计的方法对 CMB 进行控制。因此，本书中，尽管笔者本着科学严谨的研究态度，采用规范化的程序收集数据，以期防止 CMB 带来的消极影响，但是，由于所设置的各个变量（公共服务动机、影响因素变量、后果变量与调节变量）都是由相同的被试提供信息，这就可能存在共同方法偏差，影响变量之间的关系，导致系统误差出现，进而影响研究结论的准确性。因此，有必要对数据进行 CMB 检验和控制。

---

① Podsakoff P. M., and D. W. Organ Self Reports in Organizational Research: Problems and Prospects. Journal of Management, 1986, 12 (4): 531 – 544.

② Podsakoff P. M., S. B. MacKenzie, et al. Common Method Biases in Behavioral Research: Aritical Review of the Literature and Recommended Remedies. Journal of Applied Psychology, 2003, 88 (5): 879 – 903.

③ 周浩，龙立荣. 共同方法偏差的统计检验与控制方法 [J]. 心理科学进展, 2004, 12 (6).

在本书中,我们采用学者周浩、龙立荣在 2004 年使用过的"控制非可测潜在方法因子办法"来检验共同方法偏差①。这种统计方法是把共同方法因子作为一个潜在变量纳入结构方程模型(SEM),允许所有指标变量在这个方法潜变量上负载,通过比较包含共同方法偏差潜变量和不含共同方法偏差潜变量的模型的拟合度来检验模型是否存在 CMB。如果包含共同方法因子的模型的各项拟合指数明显优于不含共同方法因子的模型,则可以断定各变量之间存在严重的共同方法偏差②。在我们的研究中,检验模型包括公共服务动机的七个维度和其他问卷(包括行为和态度诸问卷和调节变量问卷等),分为不含共同方法因子模型(模型 1)和包含共同方法因子模型(模型 2)两种,分别用正式调查收集的有效数据对这两个模型进行拟合,比较模型的优劣以确定是否含有共同方法因子。检测结果如表 7 – 11 所示。

表 7 – 11 模型拟合指标的 CMB 检验结果 (N = 723)

假设模型	模型适配度									
	X^2	df	X^2/df	RMSEA	TLI	GFI	CFI	RFI	PNFI	PGFI
模型 1	8355.35	452	1.856	0.085	0.93	0.95	0.98	0.98	0.82	0.89
模型 2	8357.87	455	1.953	0.083	0.91	0.93	0.97	0.86	0.81	0.88

关于 CMB 的判断标准,学界没有一个统一的结论。本书综合参考了 Podsakoff、Organ 等的建议,根据学者郑建君等人使用的判断共同方法偏差的标准③,对模型进行判断。表 7 – 11 显示,加入了共同方法因子后模型(模型 2)的模型适配度指标 RMSEA、TLI、CFI 和 PNFI 等与没有加入共同方法因子模型(模型 1)的拟合指标之间均没有超过 0.01 ~ 0.02 的判断标准,只有 GFI 和 PGFI 超过了这一标准(0.03),但并不是很严重,也即模型并没有出现较大程度的改善,所以我们认为所测量的变量之间的共同方法偏差并不严重,可以进行后续的研究。

三、后果变量和 PSM 之间的描述统计与相关分析

研究以正式问卷调查收集的 723 个有效观测样本,对公共服务动机及其后果变量进行相关分析及基本的描述统计分析,分析结果如表 7 – 12 所示。

---

①② 周浩,龙立荣. 共同方法偏差的统计检验与控制方法 [J]. 心理科学进展,2004,12 (6).
③ 郑建君,金盛华,马国义. 组织创新气氛的测量及其在员工创新能力与创新绩效关系中的调节效应 [J]. 心理学报,2009,41 (12):1203 – 1211.

表 7－12　各后果变量与 PSM 的平均数、标准差及相关系数矩阵（N＝723）

	Mean	SD	1	2	3	4	5
1. 公共服务动机	3.585	0.539					
2. 组织承诺	2.604	0.528	0.212**				
3. 工作满意度	2.790	0.500	0.423**	0.542**			
4. 离职意向	3.673	0.654	－0.578**	－0.136**	－0.401**		
5. 工作绩效	3.710	0.658	0.638**	0.122**	0.405**	0.803**	
6. 组织公民行为	3.840	0.398	－0.011	0.034	0.010	－0.005	0.025

注：在 0.01 的水平上（双尾检测），**的相关性是显著的。

从表 7－12 中可以发现，公共服务动机与组织承诺度呈显著正相关，相关系数为 0.212；与工作满意度呈显著正相关，相关系数为 0.423；与离职意向呈显著负相关，相关系数为 －0.578；与工作绩效呈显著正相关，相关系数为 0.638；与组织公民行为的相关不显著。本章的假设基本得到了验证。然而，变量间的相关分析所得结果只是对变量间关系的一个粗略的反映，尚未排除测量误差等的干扰，因而未能精确地反映各潜变量之间的关系。尽管公共服务动机与组织公民行为之间相关不显著，但不代表二者对应的潜变量不存在显著的相关，需要通过严格的结构方程模型（SEM）对其影响路径进行进一步的确认，因此，下文的 SEM 分析，研究者仍然将组织公民行为纳入考察范围之中。

四、公共服务动机对后果变量影响的 SEM 检验

根据本章研究的总体构想，提出政府公务员的公共服务动机对后果变量影响的初始模型，如图 7－1 所示。

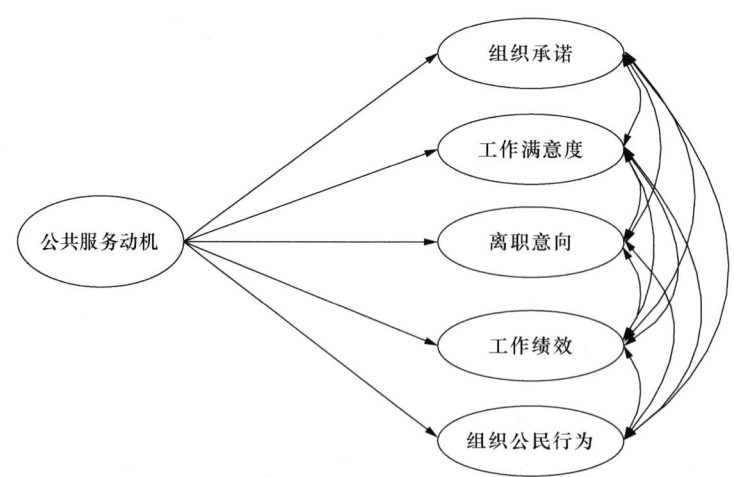

图 7－1　公共服务动机对后果变量影响的模型示意图

第七章 公共服务动机与公务员行为后果的关联性分析

研究者按照结构方程模型（SEM）的建模要求，对提出的政府公务员的公共服务动机对后果变量影响构想模型通过 Amos20.0 软件进行程序验证。采用正式问卷调查获得的 723 个有效观测数据与构想模型进行拟合，得到公共服务动机对后果变量影响的构想模型拟合指标和完全标准化解（Standardized Estimates），具体结构及各参数如表 7-13 和表 7-14 所示。

表 7-13　公共服务动机对后果变量影响的构想模型适配度（N=723）

	模型适配度指标									
修正前模型	χ^2	df	χ^2/df	RMSEA	TLI	GFI	CFI	RFI	PNFI	PGFI
	1118.131	187	1.98	0.079	0.95	0.9	0.89	0.9	0.76	0.89
修正后模型	χ^2	df	χ^2/df	RMSEA	TLI	GFI	CFI	RFI	PNFI	PGFI
	894.098	95	1.22	0.080	0.99	0.98	0.99	0.99	0.82	0.90

注：修正前模型为图 7-2 所示的模型，修正后模型去掉了公共服务动机对组织公民行为及组织公民行为对其他四个变量的相关路径，修正后模型完全标准化解示意图如图 7-2 所示。

综合表 7-13 检验结果显示，公共服务动机对后果变量修正后的影响模型整体拟合指数卡方值为 894.098，自由度为 95，χ^2/df 的比值为 1.22，介于 1~3，说明公共服务动机对后果变量的影响模型的拟合程度非常好。此外，修正后的模型适配度指数 RMSEA 值为 0.080、TLI 值为 0.99、GFI 值为 0.98、CFI 值为 0.99、RFI 值为 0.99、PNFI 值为 0.82、PGFI 值为 0.90，所有的模型基本拟合指数都达到了统计学意义上的较好标准，说明模型非常匹配，能够检验假设。

表 7-14　公共服务动机对后果变量影响的标准化路径系数表（N=723）

具体路径	标准化路径系数	CR 值	R^2
PSM→工作满意度	0.423***	4.520	0.179
PSM→组织公民行为	-0.011	4.446	0.000
PSM→工作绩效	0.638***	4.591	0.407
PSM→离职倾向	-0.578***	4.684	0.334
PSM→组织承诺	0.627***	3.765	0.393

注："***"表示 P<0.001。

由表 7-14 可知，公共服务动机对政府公务员的工作满意度、工作绩效及组织承诺具有显著的正向预测作用；对政府公务员的离职意向具有显著的负向预测作用；与组织公民行为之间的关系不显著。从标准化路径系数的绝对值来看，公共服务动机对政府公务员的工作绩效的影响最大,其次是组织承诺,再次是离职倾向,影响最小的是工作满意度。从表7-14中的R^2我们也可以了解,政府公务员的工作绩效的40.7%、组织忠诚度的39.3%和工作满意度的17.9%可归因于公共服务动机水平的提高,离职意向的33.4%也可由公共服务动机水平的下降来解释。另外,根据以上的分析结果,公共服务动机对组织公民行为没有显著影响,因此,在下一章的调节效应的探讨中,将不再考虑公共服务动机与组织公民行为的调节路径研究。因为,自变量对因变量本身不存在显著影响,再去探讨它们引入某种调节机制是否会发生变化是没有意义的①。

表7-15 公共服务动机对后果变量各维度的相关及标准化路径系数表 (N=723)

具体路径	均值	标准误	相关系数	标准化路径系数	CR值	R^2
PSM→工作压力	2.439	0.695	0.059	0.702	1.911	0.493
PSM→人际关系	3.295	0.628	0.091*	0.091*	2.447	0.008
PSM→整体满意度	2.433	0.677	0.031	0.031	0.829	0.001
PSM→工作回报	2.854	0.650	0.071	0.071	1.901	0.005
PSM→情感承诺	2.534	0.698	-0.062	-0.062	-1.660	0.001
PSM→规范承诺	2.371	0.672	0.454**	0.454***	13.707	0.206
PSM→连续承诺	2.864	0.956	0.136**	0.136***	3.679	0.018
PSM→离职倾向	3.673	0.654	-0.578**	-0.578***	-19.030	0.334
PSM→任务绩效	3.686	0.710	0.598**	0.598***	19.963	0.380
PSM→关系绩效	3.763	0.681	0.616**	0.616***	21.020	0.358
PSM→爱岗敬业	3.835	0.513	-0.007	-0.007	-0.200	0.002
PSM→公私分明	3.969	0.703	0.037	0.037	0.998	0.001
PSM→助人行为	3.713	0.513	-0.024	-0.024	-0.649	0.001
PSM→积极主动	3.881	0.643	-0.041	-0.041	-1.089	0.000

注:表中"*"表示$P<0.05$,"**"表示$P<0.01$,"***"表示$P<0.001$。

表7-15显示,公共服务动机对后果变量的各维度的影响系数、路径系数及变异量的解释率(R^2)。从表中我们可以看到,在工作满意度的四个维度中,公共服务动机除对人际关系有微弱影响外,对其他维度几乎没什么影响;公共服务动机对组织承诺的三个维度除情感承诺维度外具有显著的正向影响,其中对规范

---

① 陈晓萍,徐淑英,樊景立.组织与管理研究的实证方法[M].北京:北京大学出版社,2008:278.

承诺的影响最大；公共服务动机对政府公务员的工作绩效的两个维度具有显著的影响，其中对任务绩效的影响最大，其方差变异量的解释率达到了38%，也就是说，公共服务动机可以解释公务员任务绩效水平的38%，对关系绩效的解释率也达到了35.8%。研究结果对于学术界关于公共服务动机与绩效的关系研究又增加了具有说服力的经验证据。同时，通过对公共服务动机和后果变量组织公民行为的各个维度之间关系的相关及 SEM 检验，再次证实了公共服务动机与组织公民行为之间没有显著影响。图7-2直观地描述了公共服务动机与后果变量之间的关系。

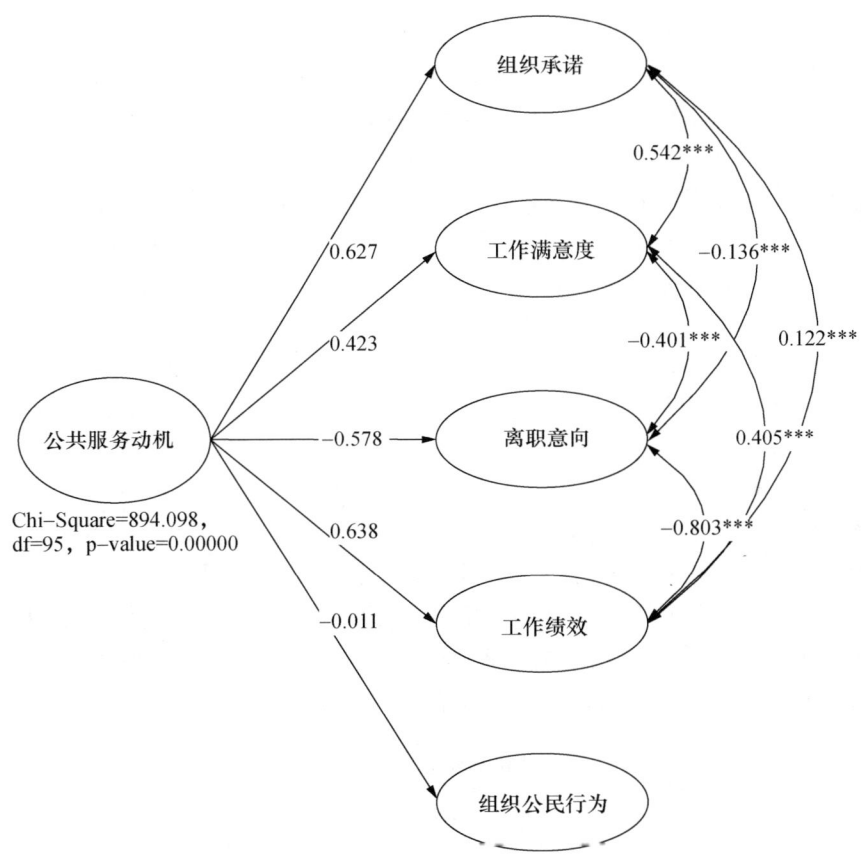

图7-2 公共服务动机与后果变量的标准化路径关系示意图

第二节 分析与讨论

本阶段采用第四章研制的本土化的公共服务动机内容结构问卷,对公共服务动机对于个人的工作满意度、组织承诺、离职意向、工作绩效和组织公民行为等行为或态度变量的影响进行了实证检验。研究者通过对观测数据进行基本统计分析、相关分析和结构方程建模分析,结果表明,公共服务动机对政府公务员的工作满意度、工作绩效及组织承诺具有显著的正向影响作用;对政府公务员的离职意向具有显著的负向预测作用;公共服务动机对组织公民行为的影响不显著。从标准化路径系数的绝对值来看,公共服务动机对政府公务员的工作绩效的影响最大,其次是组织承诺,再次是离职倾向,影响最小的是工作满意度。从表 7-14 中的 R^2 我们也可以了解,政府公务员的工作绩效的 40.7%、组织忠诚度的 39.3% 和工作满意度的 17.9% 可归因于公共服务动机水平的提高,离职意向的 33.4% 也可由公共服务动机水平的下降来解释。从公共服务动机对后果变量的各个维度的影响来看,在工作满意度的四个维度中,公共服务动机除对人际关系有微弱影响外,对其他维度几乎没什么影响;公共服务动机对组织承诺的三个维度除情感承诺维度外具有显著的正向影响,其中对规范承诺的影响最大;公共服务动机对政府公务员的工作绩效的两个维度具有显著的影响,其中对任务绩效的影响最大,其方差变异量的解释率达到了 38%,也就是说,公共服务动机可以解释公务员任务绩效水平的 38%,对关系绩效的解释率也达到了 35.8%。研究结果对于学术界关于公共服务动机与绩效的关系研究又增加了具有说服力的经验证据。同时,通过对公共服务动机和后果变量组织公民行为的各个维度之间关系的相关及 SEM 检验,再次验证了公共服务动机与组织公民行为之间没有显著影响的结论。本章的研究假设的检验结果如表 7-16 所示。

表 7-16 公共服务动机与后果变量间关系的假设检验结果

假设		假设内容	是否验证
H9		政府公务员的公共服务动机能够显著影响政府公务员的工作满意度,公共服务动机水平越高,公务员越对自己的工作感到满意	√
H10		政府公务员的公共服务动机与组织承诺存在显著相关关系	√
	H10-1	政府公务员的公共服务动机与其情感承诺有显著的正相关关系	×
	H10-2	政府公务员的公共服务动机与其继续承诺有显著的负相关关系	×
	H10-3	政府公务员的公共服务动机与其规范承诺有显著的正相关关系	√

续表

假设		假设内容	是否验证
H11		政府公务员的公共服务动机能够显著预测政府公务员的离职倾向，公共服务动机水平越高的公务员，其离开组织的意向越不明显	√
H12		政府公务员的公共服务动机与其个体工作绩效存在显著相关关系	√
	H12-1	公共服务动机能够显著预测政府公务员的任务绩效，政府公务员的公共服务动机水平越高，其任务绩效越好	√
	H12-2	公共服务动机能够显著预测政府公务员的关系绩效，政府公务员的公共服务动机水平越高，其关系绩效越好	√
H13		政府公务员的公共服务动机与其组织公民行为存在显著相关关系	×

注：表中"√"表示研究假设获得检验结果支持，"×"则表示研究假设没有获得检验结果支持。

一、公共服务动机对工作满意度的影响

根据动机理论，动机影响了一个人的目标选择和对目标的追求，从而间接地对个人行为产生重大影响。作为个人行为之一的工作满足感是一种个人的生理和心理对所处环境在态度上、情绪上的反映，也即工作者对工作情境的主观反映。公共服务动机作为政府公务员从事公共服务应有的一种行为表现对其所从事的工作是否满意有着比较大的影响，如果喜欢这个职业或工作，就会全身心地投入，并获得成就的满足感。因此，大多数学者都认同，高的 PSM 水平会导致高的工作满足感，而高的工作满足感能够提高组织的生产率，增强对组织的信心和忠诚度，增加工作的满足感，降低离职率，使组织取得长远的成功[1]。也就是说，公共管理者越是认为从事有意义的工作是一种回报，则他们的工作满意度就越高，且二者的关系非常显著[2]。本书利用本土化的测量结构和问卷得到了与学术界大多数研究相同的结论，也再次证明了公共服务动机对公共组织尤其对重要的工作态度与行为的影响力是存在的。总之，政府公务员本身在组织内对自己的工作是否满意，例如，对自己的报酬、晋升机会、在组织中获得的利益、在工作上所得的奖励、与同事之间相处、对其工作的感觉和在组织中的人际关系的满意度均取决于他是否视公职工作为一种对政府整体的忠诚及为公民服务的愿望、义务、社

---

[1] Romzek B. S. Employee Investment and Commitment: The Ties That Bind. Public Administration Review, 1990, 50 (3): 374-82, 同时可参见 Jurkiewicz et al, 1998; Naff and Crum, 1999.

[2] Rainey H. G. Reward Preferences among Public and Private Managers: In Search of the Service Ethic. American Review of Public Administration, 1982, 16 (4): 288-302.

会平等信念、政体价值的热爱、对他人的同情、热诚、怜悯等使命感。

二、公共服务动机对组织忠诚度的影响

组织忠诚度也被称为组织承诺,主要是指组织的成员认同组织的目标和价值,并且愿意为组织尽心尽力,维持对组织的积极评价,在行为上表现出对组织的忠诚感、信任感和投入程度[①]。所以,我们可以知道组织内的成员对于组织付出的多少,主要来自对组织承诺程度的高低。另外,组织的连结,对于个人、组织及社会也能产生好的效果;个人投身于组织,为组织奉献努力;事实上,组织为个人提供了经济来源、未来的期望和各种不同层次的需求,因此个人必须借着组织承诺与组织达成连结。大量研究表明,员工的公共服务动机水平高的员工,其对组织的目标及其价值观越有强烈的信仰接受程度,愿意为组织的利益付出更大的努力并希望继续维持组织成员的身份。本书的研究结果支持了学术界已达成共识的观点,尽管本书在公共服务动机与组织承诺两个维度上的假设并没有获得样本数据的支持。两个维度之所以没有得到数据支持,研究者分析认为,可能与中国传统的儒家文化特性有关,学者帕森斯(Parsons,1949)曾指出:"接受和认可儒家伦理的中国文化结构,主要是特殊主义的关系结构"[②],费孝通也曾经在《乡土中国》中描述中国的人际关系:"在差序格局的社会中几乎没有一个超乎私人关系的道德观念,这种观念只有在团体格局中才会发生。"[③] 实际上,中国的政府组织是一个高度"威权"的政治组织,员工对组织的信任与忠诚度往往是建立在某种权威服从的基础之上,所以,员工的信任感和归属感仅仅是建立在私人关系或亲戚关系的范畴之内,因此,儒家文化中国的道德义务和政治义务本身就是相互矛盾的[④]。因此,研究结果真正体现了中国特有的文化结构对西方话语理论体系的重新解构,这也是本书体现中国文化本位研究和制度背景的意义所在。

三、公共服务动机对离职倾向的影响

离职意向也称离职倾向,指组织员工在组织工作一段时间以后,因为某种原因蓄意离开组织的意愿、想法或打算。公共服务动机水平不仅影响员工的工作态度和行为,而且,公共服务动机水平低的人会给组织中的其他员工带来很多的负

---

① Perry James L., and Hondeghem, Annie ends. Public Service Motivation. A Symposium, International Public Management Journal, 2008 (b): 215 – 216.
② Parsons T. The Structure of Social action. N. Y: Free Press, 1949: 55.
③ 费孝通. 乡土中国 [M]. 北京: 北京大学出版社, 1998: 34.
④ 江雪莲. 对儒学与基督教人格论的政治伦理学解读 [J]. 哲学研究, 2006 (7): 107 –111.

向的心理影响。大量研究显示,公共服务动机水平的高低与员工的抑郁、焦虑、倦怠和紧张等负面情绪存在显著相关关系[1]。而这些负面情绪,如果不及时消解,甚至使员工形成倦怠等消极工作状态,甚至出现想离开现在的工作岗位的想法。一般来说,离职倾向与员工的消极态度是有关联的,而公共服务动机水平的高低则反映了员工对待工作、对待人生价值观的态度,当他对自己的工作充满热情,对组织充满信任,对周围的人和事物都用一种正面而积极的态度去对待,他就很难产生离开组织的冲动和想法。关于政府公务员的公共服务动机与离职意向的关系,学术界研究得不多,在我国尚未发现关于这一领域的研究。本书利用本土化的测量工具,得到了两者之间具有强相关的结论。这一研究结论也从侧面验证了佩里和怀斯提出的三个命题之一——一个人越是具有高层次的 PSM,就越可能选择进入公共机构工作[2]。

四、公共服务动机对工作绩效的影响

工作绩效也称为个体绩效,主要是指个体能够控制的、对组织目标的实现有贡献的那些表现与行为,是可以进行评估的、连续的与组织目标相关的、多维度的行为结构体[3]。一般来说,公共服务动机也对个体或组织的行为产生影响,而这些影响的最终归宿点和落脚点是组织成员的个体绩效和整体绩效。研究公共服务动机的最终目的是通过对个人价值观的重塑,提升工作绩效进而提高组织绩效。本书通过对本土化的公共服务动机内容结构和测量工具得到验证了这一学术界普遍认可的结论,而且研究发现在公共服务动机对后果变量的影响中,对工作绩效的影响是最大的,这是笔者在研究前没有预料到的。因为在国内外现有的研究中,公共服务动机与绩效之间的关系尚存在比较大的争论。此外,国际上大部分的 PSM 与工作绩效的研究都集中于任务绩效这一单一维度,本书借鉴在企业使用比较多的两个维度——任务绩效和关系绩效来考察 PSM 与工作绩效的关系,证实公共服务动机不仅与任务绩效强相关,而且与关系绩效也有非常强的关系。这主要是因为我国是一个"人情社会",在工作中,一个人的工作绩效不仅体现在他或她对工作本身的完成程度上,还体现在人际关系上,比如助人为乐、团结协作,以大局为重,不计较个人得失等方面的表现是否得到认可。由于组织绩效的测量在国际上争议比较大,笔者的研究条件和能力有限,暂时没有将其纳入本

---

[1] Brewer G. A., Selden, S. C. et al. Individual Conceptions of Public Service Motivation. Public Administration Review, 2000, 60 (3): 254 - 264.

[2] Perry J. L., and Wise L. R. The Motivation Bases of Public Service. Public Administration Review, 1990, 50 (3): 367 - 373.

[3] Borman W. C., and Motowidlo S. J. Task Performance and Contextual Performance: The Meaning for Personnel Selection Research, Human Performance, 1997, 10 (2): 99 - 109.

次研究的范围,待时机成熟,再进行进一步的探讨。

五、公共服务动机对组织公民行为的影响

公共服务动机是指人们有一种要去执行公共服务以及想要奉献社会的发自内心的动力,是一种超越自我利益和组织利益,扩大到关心较大的政治实体的利益并且驱动人们做出适当行为的信念、价值观和态度。卡兹和卡恩早在1964年就指出,有效的组织应该具有三种基本的功能,其中之一是员工必须具有创造性和自发性行为,其行为表现超越角色规范,主动自发地为组织负担一些分外之事。这里的自发行为包括合作的行为、维护组织系统功能的行为和提高组织外部形象的行为等①,这与公共服务动机的内涵是一致的。但是,就像凡德拉比等人所说,由于 PSM 理论发展至今尚未成熟,不同的国家、不同的文化、不同的制度反映在公共服务动机的认知上也有所不同②。本书得出的结论并不支持公共服务动机与组织公民行为的相关结论,当然,这并不是说公共服务动机的高低就不会影响组织公民行为的表现。笔者认为,组织公民行为作为一种自发的、工作外的行为,体现的是员工的自我修养与成长环境的塑造,这与公共动机水平本身的关系不大。一个员工对同事的帮助、主动解决同事间遇到的困难等都是自身各方面素质的体现,如果一个员工不这样做,仅仅说明他不具有良好的修养,但对组织来说他可能是一个好的员工,是一个公共服务动机水平较高的员工。此外,员工的个人特质、道德水平及本人与同事间的人际关系都有可能影响一个人的组织公民行为。显然,组织成员的公共服务动机虽然能影响到他的利他行为,但不是影响组织公民行为的决定性因素。

第三节 研究小结

通过对观测样本的相关与结构方程建模分析,公共服务动机对政府公务员的诸多态度与行为具有显著影响,研究的假设基本得到了验证。本阶段的研究得出如下结论:

(1) 政府公务员的公共服务动机能够显著影响政府公务员的工作满意度,公务员的公共服务动机水平越高,他们越容易对自己的工作感到满意;

---

① Katz D., and Kahn, R. L. The Social Psychology of Organizations. New York: Wiley, 1996: 35.

② Vandenabeele W., Scheepers S., and Hondeghem A., Public Service Motivation in an International Comparative Perspective: The UK and Germany. Public Policy and Administration, 2006, 21 (1): 13 – 31.

（2）政府公务员的公共服务动机能够显著影响其对组织的忠诚程度，公务员的公共服务动机水平越高，他们越想留在这个组织，并忠于组织；

（3）政府公务员的公共服务动机对其组织公民行为的影响不显著；

（4）政府公务员的公共服务动机能够显著影响其个体的工作绩效，公务员的公共服务动机水平越高，个体投入工作的积极性就越高，成效也越明显；

（5）政府公务员的公共服务动机能够显著预测政府公务员的离职倾向，公共服务动机水平越高的公务员，其离开组织的意向越不明显。

第八章

公共服务动机对行为后果变量间影响的调节效应分析

通过前面的研究我们发现,公共服务动机确实能够影响到与个人工作相关的许多态度和行为变量,如工作绩效、工作满足感、组织承诺、离职意向等。然而,研究发现,公共服务动机与后果变量之间的关系又是一个非常复杂的过程,它们之间的关系或许是被某种个性因素所影响,抑或是受到了某种环境的影响而造成的。在诸多的调节因素中,人格特质被认为是能够稳定地影响到员工理解组织环境的过程和影响到个体对环境的表征和行为的选择的重要变项[1]。同时,已有的研究也发现个体的特性对公共服务动机及其行为后果存在一定的影响[2]。因此,在本章中,为了更好地理解公共服务动机的作用过程,我们需要进一步厘清公共服务动机与后果变量之间的边界或"黑箱"是什么?它们之间的关系是否在不同的条件下发生变化?本章的核心就是研究政府公务员的人格特质在公共服务动机与结果变量之间的调节作用。

第一节 研究结果

一、问卷的质量分析

由于本阶段研究所使用的调节变量问卷均是在较高信效度问卷的基础上根据

---

[1] Spector P. E. Behavior in Organization as a Function of Employee's Locus of Control. Psychological Bulletin, 1982, 91 (3): 482-497.
[2] Perry J. L. Antecedents of Public Service Motivation. Journal of Public Administration Research and Theory, 1997, 7 (2): 181-187.

我国国情和实际情况，适当地挑选了部分条目得到的。因而，问卷应用在不同的环境、不同的领域需要根据实际情况下对问卷的信效度重新进行检验，以确保问卷的质量。因此，研究者通过项目分析、信效度检验等检测问卷是否符合心理测量学的要求，以确保推论的可靠性。

人格特质问卷的质量分析。

在进行 EFA 之前，应首先进行样本的适合性检验（KMO）和巴特利（Bartlett）球形检验。结果显示，人格特质问卷的 KMO 值为 0.846，Chi-Square 值为 6735.486，显著性检验 Sig. 为 0.000。因此，数据适合进行探索性因子分析。结果如表 8-1 所示。

表 8-1 KMO 和 Bartlett 球形检验结果（N=723）

Kaiser-Meyer-Olkin Measure of Sampling Adequacy		0.846
Bartlett's Test of Sphericity	Approx. Chi-Square	6735.486
	df	105
	Sig.	0.000

研究者采用主成分分析方法，对人格特质问卷进行了 EFA。结果表明，问卷清晰地包含三个维度，共可解释总方差变异量的 65.808%，人格特质问卷总体内部一致性信系数为 0.905，超过了 0.90 的较佳标准值。具体分析结果如表 8-2 所示。

表 8-2 个人特质问卷的项目分析结果（N=723）

问卷题项	因子负荷			共同度	CITC	删除后问卷项目的 α 系数
	成就需要	控制源	自我效能感			
PC15	0.809	-0.064	0.168	0.687	0.570	0.900
PC3	0.766	0.353	-0.165	0.739	0.620	0.898
PC2	0.752	0.304	-0.012	0.659	0.648	0.898
PC6	0.746	0.144	0.121	0.592	0.621	0.898
PC9	0.699	0.255	0.103	0.564	0.632	0.898
PC1	0.640	0.330	0.343	0.636	0.739	0.894
PC8	0.614	0.369	0.227	0.564	0.679	0.896
PC14	0.576	0.304	0.371	0.562	0.677	0.896
PC13	0.554	0.461	0.280	0.598	0.711	0.895
PC4	0.236	0.811	0.111	0.725	0.584	0.899
PC5	0.216	0.771	0.056	0.644	0.513	0.903

续表

问卷题项	因子负荷			共同度	CITC	删除后问卷项目的 α 系数
	成就需要	控制源	自我效能感			
PC7	0.410	0.598	0.228	0.577	0.646	0.897
PC11	0.051	0.237	0.861	0.801	0.470	0.904
PC10	0.226	−0.209	0.827	0.779	0.443	0.905
PC12	0.079	0.393	0.764	0.744	0.526	0.902

接着，问卷采用 CITC 法与 Cronbach's Alpha 信度系数法对组织承诺问卷进行项目分析，结果见表 8-2，CITC 值都大大超过了 0.3 的净化测量项目的标准值。若剔除某个项目后其内部一致性 α 系数增大，则表示可以删除该项目的原则，所有题项被剔除后都没有引起 α 系数的明显增加。因此，题项全部予以保留，以做后续研究。

从以上项目分析和信效度分析结果来看，人格特质问卷具有较好的信效度，符合心理测量学的标准，项目设计可靠合理，观测数据对检测变量具有一定的说服力，结果可以使用。

二、各相关变量的描述统计与相关分析

研究以正式问卷调查收集的 723 个有效观测样本，对公共服务动机及其后果变量进行相关分析及基本的描述统计分析，分析结果如表 8-3 所示。

表 8-3　各相关变量平均数、标准差及相关系数矩阵（N = 723）

	Mean	SD	1	2	3	4	5
1. 公共服务动机	3.585	0.539					
2. 人格特质	3.332	0.639	0.738**				
3. 组织承诺	2.604	0.528	0.212**	0.109**			
4. 工作满意度	2.790	0.500	0.423**	0.359**	0.542**		
5. 离职意向	3.673	0.654	−0.578**	0.624**	0.136**	0.401**	
6. 工作绩效	3.710	0.658	0.638**	0.746**	0.122**	0.405**	0.803**

注：在 0.01 的水平上双尾检测 ** 的相关性是显著的。

从表 8-3 可知，调节变量人格特质与公共服务动机及各个后果或行为态度变量均呈正相关。符合本书的研究预期，且各个被测变量之间也呈显著相关关系。接下来，我们将进一步探讨调节变量是否在公共服务动机与各后果变量之间

起调节作用。

三、人格特质在公共服务动机与效果变量间的调节效应

根据本章的研究假设，个人特质在公共服务动机与效果变量之间起到调节作用。根据 Barron 和 Kenny 的做法，在进行调节效应的检验之间，先要分析各个检验变量之间的相关，表8-3 的相关分析结果显示，公共服务动机与各个效果变量之间都呈显著的相关关系，表明人格特质作为他们之间的调节变量是比较合适的[1]。

根据前面的分析，本次检验将采用层次回归的分析方法来验证个人特质的调节效应。根据研究，本书的自变量为公共服务动机，调节变量为个人特质，因变量分别为组织承诺、工作满意度、离职意向和工作绩效。待检验的各个变量均为连续性变量，需要对自变量及调节变量进行中心化处理，处理方法在本章第三节中有具体介绍。在进行层次回归分析之前，根据吴明隆等人的经验，需要留意变量间的多重共线性（Collinarity）[2] 问题。衡量变量间是否存在严重的共线性问题，主要取决于三个指标。一是容忍度（Tolerance）。表示某一个变量无法被其他变量解释的残差变异。容忍度的值为 0～1，越接近于 0 表示多元共线性问题越严重，一般的判别标准是容忍度的值小于 0.1，表示自变量间可能存在共线性问题。二是方差膨胀因素（Variance Inflation Factor，VIF）。VIF 是容忍度的倒数，因而容忍度越大，VIF 值会越小，表示自变量间的共线性越不明显。一般而言，VIF 值大于 10 时，表示变量间可能线性重合的问题。三是条件指标（Condition Index，CI）。条件指标为最大特征根值与个别特征值比例的平方根，条件指标值如果在 15 以上，表示可能有多元共线性问题。此外，可以透过特征值的大小（Eigenvalue，λ）来进行判断[3]。一般而言，容忍度指标和 VIF 值是学界常用来衡量是否存在多元共线性问题的指标，本书也将采用这两项指标验证各个自变量间是否存在多元共线性问题。此外，根据薛薇等人的建议，如果研究采集的数据是纵向数据（时间序列），那么还需要检验序列的残差独立性，以避免在不同时期采集的样本出现序列自相关问题。常用的检验指标是 DW 值，当 DW 值 ≈ 2

---

[1] Reuben M. Baron, and David A. Kenny. The Moderator – Mediator Variable Distinction in Social Psychological Research: Conceptual, Strategic, and Statistical Considerations, Journal of Personality and Social Psychology, 1986, 51 (6): 1173–1182.

[2] 所谓多元共线性问题，是指由于自变量间的相关太高，造成回归分析的情境困扰，自变量间如果有严重的多元共线性问题，即使采用统计回归，也可能发生被选入回归模型的预测变量的回归系数无法解释的矛盾现象，参见吴明隆. 问卷统计分析事物：SPSS 操作与应用 [M]. 重庆：重庆大学出版社，2010：378.

[3] 吴明隆. 问卷统计分析事物：SPSS 操作与应用 [M]. 重庆：重庆大学出版社，2010：378–380.

时,表明序列不存在自相关。综合以上分析,本书中的相关检验结果如表8-4所示。

1. 个人特质在公共服务动机与工作满意度之间的调节效应检验

本书利用多元层次回归方法检验是否存在调节作用。具体的步骤为:第一步,放入自变量公共服务动机;第二步,中心化处理后的调节变量人格特质回归方程;第三步,中心化处理后的人格特质与公共服务动机的交互项进入回归方程。第一步与第二步是为了说明公共服务动机、调节变量与后果变量工作满意度之间的关系,而判断调节变量是否起作用,主要是依据第三步的分析结果,如果公共服务动机与调节变量的交互项对应的回归系数达到显著性水平,则说明调节变量个人特质的调节效应存在。回归结果如表8-4所示。

表8-4 人格特质调节效应检验及多元共线性检测结果(N=723)

Step	变量	工作满意度(JSS)			容忍度	VIF	DW
		M1	M2	M3			
第一步	公共服务动机	-0.345***	-0.218***	0.063	1.000	1.000	1.626
第二步	个人特质		-0.218***	-0.052	0.659	1.571	1.575
第三步	交互项			-0.387***	0.566	3.762	1.585
	F	97.452***	63.504***	126.480***			
	R^2	0.119	0.151	0.150			
	Adj. R^2	0.118	0.148	0.148			
	ΔR^2	0.119	0.032	0.000			
	ΔF	97.452***	33.948***	62.976***			

注:"***"代表Sig值<0.001。

从表8-4中可知,人格特质对公共服务动机与工作满意度之间的关系具有显著的主效应(回归系数 $\beta = -0.387^{***}$),公共服务动机、个人特质及其交互项都进入回归方程,可以解释工作满意度14.8%的变异。此外,从表中的多元共线性检验结果可知,回归方程的DW值≈2,VIF值均小于5,容忍度值均接近于1,说明所有回归模型不存在序列相关和多重共线性问题,模型检验结果可以接受,个人特质存在调节效应的假设得以验证。

为了进一步考察个人特质对公共服务动机与组织承诺之间关系的调节作用,接着将对个人特质的三个维度的调节作用再分别进行逐步回归分析。分析过程同上,具体分析结果如表8-5所示。

表8-5 人格特质各个维度的调节效应检验及多元共线性检测结果（N=723）

Step	变量	工作满意度（JSS）			容忍度	VIF	DW
		M1	M2	M3			
第一步	公共服务动机	-0.345***	-0.212***	-0.153	1.000	1.000	1.626
第二步	成就需要		0.334***	0.173**	0.720	1.388	1.549
第三步	交互项			-0.259***	0.266	3.762	1.541
	F	97.452***	110.176***	126.480***			
	R^2	0.119	0.165	0.150			
	Adj. R^2	0.118	0.163	0.150			
	ΔR^2	0.119	0.032	0.014			
	ΔF	97.452***	27.860***	11.674***			
第一步	公共服务动机	-0.345***	-0.322***	0.063	1.000	1.000	1.626
第二步	自我效能感		-0.104**	0.098**	0.659	1.056	1.567
第三步	交互项			-0.365***	0.766	1.210	1.546
	F	97.452***	53.416***	126.480***			
	R^2	0.119	0.130	0.159			
	Adj. R^2	0.118	0.127	0.156			
	ΔR^2	0.119	0.010	0.009			
	ΔF	97.452***	8.381***	7.758**			
第一步	公共服务动机	-0.345***	-0.292***	0.014	1.000	1.000	1.626
第二步	控制源		0.195***	0.158***	0.926	1.081	1.542
第三步	交互项			-0.331***	0.877	1.140	1.523
	F	97.452***	65.549***	74.341***			
	R^2	0.119	0.154	0.150			
	Adj. R^2	0.118	0.152	0.148			
	ΔR^2	0.119	0.035	0.000			
	ΔF	97.452***	29.749***	19.030***			

注：" ** "代表Sig值<0.01，" *** "代表Sig值<0.001。

从表8-5可知，人格特质的三个维度：成就需要、自我效能感和控制源维度都对公共服务动机与组织承诺之间的关系具有显著的调节效应（回归系数β=-0.259***，P<0.001；回归系数β=-0.365***，P<0.001；0回归系数β=-0.331***，P<0.001,）。公共服务动机、成就需要、自我效能感和控制源及其交互项都进入回归方程，分别可以解释工作满意度15%、15.6%和14.8%的变

异。此外,从表中的多元共线性检验结果可知,回归方程的 DW 值≈2,VIF 值均小于 5,容忍度值均接近于 1,说明所有回归模型不存在序列相关和多重共线性问题,模型检验结果可以接受,待检验变量存在调节效应的假设得以验证。

2. 个人特质在公共服务动机与组织承诺之间的调节效应检验

本书利用多元层次回归方法检验是否存在调节作用。具体的步骤为:第一步,放入自变量公共服务动机;第二步,中心化处理后的调节变量人格特质回归方程;第三步,中心化处理后的人格特质与公共服务动机的交互项进入回归方程。第一步与第二步是为了说明公共服务动机、调节变量与后果变量组织承诺之间的关系,而判断调节变量是否起作用,主要是依据第三步的分析结果,如果公共服务动机与调节变量的交互项对应的回归系数达到显著性水平,则说明调节变量个人特质的调节效应存在。回归结果如表 8-6 所示。

表 8-6 人格特质调节效应检验及多元共线性检测结果 (N=723)

Step	变量	组织承诺（OC）			容忍度	VIF	DW
		M1	M2	M3			
第一步	公共服务动机	-0.091*	-0.013	—	1.000	1.000	1.736
第二步	个人特质		-0.141***	—	0.659	1.517	1.654
第三步	交互项			-0.020	—	—	—
	F	5.999*	14.548***	—			
	R^2	0.008	0.020	—			
	Adj. R^2	0.007	0.018	—			
	ΔR^2	0.008	0.020	—			
	ΔF	5.999*	14.548***	—			

注:"*"代表 Sig 值<0.05,"***"代表 Sig 值<0.001。

从表 8-6 的检验结果可知,公共服务动机与个人特质的交互项并未进入组织承诺的回归方程,从结果看,交互项对应的标准化回归系数 β = -0.020,P > 0.001,未达到统计学意义上的显著性水平。因此,个人特质与公共服务动机的交互作用没有显示出来,个人特质没有在公共服务动机与组织承诺之间起到调节效应的作用,假设没有得到验证。由于不存在调节效应,所以分析个人特质的各个维度在公共服务动机与组织承诺之间的调节作用就变得没有意义,故不再作进一步分析。

3. 个人特质在公共服务动机与工作绩效之间的调节效应检验

本书利用多元层次回归方法检验是否存在调节作用。具体的步骤为:第一步,放入自变量公共服务动机;第二步,中心化处理后的调节变量人格特质回归方程；第三步，中心化处理后的人格特质与公共服务动机的交互项进入回归方程。第一步与第二步是为了说明公共服务动机、调节变量与后果变量工作绩效之间的关系，而判断调节变量是否起作用，主要是依据第三步的分析结果，如果公共服务动机与调节变量的交互项对应的回归系数达到显著性水平，则说明调节变量个人特质的调节效应存在。回归结果如表8-7所示。

表8-7 人格特质调节效应检验及多元共线性检测结果（N=723）

Step	变量	工作绩效（PF）			容忍度	VIF	DW
		M1	M2	M3			
第一步	公共服务动机	-0.558***	-0.171***	0.063	1.000	1.000	1.864
第二步	个人特质		-0.663***	-0.534***	0.659	1.517	2.010
第三步	交互项			-0.267***	0.566	3.762	1.585
	F	324.705***	541.027***	540.587***			
	R^2	0.311	0.601	0.602			
	Adj. R^2	0.310	0.600	0.601			
	ΔR^2	0.311	0.019	0.005			
	ΔF	324.705***	34.560***	25.576***			

注："***"代表 Sig 值<0.001。

从表8-7可知，人格特质对公共服务动机与工作绩效之间的关系具有显著的主效应（回归系数 β = -0.267***），公共服务动机、个人特质及其交互项都进入回归方程，可以解释工作绩效60.1%的变异。此外，从表中的多元共线性检验结果可知，回归方程的 DW 值≈2，VIF 值均小于5，容忍度值均接近于1，说明所有回归模型不存在序列相关和多重共线性问题，模型检验结果可以接受，个人特质存在调节效应的假设得以验证。

为了进一步考察个人特质对公共服务动机与组织承诺之间关系的调节作用，接着将对个人特质的三个维度的调节作用再分别进行逐步回归分析。分析过程同上，具体分析结果如表8-8所示。

表8-8 人格特质各个维度的调节效应检验及多元共线性检测结果（N=723）

Step	变量	工作绩效（PF）			容忍度	VIF	DW
		M1	M2	M3			
第一步	公共服务动机	-0.558***	-0.177***	0.149*	1.000	1.000	1.864
第二步	成就需要		0.720***	0.563***	0.720	1.388	2.037

续表

Step	变量	工作绩效（PF）			容忍度	VIF	DW
		M1	M2	M3			
第三步	交互项			-0.445***	0.106	15.014	2.153
	F	324.705***	778.511***	551.389***			
	R^2	0.311	0.684	0.698			
	Adj. R^2	0.310	0.684	0.696			
	ΔR^2	0.311	0.023	0.002			
	ΔF	324.705***	51.464***	5.585*			
第一步	公共服务动机	-0.558***	-0.322***	0.732***	1.000	1.000	1.864
第二步	自我效能感		-0.104**	0.205***	0.947	1.056	1.735
第三步	交互项			-1.352***	0.156	6.416	1.988
	F	324.705***	197.536***	424.570***			
	R^2	0.311	0.355	0.640			
	Adj. R^2	0.310	0.353	0.638			
	ΔR^2	0.311	0.044	0.040			
	ΔF	324.705***	48.786***	79.117***			
第一步	公共服务动机	-0.558***	-0.465***	0.627***	1.000	1.000	1.864
第二步	控制源		0.340***	0.208***	0.926	1.080	1.631
第三步	交互项			-1.228***	0.862	6.529	1.982
	F	324.705***	258.229***	420.036***			
	R^2	0.311	0.418	0.637			
	Adj. R^2	0.310	0.417	0.636			
	ΔR^2	0.311	0.107	0.037			
	ΔF	324.705***	132.408***	73.677***			

注："*"代表 Sig 值 <0.05，"**"代表 Sig 值 <0.01，"***"代表 Sig 值 <0.001。

从表 8-8 可知，人格特质的三个维度：成就需要、自我效能感和控制源维度都对公共服务动机与工作绩效之间的关系具有显著的调节效应（回归系数 β = -0.445，P<0.001；回归系数 β = -1.352，P<0.001；回归系数 β = -1.228，P<0.001,）。公共服务动机、成就需要、自我效能感和控制源及其交互项都进入回归方程，分别可以解释工作绩效 69.6%、63.8% 和 63.6% 的变异。此外，从表中的多元共线性检验结果可知，回归方程的 DW 值≈2，VIF 值均小于 8，容忍度值均接近于 1，说明所有回归模型不存在序列相关和多重共线性问题，模型检验结果可以接受，待检验变量存在调节效应的假设得以验证。

4. 个人特质在公共服务动机与离职意愿之间的调节效应检验

本书利用多元层次回归方法检验是否存在调节作用。具体的步骤为：第一步,放入自变量公共服务动机;第二步,中心化处理后的调节变量人格特质回归方程;第三步,中心化处理后的人格特质与公共服务动机的交互项进入回归方程。第一步与第二步是为了说明公共服务动机、调节变量与后果变量离职意愿之间的关系,而判断调节变量是否起作用,主要是依据第三步的分析结果,如果公共服务动机与调节变量的交互项对应的回归系数达到显著性水平,则说明调节变量个人特质的调节效应存在。回归结果如表8-9所示。

表8-9 人格特质调节效应检验及多元共线性检测结果（N=723）

Step	变量	工作满意度（JSS）			容忍度	VIF	DW
		M1	M2	M3			
第一步	公共服务动机	-0.472***	-0.150***	—	1.000	1.000	1.842
第二步	个人特质		-0.552***		0.659	1.517	1.813
第三步	交互项			5.467	—	—	—
	F	206.620***	264.747***				
	R^2	0.223	0.424				
	Adj. R^2	0.222	0.423				
	ΔR^2	0.223	0.015				
	ΔF	206.620***	18.507***	—			

注:"***"代表Sig值<0.001。

从表8-9的检验结果可知,公共服务动机与个人特质的交互项并未进入离职意向的回归方程,从结果看,交互项对应的标准化回归系数β=-5.467,P>0.001,未达到统计学意义上的显著性水平。因此,个人特质与公共服务动机的交互作用没有显示出来,个人特质没有在公共服务动机与离职意向之间起到调节效应的作用,假设没有得到验证。由于不存在调节效应,所以分析个人特质的各个维度在公共服务动机与离职意向之间的调节作用就没有意义,故不再作进一步分析。

第二节 分析与讨论

一、研究发现

本阶段的研究旨在探讨政府公务员的个人特质在公共服务动机与效果变量工作满足感、组织承诺、工作绩效及离职意向之间关系的调节效应。通过相关分析及层次回归分析,研究发现,政府公务员的个人特质是公共服务动机与工作满足感及工作绩效之间的调节变量,假设14和假设15得到了数据的支持;政府公务员的个人特质对公共服务动机与组织承诺和离职意向之间关系的调节效应未得到数据的支持,假设16和假设17没有得到验证。本章的研究假设的检验结果如表8-10所示。

表8-10 公共服务动机与后果变量间关系的调节效应假设检验结果

假设	子假设	假设内容	是否验证
H14		政府公务员的人格特质是公共服务动机显著影响政府公务员的工作满意度的调节变量	√
	H14-1	政府公务员成长需要的个人倾向的强度是显著影响其公共服务动机和工作满意度之间关系的调节变量	√
	H14-2	政府公务员自我效能感的强度是显著影响其公共服务动机和工作满意度之间关系的调节变量	√
	H14-3	政府公务员控制源的个人倾向性是显著影响其公共服务动机和工作满意度之间关系的调节变量	√
H15		政府公务员的人格特质是公共服务动机显著影响政府公务员的工作绩效的调节变量	√
	H15-1	政府公务员成长需要的个人倾向的强度是显著影响其公共服务动机和工作绩效之间关系的调节变量	√
	H15-2	政府公务员自我效能感的强度是显著影响其公共服务动机和工作绩效之间关系的调节变量	√
	H15-3	政府公务员控制源的个人倾向性是显著影响其公共服务动机和工作绩效之间关系的调节变量	√
H16		政府公务员的人格特质及其维度是公共服务动机显著影响政府公务员的组织承诺的调节变量	×
H17		政府公务员的人格特质及其维度是公共服务动机显著影响政府公务员的离职意向的调节变量	×

注:表中"√"表示研究假设获得检验结果支持,"×"则表示研究假设没有获得检验结果支持。

二、个人特质对公共服务动机与效果变量之间关系的调节作用的分析

根据以上实证研究结果,就个人特质对公共服务动机与效果变量之间关系的调节效应,我们提出以下几点讨论分析:

第八章 公共服务动机对行为后果变量间影响的调节效应分析

首先，根据表8-3、表8-4和表8-5的实证分析结果可知，个人特质及其维度对政府公务员的公共服务动机与工作满意感之间具有显著的调节作用。这一结果表明，公共服务动机对个体的工作满意度产生影响的程度，与个人特质的倾向性有关，个人成就需要的倾向性越强烈，公共服务动机对个体的工作满意度产生影响的程度就越高；个人能够有效地控制自己的生活、行为习惯等方面的能力越强，公共服务动机对工作满意度的影响的程度就越高；个人越是属于内控型的员工，他们越是认为自己的行为后果都是自己能掌握的，那么，公共服务动机对其工作满意度的影响程度就会比外控型倾向的公务员高。研究发现，对自己成就的渴望、对自我控制的能力及具有内控倾向性的公务员，往往对外在压力具有较强的反抗能力，且较少地服从权威[1]。具有这种个性特质的员工往往比较关心他们的成就感，多会采取经济主动的反应行为，且焦虑感比较低，更容易获得心理上的成就感和满足感[2]。此外，研究表明，这样的员工会更加注重伦理道德，反对行贿的立场更加坚定[3]。本书证实了以上学者的研究结论，公共服务动机水平比较高的人，其工作满意度就会比较高，如果既拥有高的公共服务动机水平，同时又是一个对成就需要比较强烈、自我效能感高且属于内控型的员工，那么他在工作中更易获得满足感。

其次，根据表8-3、表8-7和表8-8的研究结果可知，个人特质及其维度对政府公务员的公共服务动机与工作绩效之间具有显著的调节作用。这一研究结果表明，公共服务动机对个体的工作绩效产生影响的程度，与个人特质的倾向性有关。Kern（1992）研究发现，一个员工越是对自己的知识、技能及个性品性具有自信心，就更加相信通过自己的努力获得更好的报酬，这样的员工比较容易接受鼓励和激励的管理方式[4]。因此，如果能够得到正能量的强化，则具有比较强的个人特质的员工会更加积极努力，并且愿意为此改变自己的行为，提高工作绩效。公共服务动机本身是一种正能量的态度或意识，这种态度越是积极，就越能够激发员工的工作积极性和自信心，进而改变自己的行为，提高工作的绩效。

最后，根据表8-3、表8-6与表8-9的研究结果可知，个人特质在政府公

---

[1] Crowne D. P., and Liverant S. Conformity under Varying of Personal Commitment. Journal of Abnormal and Social Psychology, 1963, 66; 547 - 555.

[2] Brissett M., and Nowicki Jr. S. Internal Versus External of Reinforcement and Reaction Torustration. Journal of Abnormal and Social Psychology, 1976 (25): 35 - 39.

[3] Cherry J., and J. Fraedrich. An Empirical Investigation of Locus of Control and the Structure of Moral Reasoning: Examining Ethical Decision - Making, Processes of Sales Managers. Journal of Presonal Selling and Sales Management, 2000, 20 (3): 173 - 188.

[4] Kern L. The Moderating Effects of Locus of Control on Performance Incentives and Articipation. Human Relations, 1992, 45 (9): 99 - 112.

务员的公共服务动机与组织承诺、离职意向之间的关系中没有起到显著的调节作用。这一结果说明，尽管公共服务动机对政府公务员的组织承诺、离职意愿有显著的影响作用，但是政府公务员特质并没有显著地改变这种影响。在同样程度的公共服务动机之下，公务员并没有因为个性特质的差异而产生不同水平的组织承诺和离职意向。为什么个性特质对公共服务动机与组织承诺和离职意向的调节效应没有显现呢？笔者分析认为，可能是因为这两个变量属于态度与心理反应变量，相对于工作绩效、工作满意度来说更具有内在性和被动性。此外，对于员工是否表现出对组织的忠诚，是否会离职，可能是组织的环境、个人目标的选择及其他不可控的外界因素影响所致。因此，个人的特质在这两个变量上的影响并没有体现出差别。

第三节　研究小结

通过对观测样本的相关与层次回归分析，本阶段的研究得出如下结论：
（1）政府公务员的人格特质及其维度是公共服务动机显著影响政府公务员的工作满意度的调节变量；
（2）政府公务员的人格特质及其维度是公共服务动机显著影响政府公务员的工作绩效的调节变量。

第九章

研究结论与展望

加快行政管理体制改革,推动政府职能向创造良好发展环境、提供优质公共服务转变,建设人民满意的服务型政府是胡锦涛在党的十八大报告中提出的重要战略目标。2010年3月5日,时任国务院总理温家宝在十一届全国人大三次会议上所作的政府工作报告也强调,要努力建设人民满意的服务型政府。服务型政府建设的宏伟目标,有赖于以公务员为主体的政府公务员去实现。公务员在我国是一个特殊的群体,作为政府雇员一部分的公务员,按照法律法规的规定执行着国家的各项职能。从公务员在政府中的角色来看,他们首先是党的路线、方针、政策和国家法律、法规的具体执行人,在规划、组织、指挥等职能上担负着国家社会主义现代化建设和执行的重要责任。政府公务员的职业行为不仅涉及政府职能在各个部门的实现,同时也关系到政府在人民群众中的形象和声誉,关系到政府组织行政效率和服务水平的提升,对我国经济的发展、人民生活水平的提高也具有举足轻重的作用,关乎着社会主义现代化建设的成败。公务员在工作中能否恪尽职守,始终想百姓之所想,急百姓之所急,处处从他人的利益出发,这将直接影响到个人绩效乃至政府工作绩效的高低。而且,政府公务员工作水平的高低,个人素质的好与坏对于提高一个地区、一个国家的竞争力和综合实力具有举足轻重的作用。因此,政府公务员的素质与行为是影响服务型政府目标能否实现的关键因素。如何加强政府公务员管理,提高政府公务员的公共服务动机水平,强化服务意识,优化服务行为,是构建服务型政府的必要前提,也是今后需要着力研究的一个重要课题。

为此,研究以我国政府组织的工作人员为研究对象,对中国文化背景下公共服务动机的内容结构,不同的人口学、组织学特征的政府公务员公共服务动机认知的差异性,影响公共服务动机的主要因素,公共服务动机与政府公务员的工作态度、行为与心理反应的影响效果及公共服务动机与政府公务员的工作态度、行为与心理反应影响的作用机制以及边界条件等问题展开了一系列实证研究,得出了一些原创性、本土化研究成果。

根据本书的主题，笔者从以下从三个方面对本书做出归纳总结：①本书的主要结论；②本书对政府人力资源管理的相关建议；③本书存在的局限性与未来研究展望。

第一节 本书的主要结论

现阶段在中国乃至东亚的大多数研究中，都缺乏对公共服务动机整体的、严格的操作化界定。本书对近30年来西方公共服务动机的研究成果、特征及其理论框架进行了系统梳理，结合定性研究和定量研究方法，试图在中国背景下展开跨文化经验研究，借助对中国文化中有关公共服务动机成分的梳理与分析，尝试构建本土化的公共服务动机解释框架。本书遵循"文化本位—体制语境—制度建构"的理论逻辑，构建了地方政府公务员公共服务动机的"社会历史—动机—结果"三维解释框架，并形成了若干理论假设。从公共服务动机内容结构的构建、测量工具的开发到问卷预试再到对广东省Z市政府的公务员开展大样本的正式问卷调查，本书运用探索性因素分析、验证性因素分析、结构方程模型建模和层次回归分析等多种统计分析技术，对形成的理论假设进行了数据验证。经过定性研究和定量分析，本书在我国地方政府公务员公共服务动机的内容结构的构建与测量、潜在影响因素以及公共服务动机对公共部门职员心理、行为和态度的作用机制等方面，获得了如下研究结论：

一、地方政府公务员公共服务动机内容结构及其测量工具的本土化

目前，大多数（研究数量比较少）有关公共服务动机的研究都是基于西方的文化背景展开的。2010年以来，少数我国香港和内地学者也开始了对公共服务动机的研究，但都是直接采用了西方学者开发的测量问卷开展调查研究。本书中，我们围绕公共服务动机内容结构本土化研究议题，立足于中国文化背景，尝试采用"自下而上"的以"问题为中心"的归纳法，在文献研究、深度访谈及开放式问卷调查的基础上，按"探索在先，验证在后"的研究思路和合乎学术规范与标准化的问卷开发流程，采用科学合理的统计技术对中国政府组织的公共服务动机内容结构进行了全面研究，对公共服务动机的构成维度进行了清晰的界定，研制出的公共服务动机测量问卷具有较好的信效度，研究结果比较可靠、有效。

第九章 研究结论与展望

本书中，我们运用探索性因素分析和验证性因素分析技术，最后得出我国政府公务员公共服务动机的内容结构包含七个因素，即造福社会、公共责任、政治参与、道德伦理、中庸思想、对特殊利益的愿望及同情心。这与西方研究成果有相似之处，也存在不同点。从表 4-25 可知，我国公共服务动机的内容结构与西方相比，更能反映中国的文化传统和制度背景。内容结构中的造福社会、道德伦理和中庸思想等都是我国优秀传统文化的重要组成部分，而且分析结果显示，维度中传统文化部分的表现要高于公共责任、政治参与及同情心等中西方共通的维度，这也验证了 Perrry（2010）、Kim（2007、2010）等学者提出的，儒家文化国家中的个体或群体受其历史文化影响较大，对动机成分的构成应该会产生较大影响的假设。实际上，在这点上，我国学者李小华已经做了有益的初步的探索，他通过对 MPA 研究生的研究，得到了五因素的 PSM 结构[①]，其中一个维度——造福社会，与本研究相同，尽管设置的题目不一样，但都反映了我国文化背景的特殊之处。

此外，在公共服务动机中国化的研究中，截至目前，没有一个适合我国文化背景和制度背景的测量工具出现。现有的研究中，或是全盘引进西方比较成熟的测量量表，或是在西方量表的基础上增加、减少或对其语句进行简单的修改，得出的研究结论不具有与国外进行学术对话的说服力。本书遵循严格的标准化的问卷开发流程，研制出了包含七维度 27 个题项的公共服务动机测量问卷。通过对问卷的分半信度、建构信度、内容效度、个别信度、内部一致性系数、表面效度、聚合效度、构念效度、区分效度以及效标关联效度进行的综合检验，说明问卷具有良好的信效度水平，研究结果比较可靠、有效。并且此研究结论与西方相比，更能反映中国的文化传统和体制背景。

当然，本书得到的七因子结构和西方学者惯用的三因子或四因子结构相比是否都能更好地反映公共服务动机的内涵，是否都属于理性动机、规范动机及情感动机的层面，是否还有其他的内涵，这些现在还不得而知，还需要通过严格的实验研究或者开展跨文化的问卷调查，但是无论如何，我们得到的这包含七个因素的公共服务动机内容结构确实能够体现我国特殊的文化传统和制度背景。

二、地方政府公务员公共服务动机的影响因素探讨

公共服务动机影响因素研究一直是学术界研究的热点之一。深入理解公共服务动机的影响因素将有助于我们更好地理解个人的公共服务动机。布鲁尔等人认为，未来的研究应该关注 PSM 的影响因素——一定程度上包括个人的因素和环

---

① 李小华. 公共服务动机研究：对中国 MPA 研究生公共服务动机的实证分析 [M]. 北京：中国社会科学出版社，2010：109.

境因素①。在组织行为学和人力资源管理中,学者们对员工行为动机影响因素的研究一般是参考波特(Poter)和米尔斯(Miles)对行为动机影响因素的分类展开的,他们将行为动机的影响因素分为四类:个体特征(Personal Features)、工作特征(Job Characteristics)、工作环境特征(Work Environment Characteristics)和外部环境特征(External Environment Characteristics)②。事实上,关于 PSM 的前因和影响因素的研究已经得到了学术界的重视,一些学者通过实证调查也确认了许多影响 PSM 的因素。但是,通过国内外文献的梳理,目前关于影响因素的探讨大多数集中在家庭背景(主要是宗教背景)、性别、年龄、教育、工作特征等人口统计学变量的检验上。也有学者从理论上探讨过人口统计学以外的因素比如文化、组织环境等对公共服务动机的影响,但该结论迄今为止尚未通过实证检验,与公共服务动机密切相关的组织背景、工作特征及工作环境等变量对公共服务动机的影响也尚未得出确切结论。

本书参考波特和米尔斯及根据班杜拉提出的人的行为动机是受到三种因素之间的相互因果关系的作用展开的,即环境的影响、认知和其他个人因素及行为之间的关系③,结合我国的组织环境和特征,本书主要从公务员对组织的感知、公务员与直接领导的关系、公务员的角色状态和工作特征四个方面探讨其对公共服务动机的影响。

本书采用第四章研制的本土化的公共服务动机内容结构问卷,通过对观测数据的基本统计分析、相关分析和结构方程建模分析,研究结果很好地支持了本书提出的相关研究假设:其中,地方政府公务员对组织的感知(主要从组织公平、分配公平和结果公平的角度)、公务员与直接领导的关系(是否得到直接领导的信任)及工作特征对他们的公共服务动机水平有着积极的影响,而员工的角色状态(角色冲突和角色模糊)对他们的公共服务动机水平有着消极的影响。本书的研究首次从组织环境等变量着手探讨影响公共服务动机的因素,取得了预期的成果,验证了佩里等人(2000、2008)提出的理论解释模型,研究的内容,也符合我国公共组织的现实情况。该研究结论将为以后更加深入地挖掘影响我国公共部门人员公共服务动机的影响因素奠定了坚实基础。也说明,由于受到文化背景、制度背景的多样性、多元化和复杂性的影响,公共服务动机在我国公职人员中的表现形式和影响因素更加复杂和多元。

---

① Brewer G. A., Selden S. C. et al. Individual Conceptions of Public Service Motivation. Public Administration Review, 2000, 60 (3): 254 – 264.

② Perry J. L., and Porter L. W. Factors Affecting the Context for Motivation in Public Organizations. Academy of Management Review, 1982, 7 (1): 89.

③ Emanuel Camilleri. Towards Developing an Organizational Commitment – Public Service Model for the Maltese Public Service Employees. Public Policy and Administration, 2006 (21): 66 – 67.

三、公共服务动机对地方政府公务员行为后果的作用探讨

本阶段采用第四章研制的本土化的公共服务动机内容结构问卷，对政府公务员的公共服务动机对个人的工作满意度、组织承诺、离职意向、工作绩效和组织公民行为等行为或态度变量的影响进行了实证检验。研究者通过对观测数据进行基本统计分析、相关分析和结构方程建模分析，得出了以下结论：公共服务动机对政府公务员的工作满意度、工作绩效及组织承诺具有显著的正向影响作用；对政府公务员的离职意向具有显著的负向预测作用；公共服务动机对组织公民行为的影响不显著。从标准化路径系数的绝对值来看，公共服务动机对政府公务员的工作绩效影响最大，其次是组织承诺，再次是离职倾向，影响最小的是工作满意度。其中，影响政府公务员工作绩效的40.7%、组织忠诚度的39.3%和工作满意度的17.9%可归因于公共服务动机水平的提高，离职意向的33.4%也可由公共服务动机水平的下降来解释。

总体来看，本书所获得的公共服务动机的影响效果与西方的研究结果基本一致，这说明公共服务动机在不同的文化背景中，都可以影响员工的行为或态度，给员工带来正向或负向的影响。因此，在现代的组织中，尤其是作为全体纳税人代理人的政府组织，为了提高政府公务员对组织的忠诚度、提升对工作的满足感，降低离职率，保证政府公务员的心理健康水平，需要采取一定的针对性措施提升公务员的公共服务动机水平。

此外，本书通过相关与层次回归分析发现，个人特质及其维度对政府公务员的公共服务动机与工作满意度之间具有显著的调节作用。这一结果表明，公共服务动机对个体的工作满意度产生影响的程度，与个人特质的倾向性有关，个人成就需要的倾向性越强烈，公共服务动机对个体的工作满意度产生影响的程度就越高；个人能够有效地控制自己的生活、行为习惯等方面的能力越强，公共服务动机对工作满意度的影响程度就越高；个人越是属于内控型的员工，越是认为自己的行为后果都能由自己掌握，公共服务动机对其工作满意度的影响程度越高；个人特质及其维度对政府公务员的公共服务动机与工作绩效之间具有显著的调节作用。这一研究结果表明，公共服务动机对个体的工作绩效产生影响的程度，与个人特质的倾向性有关。也就是说，如果能够得到正能量的强化，则具有比较强的个人特质的员工就会更加积极努力，并且愿意为此改变自己的行为，提高工作绩效。公共服务动机本身是一种内涵正能量的态度或意识，这种态度越是积极，就越能够激发员工的工作积极性，员工就会对自己更有信心，进而改变自己的行为，提高工作的绩效。

第二节 对政府人力资源管理的相关建议

基于以上研究，我们认为公共服务动机的本质是一种利他的行为或态度，这种心理行为一旦激发，将会给公务员的工作行为与态度带来一定的影响。而这种高水平的公共服务动机的激发，需要采取有针对性的措施消除个人、组织及环境因素对公共服务动机水平的干扰。因此，通过对研究结果的梳理和分析，针对政府人力资源管理，本书提出如下建议：

一、公共服务动机水平的识别与诊断

本书开发的政府公务员公共服务动机测量量表，可以用于政府部门公务员的公共服务动机水平状况的调查或诊断工具。并且，随着今后学术界对公共服务动机研究的不断推进，对公共服务动机测量量表的不断修订与完善，该测量量表有可能成为公共服务动机研究的标准测量工具，从而为政府组织的人力资源管理提供相关的诊断与咨询。

在进行政府公务员的招募与选拔时，有关方面应该采取有效的措施，对应聘者的公共服务动机行为进行测量和识别，最大限度地使具有低公共服务动机水平的人员进入政府，因为他们往往是自私的、道德水平低下的、只顾自我利益的代言人，并且他们根本意识不到这些方式的消极后果，甚至给被服务的对象造成比较大的损失，影响政府在公众心中的形象。所以，通过对应聘者采用匿名调查和间接测量方式可获取这些人员是否具有良好的公共服务动机等相关信息，有助于甄别高素质、高公共服务动机者。同时，对于已经工作的公务人员，通过公共服务动机的匿名测量结果的反馈，也可以使他们认识自己的不足，并以此为鉴，加深自我认识，时刻警醒自己，提高工作绩效。

二、工作本身层面的建议

日本著名企业家稻山嘉宽在回答"工作的报酬是什么"时，指出"工作的报酬在于工作本身"。马斯洛（Maslow）在探讨人类的需要理论时提出，人类的最高追求是"自我实现人"（Self - Actualizing Man）。他认为，人们需要发挥自己的潜力，表现出自己的才能，才能获得极大的满足。政府公务员的低层次需求已经得到了基本的满足，而工作本身带给他们成就感、自我效能感及胜任感，产生强大的激励效应，使之视工作为快乐的、有意义的事情，并乐意投入其中，积

极主动地展现自己的公共服务动机。然而,现实情况却并非如此。就本书而言,笔者在访谈及问卷调查中发现,我国政府工作人员的工作现状不容乐观,工作内容单调,如在本研究所调查的 723 个有效样本中,对于"我所从事的工作丰富多样,一点都不单调"这一问卷题项,认为"基本符合"或"完全符合"的人数只有 217 人,仅占 30%;而高达 377 人认为"完全不符合"或"基本不符合",占总人数的 52.2%,且给出如此结果的 80% 是公务员。这些说明,在我国政府部门,绝大多数公务人员认为工作是枯燥乏味、技能单一且没有任何成就感的,久而久之,便失去了方向,感到身心疲惫,甚至对本职工作缺乏应有的热情,公共服务动机水平极低。此外,诸如工作强度超负荷、工作角色冲突和模糊不清、工作结果缺乏反馈等现象也比较常见。而这些问题又是影响公务员公共服务动机的主要因素之一,必须采取有效的措施,努力消除干扰。首先,可以采取工作轮换制,解决公务员日复一日的重复工作的单调性,增强员工的流动性,降低工作倦怠,增加工作的主动性和积极性。通过工作轮换还可以避免公务人员长期在一个部门工作形成的狭隘的只关心本部门的"集团"思想,使公务员树立全局意识,形成超越个人私利,体现"热情服务、无私服务"的利他主义精神,有助于提升政府人员的公共服务动机水平。其次,使工作更加多元化和丰富化,给员工更多的自主权和控制权,激励公务员的责任感,使公务员感到工作的意义,并从工作结果中获得成就感,从而对工作更加满意,这种满足感又可以激发员工的无私奉献精神,提升其公共服务动机水平。最后,让公务员的工作更具弹性和柔性,根据不同的工作性质、目标及工作重心来自主地安排工作时间和地点。

三、职业发展层面的建议

从国家公务员的定义来讲,如果进入政府工作,那就意味着在没有重大疾病及意外事故的情况下,直到退休,他们都不会被辞退,而且终生享有应得的政府补贴和福利。但是,在研究中我们发现,政府公务员的公共服务动机水平,在不同的工龄中,呈现的程度也不同。如工龄在"3~5 年"的公务员在"对特殊利益的愿望"这一公共服务动机维度上的评分较工龄在"2 年及以下"和"6~10 年"的公务员在这一维度上的感知程度要高,工龄在"11 年以上"的公务员,要比工龄在"6~10 年"的公务员的感知程度要高。这些都说明,我国政府在公务员的管理中缺乏职业发展规划。以公务员为例,目前,我国公务员职位没有按照其内在性质和特点进行分类,只简单地划分为领导职务和非领导职务,公务员提供的职务晋升台阶太少,提供的职业发展空间太小。从全国来看,92% 的公务员职务层次在科级职务以下,只有 8% 是在副处级以上。公务员单一而狭窄的职业发展阶梯，导致公务员都往领导职务上拥挤①。而缺乏职业发展规划的后果便是导致员工意志消沉、灰心失望，同时还可能造成一种错误的竞争精神，即不惜一切代价往上爬。这些无疑对作为公众代理人的政府公务员的公共服务精神是极大的破坏，更别提公共服务之外的利他主义精神了。

因此，政府可以通过对公务员进行清晰的职业生涯规划，更加全面地了解他们的价值观、个性、能力和发展目标，从而更加科学合理地配置人员，实现人尽其才、才尽其用的效果。同时，在不超越国家相关政策的情况下，公开、透明地设计多样化的、动态的职业晋升渠道，逐步探索职务、职级晋升的"双梯制"激励措施，增强公务员合理的竞争意识，提升工作动力。此外，还可以针对不同工龄、年龄及工种的员工开展相关的职业发展规划培训，创建学习型组织，使员工全方位提升自己的能力和素养，为公共服务动机水平的提升奠定基础。

四、组织行为层面的建议

组织层面对公共服务动机的影响主要通过一系列的非制度性安排——组织公平、分配公平和程序公平等形式表现出来，由于这些非制度性的安排只是一种基于公务员共同预期的承诺，是一种隐含性的合约或感知，产生的是隐性激励作用②。组织公平是组织内的个体根据一定的公平标准，对组织内某一事物或行为进行的公平的判断。公平从古到今都是人们非常关注的话题，从行政伦理学的角度来讲，公平关注的是伦理道德，涉及的是整个社会秩序的公正性与合理性；而从社会学和组织行为学的角度来讲，公平则关注的是组织资源分配的决策过程和结果。组织公平是组织层面一个非常重要的因素，也是影响员工行为的关键要素。已有的研究表明，当人们认为公平时，一般不会特别兴奋或激动，只是处于一种平静而泰然的心境，但如果员工感到不公平，就会严重挫伤个人的自尊心，导致委屈、愤怒、焦虑、郁闷等强烈的情绪反映，进而影响其工作行为和价值观。

本书通过程序公平与分配公平两个维度对组织公平对公共服务动机的影响进行了实证分析，结果显示，程序公平较之分配公平更能影响政府公务员的公共服务动机。这一研究结果与国外的研究结果一致，都反映了同一个问题，即公务员所在组织的各种程序是否公平，能否显著影响员工的心境，进而影响其工作行为和价值观，影响公共服务动机水平的提升。因此，为了提高公务员的公平感，可

---

① 宋世明. 创新中国公务员分类管理制度的立法思想 [J]：中国行政管理，2003（5）.
② 吕国营等. 公共部门内部劳动力市场的隐性激励机制. 杨河清，赵曼主编. 面向小康社会的人力资源开发与就业促进 [M]. 北京：中国劳动社会保障出版社，2007：345.

以参考 Leventhal① 提出的关于程序公平的六个标准（一致性、避免偏见、准确性、可修正、代表性和道德伦理）加以改进。

五、领导行为层面的建议

领导行为方式的优劣会给下属的行为带来不同的影响，好的领导方式可以激发下属的积极性和创造力，有助其以最好的精神状态投入工作；差的领导方式则会影响员工的积极性，挫伤其自尊心，严重的会造成员工心理上的焦虑、郁闷等强烈情绪，给员工的工作带来不利影响。本书使用目前运用最广的对领导行为测量的两个维度——集权型领导（Transactional Leadership）和民主型领导（Transformational Leadership），通过严格的实证检验，发现领导行为及其两个维度对公共服务动机有着不同影响，其中民主型领导对公共服务动机具有显著的正向影响，集权型领导则对公共服务动机具有显著的负向影响。

因此，要想提升或激励公务员的公共服务动机，从领导的角度来看，需要采用民主型的领导模式。根据 Bass（1988）等人的研究，民主型领导内容结构包括个性化的关怀、魅力型领导和智力激发三个层面②。改进领导方式，通过公开、透明的竞争方式，选拔具有自信和自尊、能够掌握自己的能力并对现实具有超强的洞察力，能够在不利条件下实施合理的变革方案的全方位人才作为领导。一个好的领导，体现在对下属、对被服务的群体的个性化关怀上，并努力采取相关措施来满足他们的差异化需求，提升下属的工作满意度和对组织的忠诚感、支持感，使员工具有一种家的归属感。此外，一个好的领导，还表现为在认知、态度、价值观及信念形成过程中所发挥的激励功能上，民主型领导通常会利用自己渊博的知识和丰富的经验鼓励下属用新的视角思考问题、解决问题，不断提升员工的知识和技能，最终提升整个部门的学习能力与变革能力。这些措施都会提升员工的自信心、自尊心及工作积极性，会隐性地提升员工的公共服务动机水平，进而提高其工作绩效。

第三节　本书的创新之处

经过定性研究和定量分析，本书在我国地方政府公务员公共服务动机内容结

---

① Leventhal G. S., and Karuza J. Beyond Fairness: A theory of Allocation Preferences in Justice and Social Interaction. New York: Springer – Verlag, 1980: 187 – 218.

② Bass B. M. Leadership and Performance Beyond Expectations. New – York: Free Press, 1985: 95.

构的构建与测量、潜在影响因素以及公共服务动机对公共部门职员心理、行为和态度的作用机制等方面,获得了如下创新性研究结论:

(1) 本书首次系统探讨了基于中国文化、制度背景的公共服务动机基本内涵和内容结构。本书立足于中国文化背景,尝试采用"自下而上"的以"问题为中心"的归纳式研究方法,在文献研究、深度访谈及开放式问卷调查的基础上,按"探索在先,验证在后"的研究思路和合乎学术规范与标准化的问卷开发流程,采用科学合理的统计技术和开展大样本的实证研究,对中国地方政府公务员的公共服务动机内容结构进行了全面探讨,对公共服务动机的构成维度进行了清晰的界定。我们运用探索性因素分析、验证性因素分析及结构方程模型等技术,分析得出我国地方政府公务员公共服务动机的内容结构包含七个因素,即造福社会、公共责任、政治参与、道德伦理、中庸思想、对特殊利益的愿望及同情心。

(2) 本书本着科学严谨的态度,遵循标准化的问卷开发流程,研制出了包含七维度27个题项的公共服务动机测量问卷。通过对问卷的分半信度、建构信度、内容效度、个别信度、内部一致性系数、表面效度、聚合效度、构念效度、区分效度以及效标关联效度进行的综合检验,说明问卷具有良好的信效度水平,研究结果比较可靠、有效。并且此研究结论与西方相比,更能反映中国的文化传统和体制背景。

(3) 在国内较早地以科学的实证研究范式探讨了组织与环境因素对公共服务动机的影响作用。本书的研究首次从组织环境等变量着手探讨影响公共服务动机的因素,取得了预期的成果,验证了佩里[①]等人提出的理论框架解释模型,研究内容也符合我国公共组织的现实情况。该研究结论将为以后更加深入地挖掘影响我国公共部门人员的公共服务动机的影响因素奠定了坚实基础。

(4) 公共服务动机的本质是一种利他性的行为或态度,这种心理行为一旦激发,会给公务员的工作行为与态度带来很强的积极影响。而这种高水平的公共服务动机的激发,需要采取有针对性的措施消除个人、组织及环境因素对公共服务动机水平的干扰。本书从因果分析与实证研究相结合的角度,通过定性研究与定量研究,深刻剖析了影响我国政府公务员公共服务动机的内外成因,明确提出了我国地方政府人力资源管理的对策建议,特别提出了如何消除干扰我国地方政府部门公务员良好的公共服务动机水平的具体设想和基本思路。

---

① Perry J. L. Bring Society in: Toward a Theory of Public Service Motivation. Journal of Public Administration Research and Theory, 2000, 10 (2): 471-488.

第四节　主要局限及未来的研究议题

公共服务动机的研究历史虽然不长，但也积累了大量研究成果，内容涉及社会学、心理学、伦理学和公共管理学等诸多领域，在有限的时间里，很难全面把握。尽管本书声称经过严格的定性与定量分析，基本达成了研究目的，验证了提出的研究假设，也取得了一些具有理论及实践意义的重要结论，但由于各方面条件的限制，特别是要考察中国文化中的公共服务动机思想，需要一定的、扎实的国学功底和知识的积累，笔者深知自己国学功底浅薄，对某些概念的理解不够全面和准确，甚至可能会曲解。因此，作为国内在公共服务动机领域的进行本土化方面的探索性研究，本书仍存在许多有待改进的地方以及未来值得进一步探索的研究议题。概括起来主要表现在以下五个方面：

一、样本量的丰富和样本的代表性

首先，本书未能在全国范围内进行严格的随机抽样，而是采取方便抽样的原则获取研究所用数据，这主要是由于研究者的时间、精力和研究经费等方面的条件所限。然而，这样必然给研究带来不少误差，研究者虽然通过多元统计分析技术可以在一定程度上弥补取样带来的缺陷，但有关结论的推广及概化效度还需要通过大量的实证调查予以检验，加之我国幅员辽阔，经济发展极不均衡，文化差异也呈现多元化、复杂化的状态，因此，不同组织文化、不同地域内的个体的公共服务动机是否存在差异，这种差异性的存在对个体的态度、心理和行为会产生怎样的影响，它们之间的作用机制是否会有所不同，这些问题都值得我们深入研究。此外，本书的正式调查样本全部取自政府部门，并没有将企业及其他事业单位、社会组织纳入研究范围。考察不同的组织在公共服务动机上的差异及其对员工的态度、行为及心理的影响和作用机制将是一个值得研究的议题。未来的研究，应该在全国范围内进行严格的抽样控制，进一步扩大样本量，而且，还要在更多的行业和组织中获得有代表性的观测数据，进一步提升公共服务动机本土化研究的外部效度，进一步增加研究结果在我国这样一种"异质性"特征比较明显的文化世界中的解释力。

二、开展纵向追踪式的研究设计

本书的问卷研究设计受研究时间、精力和研究条件所限，均采用了横断面的研究设计。经过理论与文献研究,本书提出了公共服务动机的影响因素及公共服务动机会影响公务员的工作态度、行为与心理反应,虽然,研究假设得到了数据统计分析的支持。然而,从社会科学观点看,用问卷调查的数据来研究因果关系,数据又都是同时测度的,这些因果关系不能完全排除有其他方向性的可能。因此,后续的研究可以采用横断面与纵向追踪式相结合的方式,探索公共服务动机及其相关变量之间的因果关系,以便更加清晰、明确地厘清变量之间的关系。

三、自陈式量表的社会称许性问题

本书的主要研究方法是定量研究,收集数据的工具是自陈式量表。虽然研究结果在相当程度上支持了本书提出的理论假设。但是,本书关注的核心问题是一种正面的、高尚的在工作中表现出来的美好现象,因此,在问卷实施过程中就会出现所谓的社会称许倾向,如个体对工作环境的自我调节性适应以及可能存在社会期望性效应,也即个体所填答的结果可能是一系列外在因素共同作用的结果[1]。甚至,有的填答者还可能夸大事实,讨好调研者。尽管我们的问卷调查都是通过匿名取得的资料,以此避免这种被试的效应,但是,囿于问卷调查技术本身的缺陷,可能忽略了一些更深层次的机理,还会有许多内隐性的特征是无法测得的。所以,在后续的研究中应当增加以旁观者或第三者为被试的对公共服务动机的客观测量,还可以以质性研究为切入点,引入多主体访谈、多案例研究等研究方法,使研究结论更加科学。

四、研究内容的拓展和深化

公共服务动机本身是一个内在的心理过程,是一个包含多维度、多层面、难于捉摸的抽象概念,学者们对公共服务动机概念的界定也存在着不同的看法,且公共服务动机因外部环境的变化也会有不同的表现。本书只是针对佩里等人2008年提出的"社会历史—动机—结果"理论框架,尝试构建本土化的公共服务动机解释框架,以探讨我国地方政府公务员公共服务动机的潜在影响因素、结构维度的建构与测量以及公共服务动机对公共部门公务员行为和态度的作用机制。但囿于时间及条件的限制,本书只对政府公务员进行了观测,众所周知,政府的公职人员不仅包括公务员,还包括事业编制的人员以及近几年出现的政府雇员,因此,未来的研究,将利用本书开发的公共服务动机量表对其他组成人员施测,检验政府的不同岗位性质之间的公共服务动机水平及对效果变量的作用机制是否存在差异。

---

[1] Houston D. J. Public - Service Motivation: A Multivariate Test. Journal of Public Administration Research and Theory, 2000, 10 (4): 713-715.

此外，由于时间及条件所限，本书只把公共服务动机的部分影响因素及效果变量纳入了研究体系，可能会忽略一些比较重要的变量，如组织绩效等。在探讨它们之间的作用机制时，可能也忽略了一些比较重要的中介或调节变量，如人与组织的适切性等。因此，后续的研究，需要进一步拓展本书构建的理论分析框架，通过理论和文献分析，将一些重要的变量纳入框架体系中，使之更加系统化，从而推动公共服务动机理论的研究向纵深方向发展，加强与国际学术间的对话与交流，展现本土文化的特殊性。

五、研究方法的拓展和运用

目前，中国的社会科学研究，多是采用西方外在框架，由于"公共服务动机"现象受文化和制度的影响较大，因此必须将其本土化，体现本土关怀。本书采用"自下而上"的研究策略，通过以"问题为中心"的研究方式开展研究，在前期通过开放式问卷及访谈等质性研究方法构建本土化的 PSM 内容结构，后期则完全借助量化的研究方式进行检验和分析，虽然检验结果较为理想，也符合笔者预期。但是，毕竟问卷调查技术还存在不小的争议，尤其在态度、心理倾向及行为方面的调查时尤其如此[①]。所以，后续的研究，我们将尝试使用心理学中比较严谨的实验研究法进行公共服务动机的实验研究，以使研究结果更加严谨。

公务员问题始终是一个政府施政过程中面临的重大问题。事实上，无论是私营企业或是公共部门职员，作为整个社会的一部分，在组织内的工作价值观和态度必须有为人民服务及为社会服务的基本精神。所以，未来无论是在学术研究还是实践中，公共服务动机与其他员工公共服务动机理论及前因与后果变量关系研究都将成为公共部门人力资源开发及管理所关注的具有较高价值的研究课题。我国各级人民政府的人力资源职员管理者，都必须依据我国政府公务员的整体心理特征作出相应的惩罚与激励奖赏方式，从而发挥公共部门人力资源开发及管理的效能性和效果性（Efficiency and Effectiveness），最终达到"以人为本"的管理目标，促进"服务型"社会早日建成。

---

① 陈晓萍，徐淑英，樊景立. 组织与管理研究的实证方法 [M]. 北京：北京大学出版社，2008：461.

附　录

附录一　访谈提纲

尊敬的女士/先生：

您好！非常感谢您能接受我们的访问。

我是中山大学政治与公共事务管理学院的博士研究生，目前正在做一份关于政府职员公共服务动机方面的学术研究。邀请您做访谈对象是因为您一直从事基本的公共服务方面的工作，对公共服务的提供有很多的心得体会，所以希望了解您如何理解公共服务动机以及您对它的影响因素、后果的认识。根据以往的经验，会谈需要进行40分钟到1个小时的时间，谢谢您的配合。

另外，我们这次访谈的内容仅用于相关的学术研究，您所提供的所有信息是绝对保密的，如果将来在学术报告中需要引用您提供的资料，我们绝对会将涉及的人名、地点等所有个人信息做匿名化处理，请您放心。在访谈过程中，您有权随时退出，不必承担任何责任。

访谈人：
2012 年 11 月 5 日

联系方式：

访谈提纲

一、研究问题

1. 在日常工作中您最看重的是什么？为什么？
2. 您喜欢在政府部门工作吗？
3. 在您找工作时，工资是您考虑的主要因素吗？如果不是，您考虑的其他因素是什么？在您目前的工作中，工资的重要性体现在哪些方面？
4. 您的家人和朋友是如何看待您目前的工作的？
5. 您认为能够使您努力工作的主要原因是什么？
6. 请问您有家庭成员在政府部门工作过吗？如果有，他们主要是做哪一方面的工作？
7. 请解释一下促使您努力工作的动机是什么？
8. 当您从现在的工作岗位上退休，或是离开了现在的工作岗位，您有什么好的计划或是打算？（如不再工作、做兼职、志愿者等），假如您还想继续工作，那么您是出于什么样的原因，为什么？
9. 您有没有考虑过退休或离职后到私营企业工作？如果有，您是出于什么样的考虑？如果没有考虑过去私营企业，是出于什么样的原因？

二、基本统计资料

1. 请问您在政府部门工作多长时间了？在这之前您有没有在其他单位（政府部门或私营企业）工作过？
2. 请问您的出生年月是？
3. 请问您的教育水平是？（1）高中及以下；（2）大专；（3）本科；（4）硕士（含双学位）；（5）博士
4. 请问您结婚了没有？
5. 请问您有小孩吗？他们多大年龄了？小孩是否跟您生活在一起？
6. 请问您现在的身份是？（1）公务员；（2）事业编制；（3）政府雇员；（4）其他（请注明）
7. 请问您的职务级别是？（1）办事员；（2）科员；（3）科级；（4）处级；（5）厅级及以上

附录二 访谈部门和人员

被访者	性别	工作年限	所在部门	职位	访谈方式
A	男	10	Z市B区团委办公室	副处级	个人访谈
B	男	15	Z市食品药品监督管理局	正处级	个人访谈
C	女	5	Z市食品药品监督管理局	正科级	个人访谈
D	男	5	Z市工商行政管理局	正科级	个人访谈
E	女	3	Z市政府政策研究室	正科级	个人访谈
F	男	6	Z市对外经贸管理局	正科级	个人访谈
G	男	10	Z市编制管理办公室	正处级	个人访谈
H	女	3	Z市政府法制办执法监督处	科员	个人访谈
I	女	3	Z市编制管理办公室	公务员	个人访谈
J	男	5	Z市公安局C区分局	副科级	个人访谈
K	男	8	Z市B区某派出所	副处级	个人访谈
L	男	6	Z市文化广电新闻出版局	副处级	个人访谈
M	女	8	Z市民政局办公室	副处级	个人访谈
N	男	12	Z市B区质量技术监督局	正处级	个人访谈
O	男	3	Z市残疾人联合会	科员	个人访谈
P	男/女	3~5	Z市法制办执法监督处	公务员	小组访谈
Q	男/女	2~5	Z市B区团委	公务员	小组访谈
R	男/女	3~5	Z市公安局C区分局某下辖派出所	公务员	小组访谈
S	男/女	2~5	Z市B区食品药品监督管理局市场管理科	公务员	小组访谈
T	男/女	3~8	Z市人力资源和社会保障局	公务员	小组访谈

附录三　开放式调查问卷

尊敬的女士/先生：

您好！非常感谢您参与此项调查！

这是一份关于政府职员公共服务动机方面的学术调查研究问卷。此次调查的目的是了解政府职员如何理解公共服务动机。本研究对公共服务动机的界定是：公共服务动机是指一种促使个体（这里主要指政府职员）为公众服务、维护公众利益的一种心理意识或理念，其核心体现在个人的行为是时刻为他人的利益着想的，个人的所作所为是有利于整个社会发展的，他们体现出的是一种自我奉献、责任和诚实的优良品格和精神。

我们这次调查的结果仅用于相关的学术研究，您所提供的所有信息是绝对保密的，如果将来在学术报告中需要引用您提供的内容，我们绝对会将涉及的所有个人信息做匿名化处理，绝不以任何形式向他人公开，请您如实、独立地写出您的真实想法。您所填内容的真实性决定了我们学术研究的成败，对您的支持致以诚恳的感谢！

中山大学政治与公共事务管理学院
"公共服务动机"研究课题组
2011 年 11 月 5 日

开放式调查问卷

一、调查问题

（1）请根据问卷开篇对公共服务动机的定义，结合您对这一定义的认识和工作经历，尽可能地列出 3~5 条深入描述您愿意投身政府部门，乐意为公众服务的原因？（如我对参与公共政策的制定比较感兴趣、完成我想成为一个政治家的抱负、俯首甘为孺子牛的精神激励着我、想要实现中华民族的伟大复兴、我对民生问题比较关心、做对社会有意义的事情比单纯经济报酬更让我动心等，以上仅供参考，请尽可能写出自己的真实想法，谢谢！）

（2）请根据多年来您对政府组织及其职员行为的观察和了解，谈谈您对"好心办坏事"这一现象的看法。

（3）假如您不是政府工作人员（即站在一个普通人的角度），请谈一谈您如何理解"时刻为他人利益着想"这句话。

二、基本统计资料

以下是一些为了问卷的完整性所必须收集的基本信息，请您如实填写，谢谢！（请您在符合您的选项下划"√"，或填写答案）

1. 您的性别：　　　（1）男　　　　　　　（2）女
2. 您的年龄：　　　（1）21~25 周岁　　　（2）26~30 周岁
　　　　　　　　　（3）31~35 周岁　　　（4）36~45 周岁
　　　　　　　　　（5）46~50 周岁　　　（6）51~65 周岁
　　　　　　　　　（7）66 周岁以上
3. 您的教育背景：（1）高中及以下　　　（2）大专　　　（3）本科
　　　　　　　　　（4）硕士（含双学位）（5）博士
4. 您的婚姻状况：（1）未婚　　　　　　（2）已婚　　　（3）其他
5. 您的政治面貌：（1）中共党员　　　　（2）共青团员
　　　　　　　　　（3）民主党派人士　　（4）群众
6. 您现在的身份：（1）公务员　　　　　（2）事业编制
　　　　　　　　　（3）政府雇员　　　　（4）其他（请注明）
7. 您的职务级别：（1）办事员　　　　　（2）科员
　　　　　　　　　（3）科级　　　　　　（4）处级
　　　　　　　　　（5）厅级及以上

8. 您的工龄： 　（1）2年以下（包括2年）　（2）2~5年（包括5年）
　　　　　　　（3）6~10年（包括10年）　（4）11年以上
9. 您的年经济收入:（1）5000~1万元　　　（2）1万~3万元
　　　　　　　　（3）3万~8万元　　　　（4）8万~15万元
　　　　　　　　（5）15万~30万元　　　（6）30万~100万元

问卷到此结束，谢谢您的配合！

附录四　预试调查问卷

尊敬的女士/先生：

　　您好，非常感谢您参与此项调查！

　　我们是中山大学政治与公共事务管理学院"公共服务动机"研究课题组，首先感谢您在百忙之中参与此次问卷调查。此问卷旨在探究我国政府职员是如何理解公共服务动机的，有哪些因素影响了他们的公共服务动机水平，公共服务动机水平的高低会对个人及组织产生什么样的影响等相关的学术研究。根据以往的经验，完成此份问卷大概需要30分钟的时间，谢谢您的配合。

　　另外，我们这次访谈的内容仅用于相关的学术研究，您所提供的所有信息是绝对保密的，如果将来在学术报告中需要引用您提供的资料，我们绝对会将涉及的人名、地点等所有个人信息做匿名化处理，请您放心。您所填内容的真实性和完整性决定了我们学术研究的成败，对您的支持致以诚恳的感谢！（请注意：在下面所要填写的各项请不要留下任何空白，否则这将是一张废卷，所以恳请您予以配合。）

　　祝您全家生活幸福！

中山大学政治与公共事务管理学院
"公共服务动机"研究课题组
2012年11月20日

负责人：

联系电话：

公共服务动机预调查问卷

问卷编号：□□□□□

请根据您的实际情况在框内打"√"，每一个测量项目只能打一个"√"。您所选内容的真实性决定了我们学术研究的成败，请您认真作答，谢谢。

编号	测量项目	完全不同意	不太同意	基本同意	比较同意	完全同意
PSM1	我对参与制定国家或我所在的城市的政策或规划非常感兴趣					
PSM2	我相信国家利益高于一切					
PSM3	我比较喜欢与人分享我对某些公共政策的看法					
PSM4	我情愿做那些对大家都有益的事情，即便这些事情对我自己不利					
PSM5	我对弱势群体满怀同情					
PSM6	看到人们从我所参与的政策中受益我非常有成就感					
PSM7	我对社区里发生的事情很感兴趣					
PSM8	有意义的公共服务对我来说很重要					
PSM9	我更愿意同情那些自食其力的人					
PSM10	我热衷于为社区服务，甚至不计回报					
PSM11	对我来说，造福他人是爱国的应有之义					
PSM12	当看到别人不幸的时候，我很难控制自己的情感					
PSM13	我认为多做善事远比一味地搞好经济重要得多					
PSM14	即使没有报酬，为百姓服务也会让我感到无限光荣					
PSM15	我认为，推动社会进步比个人成就的获得更有意义					
PSM16	我想到政府部门工作，并实现部分自身对社会的认同					
PSM17	我经常为他人的福利忧心，即使素不相识					
PSM18	从日常的工作中我发现，互相帮助是多么的重要					
PSM19	就政府的政策层面看，值得我全力支持的项目太多了					
PSM20	我做的很多事情，都不只是为了我自己					
PSM21	大多数社会项目极其重要的，并且是必不可少的					
PSM22	我是一个有着强烈的民族自尊心的人					
PSM23	能为社会做出贡献，比实现我的个人目标更为重要					

续表

编号	测量项目	完全不同意	不太同意	基本同意	比较同意	完全同意
PSM24	我认为，人们应该多为社会做贡献，少索取					
PSM25	我认为，在政府工作能更深入地与群众打成一片					
PSM26	我比较认同"先天下之忧而忧，后天下之乐而乐"					
PSM27	我主张折中性的决策，不能太偏激，避免偏失					
PSM28	我愿意做一个舍己助人的人，即使这样的人很少					
PSM29	我赞成"天下一家亲"的说法					
PSM30	政府的决策或规划，一定要兼顾各方利益					
PSM31	我希望能做到"穷则独善其身，达则兼济天下"					
PSM32	我已准备好为建设一个美好的社会做出巨大牺牲					
PSM33	我认同"修身齐家治国平天下"的说法					
PSM34	我经常为贫困者的处境感慨					
PSM35	我敬佩那些能制定出好的政策的政府官员					
PSM36	我认为政府职员都应该具备"俯首甘为孺子牛"的精神					
PSM37	为公众服务能够让我实现自我价值					
PSM38	我觉得帮助别人就是帮助我自己					
PSM39	我认为，在谋求自己生存与发展的同时，也要帮助别人生存与发展					
PSM40	同事间或朋友间有了矛盾，都喜欢找我说和					
PSM41	我认为作为一个公民，应该首先想到社会					
PSM42	为人民服务，既是责任也是义务					
PSM43	解决贫困问题仍然是政府的一项职责					
PSM44	我认为，处理问题时应适可而止，过犹不及					
PSM45	做一个有责任的人，为社会奉献自己的力量					
PSM46	我认为责任重于泰山					
PSM47	"老吾老，以及人之老，幼吾幼，以及人之幼"					
PSM48	我赞同"成人之美，不成人之恶"的说法					

中国地方政府公务员公共服务动机研究

附录五　正式调查问卷

尊敬的女士/先生：

　　您好，非常感谢您参与此项调查！

　　我们是中山大学政治与公共事务管理学院和肇庆市行政服务中心"组织行为"联合研究课题组，首先感谢您在百忙之中参与此次问卷调查。此问卷旨在探究我国政府公务员是如何理解政府组织服务行为的，了解有哪些因素影响了他们的工作行为、态度或心理，这些行为、态度或心理特征会对个人及组织产生怎样的影响等相关的学术研究。根据以往的经验，完成此份问卷大概需要 30 分钟的时间，谢谢您的配合。

　　另外，我们这次访谈的内容仅用于相关的学术研究，您所提供的所有信息是绝对保密的，如果将来在学术报告中需要引用您提供的资料，我们绝对会将涉及的人名、地点等所有个人信息做匿名化处理，请您放心。您所填内容的真实性和完整性决定了我们学术研究的成败，对您的支持致以诚恳的感谢！（请注意：在下面所要填写的各项请不要留下任何空白，否则这将是一张废卷，所以恳请您予以配合。）

　　祝您全家生活幸福！

肇庆市政府行政服务中心
中山大学政治与公共事务管理学院
"组织行为"研究课题组
2012 年 12 月 15 日

负责人：
联系电话：
联络邮箱：

公共服务动机预调查问卷

问卷编号：☐☐☐☐☐

第一部分

请根据您的实际情况在框内打"√"，每一个测量项目只能打一个"√"。您所选内容的真实性决定了我们学术研究的成败，请您认真作答，谢谢。

编号	测量项目	完全不同意	不太同意	基本同意	比较同意	完全同意
PSM1	我认为，人们应该多为社会做贡献，少索取					
PSM2	我相信国家利益高于一切					
PSM3	能为社会做出贡献，比实现我的个人目标更为重要					
PSM4	我已准备好为建设一个美好的社会做出巨大牺牲					
PSM5	我赞成"天下一家亲"的说法					
PSM6	"老吾老，以及人之老，幼吾幼，以及人之幼"					
PSM7	我认为责任重于泰山					
PSM8	从日常的工作中我发现，互相帮助是多么的重要					
PSM9	做一个有责任的人，为社会奉献自己的力量					
PSM10	我赞同"成人之美，不成人之恶"的说法					
PSM11	我对参与制定国家或我所在的城市的政策或规划非常感兴趣					
PSM12	我对社区里发生的事情很感兴趣					
PSM13	看到人们从我所参与的政策中受益我非常有成就感					
PSM14	我比较喜欢与人分享我对某些公共政策的看法					
PSM15	我对弱势群体满怀同情					
PSM16	我希望能做到"穷则独善其身，达则兼济天下"					
PSM17	我比较认同"先天下之忧而忧，后天下之乐而乐"					

续表

编号	测量项目	完全不同意	不太同意	基本同意	比较同意	完全同意
PSM18	我认同"修身齐家治国平天下"的说法					
PSM19	同事间或朋友间有了矛盾，都喜欢找我说和					
PSM20	我主张折中性的决策，不能太偏激，避免偏失					
PSM21	我认为，处理问题时应适可而止，过犹不及					
PSM22	我想到政府部门工作，并实现部分自身对社会的认同					
PSM23	我敬佩那些能制定出好的政策的政府官员					
PSM24	我认为，推动社会进步比个人成就的获得更有意义					
PSM25	当看到别人不幸的时候，我很难控制自己的情感					
PSM26	我经常为他人的福利忧心，即使素不相识					
PSM27	我经常为贫困者的处境感慨					

第二部分

请根据您的实际情况在框内打"√"，每一个测量项目只能打一个"√"。您所选内容的真实性决定了我们学术研究的成败，请您认真作答，谢谢。

编号	测量项目	非常不同意	不太同意	基本同意	比较同意	非常同意
OC1	我很高兴在现在的组织中度过我余下的职业生涯					
OC2	我将组织的问题视为我自己的问题					
OC3	我想成为组织家庭中的一部分					
OC4	我时常感觉到和组织有情感上的依恋关系					
OC5	这个组织对我而言有着很多的个人意义					
OC6	我对组织有一种很强烈的归属感					
OC7	我觉得我有义务继续为我的雇主工作					
OC8	即使对我有利，我也不认为现在离开我的组织是一个正确的选择					
OC9	如果现在离开组织，我会感到内疚					
OC10	这个组织值得我为之奉献忠诚					

续表

编号	测量项目	非常不同意	不太同意	基本同意	比较同意	非常同意
OC11	我不会立刻离开组织，因为我对组织里的人有一种责任感					
OC12	我欠了这个组织很多					
OC13	即使我愿意，若是让我现在就离开组织也是非常困难的					
OC14	一旦我决定离开现在的组织，我生活中的很多事情就会被打乱					
OC15	目前为止我留在组织是我所希望的也是必需的					
OC16	我的机会太少以致无法考虑离开组织的这件事					
OC17	离开组织的负面影响之一就是选择的缺乏					
OC18	我继续留下来工作的一个主要原因就是离职需要做出大量的个人牺牲——其他的组织也许不如现在这个					

第三部分

请根据您的实际情况在框内打"√"，每一个测量项目只能打一个"√"。您所选内容的真实性决定了我们学术研究的成败，请您认真作答，谢谢。

编号	测量项目	非常不同意	不太同意	基本同意	比较同意	非常同意
JSS1	总的来说，我对我目前的工作很满意					
JSS2	就工作量而言，我对每月所得到的工资待遇是满意的					
JSS3	我的工作任务非常轻松					
JSS4	我目前的工资收入能满足我的日常生活					
JSS5	我的工作职责都规定得比较明确					
JSS6	总体来讲，我们还是有很多工作晋升的机会和空间的					

续表

编号	测量项目	非常不同意	不太同意	基本同意	比较同意	非常同意
JSS7	下班后，我都有比较多的休息时间					
JSS8	我对目前的工作环境非常满意					
JSS9	工作中，在我需要的时候总是能找到所需的资源					
JSS10	总的来说，我对我目前的社会福利待遇感到满意					
JSS11	我对自己工作岗位有关的晋升渠道感到满意					
JSS12	我和领导的关系比较密切					
JSS13	在单位，出色地完成工作是会得到奖励的					
JSS14	我所在的单位领导与下属之间的沟通渠道比较畅通					
JSS15	我所在的部门，同事们的关系都比较融洽					
JSS16	我有能力胜任并轻松完成自己的工作					
JSS17	亲戚朋友都比较羡慕我的工作					
JSS18	我的工作都得到了同事们的认可					

第四部分

以下是与您工作有关的一些行为描述，每题有五个选项，请根据您的实际情况在框内打"√"，每一个测量项目只能打一个"√"。您所选内容的真实性决定了我们学术研究的成败，请您认真作答，谢谢！

编号	测量项目	完全不符合	基本不符合	难以说清	基本符合	完全符合
OCB1	当同事在生活中遇到了困难，我会主动提供帮助					
OCB2	我积极帮助同事解决在工作上遇到的困难					
OCB3	我和领导及同事都保持着良好的人际关系					
OCB4	当工作繁忙时，我会主动加班并且毫无怨言					
OCB5	我从不挑选工作，尽可能地接受新的或者困难的任务					
OCB6	我从不在非必要时离开工作岗位					
OCB7	即使在无人注意或无据可查时，我也随时遵守单位的规章制度					

续表

编号	测量项目	完全不符合	基本不符合	难以说清	基本符合	完全符合
OCB8	我在工作中坚持原则，严格照章办事					
OCB9	我关心时事，随时了解国际国内的政治形势					
OCB10	为提高个人能力，我利用业余时间自学或者参加培训					
OCB11	我主动提出对单位发展有利的合理化建议					
OCB12	我乐意参加单位组织的各类活动，如健身、聚餐等					
OCB13	我从不利用工作时间处理私人事务，如聊QQ、炒股等					
OCB14	我从不利用单位的资源处理私人事务，如电话、复印机等					
OCB15	我经常节约使用单位的资源，如水、电、办公用品等					
OCB16	我爱惜并维护单位的办公设备					
OCB17	有一些事情虽然超越了我的本职工作，但只要对公众有利，我也会做					
OCB18	我认为工作中所得到的荣誉感比金钱更重要					
OCB19	我热心赞助社会上的公益募捐活动，如给灾区捐款等					

第五部分

以下是与您工作有关的一些行为描述，每题有五个选项，请根据您的实际情况在框内打"√"，每一个测量项目只能打一个"√"。您所选内容的真实性决定了我们学术研究的成败，请您认真作答，谢谢！

编号	测量项目	非常不同意	不太同意	基本同意	比较同意	非常同意
PF1	我能高质量地完成工作					
PF2	我能熟练地完成所有职责内的工作					
PF3	我能及时完成职责内的工作					

续表

编号	测量项目	非常不同意	不太同意	基本同意	比较同意	非常同意
PF4	我在完成工作时很少犯错误					
PF5	我能根据工作的期限、重要程度等合理地安排工作计划					
PF6	我能确保用所有的努力去完成手头的工作任务					
PF7	我书面交流能力较强					
PF8	我口头交流技能较强					
PF9	我具有很好的与工作相关的专业技能					
PF10	我具有很好的与工作相关的专业知识					
PF11	当同事取得成功后,我总是称赞他们					
PF12	不管同事的工作还是生活问题,我都给予充分的鼓励和支持					
PF13	我总是保持持久的热情来处理工作中的困难					
PF14	我总是能克服障碍,坚持不懈地完成任务					
PF15	在平时的工作交流中,同事们都认为我不管是对别人还是对工作都是友善的					
PF16	我经常鼓励他人克服他们的个性差异,在组织中融洽相处					
PF17	我总是主动要求具有挑战性的工作任务					
PF18	我总是公平地对待他人					
PF19	在工作中我确实格外地努力					

第六部分

以下是与您工作有关的一些看法,每题有五个选项,请根据您的实际情况在框内打"√",每一个测量项目只能打一个"√"。您所选内容的真实性决定了我们学术研究的成败,请您认真作答,谢谢!

编号	测量项目	完全不同意	基本不同意	难以说清	基本同意	完全同意
TI1	我常想辞职离开现在的工作单位					
TI2	我明年可能会离开单位去寻找一份新的工作					
TI3	我计划留在这个单位长期发展我的事业					
TI4	我时常有放弃现在工作的打算					

第七部分

以下是与您工作有关的一些看法，每题有五个选项，请根据您的实际情况在框内打"√"，每一个测量项目只能打一个"√"。您所选内容的真实性决定了我们学术研究的成败，请您认真作答，谢谢！

编号	测量项目	完全不同意	基本不同意	难以说清	基本同意	完全同意
OJ1	与企业中的同类工作相比，我在政府所得的报酬是公平合理的					
OJ2	与其他同事相比，我认为我的工作安排是公平合理的					
OJ3	与其他同事相比，我认为我的工作量是公平合理的					
OJ4	与工作量相比，我觉得我承担的工作责任也是公平合理的					
OJ5	与本单位中其他同事的工作表现相比，我所得的报酬是公平合理的					
OJ6	我所得的报酬能够充分反映我对单位的贡献					
OJ7	我们单位的绩效考核程序是公平和透明的					
OJ8	领导在制定工作决策之前，会充分征求和考虑我们的意见					
OJ9	领导在评估我的绩效时，会去收集准确且完整的信息					
OJ10	我们有对领导作出的决策提出申诉和质疑的权利					
OJ11	领导经常与我沟通，坦诚交流					
OJ12	我们单位的领导公平地对待每一个人					
OJ13	单位晋升机会、培训机会对于我们每一个人都是公平的					
OJ14	我觉得自己得到了单位领导的足够的尊重					

第八部分

以下是与您工作有关的一些特征描述，每题有五个选项，请根据您的实际情况在框内打"√",每一个测量项目只能打一个"√"。您所选内容的真实性决定了我们学术研究的成败,请您认真作答,谢谢!

编号	测量项目	完全不符合	基本不符合	难以说清	基本符合	完全符合
JA1	我所从事的工作需要多种技能					
JA2	我所从事的工作丰富多样,一点都不单调					
JA3	在工作中出现过不同的领导对我指令不一致的情况					
JA4	我认为我的工作在单位中很重要					
JA5	我深感工作的责任重大					
JA6	我在工作中有灵活处理问题的自主权					
JA7	我工作的好坏会对很多人产生影响					
JA8	领导对我的行为表现或者工作结果给予及时的反馈					
JA9	相关文件(如岗位说明书)将我的工作职责界定得十分清楚					
JA10	我非常清楚我的工作流程和工作方法					
JA11	我非常了解我工作的绩效考核标准					

第九部分

以下是对您领导的一些评价,每题有五个选项,请根据您个人感受在框内打"√",每一个测量项目只能打一个"√"。您所选内容的真实性决定了我们学术研究的成败,请您认真作答,谢谢您的配合!

编号	测量项目	完全不同意	基本不同意	难以说清	基本同意	完全同意
LB1	我和他(她)合作共事,我感到很愉快					
LB2	我很欣赏他(她)的为人处世的方式					
LB3	他(她)要我们完成的任务看起来很有吸引力					
LB4	他(她)使我发现了工作的真正意义					
LB5	他(她)教会了我用新的方法来解决问题					

续表

编号	测量项目	完全不同意	基本不同意	难以说清	基本同意	完全同意
LB6	他（她）会不厌其烦地告知我开展工作所需要达到的标准					
LB7	除了必须的要求外，他（她）很少对我提更多的要求					
LB8	只有当事态严重时，他（她）才会作出反应					
LB9	他（她）从不会拖延对问题的响应					
LB10	他（她）总是能及时发现并妥善处理矛盾					

第十部分

以下是与您工作有关的一些特征描述，每题有五个选项，请根据您的实际情况在框内打"√"，每一个测量项目只能打一个"√"。您所选内容的真实性决定了我们学术研究的成败，请您认真作答，谢谢您的配合！

编号	测量项目	非常不同意	不太同意	基本同意	比较同意	非常同意
RS1	我的权力与分配给我的责任是不相匹配的					
RS2	我的责任的界限比较模糊，缺乏明确的规定					
RS3	我对自己究竟拥有多少权力不是很了解					
RS4	我不知道自己的责任是什么					
RS5	我对自己的工作也没有一个清晰明确的目标					
RS6	我不清楚怎样做才能够得到晋升					
RS7	我不知道自己被期望做些什么					
RS8	我的领导对如何对我的表现进行评估不是很清楚					
RS9	我经常会被卷入充满了相互矛盾要求的场景					
RS10	似乎总是有一种无形的压力迫使我在工作上做得更好					
RS11	我经常会被要求做一些与我的判断相悖的事情					
RS12	我经常被要求做一些不可能完成的任务，因为这个任务即使找不到材料也没有资源					

续表

编号	测量项目	非常不同意	不太同意	基本同意	比较同意	非常同意
RS13	有时候，我为了执行一项任务不得不暂时去违反一项政策规定					
RS14	我有时候会被两个或更多人要求去做相互矛盾的事情					
RS15	我必须在不同的情况下做不同的事情					

第十一部分

下面是对您个性特征方面的描述，请仔细阅读下面每一项陈述，然后在相应陈述的右边恰当的框内打"√"，每一个测量项目只能打一个"√"。以下问题无所谓对错，请根据个人感受尽可能按真实情况填写，请您认真作答，谢谢您的配合！

编号	测量项目	非常不符合	不太符合	基本符合	比较符合	非常符合
PC1	我喜欢并勇于向困难的目标挑战					
PC2	我愿意努力工作并实现目标					
PC3	当我完成具有提挑战性的工作时，我非常自豪					
PC4	不能完成一项有意义的工作时，我会感到沮丧					
PC5	我愿意为达成目标而放弃舒适的工作环境					
PC6	我能得到我想要的东西，是与我的刻苦努力分不开的					
PC7	我在制订计划的时候，几乎肯定它能实现					
PC8	只要我能下定决心，我能学会任何东西					
PC9	我的成就完全取决于我的努力工作和能力					
PC10	致力于做那些对我而言太难的事情是毫无意义的					
PC11	我很少接受别人的意见					
PC12	我经常用独特的方法解决问题					
PC13	当我提出建议时，我感到非常自信					
PC14	和成功的人在一起时，我很自信					
PC15	我能在参与的任务中做好自己的工作					

基本信息

以下是一些为了问卷的完整性所必须收集的基本信息，请您如实填写，谢谢！（请您在符合您的选项下划√，或填写答案）：

1. 您的性别： （1）男　　　　　　　　　（2）女
2. 您的年龄： （1）21~25 周岁　　　　　（2）26~30 周岁
　　　　　　　（3）31~35 周岁　　　　　（4）36~45 周岁
　　　　　　　（5）46~50 周岁　　　　　（6）51~65 周岁
　　　　　　　（7）66 周岁以上
3. 您的教育背景： （1）高中及以下　　　　　（2）大专
　　　　　　　　　（3）本科　　　　　　　　（4）硕士（含双学位）
　　　　　　　　　（5）博士
4. 您的婚姻状况： （1）未婚　　　　　　　　（2）已婚
　　　　　　　　　（3）其他
5. 您的政治面貌： （1）中共党员　　　　　　（2）共青团员
　　　　　　　　　（3）民主党派人士　　　　（4）群众
6. 您现在的身份： （1）公务员　　　　　　　（2）事业编制
　　　　　　　　　（3）政府雇员　　　　　　（4）其他（请注明）
7. 您的职务级别： （1）办事员　　　　　　　（2）科员
　　　　　　　　　（3）科级　　　　　　　　（4）处级
　　　　　　　　　（5）厅级及以上
8. 您的工龄： （1）2 年以下（包括 2 年） （2）2~5 年（包括 5 年）
　　　　　　　（3）6~10 年（包括 10 年）（4）11 年以上
9. 您的年经济收入：（1）5000~1 万元　　　　（2）1 万~3 万元
　　　　　　　　　（3）3 万~8 万元　　　　　（4）8 万~15 万元
　　　　　　　　　（5）15 万~30 万元　　　　（6）30 万~100 万元

（问卷到此结束，再次感谢您的帮助！）

参考文献

[1] 钟慧,李鸣. 心理控制源与抑郁心理科学 [J] . 2004, 24 (1): 171 - 174.

[2] 王亚南. 情境心理学的若干问题 [J] . 心理学动态, 1996 (4): 34 - 38.

[3] Center for Civic Education. 挑战未来公民:责任 [M] . 吴爱颉译,台北:民间司法改革基金会:五南图书出版, 2007.

[4] Jerry M. Burger. 人格心理学 [M] . 陈会昌等译,北京:中国轻工业出版社, 2000.

[5] [澳] 戴维·德沃斯. 社会研究中的研究设计 [M] . 郝大海译,北京:中国人民大学出版社, 2008.

[6] 参见《2004 年政府工作报告》, http://www.gov.cn/test/2006 - 02/16/content_ 201193. htm.

[7] 参见《2007 年中国共产党第十七次全国代表大会报告》, http://www.gov.cn/ldhd/2007 - 10/24/content_ 785431. htm.

[8] 陈向明. 质的研究方法与社会科学研究 [M] . 北京:教育出版社, 2000.

[9] 陈晓萍,徐淑英,樊景立. 组织与管理研究的实证方法 [M] . 北京:北京大学出版社, 2008.

[10] 陈忠庚,张雨新. 人格心理学 [M] . 沈阳:辽宁出版社, 1986.

[11] 程志超,马天超,杨正国. 影响员工满意感的工作特征研究 [J] . 天津大学学报(社会科学版), 2001, (3): 60 - 63.

[12] 仇立平. 社会研究方法 [M] . 重庆:重庆大学出版社, 2008.

[13] 戴忠恒. 心理与教育测量 [M] . 上海:华东师范大学出版社, 1988.

[14] 方同义. 中国智慧的精神:从天人实际到道术之间 [M] . 北京:人民出版社, 2003.

[15] 费孝通. 乡土中国 [M]. 北京：北京三联书店，1947，1985，2005年版。

[16] 格林斯坦. 政治学手册精选（下）[M]. 北京：商务印书馆，1996.

[17] 郭志刚. 社会统计分析方法：SPSS 软件应用 [M]. 北京：中国人民大学出版社，1999.

[18] 韩翼，廖建桥. 组织成员绩效结构理论研究评述 [J]. 管理科学学报，2006，9（2）：86 - 94.

[19] 郝大维，安东哲. 孔子哲学思维 [M]. 南京：江苏人民出版社，1996.

[20] 侯杰泰，温忠麟，成子娟. 结构方程模型及其应用 [M]. 北京：教育科学出版社，2004.

[21] 湖北省社会科学院政治学研究所. 政治学参考资料 [M]. 武汉：湖北人民出版社，1983.

[22] 黄春生. 工作满意度、组织承诺与离职倾向相关研究 [D]. 厦门大学博士论文，2004.

[23] 黄达强. 各国公务员制度比较研究 [M]. 北京：中国人民大学出版社，1990.

[24] 黄芳铭. 结构方程模式理论与应用 [M]. 北京：中国税务出版社，2005.

[25] 江雪莲. 对儒学与基督教人格论的政治伦理学解读 [J]. 哲学研究，2006（7）：107 - 111.

[26] 蒋定宇，郑伯埙，任金刚，黄政玮. 组织忠诚：本土化的构建与测量 [J]. 本土心理学研究，2003（19）：273 - 337.

[27] 金瑜. 心理测量 [M]. 上海：华东师范大学出版社，2001.

[28] 邝少明. 论公务员的含义与范围 [J]. 中山大学学报（社会科学版），2001（2）：10.

[29] 李超平，孟慧，时勘. 变革型领导对组织公民行为的影响 [J]. 心理科学，2006，29（1）.

[30] 李春成. 复旦公共行政评论 [M]. 北京：人民出版社，2010.

[31] 李红艳. 简介"大五"人格因素模型 [J]. 山西师范大学学报（哲学社会科学版），2002，31（6）：89 - 91.

[32] 李怀祖. 管理研究方法论（第2版）[M]. 西安：西安交通大学出版社，2004.

[33] 李明. 公共服务动机的扩展研究 [D]. 南京大学博士学位论文，2011.

［34］李小华，董军．公共服务动机对个体绩效的影响研究［J］．公共行政评论，2012（1）．

［35］李小华．公共服务动机研究：对中国MPA研究生公共服务动机的实证分析［M］．北京：中国社会科学出版社，2010．

［36］李志勇，肖鸣政．建立满意的心理契约［J］．中国人力资源开发，2000．

［37］梁漱溟．东西方文化及其哲学，《梁漱溟全集》第1卷［M］．济南：山东人民出版社，1990．

［38］凌文辁，方俐洛．心理与行为测量［M］．北京：机械工业出版社，2003．

［39］刘俊坤．中庸：中国人性格的秘密［M］．北京：当代中国出版社，2011．

［40］柳士顺．企业管理者的执行力研究［D］．暨南大学博士学位论文，2007：53．

［41］柳翼谋．国史要义·史化［M］．上海：华东师范大学出版社，2000．

［42］卢文岱．SPSS for Windows统计分析［M］．北京：电子工业出版社，2002．

［43］陆鹏程．大台北地区加油站员工工作满意度与组织承诺之探讨［D］．（中国台湾）政治大学企业管理研究所博士论文，1981．

［44］罗胜强，姜嬿．调节变量和中介变量．载陈晓萍，徐淑英，樊景立主编，组织与管理研究的实证方法［M］．北京：北京大学出版社，2008．

［45］马骏，张成福，何艳玲．反思中国公共行政学：危机与重建［M］．北京：中央编译出版社，2009．

［46］茅于轼．中国人的道德前景［M］．广州：暨南大学出版社，1997．

［47］［美］艾尔·巴比．社会研究方法基础［M］．北京：华夏出版社，2008．

［48］［美］安东尼·唐斯．官僚制内幕［M］．郭小聪译，北京：中国人民大学出版社，2006．

［49］［美］安妮·玛丽·弗朗西斯科，巴里·艾伦·戈尔德．国际组织行为学［M］．北京：中国人民大学出版社，2003．

［50］［美］班杜拉．思想和行动的社会基础：社会认知论（上下册）［M］．林颖等译，上海：华东师范大学出版社，2007．

［51］［美］班杜拉．自我效能：控制的实施（上下册）［M］．缪小春等译，上海：华东师范大学出版社，2003．

[52][美]戴维·米勒.布莱克维尔政治学百科全书[M].邓正来译,北京:中国政法大学出版社,2002.

[53][美]狄百瑞.儒家的困境[M].北京:北京大学出版社,2009.

[54][美]海尔·G.瑞尼.理解和管理公共组织[M].王孙禹,达飞译,北京:清华大学出版社,2002.

[55][美]理查德·J.斯蒂尔曼二世.公共行政学:概念与案例(第七版)[M].北京:中国人民大学出版社,2004.

[56][美]塞缪尔·P.亨廷顿,琼·纳尔逊.难以抉择:发展中国家的政治参与[M].北京:华夏出版社,1988.

[57][美]斯蒂芬·P.罗宾斯,组织行为学[M].孙建敏等译,北京:中国人民大学出版社,1997.

[58][美]约翰·克雷斯威尔.研究设计与写作指导:定性、定量与混合研究的途径[M].崔延强译,重庆:重庆大学出版社,2007.

[59][美]珍妮特·V.登哈特,罗伯特·B.登哈特.新公共服务:服务,而不是掌舵[M].方兴,丁煌译,北京:中国人民大学出版社,2004.

[60]漆书青,戴海崎,丁树良.现代教育与心理测量学原理[M].南昌:江西教育出版社,1998.

[61]邱浩政,林碧芳.结构方程模型的原理与应用[M].北京:中国轻工业出版社,2009.

[62]《事业单位登记管理暂行条例》第二条,中华人民共和国国务院令,第411号,2004年6月27日签发。

[63]《事业单位登记管理暂行条例实施细则》,国家事业单位登记管理局,2005年4月15日。

[64]孙关宏.政治学概论[M].上海:复旦大学出版社,2003.

[65]孙建敏.研究假设的有效性及其评价[J].社会学研究,2004(3):30-36.

[66]唐春勇.大五个性和工作态度对关联绩效影响的实证研究[D].西南交通大学,2006.

[67]王辉,武朝艳,张燕,陈昭全.领导授权赋能行为的维度确认与测量[J].心理学报,2008,40(12):1297-1305.

[68]王立生.社会资本、吸收能力对知识获取和创新绩效的影响研究[D].浙江大学博士论文,2007:115.

[69]温忠麟,侯杰泰,张雷.调节效应与中介效应的比较和应用[J].心理学报,2005,37(2):268-274.

[70] 温忠麟,邢最智.现代教育与心理统计技术［M］.南京：江苏教育出版社,2004.

[71] 吴明隆.结构方程模型：AMOS 的操作与运用［M］.重庆：重庆大学出版社,2010.

[72] 吴明隆.问卷统计分析实务：SPSS 操作与应用［M］.重庆：重庆大学出版社,2010.

[73] 吴绍宏.澳门特区政府公务员工作动机模型研究［M］.北京：人民出版社,2010.

[74] 夏征龙.辞海（上）［M］.上海：上海辞书出版社,1999.

[75] 萧鸣政.对人力资源开发问题的系统思考［J］.中国人力资源开发,1994.

[76] 谢凌玲.公共服务动机：测量、影响因素及研究建议［J］.现代管理科学,2010（10）.

[77] 谢谦.国学基本知识现代诠释词典［M］.成都：四川人民出版社,1998.

[78] 徐颂陶.国家公务员制度全书［M］.长春：吉林文史出版社,1994.

[79] 杨成炬.汉语公务员概念的流变［J］.华东政法学院学报（社会科学版）,2006（5）：143－148.

[80] 杨靖云,张廷君.公共服务动机绩效促进学说与模型建构［J］.成都行政学院学报,2012（1）.

[81] 杨启良.个人特质、组织气候与组织承诺之研究［D］.（中国台湾）政治大学企业管理研究所硕士论文,1982.

[82] ［英］霍布斯·利维坦［M］.黎思复,黎廷弼译,北京：商务印书馆,1985.

[83] ［英］吉登斯.现代性的后果［M］.田禾译,南京：凤凰出版传媒集团,2011.

[84] 余德成.质量管理人性面系统因素对工作绩效之影响［D］.（中国台湾）"国立"中山大学企业管理研究所博士论文,1995.

[85] 詹姆斯·L.佩里,宋锦州.公共服务动机：访詹姆斯·L.佩里［J］.复旦公共行政评论,2010（6）.

[86] 张爽,乔坤.集权型和改造型领导行为对员工组织公民行为的影响［J］.大连理工大学学报（社会科学版）,2006（3）.

[87] 张秀雄,邓毓皓.多元文化与民主公民教育［M］.台北：公民与道德教育学会,2006.

［88］郑建君，金盛华，马国义. 组织创新气氛的测量及其在员工创新能力与创新绩效关系中的调节效应［J］. 心理学报，2009，41（12）：1203-1211.

［89］《中华人民共和国公务员法》第二条，中华人民共和国主席令，第35号，2005年4月27日签发。

［90］周浩，龙立荣. 共同方法偏差的统计检验与控制方法［J］. 心理科学进展，2004，12（6）.

［91］周红云. 公务员的组织公民行为及其隐性激励研究［M］. 北京：经济科学出版社，2010.

［92］朱春奎，吴辰，朱光楠. 公共服务动机研究述评［J］. 公共行政评论，2010（5）.

［93］朱春奎，吴辰. 公共服务动机对工作满意度的影响研究［J］. 公共行政评论，2012（1）.

［94］朱光楠，李敏，严敏. 公共服务动机对工作投入的影响研究［J］. 公共行政评论，2012（1）.

［95］Bass B. M. Leadership and Performance Beyond Expectations. New York：Free Press，1985.

［96］Gretchen Spreitzer. Giving Peace a Chance：Organizational Leadership，Empowerment，and Peace. Journal of Organizational Behavior，2007，28：1077-1095.

［97］Houston D. J. Public Service Motivation：A Multivariate Test. Journal of Public Administration Research and Theory，2000，10（4）：713-728.

［98］Kim S.，and Vandenabeele W. A Strategy for Building Public Service Motivation Research Internationally，Presentation at the International Public Service Motivation Research Conference. Indiana University，Indiana，2009（6）：7-9.

［99］Locke E. A. What is Job Satisfaction? Organizational Behavior and Human Light at the End of the Tunnel. Psychological Science，1969，1（4）：240-246.

［100］McCrae R. R.，and Costa P. T. Jr. Discriminate Validity of NEO-PIR Facet Scales. Educational and Psychological Measurement，1992-52（1）：229-237.

［101］Mowday R. T，Steers R. M.，and Porter L. W. The Measurement of Organizational Commitment. Journal of Vocational Behavior，1979，14（2）：224-247.

［102］Podsakoff P. M.，and D. W. Organ. Self Reports in Organizational Research：Problems and Prospects. Journal of Management，1986，12（4）：531-544.

［103］Vandenabeele W. Toward a Theory of Public Service Motivation：An Institutional Approach's. Public Management Review，2006，9（4）：545-556.

［104］Wise L. R. Bureaucratic Posture：On the Need for a Composite Theory of

Bureaucratic Behavior. Public Administration Review, 2004, 64 (6): 669 - 680.

[105] Xiaogang Cun. Public Service Motivation and Job Satisfaction, Organizational Citizenship Behavior: An Empirical Study Based on the Sample of Employees in Guangzhou Public Sectors. Chinese Management Studies, 2012 (6): 330 - 340.

[106] House R. J, Schuler R. S. , and Levanoni E. Role Conflict and Am - biguity Scales: Reality or Artifacts? Journal of Applied Psycholog, 1983, 68 (2): 334 - 337.

[107] Liu Bangcheng. Evidence of Public Service Motivation of Social Workers in China. International Review of Administrative Sciences, 2009, 75 (2): 350 - 358.

[108] March James G. , and Olsen Johan P. The New Institutionalism: Organizational Factors in Political Life. America Political Science Review, 1984 (78): 734 - 749.

[109] Mitchell T. R. , Smyser C. M, and Weed S. E. Locus of Control: Supervision and Worksatisfaction. Academy of Management Journal, 1979, 18 (1): 623 - 631.

[110] Perry J. L. , and Vandenabeele W. Behavioral Dynamics: Institutions, Identities and Self - Regulation. Public Administration Review, 2008, 10 (3): 56 - 79.

[111] Rotter J. B. Generalized Expectancies for Internal Versus External Control of Reinforcement. Psychological Monographs: General & Applied, 1966, 80 (1): 1 - 28.

[112] Mayer Roger C. , James Davis, and F. David. Schoolman. An Integrative Model of Organizational Trust. Academy of Management Review, 1995, 20 (3): 709 - 734.

[113] Aiken L. S. , and West S. G. Multiple Regression: Testing and Interpreting Interactions. Newbury Park, 1991 (11) .

[114] Albert Bandura. Self - efficacy: Toward a Unifying Theory of Behavioral Change. Psychological Review, 1977 (84): 191, 215, 1173 - 1182.

[115] Alonso Pablo , and Lewis Gregory B. , Public Service Motivation and Job Performance: Evidence from the Federal Sector. American Review of Public Administration, 2001, 31 (4): 363 - 380.

[116] Anderson B. L. , and Pallesen T. Not Just for the Money? How Financial Incentives Affect the Number of Publications at Danish Research Institutions. International Public Management Journal, 2008, 11 (1): 28 - 47.

[117] Argyris C. Personality and Organization Theory Revisited. Administrative Service Quarterly, 1973 (18): 111 - 167.

[118] Aryee, Samuel, Pawan S. Budhwar, and Zhen Xiong Chen. Trust as a Mediator of the Relationship between Organizational Justice and Work Outcomes: Test of a Social Exchange Model. Journal of Organizational Behavior, 2002, 23 (3): 267 - 285.

[119] Bagozzi R. P., and Yi Y. On the Evaluation of Structural Equation Models. Journal of the Academy of Marketing Science, 1988 (16): 74 - 94.

[120] Bagozzi R. P., and Yi Y. On the Use of Structural Equation Models in Experimental Designs. Journal of Marketing Research, 1989 (26): 271 - 284.

[121] Baldwin J. N. Perceptions of Public Versus Private Sector Personnel and Informal Red Tape: Their Impact on Motivation, The American Review of Public Administration, 1990, 20 (1): 7 - 28.

[122] Balfour D. L., and Wechsler B. Organizational Commitment: A Reconceptualization and Empirical Test of Public - Private Differences. Review of Public Personnal Administration, 1990 (10): 23 - 40.

[123] Barnard C. I. The functions of the Executive, Cambridge, MA: Harvard University Press, 156 - 162.

[124] Berteman W. C. Citizenship and Impression Management: Good Soldier or Good Actors? Academy of Management Review, 1988 (24): 82 - 98.

[125] Bies Robert J., and Debra L. Shapiro, Voice and Justification: Their Influence on Procedural Fairness Judgments. Academy of Management Journal, 1988, 31 (1): 676 - 685.

[126] Boonzaier B., Fieker B., Rust B. A. Review of Reseach on the Job Characteristics Model and the Attendant Job Diagnostie Survey. South African Journal of Busines Management, 2001, 32 (1): 1 - 34.

[127] Borman W. C. and Motowidlo, S. J. Task Performance and Contextual Performance: The Meaning for Personnel Selection Research. Human Performance, 1997, 10 (2): 99 - 109.

[128] Bouckaert Greet, and Halligan John. Managing Performance: International Comparisons. London: Rutledge, 1992.

[129] Brewer Gene A. Employee and Organizational Performance, in James L. Perry and Annie Hondeghem eds Motivation in Public Management: The Call of Public Service. Oxford: Oxford University Press, 2008: 136 - 156.

[130] Brewer G. A. The Possibility of an Ethiccd Dimension of Public Service Motivation. Presented at the International Public Service Motivation Research Conference to be Held at Indiana University - Bloomington 2009, (6): 7 - 9.

[131] Brewer G., and Seldon S., Why Elephants Gallop? Assessing and Predicting Organizational Performance in Federal Agencies. Journal of Public Administration Research and Theory, 2000, 10 (4): 685 - 711.

[132] Brewer G. A, and Selden S. C. et al., Individual Conceptions of Public Service Motivation. Public Administration Review, 2000, 60 (3): 254-264.

[133] Brewer G. A., and Selden S. C. Whistle Blowers in the Federal Civil Service: New Evidence of the Public Service Ethic. Journal of Public Administration Research and Theory, 1998, 8 (3): 420.

[134] Brissett M., and Nowicki Jr. S. Internal versus External of Reinforcement and Reaction Torustration. Journal of Abnormal and Social Psychology, 1976 (25): 35-39.

[135] Buchanan Bruce. Government Managers, Business Executives and Organizational Commitment. Public Administration Review, 1975, 34 (4): 339-347.

[136] Buchanan Burrell. Red Tape and the Service Ethic. Administration and Society, 1975, 6 (3): 423-424.

[137] Buelens M., and H. Van den Broeck. An Analysis of Differences in Work Motivation between Public and Private Sector Organizations. Public administration Review, 2007, 67 (1): 65-74.

[138] Cacioppe R., and P. Mork. A Comparison of the Quality of Work Experience in Government and Private Organizations, Human Relations, 1984: 37.

[139] Cambridge Encyclopedia. London: Cambridge University Press, 2000: 658.

[140] Chanlat J. Le managerialsime ethique du bien commun: la geston de la montivation au travail dans les services publics', in Duvillier, Thibaut, Genard, Jean-Louis and Pireaux, Alexandre (eds), La Motivation au Travail dans les Services Publices, (Paris: L' harmattan), 2003: 51-64.

[141] Cherry J., and J. Fraedrich. An Empirical Investigation of Locus of Control and the Structure of Moral Reasoning: Examining Ethical Decision – making, Processes of Sales Managers. Journal of Presonal Selling and Sales Management, 2000, 20 (3): 173-188.

[142] Chetkovich C. What's in a Sector? The Shifting Career Plans of Public Policy Students. Public Administration Review, 2003, 63 (6): 660-674.

[143] Choi Y. J. A Study of Public Service Motivation: The Korean Experience. University of Idaho, 2001: 65-90.

[144] Colqui R. J. On the Dimensionality of Organizational Justice: A Construct Validation of a Measure. Journal of Applied Psychology, 2001 (86): 386-400.

[145] Coursey D, Pandy S., Public Srvice Motivation Measurement: Testing an Abridged eErsion of Perry's Proposed Scale. Administration and Society, 2007, 39

(5): 547-568.

[146] Crewson P. E. A Comparative Analysis of Public and Private Sector Entrant Quality. American Journal of Political Science, 1995a, 39: 628-639.

[147] Crewson P. E. Public-Service Motivation: Building Empirical Evidence of Incidence and Effect. Journal of Public Administration Research and Theory, 1997 (4): 499-518.

[148] Crowne D. P., and Liverant S. Conformity under varying of personal commitment. Journalof Abnormal and Social Psychology, 1963, 66: 547-555.

[149] DeHart-Devis L., Marlowe J. et al. Gender Dimensions of Public Service Motivation. Public Administration Review, 2006, 60 (6): 549-559.

[150] Emanuel Camilleri. Towards Developing an Organizational Commitment Public Service Model for the Maltese Public Service Employees. Public Policy and Administration, 2006 (21): 66-67.

[151] Emmert M. A., and Taher, W. A. Public Sector Professionals: The Effects of Public Sector Jobs on Motivation, Job Satisfaction and Work Involvement. The American Review of Public Administration, 1992, 22 (1): 37-49.

[152] Erry J. L. Antecedents of Public Service Motivation. Journal of Public Administration Research and Theory, 1997, 7 (2): 181-187.

[153] Farh J. L, Earley P. C, and Lin, S. C. Impetus for action: A cultural Analysis of Justice and Organizational Citizenship Behavior in Chinese Society. Administrative Service Quarterly, 1997 (42): 421-444.

[154] Farmer D. J., The Language of Public Administration. Tuscaloosa: University of Alabama Press, 1995, Chapter (4).

[155] Flynn D. M, and Tannenbaum S. I. Correlates of Organizational Commitment: Differences in the Public and Private Sector. Journal of Business and Psychology, 1993 (8): 103-116.

[156] Frankfort, Nachmias. C. and Nachmias D. Research Methods in the Social Sciences [M]. London: St. Martin's Press, Inc. 1992: 437.

[157] Frederickson H. G, and Hart D. K. The Public Service and the Patriotism of Benevolence. Public Administration Review, 1985, 45 (5): 547-553.

[158] Frederickson H. G. Understanding Attitudes Toward Public Employment. Public Administration Review, 1967, 27 (5): 411-420.

[159] Frey B. S., and Jegen R. Motivation Crowding Theory. Journal of Economic Surveys, 2001, 15 (5): 589-611.

[160] Gabris G. T., and G. Simo. Public Sector Motivation as an Independent Variable Affecting Career Decisions. Public Personnel Management, 1995, 24 (1): 33–51.

[161] Georgellis Y, Iossa E., and Tabvuma V. Crowding out Public Service Motivation, Department of Economics and Finance, Brunel University. Retrieved 2010–11–22, from: Http://ideas.repec.org/p/edb/cedidp/08–07.html.

[162] Gross E. and Etzioni A. Organizations in Society. Englewood Cliffs, NJ: Prentice Hall, 1985.

[163] Hackman J. R., and Oldham G. R. Motivation Through the Design of Work: Test of a Theory. Organizational Behavior and Human Performance, 1976, 16 (2): 250–279.

[164] Hair J. F. Anderson R. E., Tatham R. L., Black W. C., Multivariate Data Analysis. Prentice Hall International: UK., 1998.

[165] Hayward N. Employee Attitudes and Productivity Differences Between the Public and Private Sectors. Washington, D. C.: Productivity Information Center, National Technical Information Center, U. S. Department of Commerce, 1978.

[166] Henson R. K. Understanding Internal Consistencyreliability Estimates: A Conceptual Primer on Coefficientalpha: Measurement and Evaluation in Counseling and Development. 2001 (34): 177–189.

[167] Herzberg F., Work and the Nature of Man. Cleveland, OH: World Publishing, 1966.

[168] Hinkin T. K., and Tracey J. B. An Analysis of , ariance Approach to Content Validation, Organizational Research Methods, 1999 (2): 175–186.

[169] Hinkin T. K. A Brief Tutorial on the Development of Measures for Use in Survey Questions, Organizational Research Methods, 1998 (1): 104–112.

[170] Hofstede G. H., and Hofstede G. J., Cultures and Organizations: Software of the Mind. New York: McGraw–Hill, 2005.

[171] Hoppock R. Job Satisfaction. New York: Harpper and Row Inc, 1935.

[172] Horton S. History and Persistence of an Idea and an Ideal's, in J. L. Perry and A. Hondeghem (eds) Motivation in Public Management: The Call of Public Service. Oxford: Oxford University Press, 2008: 17–32.

[173] John Schaubroeck, and Simon S. K. Lam. How Similarity to Peers and Supervisor Influences Organizational Advancement in Different Cultures. The Academy of Management Journal, 2002, 45 (6): 1120–1136.

[174] John S. C, Xie J. L, Fang Y. Nlediatingand moderating effects in Job Design of Management. The Academg of Management Journal 1992, 18 (4): 656 – 676.

[175] Judge T. A., Loeke E., and Durham C. C, The Dispositional Cause of Job Satisfaetion: A Core Evaluations Approach. Researeh in Organizational Behavior, 1997 (19): 151 – 188.

[176] Judge T. A. Loeke E. A. Durham, C. C. and Kluger A. N. Dispostional Effeets on Job and Life Satisfaetion: The Role of Core Evaluations. Journal of Applied Psychology, 1998 (83): 17 – 34.

[177] Jurkiewicz C. L., Massey J., and Tom K. et al. Motivation in Public and Private Organizations: A Comparative Study. Public Productivity & Management Review, 1998, 21 (3): 230 – 250.

[178] Katz D., and Kahn R. L. The Social Psychology of Organizations. New York: Wiley, 1996: 35.

[179] Kern L. The Moderating Effects of Locus of Control on Performance Incentives and Articipation. Human Relations, 1992, 45 (9): 99 – 112.

[180] Kilpatrick F. P., Cummings M. C., and Jennings M. K., The Image of the Federal Service. Washingdon, D. C., Brookings, 1964.

[181] Kim Sangmook. Individual – level Factors and Organizational Performance in Government Organizations. Journal of Public Administration Research and Theory 2005, 15 (2): 246.

[182] Kim S., Individual Level Factors and Organizational Performance in Government Organizations. Journal of Public Administration Research and Theory, 2004, 15 (2): 245 – 261.

[183] Kim S. Revising Perry's Measurement Scale of Public Service Motivation. American Review of Public Administration, 2009b (39): 149 – 163.

[184] Kim S. Testing the Structure of Public Service Motivation in Korea. A Research Note Journal of Public Administration Research and Theory, 2009, 19 (4): 839 – 851.

[185] Knoke D., and Isak W. C. Individual Motives and Organizational Incentives Systems. Research in the Sociology of Organizations, 1982 (1): 209 – 254.

[186] Ko Kilkon, Public Service Motivation and the Role of Public Administration Education: A Study on the Public Service Motivation of Next Generation Civil Servants in Singapore, In International Conference of Asian Democratization and Politico – economic Sustainable Development in the 21st Century. Tainan, Taiwan.

［187］Kolpakov A. Developing Cross – Cultural Framework for Public Service Motivation, Paper Presented at the International Public Service Motivation Research. Conference, Bloomington, Indiana, 2009（6）：7 – 9.

［188］Konovsky, Mary A., and S. Douglas Pugh, Perceived Fairness of Employee Drug Testing as a Predictor of Employee Attitudes and Job Performance. Journal of Applied Psychology, 1991, 76（5）：698 – 707.

［189］Leisink P., and Steijn B. Public Service Motivation and Job Performance of Public Sector Employees in the Netherlands. International Review of Administrative Sciences, 2009（75）：35 – 49.

［190］Leisink P., and Steijn B. Recruitment, Attraction and Selection, In James L. Perry and Annie Hondeghem, Motivation in Public Management: The Call of Public Service. Oxford: Oxford University Press, 2008：118 – 135.

［191］Leventhal, Jerald S., Jurgis Karuza, and William R. Fry, Beyond Fairness: A Theory of Allocation Preferences, In: Mikula, Gerold ed, Justice and Social Interaction. New York, NY: Springer – Verlag, 1980：167 – 218.

［192］Lewis G. B., and S. A. Frank. Who Want to Work for the Government. Public Administration Review, 2002, 62（4）：395 – 404.

［193］Li Xiaohua. Western Research on Public Service Motivation. Theoretical Investigation, 2007（03）：146 – 149.

［194］Lion K. T., Nyman R. C. Dimensions of Organizational Commitment in the Public Sector: An Empirical Assessment. Public Administration Quarterly, 1994, 18（1）：99 – 118.

［195］Liu Bangcheng, Tang Ningyu, and Zhu Xiaomei. Public Service Motivation and Job Satisfaction in China: An Investigation of Generalizability and Instrumentality. International Journal of Manpower, 2008, 29（8）：684 – 699.

［196］Locke E. A, and Latham G. P. A Theory of Goal – setting and Task Performance. Englewood Cliffs, NJ: Prentice Hall, 1990.

［197］Locke E. A. The Nature and Cause of Job Satisfaction, In M. D. Dunnette, Handbook of Industrial and Organizational Psychology. New York: Wiley, 1983.

［198］Loo R. Motivational Orientations Toward Work: Anevaluation of the Work Preference Inventory (Student form), Measurement and Evaluation in Counseling and Development, 2001（33）：222 – 233.

［199］Lyons S. T., and Duxbury L. E. et al. A Comparison of the Values and Commitment of Private Sector, Public Sector and Para Public Sector Employees. Public

Administration Review, 2006, 66 (4): 605 – 618.

[200] Mann G. A. Motive to Serve: Public Service Motivation in Human Resource Management and the Role of PSM in the Nonprofit Sector. Public Personnel Management, 2006, 35 (1): 40.

[201] Mayer J. P. , and Allen N. J. The Measurement and Antecedents of Affective, Continuance and Normative Commitment to the Organization. Journal of Occupational Psychology, 1990, 63 (1): 1 – 18.

[202] McClelland D. C. Human Motivation. Glenview, IL: Scott, Fjoresman, 1985: 315 – 345.

[203] Meyer J. P. , and Allen N. J. Commitment in the workplace. Thous and Oaks, CA: Sage. Copyright@ by Sage Publications, Inc. Items weretaken from Table A – 1, 1997: 118 – 119.

[204] Miceli M. P. , Near J. P. , and Schwenk C. R. Who Blows the Whistle and Why? Industrial and Labor Relations Review, 1991, 45 (1): 113 – 130.

[205] Moorman R. H. , and Harland L. K. Temporary Employees as Good Citizens: Factors Influencing Their OCB Performance. Journal of Business and Psychology, 2002, 17 (2): 171 – 187.

[206] Moynihan D. P. , and Pandey S. K. Testing a Model of Public Sector Performance: How does Management Matter? Journal of Public Administration Research and Theory, 2005, 15 (3): 421.

[207] Moynihan D. P. , and S. K Pandey. The Role of Organizations in Fostering Public Service Motivation. Public Administration Review, 2007, 67 (1): 40 – 53.

[208] Moynihan, D. P. The Normative Model in Decline? Public Service Motivation in the Age of Governance, in J. L. Perry and Hondeghem (eds), Motivation in Public Management: The Call of Public Service. Oxford: Oxford University Press, 2008: 248 – 267.

[209] Naff K. C. , and Crum J. , Working for America: Does Public Service Motivation Make a Difference? Review of Public Personnel Administration, 1999, 19 (4): 5 – 16.

[210] Niehoff Moorman. Organizational Citizenship Behaviors and Organizational Effectiveness: Examining Relationships in Taiwanese Banks. Journal of Applied Social Psychology, 2006, 34 (6): 1617 – 1637.

[211] Nunnally J. C. Psychometric Theory (2' ded.) . New York: McGraw – Hill, 1978.

［212］Ofori – Dankwa J., and Ricks D. A. Research Emphases on Cultural Differences and/or Similarities: Are we asking the Right Questions? Journal of International Management, 2000 (6): 172 – 186.

［213］Parsons T. The Structure of Social Action. N. Y: Free Press, 1949: 55. Performance, 1997, 10 (2): 99 – 109.

［214］Perry James L., and Hondeghem Annie, eds. Public Service Motivation: A Symposium. International Public Management Journal, 2008 (b): 55.

［215］Perry James L., and Hondeghem. Annie eds Motivation in Public Management: The Call of Public Service. Oxford: Oxford University Press, 2008 (a).

［216］Perry J. L, Hondeghem A, and Wise L. R. Revisiting the Motivational Bases of Public Service: Twenty Years of Research and an Agenda for the Future, Paper Presented at the International Public Service Motivation Research Conference. Bloomington, Indiana, 2009 (6): 7 – 9.

［217］Perry J. L., and Porter L. W. Factors Affecting the Context for Motivation in Public Organizations. Academy of Management Review, 1982, 7 (1): 89.

［218］Perry J. L., and Wise Lois R. The Motivational Bases of Public Service. Public Administration Review, 1990, 50 (3): 367 – 373.

［219］Perry J. L., et al. What Drives Morally Committed Citizens? A Study of the Antecedents of Public Service Motivation. Public Administration Review, 2008, 68 (3): 445 – 458.

［220］Perry J. L. Antecedents of Public Service Motivation. Journal of Public Administration Research and Theory, 1997, 7 (2): 181 – 187.

［221］Perry J. L. Bring Society In: Toward a Theory of Public Service Motivation. Journal of Public Administration Research and Theory, 2000, 10 (2): 471 – 488.

［222］Perry J. L. Measuring Public Service Motivation: An Assessment of Construct Reliability and Validity. Journal of Public Administration Research andTheory, 1996, 6 (1): 5 – 22.

［223］Podsakoff P. M., MacKenzie S. B., Paine J. B., Bacharach D. G. Organizational Citizenship Behavior: A Critical Review of the Theoretical and Empirical Literatureand Suggestions for Future Research. Journal of Management, 2000 (26): 513 – 563.

［224］Podsakoff P. M., S. B MacKenzie, et al. Common Method Biases in Behavioral Research: Aritical Review of the Literature and Recommended Remedies. Journal of Applied Psychology, 2003, 88 (5): 879 – 903.

[225] Rainey Hal G. , and Steinbauer Paula. Galloping Elephants: Developing Elements of a Theory of Effective Government Organizations. Journal of Public Administration Research and Theory, 1999, 9 (1): 1 –32.

[226] Rainey H. G. Perceptions of Incentives in Business and Government: Implications for Civil Service Reform. Public Administration Review, 1979, 39 (5): 441.

[227] Rainey H. G. Reward Preference Among Public and Private Managers: In Search of the Service Ethic. America Review of Public Administration 1982, 16 (2): 288 – 302.

[228] Reuben M. Baron, and David A. Kenny. The Moderator – Mediator Variable Distinction in Social Psychological Research: Conceptual, Strategic, and Statistical Considerations. Journal of Personality and Social Psychology, 1986, 51 (6) .

[229] Richard G. Netemeyer James S. Boles Daryl O. McKee. , and Robert McMurrian, An Inv. Estigation into the Antecedents of Organizational Citizenship Behaviors in a Personal Selling Context. Journal of Marketing, 1995, 61 (3): 85 –98.

[230] Robert D. Behn, The Big Questions of Public Management. Public Administration Review, 1995, 55 (4): 313 –324.

[231] Romzek B. S. Employee Investment and Commitment: The Ties That Bind. Public Administration Review, 1990, 50 (3): 374 –382.

[232] Ryan R. M. , and Connell J. P. Perceived Locus of Causality and Internalization: Examining Reasons for Acting in Two Domains, Journal of Personality and Social Phycology, 1989, 57 (5): 749 –761.

[233] Schneider B. The People Make the Place. Personnel Psychology, 1987, 40 (3): 437 –453.

[234] Scholl R. W. Differentiating Organizational Commitment from Expectancy as a Motivating Force. The Academy of Management Review, 1981, 6 (4): 589 –599.

[235] Schwartz H. S. A Theory of Deontic Work Motivation. Journal of Applied Behavioral Science, 1993, 19 (2): 204 –214.

[236] Scott P. G. , and Pandey S. K. Red Tape and Public Service Motivation Findings from a National Survey of Managers in State Health and Human Services Agencies. Review of Public Personnel Administration, 2005, 25 (2): 155 –180.

[237] Shamir B. , Meaning, Self and Motivation in Organizations. Organization Studies, 1991, 12 (3): 405 –424.

[238] Smith M. P. , and Nock S. L. Social Class and Quality of Life in Public and

Private Organizations. Journal of Social Issus, 1980 (36): 59 – 75.

[239] Spector P. E. Behavior in Organizations as a Function of Employee's Locus of ControI. Psychological Bulletin, 1982, 91 (3): 482 – 497.

[240] Spreitzer G. M. Psychological Empowerment in the Workplace: Dimensions, Measurement and Validation. Academy of Management Journa, 1995, 38 (5): 1442 – 1465.

[241] Steel B. S. , and Warner R. L. Job Satisfaction Among Early Labor Force Participants: Unexpected Outcomes in Public and Private Sector Comparisons. Review of Public Personnel Administration, 1990 (10): 4 – 22.

[242] Susan E. Jackson, and Randall S. Schuler. Technical and Strategic Human Resource Management Effectiveness as Determinants of Firm Performance. The Academy of Management Journal, 1998, 40 (1): 171 – 188.

[243] Taylor J. The Next Generation of Workers in Australia: Their Views on Organizations, Work and Rewards. The International Journal of Human Resource Management, 2005, 16 (10): 1919 – 1933.

[244] Thibaut John, and Laurens Walker. A Theory of Procedure. California Law Review, 1978, 66 (3): 541 – 566.

[245] Vandenabeele W. , Scheepers S. , and Hondeghem A. Public Service Motivation in an International Comparative Perspective: The UK and Germany [J]. Public Policy and Administration, 2006, 21 (1): 13 – 31.

[246] Vandenabeele W. Development of a Public Service Motivation Measurement Scale: Corroborating and Extending Perry's Measurement instrument. International Public Management Journal, 2004, 11 (1): 13 – 27.

[247] Vandenabeele W. Development of a Public Service Motivation Scale: Corroborating and Extending Perry's Measurement Instrument. International Public Management Journal, 2008a, 11 (1): 143 – 167.

[248] Vandenabeele W. Government Calling: Public Service Motivation as an Element in Selecting Government as an Employer of Choice. Public Administration 2008b, 86 (4): 1089 – 1105.

[249] White Richard D. J. Are Women More Ethical? Recent Findings on the Effects of Gender upon Moral Development. Journal of Public Administration Research and Theory, 1999, 9 (3): 459 – 472.

[250] Wright B. E. , and Pandey S. K. Public Service Motivation and the Assumption of Person – Organization Fit: Testing the Mediating Effect of Value Congru-

ence. Administration and Society, 2008, 40 (5): 502-521.

[251] Wright B. E. Public Sector Work Motivation: A Review of the Current Literature and a Revised Conceptual Model. Journal of Public Administration Research and Theory, 2001, 11 (4): 559-586.

[252] Wright B. E. Public Service and Motivation: Does Mission Matter? . Public Administration Review, 2007, 67 (1): 54-64.

[253] Wright B. E. The Role of Work Context in Work Motivation: A Public Sector Application of Goal and Social Cognitive Theories. Journal of Public Administration Research and Theory, 2004, 14 (1): 59-78.

[254] Wright B. Paper Prepared for Presentation at the 7th National Public Management Research Conference. (Washington, DC: Georgetown Public Policy Institute, Georgetown University).

后 记

本书是在我的博士论文基础上修改完善而成，故谨以笔者博士论文的后记作为本书的后记，以纪念曾经那段苦行僧般的岁月。

如果后记代表着一种对三年博士生活的批判和反思，那么我觉得我一直是在写后记，只不过在心里写。论文终于搁笔，于我而言，不仅象征着一个三年的远逝，更意味着一个十年的完结。2004年7月7日，当我担着重重的行囊从千里之外的十三朝古都西安来到广州这个被人们称为"羊城"的地方时，怎会预想到自己将会在这里一驻近十载，并在人生最美好时段深深打下了"博学、审问、慎思、明辨、笃行"的烙印。曾经轻狂年少，曾经享誉人前，曾经痛苦迷茫。一路走来，回望前尘，宠辱无常，感慨良深，一言难尽。

论文即将打印提交，而我一如既往地坐在康乐园东区119栋313宿舍的铁椅子上，敲打着熟悉的键盘。每一幅画面都是那么熟悉与亲切，电脑旁一摞摞厚厚的中英文书籍，桌上堆积如山的打印资料，参考资料上粘贴标识的一张张阅读笔记、一条条书评记录与醒目而耀眼的论文进度计划表还在电脑旁提醒我接下来要做的事情，看着这些，眼睛里不自觉地湿润起来，当然，这激动不是来自如释重负的惬意与放纵，而是源于一种感伤的充满眷恋的念想与留恋。十年，我的人生，我的青春，这样复杂的情感体验与感伤心境又岂是一时可以说得清楚的，也许这样的场景，这样的心境，我还要慢慢地去体会，细细地去咀嚼。

人生有太多的机缘巧合，很多事情更像是命中注定般转瞬而来，不由分说地将你卷入一场场崭新的人生际遇当中，让你拥有了更多的对于未来的憧憬与遐想。我知道，我这十年所走过的艰辛和坎坷，无法简单地用文字来表达。但是我也不得不承认，我很幸运，从牙牙学语，到舞文弄墨，每一步的成长，每个生命历程都得到了太多的帮助和关爱。或许，这就是人生，每一条道路都是必经的一部分，后记落笔之际，也是表达感恩之情的一个机会，在此，我向那些在我人生道路上给予我支持、关心和帮助的亲人、师长及朋友们郑重地道声谢谢！

后记

我最感谢的人是我的导师蔡立辉教授，博士论文从最初的选题、构思、框架到具体研究方法与研究范式的确立，一切的一切都在蔡老师的细心指导与帮助下按部就班地顺利进行着。忆当年，能师从蔡老师的门下我荣幸之至，至今都无法形容当时那份激动与兴奋的心情。老师的思维，老师的理念，老师对世事人生、宇宙万物的看法都是超前的，有一种洞彻一切是非曲直的独特魅力。而老师的言语，更是字字珠玑，每每让我茅塞顿开、醍醐灌顶，这并不单体现在论文写作上，更包括生活的智慧、人生的玄思与为人处世的方式方法，老师所给予我的岂止是一篇博士论文所能概括的。师母那春风细雨般的关怀，也总让我深切体会到一份亲切和温馨，在内心深处这份亲切和温馨随时随地都洋溢在自己的周围，激励着自己，滋养着自己。

"家有一老，如获至宝"，夏老有一个家喻户晓的名字，我国"MPA之父"。著名行政学家夏书章老先生，是我平生最为敬仰的一位先生，他为中山大学政治与公共事务管理学院创造了如此良好的学术氛围与和谐而宁静的人文环境，促使我们在这里积极地汲取学术的营养，健康、快乐地面对生活的历练。

感谢导师组的陈瑞莲教授、郭小聪教授和陈琤讲师。论文从开题前的学术沙龙到正式开题，再到论文预答辩都倾注着各位老师的心血。陈瑞莲老师治学严谨，在无数次的交流与讨论中，我学会如何更好地做学术型的论文，如何进行一项严谨、规范的社会科学研究；郭小聪老师正直、诚恳，知识渊博，课堂上令我受益匪浅，他对论文的建议更是一针见血，为论文的完善提供了极大的帮助；陈琤老师年轻却博学，又在国外受到过良好的熏陶，学术素养为人称道，论文的修改与完善得到了陈老师诸多的良好建议。

在这还要借此机会感谢北方民族大学政务学院行政管理专业的各位老师：马骏教授、陈天祥教授、倪星教授、何艳玲教授、周超教授、景怀斌教授、岳经纶教授、刘亚平副教授、陈那波副教授、袁政副教授、叶林副教授、张书维博士和李静博士，谢谢你们在平时的课堂上，在论文写作的过程中不断给我学术的信息以及对于博士论文细枝末节的建议和帮助。特别感谢马骏教授，马老师的学问不仅来自他的睿智与博学，更来自他那严谨的治学态度与扎实的实地调研。论文能够顺利完成离不开政务学院对博士论文的资助，而这一切都得益于马老师对学生无微不至的关怀与体谅，感恩之心，溢于言表。同时还要感谢政务学院教务部的龙明伟老师和王婷老师，你们对教学工作的细致安排，给我们带来极大的便利。

还要感谢朱春奎教授、朱正威教授、范柏乃教授、郁建兴教授、杜海峰教授，感谢你们在我博士论文的写作与答辩过程中给予的建议，论文思路的形成与论文的修改完善得益于与你们的讨论与交流。感谢肇庆市人民政府行政服务中心的赵粤苏主任，陈科长、张国斌科长、宾嘉和科长，肇庆市政府监察局的邓新雄副局长、肇庆市人民政府办公室政务公开科的梁毅娟科长,谢谢你们在论文实地调研、访谈及问卷调查中给予的大力支持和无私帮助,没有你们的协助,论文不可能完成。特别感谢赵粤苏主任,肇庆是我从硕士到博士学习生活中的一个重要组成部分。在肇庆,从课题调研到日常的生活都离不开赵主任的关心和帮助。

作为一个信仰伊斯兰教的少数民族学生,饮食起居的要求极为严格。因此,康乐园五年的求学生涯,离不开中山大学清真食堂提供的可口的美味佳肴。麻雀虽小,五脏俱全,康乐园的清真餐厅虽小,却也南菜、北菜、粤菜样样俱全,每天论文写作之余,最幸福的事情莫过于去清真餐厅饱餐一顿了。在这里要特别感谢餐厅的孟姨、王姨、阿兰给我的饮食上的特殊照顾,感谢你们日常的关心与问候,使我有一个健康的体魄迎接一次又一次的身心挑战。点滴之恩,铭记在心。

博士生涯是枯燥的,但有你们的存在让我感觉幸福快乐。感谢我的好友、同门及师兄刘晓洋博士。从硕士入门的那天起,我们就结下了深厚的友情,硕士两年,博士三年,我们曾并肩前行,无数次的挫折我们一起经历,这份难得的友情必将伴我终生。你年龄虽比我小很多,但论学问、论才华、论为人处世你都是我学习的楷模。五年的时光,一闪而过,谢谢有生之年我们能够成为师门,成为好友,谢谢五年来你对我的帮助、包容和鼓励。感谢我心中的大师兄于刚强博士,每每在生活上、在思想上、在求学的过程遇到问题首先会想到这位哥哥般的大师兄,你不厌其烦的疏导、想方设法的帮助、无微不至的关怀都使我感恩备至,能和你成为同门、成为朋友是我之幸,而这份友情也一定会历久而弥坚。感谢沈莉师姐在生活上给予我和何瑞的关心和照顾,祝福小鱼儿健康成长。五年的康乐园生活能够顺利地走下来离不开在广州及中大的同学和朋友们:博士班的同学陈兆仓、宋琳、温明月、程宇、林群雄、陈武、许彬、黄兰芳、吴月、杨颂德、杨亚南、谭志广,和你们在一起的三年博士生活是生动而快乐的;感谢"蔡家军"的师姐、师兄、师妹及师弟们,和你们在一起的日子很美好;感谢在羊城的朋友们,与你们的谈天说地、胡吃海喝的日子大大缓解了我论文写作中的压力,感谢你们在我论文创作过程中给予的鼓励与关心。

伴随我一路走来的亲人是我生命中最为重要的人,没有你们,我的人生是不完整的。感谢我的母亲,用她那坚韧的毅力操持着这个家,虽然朋友的孩子都大学毕业并参加工作,虽然身边的人一再奉劝多学无益、自立是真,母亲却依然毫无怨怼地包容着我渴望一味求学的任性,在巨大的就业压力和期待儿子能够早日自立的双重压力下怀揣着那份一成不变的慈爱支持着我的每一次选择。如今,我也年届三十,而立之年当自立。我会用所学的一切,为自己缔一份事业,为家庭出一份绵力,为母亲尽一份孝道。我是幸运的,在我读博期间,解决了人生大事,也了却了母亲的一桩心愿。谢谢陪伴我走过最困难时光的,我的爱妻何瑞女

后记

士，你在生活上无微不至的照顾，在学术上任劳任怨的扶助，都让我感激不尽。未来，人生的道路上，需要我们一如既往地彼此扶持、信任与珍爱。此时此刻，非常思念我的爷爷和父亲，你们在我梦想即将启程时相继与世长辞，没能回去送你们一程，是我这个做子孙的永远的遗憾！

人们常说："心有多高，梦就有多远。"这曾是激励我从一个远离学术宫殿的朝拜者一路走来的座右铭。正如刘欢在《在路上》所演唱的那样"那一天，我不得已上路，为不安分的心，为自我的证明。路上的辛酸，已融进我的眼睛，心灵的困境，已化作我的坚定"。这一路走来的辛酸，也许只有蹚过这条河流的人才能真正体会。而这一路上呵护着我、陪伴着我、守望着我、激励着我的人实在是太多太多，对他们的感激，言辞不足以表万一。当然，还有其他许多不能一一道名的老师、同学和朋友。殷殷厚意，统此谢忱！

本书能够顺利出版，离不开北方民族大学著作出版基金的资助，在此表示感谢。在本书校稿之际，得到了北方民族大学教务处长王建伟教授、管理学院赵志军书记、李存林、李东林、王凯副院长及全院同事们的关心、鼓励和支持，在此表示感谢。

在本书有关的研究与书稿写作过程中参考了大量已有的研究成果，包括专著、教材和论文，已尽可能地列在本书的参考文献中，但是难免有所遗漏。在此向所有参考文献的作者表示衷心的感谢！也向可能被漏列的参考文献作者表示诚挚的歉意！

吴旭红
2015 年 9 月
于塞上湖城